老子思想詮釋的開展

從先秦到魏晉階段

楊穎詩 著

文史哲學集成

文史哲出版社印行

國家圖書館出版品預行編目資料

老子思想詮釋的開展：從先秦到魏晉階段 /
楊穎詩著.-- 初版 -- 臺北市：文史哲, 民
106.03 頁； 公分.（文史哲學集成; 696）
ISBN 978-986-314-357-4（平裝）

1.(周)李耳 2.老子 3.學術思想 4.研究考訂

121.317   106003921

文史哲學集成 696

老子思想詮釋的開展
從先秦到魏晉階段

著　　者：楊　　穎　　詩
出 版 者：文　史　哲　出　版　社
　　　　　http://www.lapen.com.tw
　　　　　e-mail：lapen@ms74.hinet.net
登記證字號：行政院新聞局版臺業字五三三七號
發 行 人：彭　　正　　雄
發 行 所：文　史　哲　出　版　社
印 刷 者：文　史　哲　出　版　社
　　　　　臺北市羅斯福路一段七十二巷四號
　　　　　郵政劃撥帳號：一六一八○一七五
　　　　　電話886-2-23511028・傳真886-2-23965656

定價新臺幣五八○元

２０１７年（民一○六）三月初版

老子思想詮釋的開展

── 從先秦到魏晉階段

目　次

莊　序

　　傳統思想的研究，本質上就是一種理解和詮釋。但理解也有層次，依次是知解、證解和悟解。知解的部份，需立足在文本客觀嚴謹的要求，訓詁、文字和考據，以及對思想內部理論體系的把握，然後將前兩者統攝在作者心中的旨趣，亦是思想家洞見的展示，三者缺一不可，也唯有如此，才能稱得上是系統的理解。證解則是在生活之中，學問探索的過程裡，或多或少可印證此一思想，這已然進入實踐的階段，同時說明了此一思想在異時異地的普遍性。人文思想的普遍性不同於自然科學所言的普遍性，很難量化成數據的方式呈現，只能說是思想智慧在不同生命的顫動共振，映發成一種彷彿相類的境界。至於悟解，則是在前兩解的基礎上，大徹大悟，成為信仰，終身以之，進入宗教的層次，這是價值的抉擇，生命方向的定性，而知所歸終。

　　學術研究所探究的嚴格說僅能在知解的層次，但不能說沒有證解、悟解摻入其中的可能，甚至已融入骨血，但無論如何只能以知解的方式呈現。在學不厭的歷程中，知解畢竟只是起點，不斷吸納各家思想，鎔鑄鑪錘，最終期於具有原創性思想的鉅構。這是浩瀚難窮的路，也是學者之途遙遠的一個夢。同一宗趣的思想家，在不同的時空之下，面對不同的問題，或所著重觀點的差異，或所關懷重心的分殊，倚輕倚重，自會形成不同的思想體系。然而如果只困守同一宗趣的思想中，終會導致貧血，也難解天下之題，於是便需更進一層涉及不同宗趣的思想，彼此相磨切磋激蕩，這是屬於如何會通融合的論題，當今正是要面對中外不同的思想、哲學、宗教的理解和消化、吸納的時代。面對這個層次的論題，則非要敞開更寬闊的視野，深刻縝密的思考，豐富的想像

力和理論建構的能力，才能圓成思想家的夢。

　　有關歷代《老子》思想的詮釋，人人皆謂其理解為真老子，而人人的詮釋輒各自成一老子。歷代的老子注更是匯流成詮釋的大河，千百年來浩浩湯湯，積累成豐富的思想瀚海。老子的思想也就在經過異代不斷詮釋中啟迪人們的心靈，經典的生命也就永遠鮮活在每個世代。

　　《韓非子》的〈解老〉、〈喻老〉是開創注老的先聲，也是法家老子詮釋代表。嚴遵的《老子指歸》是氣化思想道家意志的展現，《河上公章句》則是以養生為宗趣詮釋老子。王弼《老子注》則回歸反求諸己，立足於主體，妙得虛無之旨。以上諸家，各以自家宗趣注解，更印證了前文所說人人心中各有一老子。說人人心中各有一老子容易，若要為各家之老子建立論述體系，則可不是一項輕鬆的工作。「一切法是趣，是趣不過」（《大品般若經》）每一家的老子注，皆是一個趣向，要使散在文本章句下的文字，凝聚貫通成系統的論述，並以此趣向作綱紐，綱紐在手，則進一步把疏章句使網目歷歷，清楚明白，才能稱得上優越的詮釋。法術、氣性、養生、虛無皆是上述各家之所趣的綱紐。穎詩這本書，真正能使每一家的詮釋構成一體系，而且清晰可讀，可說是老子詮釋史的開創之作，說其開創是指能提綱挈紐，建構體系，絕非泛漫鋪陳之說可比。

　　穎詩負笈上庠，素喜道家之學，尤好老莊，在系統詮釋郭象莊注之後，又完成此一老子詮釋的著作，據所言，這是老子詮釋史的開端，如此看來，已經揚起了航向浩瀚之海的征帆，年輕學者的生命中，嚮往的正是這樣的一個夢。在這起錨的時刻，謹綴數語，當作祝福。

莊耀郎 序於臺北龍淵寓所
2016.12

自　序

　　《老子》乃道家思想源頭，以自然為宗，以無為而無不為為法，展開其無為而治的理想境界。《老子》一書言簡意賅，義蘊豐奧，然而正因其言簡義豐，分成八十一章，各章既可獨立成說，亦可擷合來看構成不同思想內容的面向，有著不同的解讀，因而前人有「人人胸中皆有一老子」（張爾岐《老子說略》）之說。後世詮釋者多隨文作注，各抒己見，若非系統地整理各家的詮釋面向，則難免造成合於《老子》文意者則謂之為「慧解」，不合者則謂之為「誤詮」，而懵懂各家詮釋轉向的旨趣。本書嘗試以「依宗起教，以教定宗」的方式詮釋《老子》及其後世詮解者開展的思想面向，融合文本與詮釋者之間的間距，以期得出較好的理解，並為之建立相對完足的思想體系。

　　通過比較歷代解《老》的不同詮釋體系，除了廓清《老子》一書所欲表達思想內容外，更能凸顯老學發展的詮釋轉折，及其特色所在。與此同時，透過比較《老子》及其後學與法家、儒家、道家、道教思想內容的不同，釐清各家義理系統，反省「儒道會通」此一後設研究議題。在這種情況下研究歷朝老學，將有助於分辨自先秦乃至當代每一階段詮釋《老子》的特色，並由此考察道家理論發展的詮釋流衍。

　　本書在博士論文的基礎上修訂完成，修訂過程中整理近年研究《老子》文本心得，遂寫成《老子義理疏解》一書。因應對《老

子》逐章逐句的翻譯疏解，使得舊學加邃、新知轉密，繼而修訂前說，並付梓出版。

　　本書的完稿與修訂，首先感謝指導教授莊耀郎老師的無私指導與耐心討論，其次在論文初稿完成後，又得劉錦賢、江淑君、周大興、高柏園諸位老師指正與鼓勵，使我獲益良多，得以完整地呈現現階段的研究成果，希望此書出版後能得到海內外方家指正。最後感謝母親多年來的養育之恩，在這求學的過程中，不論是選讀科系，還是後來辭去中學教職繼續學業，一路走來都是默默地支持我、愛護我，並不生而有之，能讓我走自己想走的路，成為一個我喜歡的自己，謹以此書獻給我偉大的母親。

楊穎詩 序於臺北

2017.01

第一章　緒　論

　　《老子》流傳之廣，注本、譯本之多，難以勝數，[1]可見此書備受古今中外人士推崇，其義理內涵之豐富、哲學思想之玄奧，乃研究中國哲學者所不可忽視。《老子》言簡意賅，意蘊玄遠，釐清其思想內涵自然為首要之事。《老子》流傳至今，歷經多次編修校訂，遂分為上下篇，凡八十一章，綜觀其說，即以自然為宗，以無為而無不為為法；若分別各章內容來看，亦可自成其說。

　　由於《老子》義理內涵豐富，後人詮釋，不論隨文作注或是章句疏解，亦自有其詮釋觀點。後來的詮釋者無論是注解的型態或著述的型態，都無法宣稱自身的詮釋是唯一合法的詮釋，必定有和文本思想相出入的部份，而此一變異的部份，如何理解，如何給予定位，都必須通過文本與詮釋兩者之間深入理解和比較，方能確切地掌握其中的義理是繼承或是發展，從而給予恰當的說明。相對地，文本的義理思想不可能永遠封閉在文本之中，而期

1　湖北荊門郭店竹簡、湖南長沙馬王堆帛書《老子》均屬楚簡，北京大學藏西漢竹書本之《老子》自長江流域，嚴遵本出自四川，河上公本出自山東，王弼本出自河南，可見《老子》於成書後流傳之廣。嚴靈峰《老列莊三子知見書目》所輯，《老子》合中、外、古、今專著、論文，共千六百餘種，論說有八百七十餘篇，見嚴靈峰：《老列莊三子知見書目・中外老子著述目錄自序》（臺北：中華叢書編審委員會，1965），頁5。嚴靈峰所呈現的資料如此，而五十年過去了，當代《老子》的注解、專著，又不知增加多少。陳榮捷〈戰國道家〉指出當時《老子》英譯本已超過四十種，並且幾乎每隔一年就有一種新譯本。陳榮捷：《中國哲學論集》（臺北：中研院文哲所，1994），頁179-180。

待後世會有一知解者出現，此知解是唯一密合、絕對還原的理解。
換句話說，所謂唯一的合法的絕對符合《老子》原意的理解，在
理論上永遠不可能出現。那麼，經典的意義究竟要如何說明？對
於眾多的歷代詮解又如何在思想發展中給予定位？較為合理的說
法是：經典的意義是開放的，不斷地通過歷代的注解而彰顯其意
義，經典的生命因新的不同詮釋而得到新的理解、新的意義，遂
將經典的奧義底蘊通過歷代的詮釋逐漸釋放出來。簡而言之，經
典存在的意義是在歷史的長河中不斷地通過詮釋而展現它的存
在，而詮釋必須以章句訓詁考據的規範性和義理思想的一致性、
貫通性為原則。換言之，經典詮釋也有其內在的軌範必須遵守，
並非可以任意解說，漫漶而無所歸心。

　　然而隨著各人詮釋觀點不同，其所建構之《老子》思想或以
「六經注我」之詮釋方式而為著書之體，即藉由注譯《老子》申
述己見，另成完整的思想體系。正如清·張爾岐（1612-1678）所
言：「注《老子》者，人人胸中皆有一《老子》。」[2]究其原因，
大概如元·杜道堅（1237-1318）所說：「道與世降，時有不同，
注者多隨代所尚，各自其成心而師之。故漢人注者為『漢老子』，
晉人注者為『晉老子』，唐人、宋人注者為『唐老子』、『宋老
子』。」[3]因應後世注解《老子》者的經歷不同，便有著不同的詮
釋視域，縱使同一時代的不同注解者，亦不必有著相同的思想面
目，更何況不同的時代詮釋，當然會呈現為「漢老子」、「晉老
子」、「唐老子」、「宋老子」等不同詮釋面向。若直接以後世
創造性詮釋來解《老》，則恐失《老子》文意，如被視為善注之

---

2 見蒙文通：《道書輯校十種》（成都：巴蜀書社，2001），頁258。
3 杜道堅：《玄經原旨發揮》卷下（《道藏》冊 12）（上海：上海書店、文物出
　版社、天津古籍出版社聯合出版，1987），頁 773。

王弼《老子注》，若以此詮解《老子》，則屬以王弼之《老子》、魏晉之《老子》解《老》，雖不失創造性的詮釋的一面，亦可由是得見《老子》思想開展的某一面貌，然而已非老聃之《老子》、先秦之《老子》，應是無庸置疑的事實。

　　袁保新指出「從韓非〈解老〉、〈喻老〉到當代前輩的義理闡釋，作品數量之多，品類之雜，決非一篇博士論文所能窮盡。尤其是從詮釋學的角度反省，每個詮釋系統其實都是詮釋者與經典長期對話所發展出的一個互融的理境。雖然表面上詮釋者每一句話，似乎都是扣緊老子的文獻來說，但是這中間早已摻雜了詮釋者自己的問題意識，以及無所逃地背負著他（或者詮釋者所隸屬的時代）所使用的概念語言的框架。」[4]即指出以詮釋學的角度反省老子學研究的困境及契機。自《韓非子·解老》、〈喻老〉起，歷代詮釋者眾，如何辨清何者為《老子》義理內涵所有，何者為後世詮釋者摻雜了其自身的問題意識來注解《老子》，乃研究《老子》思想詮釋開展首先要思考的問題。若以《老子》作為文本，針對後來詮釋《老子》而能具有創造性詮釋，[5]且自成一思想體系者為研究對象，當中便牽涉到多個不同體系，即使後來詮

4　袁保新：《從海德格、老子、孟子到當代新儒學》（臺北：臺灣學生書局，2008），頁 252。

5　所謂「創造性的詮釋」，本書採傅偉勳的說法，即認為「創造的詮釋學家不但為了講話原思想家的教義，還要批判地超克原思想家的教義局限性或內在難題，為後者解決後者所留下而未能完成的思想課題。創造的詮釋學之所以與普通意義的詮釋學訓練不同，而有獨特的性格，亦即哲理創造性，即在於此。」見傅偉勳：《從創造的詮釋學到大乘佛學》（臺北：東大圖書館，1990），頁 11。又傅偉勳認為創造性的詮釋學只有達到「必謂」的層次，即「為了解決原思想家未能完成的思想課題」，才真正算是狹義的創造的詮釋學。同前引書，頁 10、45。劉述先後來與傅偉勳討論，並得他同意，認為「必謂」一詞不妥，而改為「創謂」。見劉述先：《當代中國哲學論——問題篇》（美國：八方文化企業公司，1996），頁 5-10。

釋者並不悖離道家義理系統，亦自有其不同教路與宗趣，在這種情況下，其所論之道論、工夫論、境界論亦自有所不同。歷代詮解《老子》的所謂「創造性詮釋」，絕不可能完全脫離《老子》文本憑空創造其思想系統，必須藉著轉化《老子》義理內容，透過注疏、章句等方式詮解《老子》，建構其思想體系。[6]

　　建構《老子》及其後來詮釋者之思想體系，於研究《老子》文本而言，則透過比較不同詮釋系統，辨清各詮釋體系異同，得出較好的理解、相對客觀的詮釋外，廓清《老子》義理涵，確立其思想體系。於研究思想史發展的角度來看，《老子》乃道家思想源頭所在，除了影響同屬先秦道家的《莊子》外，對兩漢氣化學說、魏晉玄學思潮、唐代三教合流、宋明儒學義理、清代經學致用均有深刻影響，亦可從後世注《老》詮釋體系得見《老子》思想開展的繼承與發展，由是勾勒道家思想的發展與轉變，甚至可藉此理解中國思想史發展面貌的一斑。從後世詮釋者的角度來看，釐清不同時期詮釋《老子》思想面向的同時，亦能明辨其說是否以法釋老、援儒解老、引佛注老，還是以三教合一思想詮解《老子》，透過討論後世詮釋者立論宗趣、開示教路的內容，則可分判儒、道、墨、法、佛、道教等諸家之義理分際，更能凸顯道家思想特色。本書奠基在詮釋學的理論上，思考後世詮釋者對《老子》思想的理解，以期對歷代詮釋《老子》者所開展的面向，給予確切的說明和適當的定位。從詮釋老子學發展的角度來看，以「晉老子」為例，其所呈現之面貌，非憑空無所繼承而出，其

---

6 袁保新即指出「創造性詮釋」這個方法學的觀念，遠比它的字面涵義要來得謙遜。因為，如果人的理解活動不可能摒棄孕育他的「傳統」，則所謂「創造」其實都是立基於傳統上的「發展」，而所謂「批判」，也只不過是一種經過反省的有抉擇的「繼承」。見袁保新：《老子哲學之詮釋與重建》（臺北：文津出版社，1997），頁63。

所繼承者，自亦包含戰國末之《老子》、兩漢之《老子》。若能先從建構《老子》思想做起，再按歷代詮釋《老子》思想而能成體系者的先後次序，為其建構詮釋體系，則能從後世解《老》的詮解特色，釐清歷朝具代表性的詮釋者對《老子》思想之積澱與創造，亦則能揭示道家義理系統之發展與轉折，更有助於理論建構，指出道家思想成為圓教之可能。[7]

第一節　詮釋原則

《老子》八十一章，後世詮釋多隨文作注，散論其創造性的詮釋，要系統地詮解《老子》及其後世詮釋，則必須以「依宗起教，以教定宗」的原則建構詮釋系統，比較不同詮釋者的思想體系，從而凸顯後世詮釋《老子》的義理轉折。

若以「依宗起教，以教定宗」作為研究的理論模型，則須清楚「宗」、「教」的內容。所謂「宗」者，乃就詮釋《老子》的宗旨依歸而言，凡有所宗者，必有達成此宗之教路、方法，依此宗致而建立的方法、教路，則稱之為「教」，亦即如何達致宗趣的工夫論。建構一完整的詮釋系統，必定有一剋就此宗而開啟之教路，在宗、教相互呼應，且不能相互矛盾的前提下，必能「依宗起教，以教定宗」。

---

7 《中國老學史》亦指出「這如此眾多的『老子』與作為原典的《老子》之間，可以說既有聯繫，又有區別；既有繼承，又有發展。而正是這種聯繫與區別、繼承與發展的長久交織、演進，組成了老學發展的歷史，且賦予了它極為豐富的內容。」見熊鐵基等：《中國老學史‧前言》（福建：福建人民出版社，1995），頁1。

　　中國哲學思想無論是儒家、道家或佛教,皆以生命實踐的關懷為中心,各家本著不同價值意義的取向,建立不同的教路。從個體生命的修養到群體實踐的落實,由個人到家國天下的關懷,莫不如此。不同家數的思想固然如是,即使同是道家思想,不同作者的體會亦有其獨立的面目可資探討,所以首先標示此一模式,從而由此建立其思想體系。

　　《老子》作為道家思想源頭,其思想內容以實踐為主,此乃生命的學問,後來詮釋者亦皆以如何安頓生命來立說。關於生命的學問,必須以實踐進路來提升生命境界,如何讓生命境界調適上遂,此即工夫修養的具體內容,屬工夫論的問題,此乃教路之事,是之謂「教」;由工夫修養所證成之道,所體證之境界,屬道論及境界論的問題,此乃宗趣之事,是之謂「宗」。因此,研究「老子思想詮釋的開展」必須就其「宗」、「教」二者合而論之,方能見其特色。

　　於此必須強調的一點是,本書所論之工夫論、境界論,是就《老子》及其後學所成之著作,如《韓非子・解老》、〈喻老〉、《老子指歸》、《河上公章句》、《老子注》等內容而論其工夫論、境界論之具體內容及其詮釋轉折,並不是就老子本人,以及韓非子、嚴遵、河上公、王弼等人有無工夫修養,各人生命所體之境界高下差別而論。若就著述者之有無工夫、境界高下而論,則屬個人實踐的問題,誠難確實考知;若從其著述、詮釋內容之有無討論工夫而言、所成之境界為何,則屬思辨性問題,可見二

者本質不同，本書所論是就工夫論、境界論而論。[8]

　　研究《老子》及其後學者對《老子》思想開展的探討，是檢視並闡述《老子》文本及其後來詮釋之文本均能自成一思想體系者。凡能自成一體系者，其著論必須含有「宗」與「教」二重點，而且二者之間必須相互照應，有體有用，不可分割。因應教路的不同，其所成之宗趣自亦有異；隨著宗趣的不同，則其所開啟之教路自亦有別，此即「依宗起教，以教定宗」。透過「依宗起教，以教定宗」建構文本詮釋系統，則能建立一立體的詮釋面貌，在宗趣與教路互融的情況下，必能依此宗趣而起相應之教路，同時亦能依此教路而歸向這個宗趣。[9]

　　「依宗起教，以教定宗」消極地說，可以避免所論之思想體系的內部相互矛盾；積極言之，則可立體地呈顯所詮釋的思想體系的特色。舉例來說，《老子》是以本體宇宙論言道，《河上公章句》則以氣化宇宙論論道，二者道論有著本質上的不同，即其「宗」於根據上便有著不同指向，若未能分辨二者之不同，則誤認《河上公章句》與《老子》之道同屬本體宇宙論，若根據相同，何以《老子》所重乃無為而治的理想境界，而《河上公章句》所

8　莊耀郎先生曰：「『有工夫』、『有境界』和『有工夫論』、『有境界論』是不同層次的問題，前者是實踐的，而後者是思辨的。」見莊耀郎：《郭象玄學》（臺北：里仁出版社，2002），頁101。

9　周雅清即以宗與教的關係來詮釋《莊子》逍遙論之工夫及境界內容，周氏曰：「宗與教的關係，可以用『依宗起教，以教定宗』二語加以概括。此二語，消極而言，是使詮釋不致違反義理內部結構的重要前提；而積極地來說，則是欲完成一貫性詮釋，所必須掌握住的關鍵原則。」見氏著《莊子哲學詮釋的轉折——從先秦到隋唐階段》（國立臺灣師範大學國文研究所博士論文，2011），頁127。

重則落在養生長壽之說？二者所論之道既有著本質的不同，則其體道的方法，即工夫論，自亦有異，當中便牽涉到如何理解二者思想體系的問題。若不察二者根據上已有所不同，便會誤以《河上公章句》只是隨文作注，不足以成一圓滿而具說服力的理論體系。[10]又或是，已注意《河上公章句》是從氣化宇宙論建立其哲學理論，於詮釋上有著不同轉向，然而卻沒有討論工夫論之轉向，以致討論思想體系時，認為「在詮解老子文本的時候，出現了對鬼神問題的言辭，卻使它理論出現了體系的問題，而《河注》其實是沒有妥當地處理的。」又認為「神明為何？這些理論上的問題不是《河上公注老》的主軸，《河上公注老》雖言說即此，卻不能在理論上負起責任。」[11]若《河上公章句》以氣化進路論道，尋其教路，即可見其除情欲、養神明的工夫進路，其所言神明，即非就生命以外之主宰而論，也就是不就神祇來說，而是緊扣其道論及境界論展開說明，就修養主體之精神、神明、精氣而論，此說既是承接其體系中的氣化宇宙論內容，亦因此教路而成就其治身之境界，因其道論是從氣化宇宙論入手，故其教路亦是以修養氣化之身為主，所成之宗趣便是「自然長生之道」，以延壽長生為目的。若能從「依宗起教，以教定宗」來建立《河上公章句》的詮釋體系，則能發現，其道論、工夫論、境界論是自上而下，一貫地自成體系。故討論《老子》及後來學者開展其思想時，均從道論、工夫論、境界論三方面討論，先從根本上說明其思想體

10　鄭燦山則認為《河上公章句》乃本體宇宙論之道，更指出《河上章句》「採取注疏體式來闡發其思想，所以他總是隨文作發揮，作者大抵並非想要自我建構一套完滿而足以說服別人的理論系統。」見鄭燦山：〈老子河上公注長生思想析論〉，《孔孟學報》77，1999，頁179。

11　見杜保瑞：〈《河上公注老》的哲學體系之方法論問題檢討（下）〉，《哲學與文化》337，2002.6，頁496。

系宗趣所在，再從如何體得此道的教路展開說明，繼而展示修道工夫下所呈顯之境界。由是更見三者之間的關係密不可分，體用一貫，由於道論、工夫進路的不同，所顯境界自亦有別，因而凸顯各家詮釋特色。

透過「依宗起教，以教定宗」的理論模式建構文本詮釋系統，於詮釋上便能達至理論內部的一致性，亦能體現經典本身在思想上的一致與和諧。從各家所立之「宗」處更見詮釋者之問題意識、時代意義和哲學洞見。

第二節　討論內容

一、討論對象

自《老子》成書後，同在先秦時期之《莊子》、《韓非子》均受《老子》思想影響，並且進一步詮釋其內容，《莊子》承《老子》之說大談「內聖外王」之道，《韓非子》亦有〈解老〉、〈喻老〉等篇詮解《老子》思想。秦漢時期黃老思想興盛，注《老》者眾多：嚴遵作《老子指歸》、《老子注》、河上公之《河上公章句》，其後對於《老子》的注釋更是代代不絕：魏晉有王弼之《老子注》，唐、宋兩代詮釋《老子》者遞增，明清以後更是名家輩出。因為歷代著述《老子》者實在過於繁富，必須於此說明本書篩選討論對象的原則：後世詮釋著作必須同時符合著述原則及自成體系者，始列入討論對象。

首先，以「著述原則」作為擇取討論範圍的原則，是為了區分「注書型態」與「著書型態」之《老子》注釋作品。所謂「注書型態」是指以補正、校訂、音讀式、訓詁名物、章句釋義、文學評點式為主的詮釋型態著作。如唐・陸德明（約 550-約 630）《老子音義》、清・江有誥（？-1851）《老子韻讀》、焦竑（1540-1620）《老子翼》等著作。所謂「著書型態」則有別於「注書型態」之著作，而以述為作，藉著注文，隨文論述來發揮己見，《老子》思想的開展，主要見於後學之創造性詮釋，此即本書之選擇研究對象。選取的原則必須扣緊依《老子》文本而作的詮釋，因此凡非剋應《老子》原文作章句注解型態者一概排除，如《莊子》、《文子》、《管子》等自成一家的著作均不在討論之列。《莊子》一書雖有不少內容引用《老子》的哲學概念、章句及文意，[12]然而仍非透過注解《老子》章句來開展《老子》思想的「著書型態」著作。《文子》以「老子曰」者極多，但多數內容均不見於今本《老子》，因而不擬作為研究討論之列。《韓非子》雖然只有〈解老〉、〈喻老〉兩篇，然而卻是注解《老子》最早的「著書型態」開端著作，故列入研究對象之範圍。

其次，以「自成體系」作為擇取討論範圍的原則，是為了進一步篩選體系嚴謹的詮釋著作。如前文所述，所謂能成一體系者，其詮釋體系必須依宗趣、教路建立，且二者之間關係相應互融、一致而不矛盾，能以「依宗起教，以教定宗」的模式確立其詮釋方式，方屬一完整的思想體系。

---

12 《莊子》一書援引《老子》文意者，如〈胠篋〉、〈天地〉、〈至樂〉、〈達生〉、〈知北遊〉、〈天地〉等篇，相關條列說明，見徐復觀：《中國人性論史》（臺北：商務印書館，1999），頁 472-474。

　　兩漢時有引用《老子》文句申述己意者如賈誼（前 200-前 168）
《新書》、劉向（前 77-前 6）《說苑》、《新序》，王符（78-163）
《潛夫論》，《列子》、《尹文子》偶有引用，但內容不多亦未
構成一完整的思想體系，故不擬列入研究之列。《淮南子・道應》
一文，徵引已驗之事來說明道的符應，[13]並以《老子》章句證之。
[14]此種以已驗之事來證《老子》章句的說理方式，主要集中在〈道
應〉篇，其餘則散見於〈天文〉、〈精神〉、〈齊俗〉、〈詮言〉、
〈人間〉等篇。然而《淮南子》仍不在本書討論之列，原因在於
《淮南子》對《老子》義理內涵雖有所繼承亦有所轉化，然而其
說由多人合著，難免有前後矛盾的情況出現，如〈原道〉引《老
子・二十九章》「天下神器，不可為也。為者敗之，執者失之。」
認為不可以有為治天下的方式治國，應因順天下，達至無為之治。
又言治國者無喜無怒、無樂無苦與萬物玄同，與天地合而為一，
不必攝權持勢，操殺生之柄以行號令，為君者應以自得的工夫來
治天下，與道為一。（《淮南鴻烈集解・原道訓》，頁 35-36）
然而又於〈道應〉篇中轉《老子》沖虛之道為權謀治術，定出困
民勞民之策，以利鞏固統治者的地位，前後對外王之道的詮釋和
基本的用心明顯不同，且不無矛盾之處，不能成一完整的思想體
系，故不擬討論。[15]

　　此外，《老子道德經想爾註》，一名《老君道德經想爾訓》，

13　清・曾國藩（1811-1872）云：「此篇（筆者按：〈道應〉篇）雜徵事實，而證
　　之以老子道德之言。意以已驗之事皆與昔之言道者相應也，故題曰〈道應〉。」
　　見馮逸、喬華點校：《淮南鴻烈集解》（北京：中華書局，2011），頁 378。
14　〈道應〉篇凡五十六則，引《老子》語共五十三條，其餘則引《莊子》、《慎
　　子》、《管子》語各一條。
15　關於《淮南子》詮解《老子》之義理轉化，詳見拙作〈《淮南子》詮解《老子》
　　之義理轉化〉，《人文社會學報》15，2014.7，頁 83-102。

二卷，據傳為東漢天師張道陵（34-156）所撰，一說為張魯（？-216）撰，原書四卷，已佚，今存敦煌寫本殘卷，藏於大英博物館，亦不在研究範圍之列，原因有二，一為原書已佚，僅存殘卷；二為此書乃早期道教主要著作，凡道教思想的著述已自成另一思想形態，亦不在本書討論之列。

二、討論重點

因討論範圍自先秦起，迄於魏晉，故本書先釐清《老子》思想內容，再分別說明《韓非子・解老》、〈喻老〉、嚴遵《老子指歸》、河上公《河上公章句》、王弼《老子注》各家對於《老子》思想的開展面向，最後比較說明各家於義理上的積澱與創造，從而反思各詮釋系統。

首先，從釐清《老子》思想內容從來看，《老子》五千言，其義理內涵便以難解見稱。因著《老子》文本的意義是開放的，使得後世詮釋者有著不同的詮釋面向來注解《老子》，如何確立《老子》文本的詮釋，則為研究《老子》及其後學者不可避免的問題。

根據袁保新的說法「將經典本身視為在思想上一致和諧的整體，避免將詮釋對象導入自相矛盾的立場」乃詮釋經典時所應具備的態度，若動輒認為文本思想本來就是混亂矛盾，則極容易導致「知識論上無政府主義」（epistemological anachism），袁先生又指出「任何一個人都可以宣稱他的詮釋就是老子《道德經》的

本懷，而別人的批評他都可以逕自答覆為『老子思想本來就是混亂矛盾如此』。換言之，這將使任何學術上客觀的討論與批評成為不可能。因此，在詮釋活動上，假定經典本身具有思想內部的一致性、統整性，實是一不得不有的預設。」[16]在《老子》及後世詮釋的內部思想為一致性、統一性的前提下，以本身無疑義的思想內容來解釋有疑義的章句內容，用清楚的觀念詮解不清楚的觀念，如是便能避免詮釋上的矛盾，其所證成之「宗」便能有效籠罩其「教」，其所設之「教」亦能有效回應其「宗」。

由詮釋學的觀點可知，任何詮釋《老子》者均不能宣稱其說即為《老子》原意，因而認為其他人的理解均屬誤解、誤詮。所有後來詮釋《老子》的人均帶著詮釋者之「前見」（Vorurteile），由於詮釋者之「前見」不同，形成不同的「視域」（Horizont），於詮釋過程中無可避免地以個人「前見」、「視域」進行詮釋。然而在相對客觀的詮釋下，透過「依宗起教，以教定宗」的方式建構詮釋系統，讓詮釋取得文獻的印證與支持，使詮釋觀點籠罩整個文本，而文本各章句內容亦能回應詮釋觀點，如是便能做到較為合理的詮釋，達至較好的理解。

透過建立《老子》思想體系，明確定出《老子》哲學系統的宗趣與教路，以此判斷後世詮釋者與《老子》義理之異同，見其轉向，作為一對照的標竿，用以說明後學詮釋之轉折，才有一理論上的依據，不致淪為詮釋者的臆說。

其次，從後世解讀《老子》的文本可見，《老子》詮釋面向

---

16 見袁保新：《從海德格、老子、孟子到當代新儒學》，頁264。

是十分豐富多樣的,究其因即在於《老子》的義理內涵豐富。若僅摘取《老子》之一面向來詮解《老子》,恐偏於一邊而未見其全貌,有如《韓非子·解老》、〈喻老〉以法術運用的一面詮解《老子》治國之道,或是嚴遵《老子指歸》從攝主歸客面向展開《老子》道生的思想內涵,或是《河上公章句》,從養生思想面向展開《老子》無為無欲的工夫內涵,或是王弼《老子注》從讓開成全治道以展開政治理想一樣,均為《老子》義理發展的可能面貌,至於其中與《老子》的差異,則是本書研究的重點。從詮釋者與文本對話的注解內容,即能窺見詮釋者與《老子》之視域融合(Horizontverschmelzung)。[17]透過整理後世隨文注《老》的內容,所建立之思想體系,便能清楚展現後世詮釋《老子》的不同面貌。所謂不同面貌者,均為繼承《老子》思想的某一面向,並加以發展而自成體系,然而其所繼承、發展者,或如《韓非子·解老》、〈喻老〉之明顯為法家的思想脈絡,或如嚴遵之《老子指歸》傾向漢代氣化宇宙論思想,以客觀氣稟之說收攝主體修養,或如《河上公章句》之以闡述養生思想為主,均異於《老子》以無為而無不為的方式保存萬物的價值意義,透過道生萬物的方式,實現、成全萬物的存在價值,落實在外王之上,則充分體現道化政治的理想境界。[18]即使被視為善注的王弼《老子注》,一

---

17 洪漢鼎指出:「理解者和解釋者的視域不是封閉的和孤立的,它是理解在時間中進行交流的場所。理解者和解釋者的任務就是擴大自己的視域,使它與其他視域相交融,這就是伽達默爾所謂的『視域融合』。」見伽達默爾著,洪漢鼎譯:《真理與方法——哲學詮釋學的基本特徵·譯者序言》(修訂譯本)(北京:商務印書館,2005),頁8。

18 所謂道化政治是相對於德化政治而言,道化政治是以道家自然無為之道作為最高的思想原則來治理天下;德化政治則是以儒家仁義之道作為最高的思想原則來治理天下,二者有著不同的宗趣指向,相關論說,詳見牟宗三:《政道與治道》(臺北:臺灣學生書局,2003),頁27-37。

脈相承於先秦道家思想，其論道生時即刊落《老子》「有」的形上意義，為讓開一步的「不生之生」，其所呈現的境界與《老子》亦已有所不同，為一讓開成全之道化政治理想境界。由是可見，隨著詮釋者的視域不同，所呈現之義理脈絡亦有不同；即使義理脈絡相同，同為成就道化政治的理想境界，其義理內涵亦有不同面向，足見《老子》思想詮釋的開展的多樣性。

最後，從比較說明各家義理上之積澱與創造來看，本書以「依宗起教，以教定宗」的方式，在前賢研究成果的基礎上，為《老子》及其後學建立相對客觀的詮釋系統，繼而比較研究，整理先秦至魏晉時期老學的詮釋體系。通過對《老子》及其後學詮釋系統的比較，第一，從詮釋角度而言，則能調整修正詮釋方法與原則，使詮釋的過程能逐步完密，形成較好的理解。《老子指歸》與《河上公章句》雖同樣籠罩在漢代氣化宇宙論思想下，然而二者論道的內容已有不同，前者攝主體修養於客觀氣稟之下來論無為而治，後者則借治國言治身來說明長生之道。王弼《老子注》雖重回本體宇宙論的思想進路詮釋《老子》道生之說，然而卻以「無」為「道」，刊落《老子》常道「有」的一面，透過比較各家論道的不同，則能清楚得見《老子》言道與後世詮釋異同，便不會以氣化思想詮解《老子》「道生一，一生二，二生三」的義理內涵，亦不會造成未能緊扣主體修養詮解其他章句，偏就客觀外物而說，更不會刊落常道「有」的一面，直接將「無」等同於道，僅能消極地以讓開成全的方式生化萬物。因此比較不同詮釋系統，則能調整修正詮釋，形成一致、較好的理解。第二，從義理發展而言，則能揭示老學發展的詮釋轉折，並凸顯各家特色，反思詮釋理論是否圓足，展示《老子》義理思想在不同時代開展

的不同面向。《老子》思想相對渾淪廣大，至使後出未必轉精，各取其一偏已足成家。從先秦至魏晉時期《老子》詮釋轉折可見，詮釋者因應當時不同的時代問題而開展不同的詮釋面向，然而當中的詮釋轉折亦非泛漫而無所歸。如王弼《老子注》工夫論雖屬內省型態，以對治主觀偏執、實踐自然常道為主，然而卻自實踐主體推向客觀萬物。自《韓非子》解《老》起，嚴遵《老子指歸》、《河上公章句》之工夫論均有自主體往外推的傾向，然而情況各異，《韓非子》解《老》純就術用外推論君主有為、臣下無不為；《老子指歸》則回歸主體修養論君無為、臣無不為，外推至客觀萬物的無為之治；《河上公章句》則以對治情欲為要，外推至形軀的保養，以體證自然長生之道；王弼工夫論回歸《老子》對治心知執著而說，透過君無為、讓開成全的方式，使百姓自化自成、無所不為，體證無為之治，由是無為在君、無不為在百姓，割裂無為而無不為的實踐主體，自聖王外推及臣民。足見王弼工夫論繼承前人詮解《老子》之處，可因此反省王弼《老子注》詮釋體系未盡完備的地方，並藉此思考《老子》義理發展的可能，道家思想的當代詮釋。

第二章　老子其人其書與思想

　　本章討論核心為《老子》一書所呈現的義理宗趣，在討論前，擬先就老子其人其書相關的文獻資料稍作整理，並概要說明，指出老子其人與其書的關係，以便釐清討論重點乃《老子》一書之義理內容。

第一節　老子其人

　　老子其人距今約兩千五百多年，在文獻不足徵引的情況下，難以確切推斷老子的身世以及言行事迹。對於老子其人其書的相關內容，民國初年學者曾有過熱烈的討論，相關論題多收入顧頡剛主編的《古史辨》第四、六冊之中。下文就老子其人相關的文獻記載，以及《古史辨》所見之討論和近現代學者的見解綜合整理，儘可能廓清老子身世及其言行事迹等問題，雖然這些均屬《老子》一書研究的外緣問題，但就研究而言，仍屬不可或缺的前置工作，故先行討論。

一、身世之迷

關於老子身世自西漢‧司馬遷（前 145-？）《史記》開始，便已含糊不清，後世學者隨之而爭論不休，遂使老子身世成迷。近年的出土文獻，對於澄清老子身世有一定的幫助，以下將討論老子別稱、所屬國地、所處時期，以期能得出相對比較清晰的說法。

（一）老子別稱：關於老聃、李耳、老萊子以及太史儋之說

老子之名有多種說法，一曰老子姓老，即老聃；一曰老子姓李，名耳；又言老子疑與老萊子、太史儋為同一人，何以一人會有數種稱謂？關於這個問題，則源於《史記》有不同說法，文曰：

> 老子者，……名耳，字聃，姓李氏。

> 或曰：老萊子亦楚人也，著書十五篇，言道家之用，與孔子同時云。

> 自孔子死之後百二十九年，而史記周太史儋見秦獻公曰：「始秦與周合，合五百歲而離，離七十歲而霸王者出焉。」或曰儋即老子，或曰非也，世莫知其然否。

> 李耳無為自化，清靜自正。（《史記‧老子韓非列傳》）[1]

---

1 瀧川龜太郎：《史記會注考證》（臺北：文史哲出版社，1993），頁 854-855。

由以上引文可見，老子或稱李耳，或字聃而曰老聃，或謂之老萊子，或云太史儋，世莫知其所以。老子距離漢初年代並非久遠，又未經道教經典神化老子其人其事，《史記》又為信史，所言當有一定可信程度，然而何以司馬遷用詞如此含混不清？近人亦曾懷疑今本《史記》所載與唐寫本不同，中間或經後人修改，考諸其他文獻所載，今傳《史記》所言確有討論空間，以下從李耳、老聃、老萊子、太史儋等不同稱呼考察，四者是否為同一人。

1. 李耳、老聃

李耳、老聃姓氏不同，《史記》曰老子「姓李，名耳，字聃」、又言「李耳無為自化」，然而《史記》以前的著作沒有稱老子、老聃為李耳，《莊子》、《韓非子》稱之為「老子」、「老聃」，《荀子》曰「老子」、《呂氏春秋》曰「老耽」，均無李耳之說。關於這個問題，清·王念孫（1744-1832）在《讀書雜誌》考證甚詳，其文曰：

> 史公原文，本作「名耳，字聃，姓李氏」，今本「姓李氏」在「名耳」之上，「字聃」作「字伯陽，諡曰聃」，此後人取神僊家書改竄之耳。案《索隱》本「名耳，字聃，姓李氏」七字，注云：「案，許慎云：『聃，耳曼也。』故名耳字聃。有本字伯陽，非正也。老子號伯陽父，此傳不稱也。」據此則唐時本已有作字伯陽者，而小司馬引《說文》以正之，取古人名字相配之義，而不從俗本，其識卓矣。又案，《經典釋文·敘錄》曰：「老子者，姓李，名耳，字伯陽。」《史記》云，字聃。《文選·征西官屬送於陟陽侯詩》注引《史記》

曰：「老子，字聃。」〈遊天台山賦〉注及《後漢書·桓帝紀》並注引《史記》曰：「老子，名耳，字聃，姓李氏。」則陸及二李所見本，並與小司馬本同，而今本云云，為後人所改竄，明矣。又案，《文選·反招隱詩》注引《史記》曰：「老子名耳，字聃。」又引《列僊傳》曰：「李耳，字伯陽。」然則「字伯陽」乃《列僊傳》文，非《史記》文也。若史公以老子為周之伯陽父，則不當列於管仲之後矣。[2]

第一，王念孫指出唐·司馬貞（679-732）《史記索隱》取東漢·許慎（約 58-約 147）《說文》「聃，耳曼也。」的說法，甚能呼應古人取字與名相配的原則，故司馬貞認為老子「名耳字聃」是其卓識。第二，王念孫指出今本（案：清武英殿本）《史記》「姓李氏」在「名耳」之上，考諸《索隱》所言，以及〈遊天台山賦〉注、《後漢書》並注引《史記》的內容來看，「姓李氏」並不在「名耳」之上，明顯為後人所改。第三，清武英殿本《史記》曰「姓李氏，名耳，字伯陽，諡曰聃。」陸德明《經典釋文》言老子「字伯陽，諡曰聃」，然而《史記·老子韓非列傳》原文本無「字伯陽」之說，此乃道教徒以相傳為西漢·劉向（前 77-前 6）所著的《列仙傳》的說法改竄之。除了《列仙傳》有老子字「伯陽」之說外，東漢·高誘注《呂氏春秋·重言》曰：「老耼學於無為而貴道德，周史伯陽也。」[3]又注〈當染〉：「伯陽，蓋老子也，舜時師之者也。」[4]東漢·班固（32-92）《漢書·古今人表》亦將堯舜時的伯陽、西周末的伯陽合而為一，皆附以為「老子」

---

2 王念孫：《讀書雜誌·史記》（臺北：洪氏出版社，1976），頁 115-116。
3 許維遹撰：《呂氏春秋集釋》（北京：中華書局，2011），頁 481。
4 同上注，頁 47。

也，[5]後世混而為一，遂曰老子字伯陽。若老子為伯陽父，則時代當在管仲之前，不當在春秋末期。

　　至於老子是否姓李者，高亨以為「李」、「老」應為一聲之轉，故後世謂之「姓李氏」；[6]陳錫勇認為主張姓李者乃神仙家以「老君」附會「老子」，乃以「老子」為「老君」，又以周之伯陽父附之，乃以「李伯陽」稱之。[7]綜合前人研究可見，老子姓老不姓李的原因有四：第一，春秋時期無姓「李」者，但有「老」姓。第二，周秦舊籍，若《莊》、《荀》、《韓非子》、《呂覽》、《禮記》、《國策》等，於孔墨大師，皆舉其姓，獨於老子，則稱老聃而不稱李聃，稱老子而不稱李子，可見老子原姓老矣。[8]第三，先秦典籍所載如《莊子》、《荀子》、《韓非子》、《呂氏春秋》等並書曰「老子」、「老聃」或「老耽」，[9]並無作「李耳」者。第四，《史記》凡列傳者多以姓氏作傳，如〈孟子荀卿列傳〉、〈孫子吳起列傳〉、〈管晏列傳〉，是〈老子韓非列傳〉之「老」、「莊」、「申」、「韓」皆姓也，然則老子當姓老，不姓李。[10]

　　陳錫勇更進一步指出，唐初貞觀十九年以前「伯陽」、「李耳」之說相融會合，移入《史記・老子韓非列傳》，是今所見南宋黃善夫本，溯其根源或當為唐開元時所衍增。[11]由以上討論可

5　班固：《漢書》（臺北：鼎文書局，1979），頁 926。
6　高亨：《老子正詁》（北京：清華大學出版社，2011），頁 114。
7　陳錫勇：〈《史記・老子傳》辨正〉，《鵝湖學誌》47，2011.12，頁 79-80。
8　高亨：《老子正詁》（北京：清華大學出版社，2011），頁 114。
9　《呂氏春秋》〈不二〉、〈重言〉兩篇，聃作耽，其餘典籍均作「老聃」。分別見許維遹撰：《呂氏春秋集釋》〈不二〉，頁 467；〈重言〉，頁 481。
10　陳錫勇：〈《史記・老子傳》辨正〉，頁 79-80。
11　同上注，頁 82。

見，老子姓老不姓李，名聃不名耳，謂老聃為李耳者，或因「李」、
「老」一聲之轉，或因「耳」、「聃」之字義相近，古或一字，[12]
或因受道教之說影響而誤以老聃為李耳，凡此諸說雖不能確知孰
是，然亦不無可能。

2. 老萊子

既明老子姓老名聃，而不姓李名耳，則老萊子與老子同姓老，
且並載於《史記·老子韓非列傳》中，是否二者又同為一人？

據《史記》所載可見，老子與老萊子當為二人。首先，從籍
貫姓氏來看，二者同姓老且同為楚人，但老萊子是以附傳形式出
現於〈老子韓非列傳〉之末謂「老萊子亦楚人也，著書十五篇」，
司馬遷既然明言「亦」即已說明與老子不是同一人，只是二者同
屬楚人。其次，從著書篇章來看，老萊子著書「十五篇」與「著
書上下篇」，凡五千餘言，言道德之意的老子顯然不是同一人。[13]
再次，從《史記》相關內容來看，《史記·仲尼弟子列傳序》曰：
「孔子之所嚴事：於周則老子；於衛，蘧伯玉；於齊，晏平仲；
於楚，老萊子；於鄭，子產；於魯，孟公綽。」[14]文中老子、老
萊子與衛之蘧伯玉、齊之晏平仲、鄭之子產、魯之孟公綽等人分
述並列，明顯老子與老萊子為二人。

清代學者曾考證老子與老萊子是否同為一人，如畢沅

---

12 李泰棻：《老莊研究》（北京：人民出版社，1958），頁3。

13 《史記會注考證·老子韓非列傳》：「於是老子迺著書上下篇，言道德之意，
　五千餘言而去。」頁833。

14 《史記會注考證·仲尼弟子列傳》，頁877。

（1730-1797）《道德考異序》、汪中（1745－1794）《老子考異》、梁玉繩《史記志疑》、洪亮吉（1746-1809）《曉讀書齋二錄》、沈欽韓（1775-1831）《漢書疏證》、洪頤煊（1765-1833）《讀書叢錄》、馬叙倫（1885-1970）《老子考》並嘗言老子與老萊子為二人，然而高亨認為前說條理不密，故另引其他古籍，以四例申而證之。高氏指出大小戴《禮記》、《莊子》、《戰國策》、《漢書》載「老萊子」與他篇記載之「老聃」，分明屬不同的二人，證據更為充分。[15]

3. 太史儋

老子為太史儋之說，是源於〈老子韓非列傳〉附傳言「或曰儋即老子」。《史記》言「自孔子死之後百二十九年，而史記周太史儋見秦獻公」一語恐已失真，勞思光先生指出太史儋見秦獻公，〈周本紀〉與〈秦本紀〉均載其事，蓋在周烈王二年，秦獻公十一年，即西元前 374 年；孔子沒於西元前 479 年，下距太史儋見秦獻公一百零五年，與《史記》稱「百二十九年」相去二十餘年。[16]

從《史記》所載內容來看，老子與太史儋當不可能為同一人。第一，老子比孔子年紀略長，太史儋於孔子死後一百零五年見秦獻公，若老子與太史儋為同一人，則老子便在近二百歲時見秦獻公，明顯太史儋與老子是不同時期的人。[17]第二，《史記》中〈周

---

15 高亨：《老子正詁》，頁 128。

16 勞思光：《新編中國哲學史》（一）（臺北：三民書局，2002），頁 209。

17 《史記會注考證・老子韓非列傳》曰：「蓋老子百有六十餘歲，或言二百餘歲。」頁 854。當中指出老子有二百餘歲者是以太史儋為老子的說法，從郭店竹簡成

本紀〉、〈秦本紀〉與〈封禪書〉曾記錄太史儋向秦獻公進言曰：「始周與秦國合而別，別五百載復合，合十七歲而霸王者出焉。」[18]從進言內容來看，太史儋所言性質乃傾向霸王之術，與老子無為而治、自然治道的思想取向明顯不同。

民國以來爭辯老子其人的學者，或以為太史儋即老子，如梁啟超、張季同、羅根澤等人，便認為太史儋即老子。[19]司馬貞《索隱》曾指出「此前古好事者，據外傳以老子生年至孔子時，故百六十歲，或言二百歲者，即以周太史儋為老子，故二百餘歲也。」[20]加上郭店竹簡《老子》的出土，更足以證明太史儋並非老子，關於郭店竹簡與《老子》的時代斷限的關係，詳見下文說明。

（二）所屬國地縣籍：陳國苦縣厲鄉人

老子所屬國地縣籍亦有兩種說法，《史記》曰「楚苦縣厲鄉曲仁里人」，南朝・宋・裴駰《史記集解》曰：「《地理誌》曰：苦縣屬陳國。」[21]司馬貞《索引》曰：「苦縣屬陳國者，誤也。苦縣本屬陳，春秋時楚滅陳，而苦又屬楚，故云楚苦縣。」[22]《經

書的時代來看，老子不可能與太史儋同時。關於郭店竹簡與《老子》成書的關係，見下文討論。

18 見《史記會注考證・周本紀》，頁 84。〈秦本紀〉與〈封禪書〉所記太史儋之言內容，文字稍有不同，茲分別載錄於下，《史記會注考證・秦本紀》曰：「周故與秦國合而別，別五百歲復合，合（七）十七歲而霸王出。」瀧川龜太郎案：「古鈔、南本，合下無七字，吳春照曰：此當衍。」頁 100。《史記會注考證・封禪書》曰：「秦始與周合，合而離，五百歲當復合，合七十年而霸王者出焉。」頁 500。

19 梁啟超、張季同、羅根澤之說分別見《古史辨》，第四冊，頁 305-306、445、449-453。

20 《史記會注考證・老子韓非列傳》，頁 853。

21 同上注。

22 同上注。

典釋文‧叙錄》一曰「相人」，到底老子所屬國地是陳國還是楚國，屬苦縣還是相縣人？

首先，關於國地屬陳屬楚之說，可參考以下古籍所載：相傳為劉向所作的《列仙傳》則認為老子乃陳人，[23]陸德明《老子音義》：「老子，《史記》云：字聃，又云：仁里人，又云：陳國相人也。」[24]《經典釋文》引河上公云「老子，陳苦縣厲鄉人。」[25]《經典釋文‧敍錄》曰：「老子，陳國苦縣厲鄉人也。一曰，陳國相人也。」由古代典籍所引可見老子屬陳國之說不少，清‧閻若璩《四書釋地又續》指出「苦縣屬陳，老子生時，地尚楚未有。陳滅於惠王，在春秋獲麟後三年，孔子已卒，況老聃乎！史冠楚於苦縣上，以老子為楚人者，非也。」[26]可見老子在世時尚未歸屬楚地，乃稱陳國，《史記》謂之「楚」乃以西漢人地理觀念稱之。李玉潔在《楚史稿》曾清楚指出：

> 太史公在這裡所記的「楚苦縣」是按照西漢人的地理觀念而寫的，正如他在〈貨殖列傳〉一文中所說的「東楚」,「西楚」,「南楚」一樣。春秋時期，陳雖曾為楚國所滅，但皆很快復國，陳基本上還屬於一個獨立的國家，老子應為陳國人。[27]

---

23 《列仙傳‧老子》：「老子姓李名耳，字伯陽，陳人也。」見王叔岷：《列仙傳校箋》（臺北：中研院文哲所，1995），頁18。
24 陸德明撰，張一弓點校：《經典釋文》（上海：上海古籍出版社，2012），頁537。
25 同上注，頁537。
26 閻若璩：《四書釋地又續》，王雲五主編：《國學基本叢書四百種》冊339（臺北：臺灣商務印書館，1968），頁104。
27 李玉潔：《楚史稿》（河南：河南大學出版社，1988），頁187-188。

可見陳國與楚國異名而指同一地，若以老子所處時代的背景審視之，則當謂老子為陳國人更符合歷史事實。

　　其次，關於縣籍屬苦屬相之說，承前文所引《史記》、《列仙傳》、《河上公章句・序》、《經典釋文》、唐・孔穎達（574-648）《禮記疏》均認為老子縣籍為苦縣。東漢・邊韶《老子銘》云相縣，又曰：「春秋之後……相縣虛荒，今屬苦，故城猶在，在賴鄉之東。」[28]《經典釋文・叙錄》一曰相人，是故老子之縣籍又有二說。然而從《老子銘》可見謂老子為相縣人者，屬於探古以為言；謂老子為苦縣人者，乃據今以為言，二說雖異，兩地則一。[29]

　　至於賴鄉、厲鄉之說，非有異者，因賴、厲二字古通用。[30]由是可知，老子為陳國苦縣厲鄉人，即今河南省鹿邑縣境。

（三）所處時期：春秋末年

　　相對於老子別稱、所屬國地縣籍，老子所處時期更是「世莫知其然否」，[31]然而隨著文獻出土，推算老子其人其書所屬時期或許可以得到進一步的確認。

28　清・嚴可均（1762-1843）輯：《全上古三代秦漢六朝文・全後漢文・卷六十二》（北京：中華書局，1958），頁813。
29　關於相縣、苦縣，二說雖異，兩地則一的說法，見高亨：《老子正詁》，頁112。
30　高亨指出《史記》厲鄉，《曾子問》疏引作賴鄉；《老子銘》、《漢書・地理志》顏注引晉《太康記》、《後漢書・郡國志》、《水經注》亦並作賴鄉，《神仙傳》、《史記正義》引晉《太康地記》又並作瀨鄉者，厲、賴、瀨古通用，《史記・南越尉佗列傳》：「故歸義越侯二人為戈船下厲將軍。」《集解》引徐廣曰：「厲一作瀨。」《詩・有狐》：「在彼淇厲。」俞樾《平議》讀厲為瀨。《石鼓文》：「溝又小魚。」溝即瀨之異文，並其證也。見高亨：《老子正詁・史記老子傳箋證》，頁113。
31　《史記會注考證・老子韓非列傳》，頁855。

　　在郭店竹簡《老子》以及馬王堆《老子》出土前，學界曾興起熱烈的討論。至今關於老子年代考證約可類歸三種，[32]一為春秋末年之「老孔同期」：此乃源於《史記》傳統，或以為老子年長於孔子的說法；[33]二為戰國中期之「孔莊之間」：認為老子或《老子》介於孔子之後莊子之前；[34]三為戰國後期之「莊前老後」：即莊子在前，老子在後。[35]郭店竹簡為戰國中晚期產物，從著書至成書，繼而流傳開來，再用作陪葬這過程，並不是幾十年可達致的事，由此推斷老子當生於戰國初期或以前，即老子年代考證的後二種說法若要成立，理由恐怕不夠充分。

　　老子之生卒年，在文獻不足徵引的情況下，無法確切考定，僅知其年稍長於孔子，孔子生於周靈王二十一年，即西元前 551 年，卒於周敬王四十一年，即西元前 479 年。根據胡適推斷，孔子適周，在他三十四歲後，為西元前 518 年以後，大概孔子見老子在三十四歲，與四十一歲之間，老子比孔子至多不過大二十歲。老子當生於周靈王初年，即西元前 570 年左右，即春秋晚期，[36]胡適此說甚合情理，可備一說。

　　既能大概推測老子生年，從常理角度來看，以當時醫療水準，及當時自然年壽合理推測，縱有養生之道亦難以活到二百多歲，

---

32 關於老子年代考證分期，可分為早、中、晚期三種說法，參見劉笑敢：《老子——年代新考與思想新詮》（臺北：東大圖書有限公司，2009），頁 7-8。

33 主張老子年長於孔子的說法如胡適、唐蘭、許抗生、徐復觀、陳鼓應等人。胡適之說見《古史辨》第四冊，頁 304。唐蘭之說見《古史辨》第四冊，頁 344、346。許抗生：《老子與道家》，頁 278。徐復觀：《中國人性論史》，頁 475。陳鼓應：《老莊新論》（北京：商務印書館，2008），頁 15。

34 認為老子介於孔子之後莊子之前如張岱年、羅根澤。張岱年之說見《古史辨》第四冊，頁 442-445。羅根澤之說見《古史辨》第四冊，頁 446-448。

35 錢穆：《莊老通辨》（臺北：東大圖書，1991），頁 11-20。

36 見《古史辨》第四冊，頁 303-304。

何以《史記》謂之「蓋老子百有六十餘歲，或言二百餘歲」？[37]司馬貞於《索隱》指出「此前古好事者，據外傳以老子生年至孔子時，故百六十歲，或言二百歲者，即以周太史儋為老子，故二百餘歲也。」唐・張守節《史記正義》亦言「蓋、或，皆疑辭也，世不的知，故言蓋及或也。」瀧川龜太郎（1805-1946）《史記會注考證》亦認為世人莫知其真，故與老萊子、太史儋混作一談，以為老子百有六十餘歲，或二百餘歲。[38]《史記》作為信史，兼距老子時代不遠，亦僅能以「蓋」、「或」述其年壽，已可見文獻不足徵引的程度。《史記》所謂「或言二百餘歲」之說，是以周太史儋為老子，以此推算老子年壽。漢以後，受道教影響，把老子神化，老子年壽更無從稽考。從《史記》「蓋老子百有六十餘歲，或言二百餘歲，以其修道而養壽也」的記載，僅知老子或許享高壽。若以老子享壽一百歲來看，老子所處時期當為春秋晚期。

二、言行事蹟

　　秦漢以後，特別是道教典籍所載之老子形象，被神話化的情況日益嚴重，後出的道書把老子身世寫得更是離奇。東漢・王充（27-97）《論衡》、李尤（約 44-約 126）《函谷關銘》均稱老子為「真人」，及至桓帝時王阜《老子聖母碑》則曰：「老子者，道也。」將老子等同於道。稍後出現的《老子變化經》中描述了老子生化的故事，經文宣稱老子行乎古昔，在天地之前，化變其

37　《史記會注考證》，頁 854。
38　同上注。

神，托形李母，孕育七十二年始降生楚國，且生有異相，又於三
皇五帝夏商周楚秦漢歷代皆變易名號降世。邊韶《老子銘》，及
至漢末三國《西升經》、《中胎經》、《春秋復命苞》、《珠韜
玉機》、《金篇內經》、葛玄（164-244）《老子道德經序訣》等
道經，均有神化老子的說辭，葛洪《神仙傳》曾將有關老子的神
話匯集起來。魏晉以還，天師道一系的經典，仍不斷敷衍老子變
化說，像《正統道藏》所收《老子變化無極經》、《大道家令戒》、
《三天內解經》、《老君說一百八十戒》，以及近代在敦煌發現
的《老子化胡經》等等，都記載著關於老子降為帝師、垂世立教
的故事。又五斗米道自漢末以《道德經》為教化道民的基本經典，
因此入魏晉以後，宣傳老子化胡說為最多，及至北魏‧寇謙之
（365-448）創天師道，也稱老君降授《云中音誦新科之誠》。[39]可
見自秦漢後，道書神化老子情況十分普遍，若以秦漢以還文獻中
的老子形象為《老子》一書作者之形象，則恐有神化老子之謙。
故下文討論老子言行事跡以秦漢以前典籍及《史記》所載內容為
主，不涉及道書所載老子事跡，在這前提下，可考據老子的言行
事跡有三，一是老子為周守藏室之史，二為孔子曾問禮於老子，
三乃老子出關前曾著書。

（一）為周守藏室之史

　　《史記》謂老子乃「周守藏室之史也。」《索隱》曰：「藏
室史，周藏書室之史也。又〈張蒼傳〉老子為柱下史，蓋即藏室

---

39 關於老子變化說的發展詳見任繼愈主編：《中國道教史》（上海：上海人民出
　版社，1990），頁 236-239。

之柱下，因以為官名。」[40]《莊子‧天道》亦云：「孔子西藏書於周室。子路謀曰：『由聞周之徵藏史有老聃者，免而歸居，夫子欲藏書，則試往因焉。』」[41]《史記》及《莊子》所載，殆屬可信，柱下史，即徵藏史，其職乃掌管官書。

（二）孔子問禮於老子

孔子問禮於老子一事，《莊子》、《禮記》、《史記》、《呂氏春秋》、《孔子家語》、《韓詩外傳》均記此事，似可聊備一說。[42]就今存資料來看，孔子問禮於老子的時間及地點均各有四種說法，問禮時間的四種說法為：第一，孔子十七歲時問禮於老子。邊韶《老子銘》和北朝‧北魏‧酈道元（？470-527）《水經注‧渭水》均言「孔子年十七而問禮於老子」，此外《禮記‧曾子問》中記載孔子從老子助葬於巷黨時曾「日有食之」，而《左傳》昭公七年有日蝕記載，是年孔子十七歲。第二，孔子三十四歲時問禮於老子。閻若璩據〈曾子問〉所記日蝕之時及《左傳》昭公二十四年有日蝕的記載，推算當時孔子的年歲為三十四。[43]第

---

40 《史記會注考證》，頁 853。

41 清‧郭慶藩（1844-1896）集釋，王孝魚點校：《莊子集釋》（臺北：萬卷樓圖書，1993），頁 477。

42 勞思光指出「《史記》所述『問禮』之事，考之史實，舛謬顯然；且他說亦多不可通。」相關說法見勞思光：《新編中國哲學史》（一），頁 205-207。誠然，如先生考據所得，孔子問禮於老子之事，若就今存資料來看，似亦不能成立，若無新的文獻出土，亦難有確切之時地證明孔子曾問禮於老子；然而《莊子》、《禮記》、《史記》、《呂氏春秋》、《孔子家語》、《韓詩外傳》均記此事，縱然考諸史實其時地與人事未必相合，然而除卻時地不合，就孔子曾問禮於老子此事上，似亦有據，今且聊備一說。

43 胡適對於閻若璩斷定孔子適周見老子在昭公二十四年，孔子三十四歲，認為可疑處三：一，〈曾子問〉是否可信；二，南宮敬叔死了父親，不到三個月，是否可同孔子適周；三，〈曾子問〉所說日蝕，即便可信，難保不是昭公三十一

三，孔子五十一歲時問禮於老子。此說據《莊子‧天運》「孔子行年五十有一而不聞道，乃南之沛見老聃」而言之。[44]第四，孔子五十七歲時問禮於老子。黃方剛據〈曾子問〉「日有食之」的記載，以及《左傳》定公十五年有日蝕的記載，認為孔子兩見老子，第一次孔子五十一歲，第二次孔子五十七歲。[45]問禮地點的四種說法為：第一，據《史記》〈老子韓非列傳〉、〈仲尼弟子列傳〉〈孔子世家〉所載為周。第二，據《禮記‧曾子問》所載為魯。第三，據《莊子‧天運》所載為宋。第四，據《史記‧孔子世家》說孔子「居陳三歲」，而老子乃陳人，因此孔、老有可能於陳相遇，故為陳。[46]

　　從前人研究孔子向老子問禮的時間、地點來看，孔子或不止一次問禮於老子，然而不能因為各書所載不一，遂認為「孔子問禮於老子，其事有無未可知。」[47]或謂孔子問禮之事不復存在。[48]何況《禮記》為儒家典籍亦曾記載，《呂氏春秋》也曾記載此事，恐怕很難否定其事。《莊子》雖為寓言而非信史，然而《莊子》記載孔子向老子問禮，而非其他虛構人物或道家人物問禮，應當有其可信性，司馬遷縱然沿用《莊子》所言而記下此事，亦自當有其史家之判斷。

年的日蝕。見《古史辨》第四冊，頁303-304。

44 《莊子集釋》，頁516。

45 見《古史辨》第四冊，頁380-381。

46 孔子問禮於老子的時間及地點均各有四種說法的整理，見陳鼓應、白奚：《老子評傳》（南京：南京大學出版社，2011），頁80-83。

47 此說見瀧川龜太郎：《史記會注考證》，頁854。

48 見勞思光：《新編中國哲學史》（一），頁205-207。

（三）老子出關前曾著書

老子出關之事，載於《史記‧老子韓非列傳》，文曰：「老子脩道德，其學以自隱無名為務。居周久之，見周之衰，迺遂去。至關，關令尹喜曰：『子將隱矣，彊為我著書。』於是老子乃著書上下篇，言道德之意五千餘言而去，莫知其所終。」[49]可見老子為隱世之士，因見周衰而出關，出關前關令尹喜請求老子為己著書，於是老子著書上下篇，其著作內容約五千餘言均與道德相關，及書既已著成，老子便不知所終。關於此段記載，有兩處引起後世討論，首先，關令尹喜是否即關尹子，若否則為誰？其次，老子所出之關為哪個關？

關於第一個問題「關令尹喜」是誰，《列仙傳》以為關令尹喜為周大夫。[50]高誘《呂氏春秋‧不二》注：「關尹，關正也，名喜，作道書九篇。」[51]是以關令尹喜為「關尹喜」。《經典釋文》釋《莊子‧達生》、〈天下〉篇曰：「關令，關令尹喜也。」[52]明‧柯維騏（1497-1574）認為《莊子》、《列子》所載關尹子之論，其旨微妙，似道德篇，又《藝文志》道家有《關尹子》九篇，故關尹子即關令尹喜。[53]據高亨所考，關尹與老子同時，若關令尹喜為關尹子，則關令尹喜確有可能於老子出關前得見老子。[54]問題是，到底關令尹喜為周大夫，還是為關尹子，還是另

49　《史記會注考證》，頁 854。
50　《列仙傳》之說乃《集解》所引，見《史記會注考證》，頁 833。
51　許維遹撰：《呂氏春秋集釋》，頁 467。
52　《莊子集釋》，頁 633、1093。
53　柯維騏之說乃《考證》所引，見《史記會注考證》，頁 854。
54　高亨：《老子正詁》，頁 121-123。

有其人，至今仍無定論。[55]

　　關於第二個問題老子出關之「關」是何地，張守節《史記正義》引《抱朴子》云「老子西遊遇關令尹喜於散關，為喜著道德經一卷，謂之《老子》，或以為函谷關。《括地志》云散關，在岐州陳倉縣東南五十二里；函谷關，在陝州桃林縣西南十二里。」[56]於此，「關」便有散關和函谷關二說，然而錢穆指出，孔子之時並無函谷關之名，散關所在位置在秦之西，亦非自周適秦所經之地。[57]於此，老子所出之關到底為哪一個關，仍然是一個懸案。

　　老子出關前為關令尹喜著書，雖未能確定其所出之關為何地，以及所遇之關令尹喜為何人，然而可以確定的是，老子因周衰而出關，在出關之前曾著書五千多言，其書可分成上下兩篇，與今傳《老子》五千言，分道、德兩篇，其內容以討論道德之意為主的說法相符。

　　綜合以上討論可知，老子，又名老聃，年壽甚高，陳國苦縣厲鄉人，即今河南省鹿邑縣人，所處時期為春秋末年至戰國初期。曾為周守藏室之史。老子為人清淡無為，孔子曾問禮於老子，後因周衰無道，便出關隱世，於出關前曾著書上下兩篇，內容以道德之意為主，凡五千多言。

55　高亨指出《國語・周語》以周之關吏名關尹，如以關尹為官名，其人姓尹名喜，周秦古籍，何以絕無稱尹喜者乎？且僅以官名稱其人，又何以別於化人之為關尹者哉？故知關尹當為人之姓名也。見高亨：《老子正詁》，頁 124。勞思光則指出無論「令尹」或「關令尹」，皆非周制中之官名，「令尹」之官，唯楚有之，且乃司國政之臣非守關之人，周制則僅有「關尹」之名，故終不能斷之為何許人也。勞思光：《新編中國哲學史》（一），頁 207-208。

56　《史記會注考證》，頁 854。

57　錢穆：《莊老通辨》，頁 14-15。

第二節　老子其書

　　相對於老子其人，《老子》一書需要討論的問題較少，所謂問題較少是指《老子》一書不像老子其人身世以及言行事迹在後世典籍中有各種不同說法，令後人莫衷一是。《老子》一書的主要爭論在於《老子》的作者是誰，在什麼時候成書，以及何以出土文獻中的《老子》與通行本《老子》內容不盡相同。以下將討論《老子》的作者、成書的時間斷限、版本、及其內容。

一、《老子》的作者

　　唐宋以前均援用《史記》之說，認為《老子》乃老聃出關前所著，爭論不大。及至唐宋以後疑經風氣甚為盛行，加上儒道論爭，便興起對《史記》所載《老子》是否為老聃所著的疑問。二十世紀初古史辨運動的興起，對於《老子》其人其書，特別是其書作者、成書年代起了激烈爭辯，主要說法收於顧頡剛編的《古史辨》第四、第六冊當中，至今對於《老子》作者仍沒有一致的定論，有的認為《老子》乃老聃自著，在流傳過程中被增刪修改；[58]有的認為《老子》一書由老子口述，門人記錄而成；[59]有的則認為《老子》一書並非老子或老子及其門人所作。[60]

58　認為《老子》乃老聃一人所作，經後人修改而成通行本《老子》者，如唐蘭、高亨、陳鼓應等。唐蘭之說見《古史辨》第六冊，頁 599-600。高亨之說見《古史辨》第六冊，頁 459-461。陳鼓應：《老莊新論》，頁 39。

59　徐復觀：《中國人性論史》，頁 493。

60　素癡認為作者不可考，僅後世託之老聃，見《古史辨》第四冊，頁 417。

眾說紛紜，從郭店竹簡、馬王堆帛書、北京大學藏西漢竹書《老子》的出土資料考察，今本《老子》顯然是經過後人整理而成，然而《老子》的主要內容、大部分內容應為老子本人所作，只是在流傳過程中被後人修改增刪而成通行本之《老子》，原因有二：第一，先秦典籍中，凡稱某子者，以取其姓命名者居多，如《墨子》、《莊子》、《孟子》、《荀子》等，故《老子》應為老聃所作。第二，從《史記》所述「老子乃著書上下篇，言道德之意五千餘言而去」可見，與今本《老子》五千言，分上篇〈道經〉，下篇〈德經〉，內容以討論道德為主的情況相符，通行本《老子》亦與老子「無為自化，清淨自正」、義理性格相合，可見老聃乃《老子》之作者。

二、《老子》成書的時間斷限

《老子》成書的時間斷限相對於老子所處時期的考據爭論更為熱烈，在馬王堆帛書、郭店竹簡尚未出土以前，前人或從《老子》思想內容，[61]或從押韻、用字、文體判斷成書年代；[62]然而，自《老子》出土後，便能發現，以此推斷《老子》成書時間都不

---

61 錢穆從四方面論證《老子》晚出說：一，從《老子》與道字相涉之名詞推溯思想上之來源；二，從《老子》一書所用主要之字語推究其時代背景；三，從《老子》書中政治理論推測其歷史背景；四，從《老子》為《莊子》與《易傳》、《中庸》之過渡，詳證《老子》晚出於《莊子》，當屬戰國晚年之作。錢穆：《莊老通辨》，頁 21-112，301-328。錢穆所論證甚為豐詳，只可惜未見竹簡、帛書《老子》之出土，不知河上公本、王弼本《老子》乃歷經後世整理而流傳至今，難以用今本之押韻對仗狀況、字詞來源推敲其成書年代。

62 竹簡、帛書《老子》出土以前，馮友蘭便從《老子》文體、學說及各方面之旁證，認為《老子》乃戰國時之作品。馮友蘭：《中國哲學史》，頁 162，《中國哲學史新編》第二冊，頁 33。劉笑敢亦以文體來斷定《老子》成書時間，見劉笑敢：《老子－－年代新考與思想新詮》，頁 7-48。

可以為準，因為通行本《老子》是經過後人長年增修刪減而成。[63]
關於《老子》成書的時間斷限大概也可以劃分三種，一為春秋末
至戰國初期、[64]二為戰國中期、[65]三為戰國後期。[66]

　　自郭店竹簡《老子》出土以後，便可得知《老子》晚出說不
太可能成立，從文獻出土的狀況，以及古籍所載，可推敲得出《老
子》成書當在春秋末期至戰國初年。主要從兩方面可推論《老子》
成書時間：第一，從先秦典籍來看：先秦典籍如《莊子》、《荀
子》、《呂氏春秋》、《韓非子》已多引用或批評《老子》內容
或思想。從《莊子》外雜篇援引《老子》一書內容並常提及老聃
的情況可見，《老子》成書必在《莊子》之前，且在《莊子》前
已開始流傳。第二，從文獻出土來看：郭店竹簡《老子》乃戰國
中期偏晚之產物，能成為陪葬品必須經過著書成冊、廣泛流傳等
階段，以當時交通環境、訊息傳遞的情況，都須經過一段相當長
的時間，方可能廣泛流傳，故《老子》成書最遲也不過戰國初期，
此其一。郭店竹簡《老子》分三種，當中甲、丙兩種於今本〈六

---

63 許抗生即據「侯王」之說，肯定《老子》一書有戰國時人所增加的內容。見許
　　抗生：《老子與道家》，頁280-281。
64 主張《老子》成書時間為春秋末至戰國初期者，如高亨、張岱年、許抗生、徐
　　復觀、陳鼓應等人。高亨認為《老子》有些內容是春秋末期產物，有些是戰國
　　時代產物。見高亨：《老子正詁》，頁3。張岱年之說見《古史辨》第四冊，
　　頁441。許抗生認為《老子》乃春秋末老子所作，又為戰國中前期人所增補，
　　見許抗生：《老子與道家》，頁278-281。徐復觀：《中國人性論史》，頁493。
　　陳鼓應認為《老子》先於《論語》，老學先於孔學，見陳鼓應：《老莊新論》，
　　頁17-33。
65 馮友蘭：《中國哲學史》，頁162，《中國哲學史新編》第二冊，頁33。另外
　　黃方剛則主張《老子》一書當在《莊子》之前，此說則不只是斷定《老子》成
　　書於戰國中期，甚至是更前的時間，見《古史辨》第四冊，頁363。
66 梁啟超、顧頡剛、錢穆則主張《老子》晚出，梁啟超之說見《古史辨》第四冊，
　　頁305-307。顧頡剛之說見《古史辨》第四冊，頁464。錢穆：《莊老通辨》，
　　頁21-112，301-328。

十四章〉下的部分內容相重，字跡、內容有異，可見抄手是據著不同傳本抄寫的，由楚墓中存在著不同的《老子》抄本，足見楚地流行著不同的《老子》傳本。[67]由不同抄本可見，《老子》成書至流傳已有一段頗長時間，此其二。郭店出土的《老子》簡，內容甚少重複，王博認為這三組竹簡是按照治國、修身、天道等不同主題，從既有之「五千言」分別摘錄出來，而非當時《老子》的全本。[68]裘錫圭則認為很難想像，在戰國晚期，有人能把一二百年甚至更長的時間內所流傳的多種「老子語錄」內容編輯成書，故竹簡本《老子》抄錄者，應從「五千言」中有計劃地錄出三種摘抄本。[69]由摘抄的模式可見戰國中期以前《老子》便已成書，此其三。時至今日，已出土之《老子》文獻，有郭店竹簡本、馬王堆帛書本以及北京大學藏西漢竹書（簡稱「漢簡本」），[70]竹簡本在湖北，帛書本自湖南，漢簡本屬長江流域，當中以竹簡本最古，從出土文獻流傳之廣來看，《老子》成書不可能晚於戰國初期，此其四。

若以上推論不謬，《老子》成書至少不晚於戰國初年，此說與《老子》作者為老聃，且老聃為春秋末至戰國初人之說似乎更為吻合。[71]

---

67 陳鼓應：〈從郭店簡本看《老子》尚仁及守中思想〉，《道家文化研究》17（北京：三聯書店，1999），頁67。

68 王博：〈關於郭店楚墓竹簡《老子》的結構與性質〉，《道家文化研究》17，頁149-162。

69 裘錫圭：〈郭店《老子》簡初探〉，《道家文化研究》17，頁27-68。

70 本書所引漢簡本，見北京大學出土文獻研究所編：《北京大學藏西漢竹書》貳（上海：上海古籍出版社，2012）。

71 縱然將來有新的資料，證成《老子》一書非一人一時一地之作，仍無損《老子》一書的整體意義。唐君毅先生曾指出：「不可因此而謂老子一書，唯是十口相

三、《老子》的版本

　　《老子》成書後,於兩千多年流傳的過程中,出現了不同的版本。對於《老子》版本歧變這現象,劉笑敢曾有深入分析說明,認為版本歧變可分兩種,一為無意識歧變,二為有意識歧變。無意識歧變又可分兩種,一是疏忽性歧變,即錯抄、漏刻、粗心引起的歧變;二是習俗性歧變,即異體字、通假、因方言習俗不同引起的歧變。相對於無意識歧變,有意識歧變則是編校者、抄寫者有意識修改加工造成的,又可類分為二,一為獨斷性歧變,乃編校者個人不顧其他版本的不同,而堅持改造原文的行為;二為改善性歧變,乃編校者有一種改善原本的意願,或都受一些共同的理解和原則所支配,逐步修改古本,使文句逐步趨向整齊、一致,思想逐步集中、強化的演化現象,諸如對文本分章、加標題,增刪原文虛詞以求句式整齊,重複章節以強化文本一致性。[72]

　　歷代不乏注《老》或校釋、集解《老子》者,唐以後,河上公本和王弼本流傳最廣,至今二者仍屬流傳最普遍的《老子》版本,因而被稱作「通行本」或「今本」。相對於通行本,唐・傅奕(555?-639)校輯的古本《老子》,即為馬王堆帛書《老子》、郭店竹簡《老子》、西漢竹書《老子》出土前最古本之《老子》。

傳之老人言之集結,無一貫宗旨之著。而吾人縱假定此書為群言之集結,編之成書者,亦必有其融鑄之匠心。則吾人於此書所陳之諸義,自不能不求有一貫之解釋,以求契合於編之成書者之用心。此中吾人所需之工夫,亦將與視老子為一人一手之所著者,無大差異。」見唐君毅:《中國哲學原論》導論篇(臺北:臺灣學生書局,2004),頁386。

72 劉笑敢:《老子古今:五種對勘與析評引論》(北京:中國社會科學出版社,2006),頁4-42。

以下稍作介紹較常見之郭店竹簡本、馬王堆帛書本、河上公本、王弼本以及傅奕古本。

（一）竹簡本

　　竹簡本《老子》，1993 年 10 月出土於湖北荊門郭店一號楚墓，發掘後經學者推斷該墓年代在戰國中期偏晚，約西元前四世紀的末期，即不晚於西元前 300 年。[73]竹簡本抄寫在長度和形制不同的竹簡上，整理者將《老子》簡分為甲、乙、丙三組，甲、乙、丙三組文本，均為摘抄本，而非足本。甲本年代稍早於乙本和丙本，乙、丙兩本與帛書本及通行本差別較少，但整體來看竹簡本在分章、章序和文字內容與通行本有不少差別。

（二）帛書本

　　帛書本《老子》，1973 年 12 月出土於長沙馬王堆三號漢墓，分甲本、乙本兩種。甲、乙本不同在於：一、有無尾題之別：乙本上篇尾題為「德」，下篇尾題為「道」，〈德〉在前，〈道〉在後；甲本文章次序與乙本相同，但無尾題。二、抄寫方式不同：甲本用篆書抄寫，乙本則以隸書抄寫。三、分章標誌不同：甲、乙兩本均連續抄寫，乙本沒有任何分章標誌，甲本在〈德〉篇的少數段落之前殘留有十九個圓形墨點，〈道〉篇僅有篇首一個墨點，多數墨點位置與今本分章一致。四、關於避諱字詞：甲本不避「邦」字諱，乙本則避「邦」字諱，改為「國」字，而不避「盈」、

「恒」字，可見二者抄寫時代不同，甲本應寫在劉邦稱帝之前，乙本則抄於劉邦稱帝之後。五、句型用字不同：甲、乙本在經文句型、虛詞及其所用古今字、假借字等均有差別，全書用字差別約有二百餘處，可見甲、乙本來源不同，乃漢初兩種不同古本。[74]從整體來看，帛書本與通行本的章次、順序，大體一致。

（三）河上公本

河上公本屬漢代版本，相傳為河上丈人所注《老子》的文本，在東晉以來神仙道教的發展的影響下，廣泛流傳。自漢及今，或經增補刪損，故今日所見之河上公本已不可能是漢代舊貌，於唐初《河上公章句》的經文字數就有四種不同傳本。唐代傳本各章並未見逐章有標題，今傳河上公本所見的標題或始於宋代，如「體道第一」、「養身第二」等。

（四）王弼本

王弼本乃三國・魏・王弼（226-249）注《老》所據的版本，但今傳王弼注的《老子》文本，乃唐宋以後通行的版本，與魏晉時期的文本已有所出入。南宋・范應元於其《老子古本道德經集註》逐章校注，以明王弼注《老》的底本與古本多有相合處，然而范氏所言之古本並不是指竹簡本或帛書本。[75]陳錫勇曾作〈《通

74　關於馬王堆帛書甲、乙本的差別，見高明校注：《帛書老子校注・序》（北京：中華書局，2011），頁3。

75　范應元所言「王弼與古本同」者之「古本」並非指竹簡本、帛書本，如今傳王弼本〈三十九章〉之「是以侯王自謂孤寡不穀」，范應元作「是以王侯自稱孤寡不穀」，並謂「王弼同古本」，見范應元著，黃曙輝點校：《老子古本道德經集註》（北京：中華書局，2010），頁72。范應元之說與帛書本相較，今

行本》非《王弼注本》原文〉一文，力陳今傳王弼本之《老子》文本已非魏晉時期的文本。誠如劉笑敢所言「越是流傳廣、通行久的版本，其演化越多，距離原貌越遠；倒是不大流傳的傳世古本比較接近古本舊貌。」[76]縱然今傳王弼本的《老子》文本與王弼時所見之《老子》於文字表達上略有不同，後世仍習慣稱今傳王弼注本之《老子》文本為「王弼本」。

（五）傅奕古本

傅奕校定的古本《老子》，稱為傅奕本。傅奕本為校勘本之《老子》，乃據北齊武平五年彭城人開項羽妾冢所得之《項羽妾本》、北魏太和中道士寇謙之所傳的《安丘望之本》、齊處士仇岳傳的《河上丈人本》校勘而成。

兩千多年來《老子》傳本雖多，但不同版本的《老子》其義理宗趣仍是一致的，即總不離「無不而無不為」的道家義理性格，並以道化政治理想為其思想宗趣。將來或許還會有較竹簡本更早的《老子》書出現，但出土文獻只能讓後人了解早期《老子》面貌，其價值是歷史意義大於內容意義，因為出土《老子》對通行本《老子》的義理架構並無多大影響。袁保新曾指出：

> 考據上就是證明某些章句是後人添補上去的，但在思想面上看，也未必就證明了《道德經》思想成分的異質性。同時，我覺得所有有關老子《道德經》成篇的推斷，從嚴格考證的

傳王弼本反與帛書本相同，而不同於范應元所言之古本，可見范應元之「古本」，並非竹簡本、帛書本之古本。

76 劉笑敢：《老子古今：五種對勘與析評引論》，頁3。

> 觀點來看，充其量只是「臆測」；但是今本《道德經》，大概
> 從魏晉以後，就被視為一部「完整」的經典，卻是中國哲學
> 史上鐵案如山的「事實」。[77]

誠如袁保新所言，今本《老子》自魏晉以後流傳千餘年，自身已
為一部體系「完整」的經典之作，中間過程或經輯校修改，亦必
有其融鑄之匠心，自有其一貫之解釋，當視之為一部思想一貫的
系統之作。若從版本最古與近今的《老子》作比較，便可得證袁
保新的說法：竹簡本與帛書本、今本《老子》最為不同的地方，
主要是虛詞的增刪，其餘內容泰半近同，[78]唯獨竹簡本「絕智棄
卞」章與帛書本、漢簡本、今本《老子‧十九章》歧異較大，也
因此引起學術界廣泛的討論，論者往往以竹簡本作「絕智棄卞」、
「絕愳棄慮」與今本作「絕聖棄智」、「絕仁棄義」為爭論點。
然而細究其意便能發現，竹簡本與今本棄絕內容雖異，但泯除心
知執著之旨趣則無異，從義理性格來說，仍屬《老子》無為而無
不為之義理性格。後世研究《老子》者，常因出土文獻而修訂文
本，姑勿論修訂之內容為何，大體也沒有改變或影響《老子》義
理思想體系，但是卻可以豐富《老子》的詮釋內容，見證每個時
代中詮釋者的關懷面向。[79]

77　袁保新：《從海德格、老子、孟子到當代新儒學》，頁 263。
78　劉笑敢指《老子》古本（案：指竹簡本和帛書本）到今本（案：指河上公注本
　　和王弼注本）的變化是以省略虛詞和增加虛詞為主，見劉笑敢：《老子古今：
　　五種對勘與析評引論》，頁 14。
79　關於竹簡本《老子》「絕智棄卞」章與今本〈十九章〉義理異同比較，見拙作
　　〈竹簡本《老子》「絕智棄卞」章與今本〈十九章〉義理內涵之異同辨析〉，
　　《世新中文研究集刊》9，2013.7，頁 159-182。

四、《老子》的內容

　　隨著文獻的出土，當代學者曾討論《老子》文本範圍。1993
年出土的郭店楚墓文獻中的〈太一生水〉，與三組《老子》同被
荊門市博物館整理小組列為道家著作，而與〈緇衣〉、〈五行〉、
〈性自命出〉、〈六德〉等十幾種儒家著作區隔開來。學者主要
集中兩方面討論〈太一生水〉與《老子》的關係，一是九至十六
簡，與丙本《老子》內容的銜接問題；二是其哲學概念與《老子》
思想的因革關係。李學勤指出簡本《老子》增多〈太一生水〉的
內容，認為〈太一生水〉等文字，雖不見於傳世《老子》，但就
簡本而言，實與《老子》不能分割。又認為簡本《老子》丙原應
有二十八支簡，包括今見於傳世《老子》的各章和〈太一生水〉
等內容。[80]丁四新、陳麗桂均認為〈太一生水〉的思想脈絡與《老
子》不同，故非《老子》的一部份內容，而是另一系道家思想的
傳本。[81]丁四新、陳麗桂二位學者的觀點一致，加上〈太一生水〉
不見於傳世本《老子》，亦不為後世詮釋老學者討論，故不擬以
〈太一生水〉為《老子》的一部分，僅以傳統八十一章為《老子》
討論內容。

---

80 李學勤：〈太一生水的數術釋〉，《道家文化研究》17，頁297。
81 關於國內外學者對於〈太一生水〉與《老子》關係的說法整理，詳見陳麗桂〈〈太
　一生水〉研究綜述及其與《老子》丙的相關問題〉，《漢學研究》23：2，2005.12，
　頁425-427。

第三節 《老子》的思想內容

先秦諸子立說，均就周文疲弊而發，[82]面對僵化的周文，老子提出自然、無為而無不為的思想，以保存事物的純粹價值，故自然、無為而無不為思想乃《老子》一書重要的哲學概念，然而《老子》一書是否僅就個人修養達致「無為而無不為」之境作為思想宗趣？下文分別討論說明《老子》一書論道的義涵、無為而無不為的工夫論，及其所開顯之境界。由是可見《老子》之說非僅就個人修養立論，其學所重乃是通過修養工夫作為內在根據，安頓聖王以及百姓生命的道化政治理論，所開顯的無疑是道化之治的理想境界。

一、道的義涵 —— 玄、無、有

《老子》一書的理論層次，以道為最高，而道的內涵不僅只有「無」這一面，還包括「有」和「玄」，三者均為道的不同面相，在分解說明時不得已才分開為「玄」、「無」、「有」三個面向，於真正落實體現道的時候三者即是一，不可分，亦不可缺。若分解地剖析常道的義涵，則又可從道的特徵、道的內涵、道生的意義分別說明。

---

82 關於周文疲弊之說，見牟宗三：《中國哲學十九講》（臺北：臺灣學生書局，1999），頁89。

（一）道的特徵

關於道的特徵，《老子》一開始即表明道乃不可道者，文曰：

> 道可道，非常道。（〈一章〉）[83]

可道之道，並不是常道，故常道不可道。《老子》以遮詮的方式說明道，並沒有明說道是什麼，因為道不能被定義，只要一被定義就會有所封限，由是可以看出道的第一個特徵是：道不可道。若從《老子》全書來看，《老子》所欲表達的道，均扣緊生命實踐而說，所謂道，是指人生的路、生命的存在。生命之路不能落入某一個形態裡，若為某一形態則為可道之道；只有不落在某一形態裡，才不至於被拘限，由是可知生命無限的可能性，即道的無限性。

既然道是不可被定義，不能被形容表達，何以《老子》又作五千言論道？其文曰：

> 視之不見名曰夷，聽之不聞名曰希，搏之不得名曰微。此三者不可致詰，故混而為一。其上不皦，其下不昧，繩繩不可名，復歸於無物，是謂無狀之狀，無物之象。是謂惚恍。（〈十四章〉）

> 孔德之容，惟道是從。道之為物，惟恍惟惚。惚兮恍兮，其

---

83 本書所引之《老子》以王弼本為主，若王弼本與他本有所不同，而又影響義理內涵者，將參考他本校改，並附注說明。王弼本《老子》，見樓宇烈校釋：《王弼集校釋》（北京：中華書局，1999），頁 1。下文所引《老子》、王弼注原文皆出自此書，句讀或經筆者重新點斷，以下只標注章次。

中有象；恍兮惚兮，其中有物；窈兮冥兮，其中有精。其精
甚真，其中有信。自古及今，其名不去，以閱眾甫。吾何以
知眾甫之狀哉？以此。(〈二十一章〉)

常道不可被言說限定，被定義封限，只是說明語言文字的進路，
永遠無法窮盡宇宙人生之道的內容，常道則是真真實實地存在，
為了表達常道這種真實的存在，而又不以定義封限它，只好對道
作出惚恍、窈冥的形容，以證實常道的存在，而不是一個永遠無
法觸及、空洞無內容的東西。因為常道不能形狀化，故通過感官
的視、聽、搏均無法把握它，由於視而不能見、聽而不能聞、觸
而不能得，故曰夷、希、微，以平坦不突出、音希不清楚、精微
不易發現來形容常道。凡此三途均不能清楚說明常道的存在，因
為常道是混成為一整體，不能被分割的。然而常道雖不能被清楚
描述，卻是真實存在，其上下無所謂光明與幽暗，綿綿不絕而不
能被名狀。從常道不可道的無形體之狀，說明常道並非一客觀外
物，不能通過感官具體地把捉，故謂「惚恍」。這種說法《老子》
在行文中始終一貫，於〈二十一章〉有更深入的說明，《老子》
認為道這個存在，[84]恍惚不定、窈深冥昧，不易被感官掌握，但
卻有象、有物、有精，此所謂「其中有物」者與「無狀之狀，無
物之象」的「無物之象」並不矛盾。「無物之象」是從道不能被
把捉來說，沒有具體形象；「其中有象」則指常道雖恍惚不定，
卻隨著各人體證而能形著、示現，故「其中有象」之「象」是形

---

[84] 牟宗三先生指出「道之為物」(〈二十一章〉)並不是實指有一實在物，是指
有這麼一個東西的意思。關於「道之為物」的「物」字釋義，詳見牟宗三主講，
盧雪崑記錄：〈老子《道德經》講演錄〉(五)，《鵝湖月刊》338，2003.8，
頁 6-7。於此以「道這個存在」來解釋「道之為物」是在牟先生之說的基礎上，
再推進一步說明。

著的意思。常道雖惚恍窈冥，能體道則能形著於生命之中，即「有象」；能踐道便能成就生命裡的事物，即「有物」；能證道便能凝聚生命中的精神而應物，即「有精」，於此「有象」、「有物」、「有精」層層遞進，為生命境界調適上遂的表現。由是可見，常道透過實踐便能體證其真實性，是可以徵驗的。

怎樣才能知道眾物的根源的樣態呢？得回到道之「甚真」、「有信」來驗證，道之真、道之信，則源於修道實踐。所以，在〈二十一章〉首言「孔德之容，惟道是從」，就是指點體證不可道之道的一個重要原則。《老子》之言道德，與今人所謂之「道德」（moral）、儒家所言之仁義道德有所不同。《老子》又名《道德經》，「道」與「德」並稱，「道」、「德」兩者有著不同的義涵，德者得也，得之於內之謂「德」。「孔德」即「大德」，是從主體修養至至德、大德來說，大德的樣態依順於大道，道是客觀性、形式、普遍、超越的；德是主體性、內容、具體、內在的。道的客觀是理的客觀，通過修養的德，便能使普遍的、超越的、不可道之道具體而真實地呈現於生命之中，使道內在於主體，是謂得之於道，故道之「有象」、「有物」、「有精」，須緊扣實踐而談。[85]

至道不可名狀，不為概念所限定，故不可說，是非分解的說法，若勉強言之，也只能象徵的說，故所狀之詞是指點語，而非界定語，所以《老子》「強為之容」，〈十五章〉曰：

---

85 錢穆認為「有精」指「大化之精氣」。見錢穆：《莊老通辨》，頁 208。案：若從「大化之精氣」來談「有精」便落在氣化中說道，恐怕未能相應於從修養而言之「孔德」。

> 古之善為士者，微妙玄通，深不可識。夫唯不可識，故強為
> 之容。豫兮若冬涉川，猶兮若畏四鄰，儼兮其若客，渙兮若
> 冰之將釋，敦兮其若樸，曠兮其若谷，渾兮其若濁。孰能濁
> 以靜之徐清？孰能安以久動之徐生？保此道者不欲盈，夫唯
> 不盈，故能敝而不成。(〈十五章〉) [86]

此章雖就「善為士者」的修道之人而言，然而修道之人表現的幽微、神妙、深遠、無不通達，深奧不可測，均因其生命體證不可道之道，由是而知至道之微妙玄通、深不可識。但凡是可以辨識測度的，便不會是幽微神妙、玄遠通達，若要以言說形容之，只好勉強為之形容：有所準備像冬天涉足冰川一樣，預先準備周全，戒懼警覺像被四鄰窺伺一樣，拘謹嚴肅像作客一樣端莊，渙發解融像冰之消融一樣，敦厚其德若木之原質一樣素樸，開闊得像山谷一樣，混然純樸得像濁水一樣，豫、猶、儼、渙、敦、曠、渾各樣狀況都有，均為體道的其中一種面貌，只要是無心之狀均可繼續列舉下去，並無一定限制。重要的是，至道能使生命於動盪中安靜下來慢慢澄清，安定在變動中慢慢成長。能體此道者不會自滿，有若破損而無所成。無所成，即不被封限，始能沖虛納物。常道體現於生命之中，則為具體的德，然而雖曰「具體」，亦只能「強為之容」，更何況常道本身，故〈二十五章〉又言「吾不

---

[86] 「儼兮其若客」，王弼本作「客」作「容」，竹簡本、帛書本、漢簡本、河上公本、傅奕本作「客」，故改王弼本「容」作「客」。「敝而不成」，王弼本作「蔽不新成」，竹簡本無此句。帛書甲本此句殘缺，乙本作「弊而不成」。漢簡本作「敝不成」。傅奕本作「敝而不成」。河上公本、王弼本作「蔽不新成」。據帛書本、傅奕本來看，「新」字乃後人所加，古本無「新」字，今本「蔽不新成」需改字始能順通文意。出土本「敝而不成」較今本「蔽不新成」能呼應其他章句說法，且為既有之說，亦不必透過改字進行詮釋，遂將王弼本「蔽不新成」改為「敝而不成」。

知其名，字之曰道，強為之名曰大。」以絕對的大來形容不可道
之道。

　　常道除了不可言說此一特徵外，是否真的完全不能強為之名
狀，或再透露一點說明之？觀乎《老子‧二十五章》，曾描述至
道曰：

> 有物混成，先天地生，寂兮寥兮，獨立不改，周行而不殆，
> 可以為天下母。(〈二十五章〉)

從以上引文可見，常道除了有不可道此一特性外，尚有以下特性。
第一，自足性：所謂「有物混成」，並不是指有一客觀外物實實
在在的放在眼前，而是常道渾然天成。首先，所謂「有物」之「物」，
是指稱道，與「道之為物」(〈二十一章〉)相呼應，均不指客
觀外物而言，是就常道本身來說，具體真實的生命之道。其次，
「混成」不是由不同東西混合而說，「混成」是就它天然自足、
混然一體來說，故混然自足乃道之特性一。第二，先在性：所謂
「先天地生」之「先」，不只是邏輯的先在，亦不是指時間上的
先在，而是理論上的優先性、形而上學的先在性，[87]因此理論涉
及存在，故亦是形而上學的先。其「生」不是就母生子之生而言
生，是就存在而言，道先於萬物而存在，是理論上、形而上的優
先存在，故先在性乃道之特性二。第三，絕對性：由「獨立不改」
的「獨立」，見道之與物無對；不變不改，見其絕對，因形而下

---

87 邏輯的先在不一定是形而上學的先在，形而上學的先在一定涵有邏輯的先在，
　　而邏輯的先在與形而上的先在，分別在於前者不涉及存在，而後者涉及存在。
　　關於邏輯與形而上學之先在性的區別，詳見牟宗三主講，盧雪崑記錄：〈老子
　　《道德經》講演錄〉(五)，頁10。

的萬物，存在於變動之中，唯有道獨立而不改，故絕對性乃道之特性三。第四，普遍性：由「周行而不殆」之「周行」見道的作用遍在，故〈三十四章〉言「大道氾兮，其可左右。」足見常道之廣大，其可左可右，無處不在，因此普遍性乃道之特性四。第五，永恆性：由「周行而不殆」之「不殆」見道之永恆，道周行不止，生生不息而不衰微，故〈十四章〉曰：「迎之不見其首，隨之不見其後。執古之道，以御今之有，能知古始，是謂道紀。」（〈十四章〉）常道無首尾前後的分別，只要能掌握常道、體證常道，便能得古時候所傳之道，以駕御生命中之事，能掌握古之道以御今之事，可見常道不受時間限制，因此永恆性乃道之特性五。第六，根源性：以「可以為天下母」之「母」作為比喻，萬物由此「母」而生，顯其為萬物之所以為萬物的價值根源，故根源性乃道之特性六。

透過以上討論可知常道、至道雖不可道，但勉強為之言，還是可以知其特性，即道之為物，乃自足、先在、絕對、普遍、永恆，且作為萬物存在的根源。

（二）道的內涵

常道雖然不可稱說，但若從分解的方式論道，則可發現常道的內涵有三，分別為「玄」、「無」、「有」，《老子·一章》即言：

> 無名天地之始，有名萬物之母。故常無欲，以觀其妙；常有欲，以觀其徼。此兩者同出而異名，同謂之玄，玄之又玄，

眾妙之門。(〈一章〉)[88]

首章言「無名」、「無欲」即可歸於「無」而言之，言「有名」、「有欲」則可歸於「有」而言之，「無」、「有」乃道的雙重性，加上「玄之又玄」的「玄」的作用，此三者，可謂道的內涵，三者同屬形而上的層次，均剋就價值意義的主體存在而言。

《老子》言「無名」、「無欲」較容易理解，於其他篇章亦時有所見，論「無名」者，如「道常無名」(〈三十二章〉)、「吾將鎮之以無名之樸」(〈三十七章〉)、「無名之樸，夫亦將無欲」(同前章)、「道隱無名」(〈四十一章〉)，所謂無名，是指「無狀之狀」(〈十四章〉)，為不可名狀之意，因其不可名狀，便不會只突出某一面相，落入私意分別之間。[89]《老子》論「無欲」者，如「常使民無知無欲」(〈三章〉)、「常無欲，可名於小」(〈三十四章〉)、「我無欲而民自樸」(〈五十七章〉)，所謂無欲，是指無意於心知分別、不刻意造作的狀態。相對於「無名」、「無欲」，「有名」、「有欲」是否就有所作意而言之？從首章內容來看，「無名」與「有名」、「無欲」與「有欲」，並非對立，而是一體兩面。所謂之「天地」與「萬物」均不就客觀外物的存在立說，而是由主體修養上開出，透過無限心的實踐，賦予其價值意義。因此「無名天地之始」是指常

---

88 南宋・王應麟（1223-1296）曰：「首章以『有』、『無』斷句，自王介甫始。」見朱謙之：《老子校釋》（北京：中華書局，2011），頁 6。今從王弼以「無名」、「無欲」、「有名」、「有欲」斷句。

89 徐復觀認為《老子》以「無名」作為對名的反省。見徐復觀：《中國人性論史》，頁 331。案：《老子》首章所言恐怕不是對名的反省，是就道創生價值天地意義時，不能有所名狀之意，但凡有所名狀即有所封限，故以「無名」言之。

道無固定名狀，在創生價值天地時便無有限定，不會只突出某一面相。《老子》之「無」有不可封限之義，生命是開放的，已經實現的是經驗的存在，而生命的當下及未來，永遠是開放不被封限，由此「無」為始，可知道的自然、自在。承此而下「有名萬物之母」，是以母生子來作比喻說明，指開始落實生命每件事的時候，有名從此而出。「天地之始」是指天地萬物價值的根源，是總持地說、根源的說；「萬物之母」是指天地萬物的化育，是萬物始作的徵向，實現萬物之端。「無名天地之始，有名萬物之母」，常道是自上而下縱貫的落實，故其「有名」，是形而上之有。同樣，「常有欲，以觀其徼」亦是承「常無欲，以觀其妙」而下，無是無限心的虛靈的妙用，有是此無執心境的徵向，故其言「有欲」，不是就有心作為之私欲來說，是就實踐至道時，無限心承其虛靈妙用，落實到生命上有所徵向來說。[90]觀其妙是「無」性，成其無限妙用；觀其徼是「有」性，顯其妙用之相。「有」、「無」是一體的兩面，當其為「有」之時，便能見其功能、功效的一面；當其為「無」之時，便能成其作用、妙用。「無名」、「無欲」與「有名」、「有欲」可簡而言之「無」、「有」，此兩者之名雖異，但同出於道，是道的雙重性，故曰「同出而異名」。謂之「無」、「有」只是分別說明之，實則兩者是一體的兩面，方便解說才分別論述。

　　「無」、「有」此兩者同出於道，同樣可稱之為「玄」，只是就道的雙重性分別言之，則為「無」與「有」，故曰「此兩者

---

90 徐復觀認為「常有欲以觀其徼」的有，是指現象界中各具體存在的東西。徐復觀：《中國人性論史》，頁332。案：於《老子‧一章》來看「玄」、「無」、「有」均為形上價值的意義，作為說明萬物的根源。

同出而異名，同謂之玄」。可見「玄」、「無」、「有」同屬於
形而上，是常道的不同面相。然而，並不是說「玄」、「無」、
「有」其中一物即等同於「道」，而是「道」兼「玄」、「無」、
「有」三者，缺一不可。「玄」不是一物，而是一種作用，作用
於「無」、「有」之間，使無而能有，有而能無。所謂無而能有
者，是指常道非空無，只懸在那邊空顯其無，光顯其虛靈妙用而
不落實實踐，透過「有」進一步落實，生命便有其徹向，方能無
而能有，成為具有無限妙用的「無」。所謂有而能無者，是指常
道落實於生命之中成其「有」之時，不執滯於「有」，時刻皆能
回歸於無的妙用上，得以作用保存其純粹的價值，方能有而能無，
落實貞定為有信有真的「有」。「玄」、「無」、「有」彼此作
用，玄之又玄，所有生命意義的奧妙均能由此開出，是謂「眾妙
之門」。

　　「玄」、「無」、「有」既為常道的內涵，何以《老子》八
十一章裡，並不多言三者之間的關係？[91]今本《老子・四十章》：
「天下萬物生於有，有生於無。」天下萬物生於有，可見「有」
與「萬物」並不同層，「萬物」屬於形而下者；「有」能生「萬
物」，亦不全同於「無」，但「無」、「有」是同層的，同屬於
形而上者。竹簡本作「天下之物生於有，生於亡。」更可證「有」
與天下之物不同層，是作為生萬物的根據，而「有」、「亡」（即
「無」）同層。從「有」、「無」異於形下之萬物，而見道的雙
重性。〈四十二章〉「道生一，一生二，二生三，三生萬物。」

91　牟宗三先生即指出道的雙重性只有從《道德經》頭一章可看出來，後面的章
　　句是看不出來的。見牟宗三主講，盧雪崑記錄：〈老子《道德經》講演錄〉
　　（六），《鵝湖月刊》338，2003.9，頁5。從下文討論可見《老子・四十章》、
　　〈四十二章〉亦有談及道的雙重性。

之說，從詮釋學的循環來看，[92]亦可扣緊「玄」、「無」、「有」而論，凡此問題均牽涉道生的意義，下文將詳細說明。

（三）道生的意義

關於道生的問題《老子》文曰：

天下萬物生於有，有生於無。（〈四十章〉）[93]

道生一，一生二，二生三，三生萬物。萬物負陰而抱陽，沖氣以為和。（〈四十二章〉）

以上兩章引文，常有不同的詮釋，首先是《老子》「道生一，一生二，二生三」歷來說法不一，或以氣化宇宙論詮解之，認為二是指陰陽二氣，三生萬物是就陰陽和合生萬物而說，此說大概自《淮南子・天文》解說《老子》「一生二，二生三，三生萬物」

92　所謂「詮釋學的循環」是指「通過整體與部分間的辯證之相互作用，它們就把意義互給了對方；這樣看來，理解就是一種循環。由於在此『循環』之內意義最終持存著，故我們就稱它為『詮釋學的循環』。」帕瑪著，嚴平譯：《詮釋學》（臺北：桂冠圖書，2002），頁 98。此詮釋上的循環，必須以視文本思想內容為一致和諧的整體為前提，方能利用此循環，將整體與部分間的意義互給對方，伽達默爾亦曾指出「我們必須從個別來理解整體，而又必須從整體來理解個別。……這是一種普遍存在的循環關係。由於被整體所規定的各個部分本身同時也規定著這個整體，意指整體的意義預期（Antizipation von Sinn）才成為明確的理解。」伽達默爾著，洪漢鼎譯：《真理與方法 —— 哲學詮釋學的基本特徵》（修訂譯本），頁 395。所謂「整體」，就《老子》一書來說，應就思想宗趣而言；所謂「部分」、「個別」，即就立論之教路而說，在此循環下，始能「依宗起教，以教定宗」，「宗」與「教」相呼應而不自相矛盾，或各說各話。

93　竹簡本作：「天下之勿生於又，生於亡。」帛書作：「天下之物生於有，有口於无。」漢簡本作：「天下之物生於有，有生於無。」

的說法引起，[94]《河上公章句》從之，今人亦多據此詮釋。[95]或順
王弼注《老》之說援引《莊子‧齊物論》「一與言為二，二與一
為三，自此以往，巧歷不能得……故自無適有，以至於三。」與
此章相提並論。[96]或以為《老子》此章是就客觀萬物生成論，提
供一說法，說明一二三，乃萬物愈生愈多之義。[97]或以為《老子》
此章所言之「一」、「二」、「三」，應就「無」、「有」、「玄」
而論。[98]其次是〈四十章〉竹簡本作「天下之物生於有，生於亡。」
帛書甲本嚴重殘缺，乙本「生」字殘缺，傅奕本與通行本無異。
或以為竹簡本「有」字後漏抄重文號，[99]或以為即使沒有重文符
號，亦可將「有」字重讀，[100]然而在少了一個「有」字的情況下，

94　關於《淮南子‧天文》詮解《老子‧四十二章》「道生一，一生二，二生三，
　　三生萬物」之義理內涵，見拙作〈《淮南子》詮解《老子》之義理轉化〉，
　　頁 94-99。

95　從氣化宇宙論理解此章者如陳鼓應、牟鍾鑒。陳鼓應將「道生一，一生二，
　　二生三，三生萬物」釋為道生天地、天地生陰陽之氣，陰陽兩氣相交而成各
　　種新生體。見氏著《老子注譯及評介》（修訂增補本），頁 230 及《老莊新
　　論》，頁 46。從氣化宇宙論看道生如牟鍾鑒：《老子新說》（北京：金城出
　　版社，2009），頁 133。

96　陳鼓應：《老子注譯及評介》（修訂增補本），頁 226。

97　蔣錫昌、陳鼓應、劉笑敢均有此說。陳鼓應認為「道生一，一生二，二生三」
　　是《老子》說明萬物生成論的說法，此乃由簡至繁的過程，更引蔣錫昌之說，
　　說明一二三，乃萬物愈生愈多之義。見氏著《老子注譯及評介》（修訂增補
　　本），頁 225。劉笑敢：《老子－－年代新考與思想新詮》，頁 205-206。

98　見牟宗三主講，盧雪崑記錄：〈老子《道德經》講演錄〉（七），《鵝湖月
　　刊》338，2003.10，頁 2-9。

99　魏啟鵬引同墓出土的《語叢一》以及《文子‧道原》證明竹簡本脫重文符號，
　　見魏啟鵬釋：《楚簡《老子》柬釋》（臺北：萬卷樓圖書有限公司，1999），
　　頁 36。

100　李若暉：〈郭店《老子》偶札〉，《郭店楚簡國際學術研討會論文集》（武
　　漢，湖北人民出版社，2000），頁 520-521。

會否造成義理上的不同理解？[101]

　　關於以上不同的觀點，或可以從詮釋的一致性來討論，《老子》論道的「玄」、「無」、「有」既扣緊主體修養而談，故其道生之說，亦必須與主體修養、主體價值意義相關。加上「一項合理的詮釋應該儘可能運用經典本身無疑義的文獻來解釋有疑義的章句，用清楚的觀念來解釋不清楚的觀念」[102]此一詮釋觀念，〈四十章〉內容較〈四十二章〉清楚，應從〈四十章〉並配合〈一章〉理解〈四十二章〉內容，如此方能利用詮釋學的循環，較為合理地解釋〈四十二章〉。於此必須先解決〈四十章〉「有生於無」或「生於有，生於無」的問題，方能以此詮解〈四十二章〉「一」、「二」、「三」的內容。

　　關於〈四十章〉竹簡本與帛書本以至傅奕本、通行本不同的問題，可從版本歧變以及義理判斷進行討論。首先，從版本歧變來看：假設竹簡本並沒有漏刻重文號，即《老子》本為「天下之勿生於又，生於亡」，承前文「《老子》的版本」所述，《老子》自古至今，經歷著不同的歧變，其中一種叫做「改善性歧變」，乃編校者有意修改古本，使文句一致、思想集中起來，若果如此，即帛書本以後的《老子》編校者均認為「有生於無」較為合理，並且較能呼應其他篇章說法。其次，從義理判斷來看：若竹簡本真的是漏刻重文號，或是即使沒有重文符號，亦應將「有」字重讀，即同於通行本〈四十章〉所說，亦可與《老子‧一章》「無

101 丁原植即認為造成思想上的重要不同，丁原植：《郭店竹簡老子釋析與研究》（臺北：萬卷樓圖書有限公司，1998），頁215-216。
102 袁保新：《老子哲學之詮釋與重建》，頁77。

名天地之始，有名萬物之母。故常無欲，以觀其妙，常有欲，以觀其徼。」循環詮釋，「無」乃無限心的虛靈妙用，「有」從實踐至道時，無限心承其虛靈妙用，落實到生活上有所徼向來說，就此來看自「無」作用於「有」，透過「無」的妙用來實現、成就「有」的徼向，即由「無」生「有」。由是可見，不論是從版本歧變，還是義理判斷來看，〈四十章〉「天下萬物生於有，有生於無」，與出土本義理並無悖礙之處。

　　〈四十章〉指出「無」生「有」，「有」生「萬物」，可見「有」與「萬物」並不同層，「有」是形而上者，「萬物」則屬形而下者，因「物物者非物」（《莊子・知北遊》）若依此推敲，似亦可得「無」與「有」並不同層，若「無」同於「有」，「無」便不能生出「有」，然而根據前文分析可見，兩者具有道的雙重性，同屬於形而上層次，但「無」、「有」涵義並不全同。只是何以「無」能生「有」，是否指「無」於時間上先於「有」？《老子・一章》既謂「有」、「無」兩者「同出而異名」，可見二者並無時間上之先後分別，其所謂「有生於無」者，是指「無」較「有」具有理論上的優先性，而非時間上之先。其所謂「生」，亦非生物學上母生子之生育義，天下萬物之所以得以存在，充分實現其自己，若溯其源，必至於「有」，「有」之能使萬物如其自己地實現、圓成，必賴於「無」，故其「生」義，當從價值義上之「實現」、「保全」、「圓成」義理解之。[103]

　　在無生有，有生萬物的前提下，則「道生一，一生二，二生

---

[103] 關於《老子・四十二章》「生」之義涵，見莊耀郎：〈論牟宗三先生對道家的定位〉，《中國學術年刊》27，2005.9，頁72。

三，三生萬物」的「一」、「二」、「三」當中便有「無」和「有」的位置，而另一項便是「玄」，因為首章言「玄」、「無」、「有」，「無」、「有」同出而異名，同謂之「玄」，此三者同屬常道的內涵而為形而上者，以此理解〈四十二章〉，則「一」、「二」、「三」當與「玄」、「無」、「有」相應。在這種狀況下，可有兩種的理解：第一，以「玄」為「一」，以「無」為「二」，以「有」為「三」，即道生玄，玄生無，無生有；第二，以「無」為「一」，以「有」為「二」，以「玄」為「三」，即道生無，無生有，有生玄。[104]

若推求《老子》其他篇章的義理內容來看，當以「玄」為「一」，以「無」為「二」，以「有」為「三」，似乎較為符應文本章句。理由有三：第一，以「玄」為「一」呼應首章「此兩者同出而異名，同謂之玄。」若以「三」為「玄」則變成，「有」生「玄」。根據首章所言「無」與「有」同出、同謂之「玄」，於是「玄」可涵有「無」與「有」，而「無」不可以涵蓋「玄」與「有」；同理，「有」亦不可涵蓋「玄」與「無」，由是而見「玄」於理論上應具有優先性。以「玄」為「一」，即「玄」生「無」、「有」，即「玄」作用於「無」、「有」之間，如此方能呼應首章之說。第二，以「玄」為「一」呼應〈三十九章〉「昔之得一者，天得一以清，地得一以寧，神得一以靈，谷得一以盈，萬物得一以生，

---

104 牟宗三先生即認為道有「無」性，即「一」，但不能只在「無」，它又隨時有，有「有」之時，「二」便出來，「有」、「無」二者混起來，就名之曰「玄」，故「玄」代表「三」。見牟宗三主講，盧雪崑記錄：〈老子《道德經》講演錄〉（六），頁9。另外先生之《圓善論》又曰：「『玄之又玄眾妙之門』即是『三生萬物』。三生萬物實即道生萬物，蓋玄即代表道之真實而具體的作用，而有無是道之雙重性，是對於道之分解的表象，故必至乎有無融一之玄始能恢復道之自己之具體而真實的妙用。」頁284-285。

侯王得一以為天下貞。」（〈三十九章〉）得「一」，即得「道」，此章說明道是天地萬物的所以然，若以「一」為「無」，則刊落了「有」的一面，如此便不能兼有道的雙重性，「無」而不能「有」，則不能充分落實道的徹向。[105]若以「一」為「玄」，同兼「無」、「有」，因「此兩者同出而異名」，故「一」即「玄」。第三，以「玄」為「一」呼應〈四十章〉「天下萬物生於有，有生於無。」（〈四十章〉）無生有，有生萬物，〈四十二章〉言「三生萬物」，可見「三」即「有」；以「有」為「三」，則「無生有」即「二生三」，故「一」即「玄」也。若以「玄」為「三」，在文本中似乎不容易找到切合的章句支持，且違背〈四十章〉「天下萬物生於有」的敍述次第。

以上是順通《老子》章句得出不會導致矛盾的理解，〈四十二章〉道生的說法，應為常道開出了「玄」的作用，「玄」作用於「無」、「有」之間，由「玄」開出「無」，再由「無」成全了「有」，而「有」成全了天下萬物，此亦是天下萬物之所以能自然地實現其價值意義的所以然。故其言「道生」乃從道之如何保全、實現、圓成萬物之價值來說，則第一，不宜混《莊子‧齊物論》「一與言為二，二與一為三」之說來理解〈四十二章〉的內容，因《莊子》一、二、三之辨，是指成心隨順言說，復有種種分別計度，以致僅言「一」卻輾轉引申出兩種，甚至三種的對待，故其言一、二、三者是剋就成心對於言說的執取而言，與《老

---

105 牟宗三先生解「天得一以清」章句時認為「一」不單指「有」，亦不單指「無」，是指有而無，無而有的「玄」，就是道的本身。見牟宗三主講，盧雪崑記錄：〈老子《道德經》講演錄〉（六），頁8。

子‧四十二章》說法並無義理上的關連。[106]第二，不能從萬物生
成由簡至繁的過程來理解此「道生」義，如是則失其價值意義而
落入現象義理解道生萬物的過程。第三，不能落入氣化宇宙論來
理解《老子》道生的過程。所謂氣化宇宙論者，是指以元氣作為
客觀宇宙生成的根據而形成的宇宙論的論述，所謂客觀是相對於
主體價值實踐而言，舉凡天地、人物等客觀存在都以此作為解釋
的根源。既明《老子》之言「道生」者並不從氣化生成而說，則
何以又言「萬物負陰而抱陽，沖氣以為和」？其所謂「陰陽」者，
是否與《淮南子》一樣，是就陰陽二氣而言？所謂「沖氣以為和」，
是否就「氣」而言「和」？若「陰陽」、「和」者均就氣言，則
是否與上文「道生一，一生二，二生三，三生萬物」不就氣化生
成之說相互矛盾？若要一貫前文後理的解釋，則所謂「陰陽」者，
便不能落在氣解說，言氣者多就自然之氣的生命來說，故「陰陽」
者，應指萬物皆有兩面，陰陽是取其象徵義，若不名之為陰陽，
則可謂之上下、剛柔、內外等，凡此種種均為相對而言之說法，
然而面對萬事萬物之種種分別，應抱持虛其氣以達太和境界，故
曰「沖氣以為和」。「沖氣」即虛氣，透過沖虛的工夫修養，調
適上遂，使生命回歸至太和境界，由是更見《老子》以「和」來
回應「玄」、「無」、「有」此道的內涵，此乃本體宇宙論的說
法。所謂本體宇宙論，是指從生命主體出發來討論與生命價值意
義相關的根源性問題，而藉宇宙論的方式說明之，都屬於本體宇

---

106 關於《莊子‧齊物論》與《老子‧四十二章》言「一」、「二」、「三」之
　　義理辨析，詳見周雅清：〈〈莊子‧齊物論〉詮釋及其疑義辨析〉，《中國
　　學術年刊》27，2005.9，頁 41-42。

宙論。[107]

除此以外，《老子》對於道生有更具體的描述，其文曰：

> 道生之，德畜之，物形之，勢成之。是以萬物莫不尊道而貴
> 德。道之尊，德之貴，夫莫之命而常自然。故道生之，德畜
> 之。長之、育之、亭之、毒之、養之、覆之。生而不有，為
> 而不恃，長而不宰。是謂玄德。（〈五十一章〉）

> 天地所以能長且久者，以其不自生，故能長生。（〈七章〉）

《老子》道生德畜、物形勢成的說法，可從形上、形下的分判來
理解：道生、德畜為形而上者，物形、勢成則屬形而下者。生命
以道的方式存在，乃超越的、普遍的存在；以德的方式畜養，乃
內在的、具體的落實生命之中，故道德乃成就萬物之所以成其為
萬物的所以然，生命價值因此得以成全、開顯。生命的價值意義
通過事情的實踐來形著，倚順外物的客觀形勢成就它，故物、勢
使生命自然而然的價值意義得以彰顯、形著。作為生化天下萬物
的原則來看，道德優先，是形而上的，是體；物勢是後，是形而
下的，是用。道德作為開創生命價值的形上之體來說是備受尊崇，
以及值得珍而貴之，因其不宰制萬物，以自然而然的方式成就萬
物。道生德畜從積極的角度來看，它對萬物有成長作育、成全安
定、調養呵護的作用，妙用萬物使之得以貞定，是謂無而能有；
從消極的角度來看，它生成萬物而不私有，興作萬物而不自恃，

---

107 關於本體宇宙論詳細的說明，可參照牟宗三主講，盧雪崑錄音整理：《四因
說演講錄》（臺北：鵝湖出版社，1997），頁94-95。

長養萬物而不宰制，無私毫作意地成就萬物價值，是謂有而能無。如是無而能有，有而能無，不泥於無、不拘於有的衣養萬物的方式，便見玄作用於其間，因此稱作「玄德」。

　　在大道「生而不有，為而不恃，長而不宰」的情況下，不自執其生，萬物便能自生長久，因而得以保存其純粹價值意義。值得一提的是，道生並非單靠常道消極地「不有」、「不恃」、「不宰」，讓開一步使萬物自生；道生的前提是，常道是積極地生之、為之、長之，只是其生、其為、其長，是無有作意地使之生，故有生之功，而不居功，因而曰：「生而不有，為而不恃，功成而弗居。」（〈二章〉）「功遂身退，天之道。」（〈九章〉）外其功而不處，為自然之道，然而不等同沒有生化之功。故至道生天地，「萬物恃之而生而不辭，功成不名有。衣養萬物而不為主，常無欲，可名於小；萬物歸焉而不為主，可名為大。以其終不自為大，故能成其大。」（〈三十四章〉）萬物依恃大道而得以生生不息地存在，然而大道功成事遂而不自以為有功，養育萬物而不自以為可以主宰萬物，讓萬物自己作主。無欲為主，無欲為私，便是不恃、不有、不為主，由於沒有什麼私欲故為「小」；因其不恃、不有，不為主，萬物歸向它，於是常道無所不包，由是而見其「大」。大道在無所不包的情況下，自始至終的不宰制萬物，不自以為大，故能成就讓萬物自主，可以讓萬物自然地實現自己之「大」。

　　由以上討論可見《老子》之言「道生」，並不只是讓開一步之生而不有，為而不恃，讓開成全之「不生之生」。[108]讓開成全

─────────────
108 「不生之生」語出西晉・郭象（262？-311？）《莊子・大宗師》注曰：「無

之「不生之生」乃王弼詮解老子之說，與《老子》所言「道生」者實有分別。[109]《老子》之道作為萬物存在得以生畜的價值秩序或形上根據，一方面超越於天地萬物之上，不為任何形名所限；另一方面，則又內在於天地萬物之中，使之生而不宰制之，故《老子》「道生」是從生命主體出發來說明萬物如何充分落實其價值意義，其道以本體宇宙論的方式生物，其言「道生」乃典型的道家式的「本體宇宙論」說法。既然大道能創生一切純粹價值，何以《老子・十八章》又言「大道廢」，大道如何可廢？〈三十八章〉又言「失道而後德」，道之尊如何可失？大道本無廢與不廢、失與不失，大道具有恆常性、普遍性並不會有所廢、有所失，所謂「廢」、「失」均就人病而言，非道本身有所謂廢、失的問題。有如《孟子》放失其本心是由於物交物而引於物一樣。世之所以有「盜夸」，亦非由道而生，是由於缺乏工夫修養，致使其悖離於道，作出不合常道的行為，故曰：「是為謂盜夸。非道也哉！」（〈五十三章〉）

二、工夫論 ── 無為而無不為

承前文所述，常道之所以有所謂失，大道之所以有所謂廢，是由於人病而非法病，因其缺乏工夫修養以保存其純粹價值。關

也，豈能生神哉？不神鬼帝而鬼帝自神，斯乃不神之神也；不生天地而天地自生，斯乃不生之生也。」（《莊子集釋》，頁248）。袁保新認為《老子》道之生化萬物只是消極地「讓」每一個物各據其德的實現自我。見袁保新：《老子哲學之詮釋與重建》，頁162-163。此說恐怕是偏看了道「無」的一面，道「有」的一面能積極落實生命的徵向，有生之、為之的作用，並有其事功之效，關於這問題，詳見下文討論。

109 唐君毅先生亦指出《老子》之生與王弼之生有著本質的不同，見唐君毅：《中國哲學原論・原道篇・卷二》（臺北：臺灣學生書局，1993），頁358-361。

於《老子》的工夫論，以「無為而無不為」為主，以下將從無為與有為、無為而無不為、無為與自然三方面闡述《老子》工夫論的特色。

（一）無為與有為

　　《老子》的無為工夫是對治生命中的有為，所謂無為，不是什麼都不做的意思，而是無心而為，自然地為，行其所當行的意思；有為，不是指一般意義的有所作為，而是私欲一起，使人在起心動念或行為上產生刻意、偏執、造作的行為。關於有為造作，《老子》曾非常深刻地反省，文曰：

> 五色令人目盲，五音令人耳聾，五味令人口爽，馳騁畋獵令人心發狂，難得之貨令人行妨。是以聖人為腹不為目，故去彼取此。（〈十二章〉）

> 寵辱若驚，貴大患若身。何謂寵辱若驚？寵為下，得之若驚，失之若驚，是謂寵辱若驚。何謂貴大患若身？吾所以有大患者，為吾有身，及吾無身，吾有何患！故貴以身為天下，若可寄天下；愛以身為天下，若可託天下。（〈十三章〉）

> 天下皆知美之為美，斯惡已；皆知善之為善，斯不善已。故有無相生，難易相成，長短相較，高下相傾，音聲相和，前後相隨。是以聖人處無為之事，行不言之教，萬物作焉而不辭，生而不有，為而不恃，功成而弗居。夫唯弗居，是以不去。（〈二章〉）

以上三章均就有為造作而論，而有為造作又可分三層來說，最低層是感官的執定，再上一層是心理情緒的有為，再往上一層是意念的造作。[110]首先，〈十二章〉是就感官執定而言，五色、五音、五味、馳騁畋獵、難得之貨等，泛指一切感官活動，若沉迷執定感官享受，便會令人失去正確的判斷力、妨礙人的正當行為，如此均為感官的執定，凡有此種執定便會使得自然生命紛馳於外而失其天真自然的一面，此乃第一層的有為造作，聖人重視個人內在修養而不為外物引誘，往外追逐，故摒除物欲誘惑，以保其自然之真。其次，〈十三章〉是就心理的有為而論，寵辱乃個人內心感受，不管得寵還是失寵，均使內心感到驚恐不安，此乃心理之執定。所謂「寵辱若驚，貴大患若身」，旨在勸人應重視生命中的憂患有如重視身體一般，此所謂身體者，不僅是針對形軀而言，還包括整體生命的價值。《老子》認為人之所以有大患者，在於「有身」，「及吾無身，吾有何患！」此說並不是就現象意義之有無來說「有身」、「無身」，若就現象而言「無身」方能無患，如此《老子》便淪為主張以否定身體的方式，消除人生憂患！此所謂「有」、「無」者，是從修養工夫之有執、無執而言，有所執滯其身者，凡事自我中心，執念甚深，即為「有身」，宜經過無為的工夫修養，消除生命種種執著分別後，即能體證「無身」之境，超越對形軀、生命本身之執持，繼而正面說明「貴以身為天下，若可寄天下；愛以身為天下，若可託天下。」若人主能以貴身、愛身的態度治理天下，則可以將天下委託給他。喜怒無常是心理情緒，寵辱若驚亦同屬心理情緒，〈十三章〉從寵辱說起，再承繼以「無」的工夫消除對「身」的執有，以此說明有

---

110 關於有為造作可分三個層次的說法，見牟宗三：《中國哲學十九講》，頁92。

為造作對生命的危害。只有不為心理情緒困擾，才能解決生命的憂患，能正視生命中的憂患，才能不被有為造作困囿，正面開出事功，將天下託付給他。再次，〈二章〉是就意念的造作而論，不是就客觀事物之分辨判斷來說。意念造作較為幽微，不一定為常人所察覺，因為天下皆知美之為美、善之為善，便會認定執定美好的、善巧的，從常人看來並無不妥，然而當生命一旦對上述的分別有所執定，便同時造成對生命的封限，亦會造成扭曲其原來的價值意義，導致流弊的衍生，更何況世俗的美不美、善不善均是相對而言，乃由執定心知分別而起，由此說明生命茫昧的根源。妄作分別，固執成見，只會使生命因此而遭到破裂，造成種種執著偏見。有為執定，會使得即使執定美好的、善巧的，亦會衍生為生命的分裂、固執、僵滯。當有所執定，存在上之有無、難易、長短、高下等相對的成見亦同時而生，所有事物均在比較系列中形成，故不要執定某一方為唯一。《老子》此說不是主張相對主義，亦不是要列舉世間種種相對相來說明相對是無窮的，所以不要執取物相；《老子》此說是要超越一切意念上的相對相，當下超越意念上的相對，因為但凡有所執定，就會失去靈活性，便不能有而能無、無而能有。所以，修養達到最高境界的人，是不會有所偏執，也不會刻意造作，而能以無為的態度處事，以實踐代替言說。因其不執有故能興起萬物而不宰制它，生養萬物而不據為己有，作育萬物而不恃己能，有成就萬物之功而不居功。

　　有為造作乃無心無為的工夫修養所欲對治者，若更進一步理解《老子》「無為」工夫義的內容，則可透過〈十六章〉以及〈五十六章〉，其文曰：

> 致虛極，守靜篤，萬物並作，吾以觀復。夫物芸芸，各復歸
> 其根。歸根曰靜，是曰復命。復命曰常，知常曰明，不知常，
> 妄作，凶。(〈十六章〉)

> 塞其兌，閉其門，挫其銳，解其分，和其光，同其塵，是謂
> 玄同。(〈五十六章〉)

「致虛極，守靜篤」是以表詮的方式詮釋「無為」的內涵；塞其
孔竅、閉其門戶、挫其鋒芒、解其紛擾、和光同塵，則屬遮詮的
方式詮解「無為」之義。從表詮的方式來看，能把自己心境致虛、
守靜達到體道的境界，一切作為才能有所保證，此乃無為工夫的
綱領所在。《老子》所云「萬物並作」、「夫物芸芸」均須承接
前文致虛守靜的工夫義扣緊生命中的人事物來說，故其言物乃指
向行為物，而不是指客觀外物。因有虛靜工夫貫徹其中，生命中
的人事雖繁多並起，仍能歸於虛靜以觀其極，能如此便能體證常
道「有而能無」的一面，故所觀之「復」，是就回歸常道本身而
論，而不是就客觀萬物生長往復循環之理來說。同樣，生命中的
各種行為，均須透過致虛、守靜的工夫回到生命中的自然，以守
住它的純粹價值，故所歸之「根」，是價值意義的根本，即常道
本身。虛極靜篤的境界狀態曰「靜」，能達虛靜之境便能復返上
天賦予吾人的自然本性，此即「復命」；能復命即能體現常道，
故曰「常」；能掌握常道便能使人智慧得以清明，故曰「明」；
若不能掌握常道，輕舉躁動便會失去生命中的自然。由是可見「致
虛極，守靜篤」乃使人得以歸根復命、得以體證常道而不妄為的
工夫內容。

　　若進一步討論，《老子》言致虛守靜，與《荀子》言「虛壹而靜」有無不同？《荀子》言虛壹而靜是從認知進路而言，其虛是就心能藏物來說，其壹是就心能專一而言，其靜是就心能止其意念而論，心能藏物、專一、止絕他念，即能「虛壹而靜」，其說似乎與《老子》言「致虛極」、「虛其心」（〈三章〉）、「聖人抱一」（〈二十二章〉）、「守靜篤」、「清靜為天下正」（〈四十五章〉）之說似亦能相通，二者均就心以及主體修養而言，然而《荀子》之心是一認知心，透過心之虛壹而靜，方能使「萬物莫形而不見，莫見而不論，莫論而失位。」使心能認知外物之理，以解蔽為目的，[111]實有別於《老子》無限心的說法，《老子》以致虛守靜，使心不為外物所牽引，歸復於道，不失生命本真，故二者論虛靜有著本質的不同。

　　從遮詮的方式來看，「塞其兌，閉其門，挫其銳，解其分，和其光，同其塵」是對治有心造作而發，消解有心造作亦是無為工夫的重要內容。堵塞不合自然欲求的孔竅，挫去處事時的鋒芒，消解外物的紛擾，中和光耀使之與塵世混同，以此方式跟世俗相處，方能達至自然之境，此即「玄同」。[112]「玄同」是以自然之德與萬物和同，而非齊同，與《墨子》尚同有別。《墨子》以「壹同天下之義」來治理天下，使「天下之百姓，皆上同於天子。」[113]

---

111 李滌生：《荀子集釋‧解蔽篇》（臺北：臺灣學生書局，2000），頁484。

112 牟宗三先生認為〈五十六章〉之「其」是指「道」，見牟宗三：《中國哲學十九講》，頁124-125。若此道不失，便無必要透過工夫來對治道，道自然是和光同塵，無有不合自然的欲求，亦不會有過度的鋒芒，更沒有紛擾需要被消解。凡工夫所對治者，應為生命中負面的內容，故此章「其」字就「人心」來說似乎較能符應文本章句之文義。

113 孫詒讓校注：《墨子閒詁‧卷三‧尚同上》（臺北：河洛圖書出版社，1975），頁4。

否則天降異災以示警。其「尚同」之說與「天志」之義相接，以兼愛非攻為目的，只有統同天下之義，畫一天下，才不會有一人一義，十人十義的亂象出現。其「尚同為政」，主張「善人賞而暴人罰」，[114]建立嚴密的國家組織，層層上同，上同於天志，以維持政治秩序，故《墨子》主張「尚同」之「同」是在統治之術的層面，僅以功利實用為是，凡無利於上者，則屬非，因此「見淫辟不以告者，其罪亦猶淫辟者也。」[115]由是可見《墨子》之尚同未及道的層次，僅為治國之術；而《老子》之「玄同」是透過無為去執的工夫，除去生命中的種種有為執持，使生命體證至道，繼而以無為而無不為的方式與萬物同處，此兩者之不同不可不辨。

不論致虛守靜，還是和光同塵的修養方式，均是《老子》無為工夫的表現。工夫者，乃通過心之自覺靈明以體現天道自然，以心中之自覺靈明為主觀性原則，所謂主觀是由於透過主體實踐而成的意思，並非以成見看待事物劣義之主觀；天道自然為客觀性原則，所謂客觀是相對於心體而言，透過內在的心體實踐以體證超越的天道自然，此即《老子》無為的工夫義。

（二）無為而無不為

無為既為具體實踐天道自然的修養工夫，則不可能只停留在「無為」一面，必須有其「無不為」的一面。無不為在無為的前提下，充分落實無為工夫修養，以成就現實的一切，故《老子》曰：

---

114 《墨子閒詁‧卷三‧尚同下》，頁20。
115 《墨子閒詁‧卷三‧尚同下》，頁28。

> 不尚賢，使民不爭；不貴難得之貨，使民不為盜；不見可欲，
> 使民心不亂。是以聖人之治，虛其心，實其腹；弱其志，強
> 其骨。常使民無知無欲，使夫智者不敢為也。為無為，則無
> 不治。(〈三章〉)

> 為學日益，為道日損。損之又損，以至於無為，無為而無不
> 為。取天下常以無事，及其有事，不足以取天下。(〈四十八
> 章〉)

不尚賢、不貴難得之貨、不見可欲、無知無欲、損之又損等等均屬消除有為造作的無為工夫，其消除心知造作分別的目的，是在於積極成全現實上的作為，故曰「無不為」，由是可見無為是作用層上的除病去執，無不為則是現實上的為其所當為。作用層上的除執，並非為了否定現實一切事物。在上位者不推崇有才德的人，則人民不會爭著去表現其賢能的一面；不珍貴難得的財貨，則民眾不會因爭奪珍貴財貨而生起盜竊之事；不凸顯可貪求的事物，則民心不被惑亂，故《老子》並非反對舉賢任能，亦不是要擯除所有難得之貨，更不是要人民過著刻苦的生活來磨損百姓心志，《老子》所反對的是有所標舉的行為，凡是有所突出標榜，便會起種種偏執有為之事，只有民眾不執有，人心才不會奔競，被私欲作意扭曲其存在價值。可見《老子》對賢能、財貨、可欲的否定，是作用層上的反對，而非存有上的否定，故《老子》不是以財富為萬惡之源，而是以有為執定為形成生命紛擾不定的根源。《老子》言「為學日益，為道日損」者亦然，為學是累積而成，故曰「日益」，此乃生命中形而下者，屬經驗部份；為道是為生命之道，要損去生命中的病痛，才能復歸自然，故曰「日損」，

此乃生命中之形而上者，屬體證部份。為學與為道二者並非對立，而是同為生命中不可或缺的一部份，只是層次不同，卻相輔相成，《老子》並沒有主張必須棄學方能成道。至於〈二十章〉所言「絕學無憂」，似乎是要吾人放棄為學，然而綜觀《老子》論學處，亦無此意，《老子》言「為學日益」、「學不學，復眾人之所過」（〈六十四章〉）對學的看法均一脈相承。何以故？「絕學無憂」之「絕學」是要棄絕刻意、有為的學，能棄絕刻意之學則可無憂。從「學不學」可見《老子》不但沒有反對為學，而是主張以自然的方式學，因為以自然的方式學，才是最好的方式，以此使眾人歸根復命。[116]由是可見，《老子》所謂「絕學」者是絕棄有為之學，所謂「學不學」者是以自然的方式學，前後思想一致，並非反對「學」，故「為學」與「為道」自無抵觸。反而是在「為道」之下的「為學」才能成就真正的「學」，也就同於「無為」保證之下的「無不為」，均是俱價值義的「學」與「為」。

　　由以上所論，可見《老子》是在作用層上否定有為造作的貴尚與欲求，並非從現實上否定賢能、財貨與欲求，故主張聖人虛百姓之心、弱人民之志，使之不妄作心知分別，心知便能不為外物的奔馳，以至無為，因而曰「使民無知無欲」。聖王虛百姓之心，弱人民之志，使之無知、無欲、不敢為，是就無心不刻意、

---

116 陳鼓應認為《老子・六十四章》言「是以聖人欲不欲，不貴難得之貨；學不學，復眾人之所過。」乃指「聖人求人所不欲求的，不珍貴難得的貨品；學人所不學的，補救眾人的過錯。」見陳鼓應：《老子注譯及評介》（修訂增補本），頁298。案：若聖人「求人所不求」仍屬有所求，仍為私意造作，於此即違背《老子》無為之義。聖人不是無情無欲之人，亦不必過著刻苦生活，聖人是以無心的方式欲求，故不貴難得之貨，亦不求眾人不欲求之物，只以自然的方式得其所欲得者。同理，為學亦然，以自然的方式學其所該學，非只學眾人所不學的，如此方能見其自然無為的一面。

不執此作用義上之「無」與「不」，並非指現實意義之無所為、不敢有任何舉動，若就現實義之不為、沒有知覺、好惡而「無知無欲」、「不敢為」，便會淪為愚民之治。只有聖王無心任順百姓，不標舉賢能、難得之貨、可欲之事，在這種情況下人們方有可能不奢求、不跂尚，過著自適的生活，於是使得工於心智的人亦不敢妄作非為，聖人、百姓均能體證自然之境，充分落實了「無為而無不為」的工夫內容，亦能體證「道常無為而無不為」（〈三十七章〉）之境。

（三）無為與自然

《老子・三十七章》言「道常無為而無不為」，又言「道法自然」（〈二十五章〉）可見道與無為、自然有著密切的關係，觀其文曰：

> 希言自然。故飄風不終朝，驟雨不終日。孰為此者？天地。天地尚不能久，而況於人乎？故從事於道者，道者同於道，德者同於德，失者同於失。同於道者，道亦樂得之；同於德者，德亦樂得之；同於失者，失亦樂得之。信不足焉，有不信焉。（〈二十三章〉）

> 人法地，地法天，天法道，道法自然。（〈二十五章〉）

《老子》希言「自然」，是因為自然之道乃不可道者，需要透過實踐來證成，不能光靠思辨言說來體證。「自然」既不可道，須以希言體之，何以又以飄風、驟雨、天地等客觀物理現象言之，是否意味著《老子》之「自然」義可與今之科學自然（Nature）

相通？觀乎《老子》各章提及「自然」者，多與道、德或工夫實踐之事相提並論，由是可見《老子》所說之「自然」應與不可道之常道同層，同為形而上者。〈二十三章〉所舉之客觀物理現象，是《老子》借事說理，飄風驟雨等天地之事尚且不能恆且久，更何況人事，可見世事沒有恆常不變，亦沒有必要執著拘泥於瞬息萬變的世事。於是，《老子》指出人生三境界，即道、德、失三境：道境，乃盡全體之性，而合乎自然者謂之道；德境，乃盡一己之性，而合乎於自然者謂之德；失境，背道違德謂之失，三者境界高下立見。達到道的境界的人，便與同道之人的生命相應，德者、失者，亦分別同於與德者、失者的生命。道與德同樣合乎自然，同為形而上者，然而兩者有別，德者得於內，乃個人體證，作為盡人之性的起點；道者乃兼天下而全盡，為整全而非只有個體，終究較德者為高，故又曰：「失道而後德。」（〈三十八章〉）

道德既屬自然者，何以又言「道法自然」？人效法地，地效法天，天效法道，道效法自然，此所法者乃由具體的個人推而廣之，層層遞進。[117] 天法道，道是絕對的，何以又法自然，是否代表自然比道還要高？王弼注曰：「自然者，無稱之言，窮極之辭

117　高亨據寇才質本作「王法地」，又引李約「王者，法地法天法道之三自然妙理而理天下也。故曰『王（原作人，今改）法地地，法天天，法道道，法自然』言法上三大之自然妙理也，其義云『法地地』，如地之無私載。『法天天』，如天之無私覆。『法道道』，如道之無私生而已矣。如君君臣臣父父子子之例也。」的說法，改「人法地」為「王法地」並重新斷句，高亨認為「李約讀法，義穎而瑩，善矣。但余疑此文原文『王法地，法天，法道，法自然』，重地、天、道三字，後人所益也。」見高亨：《老子正詁》，頁 44。案：第一，竹簡本、帛書本、漢簡本、傳奕本均與通行本無異，從「人」不從「王」，重地、天、道三字亦非後人所益。第二，李約讀法誠如劉笑敢所言，句義重複且斷句奇特，難以找到旁證。劉笑敢說法見其著《老子古今：五種對勘與析評引論》，頁 289。

也。」自然乃不能限定，無有封限之物，不能以言辭來說明，乃不可道之道，實與大道相通，道與自然並非為兩層。然而道法自然，是因為大道實無物可法，「自然」乃抒意字，以自然作為道的內容來說明道已是最終的、絕對的，到最後道亦不能執定，故唐・成玄英曰：「既能如道，次須法自然之妙理，所謂重玄之域也。」[118]是以法自然來消解對道的執持，實則道即自然，能做到無為而無不為者，即能體自然之境。

　　《老子》其他篇章論及「自然」，亦有無為、不刻意的意思，如「道之尊，德之貴，夫莫之命而常自然。」（〈五十一章〉）「輔萬物之自然，而不敢為。」（〈六十四章〉）「功成事遂，百姓皆謂我自然。」（〈十七章〉）道德之所以尊貴，是由於它不宰制萬物，輔助萬物生長而不有心為而為之。落在聖王身上，縱然有輔萬民的事功，仍是以不宰制百姓的方式，讓他們自我實現過活，故百姓皆謂我自己如此，[119]不會親而譽之，僅知之而已。[120]《老子》自然一詞，是通過無為修養以達至沖虛之境，故不能視之為自然科學研究對象義之自然，亦不能理解為西方哲學中之

---

118 成玄英：《老子義疏》（臺北：廣文書局，1974），頁 180。
119 劉笑敢認為「百姓皆謂我自然」強調沒有外界的作用或是感覺不到外界的直接作用，見劉笑敢：《老子 —— 年代新考與思想新詮》，頁 89。並指出句義應為「百姓稱讚聖人無為治的管理辦法符合自然的原則」，見劉笑敢：《詮釋與定向 —— 中國哲學研究方法之探究》，頁 296。案：「百姓皆謂我自然」與百姓有沒有感受到外界作用無關，而是聖王不宰制百姓，雖有治國之功而不居功，在這種情況下，百姓自然而然地過活，只知有上位者，而非親而譽之，故曰「我自然」。其「我」是就百姓自己而說，不是指「聖人」，若句義為百姓稱讚聖人治國，則淪為《老子》所批評的「其次，親而譽之」，而非《老子》所推崇的「太上」之治。
120 《老子・十七章》：「太上，下知有之。其次，親而譽之。其次，畏之。其次，侮之。信不足焉，有不信焉。悠兮其貴言。功成事遂，百姓皆謂我自然。」

「自然主義」（Naturalism）。[121]西方之自然主義是用機械因果說明宇宙現象，一切現象均是彼我依待，落在因果規律之中，故為他然，恰好與道家「自己如此」之自然義相反，[122]故《老子》之「自然」與西方之「自然主義」具截然不同之涵義。

　　由是可見《老子》的工夫義以無為而無不為為主，無為是不刻意、不造作，自然而然的意思，與有為相對；有為乃刻意造作有為、妄作心知分別之意。無為與有為，不從內外行為區分，凡是有所執取的，不論是對生理感官還是心理感受、意識形態的執有，都是有為，只有無心無為才能做到無不為，為其所當為，玄同萬物、無心體道，故無為而無不為乃體道的重要方式，是《老子》工夫論的重點所在。

三、開顯境界 ── 道化政治的理想境界

　　《老子》一書沒有「境」、「界」二字，「境」、「界」二字是從佛教典籍轉來。境是就外在對象而言，界是「因義」，是根據的意思。依唯識宗所說，境雖為對象，但不離開識，而且唯識所變。今言「境界」一詞，是從實踐主體之心境上說，隨著個人心境修養的調適上遂，所見的一切亦跟著提昇，故境界一詞相對於客觀外物而言具有主觀的意義。[123]

---

121 關於道家之自然義的內涵，莊耀郎先生有更詳盡的闡述，見莊耀郎：《王弼玄學》（新北：花木蘭文化出版社，2011），頁 80-81。
122 見牟宗三：《中國哲學十九講》，頁 90。
123 關於境界一詞之詞義闡釋，詳見牟宗三：《中國哲學十九講》，頁 129-130。

　　《老子》的義理宗趣是成就道化政治的理想境界，而政治理
想境界必然牽涉到名教、君民、國與國之間的關係，故下文擬就
自然與名教、聖王無為之治兩方面展開討論，以明《老子》道化
政治的理想境界。

（一）自然與名教

　　承前文所言，「自然」與無為而無不為工夫有著密不可分的
關係，通過無為而無不為的修養工夫方可達至沖虛自然的精神境
界。《老子》雖沒有提及「名教」一詞，然而關於名教的內容，
時有談及。所謂「名教」，即指「名分之教」，循名責實，以盡
人倫之常，推廣到政治上的運用，則是「以名為教」，是就人倫
政教等禮法制度而言，故與禮樂制度有密切的關係。[124]《老子》
名教的觀念對後世影響甚深，魏晉時「自然」與「名教」常被相
提並論，《老子》以無為而無不為作工夫修養，以自然之境為最
高理想境界，在這種情況下如何安頓「名教」？《老子》曰：

　　　大道廢，有仁義；慧智出，有大偽；六親不和，有孝慈；國
　　　家昏亂，有忠臣。（〈十八章〉）

　　　絕聖棄智，民利百倍；絕仁棄義，民復孝慈；絕巧棄利，盜

---

[124] 牟宗三先生認為自然與名教，即自由與道德。見牟宗三：《才性與玄理》（臺
　　北：學生書局，2002），頁358。牟先生認為「名教」即「道德」其實是就名
　　教所以建立的根據上說，後世所論「名教」乃是作為「人倫政教」施行的具
　　體落實；換言之，「名教」應是在現實生活上落實「道德」實踐的措施。然
　　而後世（兩漢以降），「名教」異化，只重其末，而失其本，故「名教」只
　　淪為統治者的工具。莊耀郎先生曾精要地指出「名教」的主要內容為「人倫
　　政教」，見莊耀郎：〈魏晉「名教與自然」義蘊之溯源與開展〉，世新五十
　　學術專書《文學、思想與社會》，2006.10，頁31。

賊無有。此三者，以為文不足，故令有所屬：見素抱樸，少
私寡欲。（〈十九章〉）[125]

大道是整全、圓融的，大道之所以廢，是由於人病而被遮蔽，並
非至道本身法病的問題而有所偏廢；相對於大道來說，仁義是部
份、偏至、一方的，因為突出某一部分而使大道有所廢棄。用智
謀治國，捨離大道，便有不合乎自然的造作行為。六親不和順，
便會凸顯孝慈的一面；國家昏亂，才會強調忠臣的重要。由是可
見，大道所以偏廢、智謀傾巢而出、六親發生爭執、國政昏亂無
度均為偏離大道的行為，因為有所偏，才會突出某一面相。仁義、
大偽、孝慈、忠臣雖為一般人認同的正面價值，若只凸顯某一面，
便為執有，妄作分別隨之而生，大道因此破裂，故曰：「不尚賢，
使民不爭；不貴難得之貨，使民不為盜；不見可欲，使民心不亂。」
（〈三章〉）同理，賢人、難得之貨、可欲之事只是客觀外物，
並不一定具負面價值，然而只要一有所尚、有所貴，顯現於人前
而有所突出，就會擾亂人心，使人爭相競取而生起種種偏執。負
面價值之事會使人倫禮教被破壞，是一般人比較容易明白的道
理，所以眾人會加以預防，然而若過份強調正面的價值，也會導
致價值的異化，則不是一般人容易察覺的，例如：人倫禮教，縱
然是為世人所肯定的仁義聖智，亦會使生命為之紛馳破裂，終致
名教的價值異化，淪為僵化制度。周文疲弊、禮樂徒具形式而沒

---

125 《老子‧十九章》竹簡本作「絕智棄卞，民利百倍。絕巧棄利，盜賊亡有。
　　「絕偽棄慮」，民復季子。三言以為辨不足，或令之或乎屬。視素保樸，少
　　私寡欲。」竹簡本與今本棄絕內容雖異，但泯除心知執著之旨趣相同，只是
　　竹簡本棄知辨、絕為作較諸今本棄聖智、絕仁義，所絕棄之視野更為寬闊，
　　問題意識更為根源性，然而從義理性格來說，仍屬《老子》無為而無不為之
　　義理性格。關於兩者異同詳見拙作〈竹簡本《老子》「絕智棄卞」章與今本
　　〈十九章〉義理內涵之異同辨析〉，頁159-182。

有真實的生命內容與之相應，價值意義得不到保存，此乃《老子》面對之時代問題，其智慧亦針對時代病痛而發。

　　《老子》面對僵化的周文，提出「絕聖棄智」、「絕仁棄義」、「絕巧棄利」、「見素抱樸，少私寡欲」以回應當時面對的時代問題。前三項之絕棄是從遮詮的方式來說明作用上的絕棄，而「見素抱樸，少私寡欲」則從表詮的方式來說明如何去欲歸真。《老子》所欲絕棄者，並非就客觀現實上之聖智仁義以及善巧的技藝言絕棄，而是就主觀價值上之標舉聖智仁義、執著於用善巧的技藝等，有心刻意的作為來說絕棄，故其所絕棄者，是從作用層上說。《老子》以遮詮的方式分別舉出三例來說明作用上之絕棄。第一，絕棄聖智，不以智巧治國，則為國人之福；以智巧治國，只會導致「慧智出，有大偽」、「法令滋彰，盜賊多有」（〈五十七章〉）故曰：「古之善為道者，非以明民，將以愚之。民之難治，以其智多。故以智治國，國之賊；不以智治國，國之福。」（〈六十五章〉），因此聖王治國不應以智巧方式治民，而是以混沌無分別的方式治國，去掉百姓的分別心，因而曰「絕聖棄智，民利百倍」。[126]第二，絕棄仁義，不以仁義為首出，此與《老子》言「天地不仁，以萬物為芻狗；聖人不仁，以百姓為芻狗」（〈五章〉）之意相同。所謂「不仁」是不標榜以仁義為首出，《老子》認為天地運作本來如此，事事如其自然，聖王對待百姓則如對待「芻狗」一樣。「芻狗」本為古代祭祀時以草製成狗型的祭品，用以祈福，在還未祭祀時，人們對之甚為恭敬，等到祭祀完畢便

126　「非以明民，將以愚之」是指人君治國不應以智巧治民，而應以無分別心治國，使百姓保有混沌無分別的真心。「愚」應作混沌無分別解，而不作愚昧無知之意，如是方能一貫於《老子》無為而無不為的工夫內容。

丟棄之，使之回歸天地。[127]「天地不仁」、「天道無親」（〈七十九章〉）均就天道之自然無私而言，聖王「絕仁」、「不仁」與「天地」一樣無有作意，治國之時毋須標榜仁德愛民，只須在徵用百姓時不虧待百姓，及至徵用完畢後，自必使之各歸其位，順任其生，而不干擾百姓生活，故曰「聖人不仁，以百姓為芻狗」。只有不標舉仁義，百姓才能恢復孝慈的自然之性，故曰「絕仁棄義，民復孝慈」。[128]第三，絕巧棄利，不過度強調善巧的技藝，便不會造成「人多伎巧，奇物滋起」（〈五十七章〉）人民越強調技巧，只會造成邪惡的事情不斷滋生，從作用上杜絕巧利，便不會造成邪惡的事發生，盜賊自然會消失，故曰「絕巧棄利，盜賊無有」。由於有心造作的聖智、仁義、巧利三者終將淪為虛文，使生命事物失其純粹的價值意義而有所不足，故須通過少私寡欲、損之又損的無為工夫，使眾人歸根復命，貞定由有心造作而生的種種紛亂相，並保存萬物的純粹價值。可見《老子》並不反對聖智仁義、巧利孝慈本身的價值。

《老子‧三十八章》清楚表達對名教的安立以及判教，文曰：

127　此意見諸《莊子‧天運》篇，見《莊子集釋》，頁 511-512。
128　徐復觀認為〈十八章〉「六親不和有孝慈，國家昏亂有忠臣」與〈十九章〉「民復孝慈」思想相矛盾，見徐復觀：《中國人性論史》，頁 493。若從〈十八章〉的結構來看，「大道廢」、「慧智出」、「六親不和」、「國家昏亂」為負面意義之事；「仁義」、「大偽」、「孝慈」、「忠臣」為一般人認為正面意義之事，《老子》之所以將兩種不同價值意義的事物串連起來，是為了突出負面意義的產生，往往是由於太過強調正面意義而致，這種反省是非常幽深細微的。從〈十八章〉內容可見，《老子》並沒有否定正面價值的意義，只是否定突出仁義、大偽、孝慈、忠臣等有心作為的行為，故孝慈不為老子所絕棄者，與〈十九章〉並無矛盾之處，反而彼此呼應，同言作用上的絕棄，以保存現實上的價值意義。

> 上德不德，是以有德；下德不失德，是以無德。上德無為而
> 無以為，下德為之而有以為。上仁為之而無以為，上義為之
> 而有以為，上禮為之而莫之應，則攘臂而扔之。故失道而後
> 德，失德而後仁，失仁而後義，失義而後禮。夫禮者，忠信
> 之薄而亂之首。前識者，道之華而愚之始。是以大丈夫處其
> 厚，不居其薄；處其實，不居其華。故去彼取此。(〈三十八
> 章〉) [129]

《老子》以「上德」作為最高的德，是自然而然的德，是開放性
的、不被封限的，故不拘於德，亦不執於德，因而沒有任何規定，
能容納一切事物，故曰「上德若谷」(〈四十一章〉)。從主體
實踐來說，凡是自然而然、無心而為便能體證此純粹的至德，因
其不被封限，所以能保有一切純粹價值，故曰「有德」。相對於
「上德」而言，「下德不失德」，已有所執著於德，縱使是正面
的德，只要有所執定、拘束，便會封限純粹的至德，故曰「無德」。
上德的呈現以無為為體，表現的形態不拘於某種形式或目的，故
曰「無為而無以為」，下德有心而為之，執定於「德」，有特定
的形式或目的，故曰「為之而有以為」。由是可見上德是絕對的，
無有執持，連德本身亦不會執有，故為最高的德，或稱之為「孔
德」(〈二十一章〉)、「玄德」(〈十章〉)、「常德」(〈二
十八章〉)。相對於德而言，仁義禮等均有其一定的內容，即見
其封限所在。最好的仁實現起來是無心為而為之，最好的義實現

---

129 各本《老子‧三十八章》最為不同者乃河上公本、王弼本作「上德無為而無
　　以為，下德為之而有以為。」《韓非子‧解老》作「上德無為，而無不為也。」
　　傅奕本、嚴遵本、范應元古本亦作「無不為」而非「無以為」；河上公本、
　　王弼本、嚴遵本作「下德為之，而有以為」，傅奕本、范應元本作「無以為」，
　　帛書本則無此句。今從通行本而釋之。

起來還是出於有心為而為之，最好的禮實現起來還是不相應的，只是勉強牽制人，使人順從之。可見道、德、仁、義、禮五者的敍述已經標示著全偏高低的分別，第一，道為最高：因道有超越性、普遍性、圓融性、完整性，為萬物之所以然，乃無心執持的最高境界。第二，失道而後德：相對於道來說，德是內在的，已把道特殊化，其普遍已是特殊形態下的普遍，是具體而真實，非抽象的普遍。第三，失德而後仁：相對於德來說，德和仁同屬內在的，但德是無限開放的，仁則有一定向，只是在無心為仁的情況下，還是可以達到無為之境，於此仁又次於德。第四，失仁而後義：相對於仁來說，義即行事之宜，為外在的，已失去仁的內在性，此乃做事的原則，故義又次於仁。第五，失義而後禮：此言禮並非具有仁義內在之禮，只淪為行為的規範，為外在的儀節，故與實情往往不相應，只能勉強加諸人們身上，強拉、牽引別人去遵守這些外在的禮節，是以又次義一等，而為最末者，故曰「禮者，忠信之薄而亂之首」，因其缺少忠信等內容，故真實性不足。凡是預設的規範，均為離道的虛浮假象、愚昧之始，體道之人守道，循道之本，而不會執德、守仁義禮等末節。由是可見《老子》的判教以道為首出，德（上德）次之，此二者均為開放無限，最能保存自然純粹的價值意義，仁、義、禮三者按順序每況越下，即使能無心實踐仁德，仁已落入某一面相，失其整全意義，更何況是義與禮，已成僵化的外在形式，甚至淪為生命的桎梏，造成生命種種分裂相與價值之異化。

　　從《老子》對名教的態度可見，無為而無不為的判教準則既

作用地保存名教價值，亦能積極地開出人類的文明。[130]首先，從作用地保存名教的價值來看：《老子》立說不是為了否定仁義禮智等名教內容，亦不是為了反對儒家學說而立，其言「絕聖棄智」、「絕仁棄義」、「聖人不仁」之仁義聖智與儒家所言四端之德並非絕不相融，儒家之聖智仁義從仁心、仁體、誠體開出，是從道德義來說；《老子》絕棄之仁義聖智，是指有為造作之聖智仁義，與《莊子》所言之「成心」同層，若執定此標準，便會導致：凡出乎仁義道德者始給予肯定，若非屬仁義者則無法得以安立，這種以仁義為唯一價值的批判，無異落入《莊子》所批評的「以己出經式義度」（《莊子集釋‧應帝王》，頁 290）、「藏仁以要人」、「入於非人」（《莊子集釋‧應帝王》，頁 287）等有所標舉的行為。過度強調仁義，只會造成對仁義的偏執。《老子》所反省的是有為、僵化、徒具形式的名教，並不是為了反對儒家而立說，只要合乎自然而然的仁義禮智，還是會給予肯定，故曰「上仁為之而無以為」，以「上仁」肯定無為之仁，以無為無不為的方式保存名教的純粹價值意義。[131]

---

130 「作用地保存」乃牟宗三先生提出的說法，先生認為「絕聖棄智」、「絕仁棄義」、「絕學無憂」並非是從存有上棄絕而斷滅之，其實義乃只是即于聖智仁義等，通過「上德不德」之方式或「無為無執」之方式，而以「無」成全之。此「無」是作用上的無，非存有上的無。見牟宗三：《圓善論》（臺北：臺灣學生書局，1996），頁 281。牟先生又指出道家只「玄用」一面，即可保存而且決定道德上的真理，此之謂作用地保存與決定，見牟宗三：《才性與玄理》，頁 340。案：牟先生言「作用地保存」剋就仁義聖智之道德義而言，若以道家「無為而無不為」的思想論之，則不僅名教內容可由此保存其價值意義，一切無心作用下之純粹價值亦當由是而得以保存，今借用先生「作用地保存」的說法說明此義。

131 袁保新認為老子哲學的特徵之一，即在於批判的精神，如果沒有孔墨的思想倡行於先，我們很難理解他對「聖智仁義」等觀念有所保留的批判立場。見袁保新：《從海德格、老子、孟子到當代新儒學》，頁 287。誠如先生所言，

其次，從積極地開出人類文明來看：《老子》以道為整全，名教為常道所涵攝，其內容自道的「有」性的一面開出。不僅仁義禮智等名教內容均包含在道德之中，推而廣之，人類文明均可自道、德而生，凡是無心無為的，均可透過無為而無不為的方式充分落實、成全，由是可見道、德開決封限的一面。在開決封限下的仁義禮智，即為《老子》「無以為」所籠攝下的仁義禮智，此為絕對的、純粹的、自然的仁義禮智，由是回應僵化的周文，成就人類文明。《老子·二十八章》曰：「為天下谿，常德不離，復歸於嬰兒。」「為天下式，常德不忒，復歸於無極。」「為天下谷，常德乃足，復歸於樸。樸散則為器，聖人用之，則為官長。故大制不割。」（〈二十八章〉）正能體現《老子》成就文明的一面，常德乃上德，常德因其為開放的、無有封限，故能為天下谷，無所不包、無所不載，一切都可以容納涵蓋，所有價值意義都可由此開創出來；因其為自然而然的，可以作用地保存萬物價值意義，故可以為天下法式、標準，作為天下所遵循的途徑，萬物均可自此無而能有，有而能無。因常德之不曾偏離，故能遵此回復嬰兒無分別的境界，《老子》凡言嬰兒、赤子者，均就其天真無分別來形容體道的境界，箇中必定含有自然而然、無為無不

《老子》一書批判反省精神是其特徵之一，然而《老子》是否針對孔墨而發，尚有討論的空間。在帛書、竹簡《老子》尚未出土以前，前人學者如顧頡剛、張岱年、錢穆、徐復觀，或以《老子》「不尚賢」的思想來批評墨學，以「絕聖棄智」、「絕仁棄義」、「聖人不仁」的說法來反對儒家，或以為《老子》絕棄之說有違其他篇章，乃後人所摻入，經過討論可見《老子》是以作用保存的方式，去掉執著有為，並不是反對賢人、聖智仁義。聖智仁義等內容，為周文所有，先秦諸子面對周文疲弊，儒家以正面承繼方式恢復周文，道家則以反省的方式回應周文疲弊。顧頡剛之說見《古史辨》第四冊，頁464；張岱年之說見《古史辨》第四冊，頁425-426；錢穆：《莊老通辨》，頁9、61-102；徐復觀：《中國人性論史》，頁493-494。

為的工夫修養，並不是就嬰兒、赤子不懂世情的混沌狀態而言，是透過修養工夫，使主體回復到像嬰兒、赤子沒有分別心的境界，此為修養之二度混沌，有別於嬰兒、赤子的懵然無知的原始混沌。因常德之無有差別，故能以無分別心照見一切萬物，使生命不受有為偏執所封限，恢復心靈無限妙用之境。因常德之充分無所不備，故能不處一偏，使生命能回復到天真純樸的境界。常德散開則落實為器用，成就萬事萬物，聖人用此常德設立百官、掌管政事，成全一理想的道化政治之境，在這種情況下「無棄人」、「無棄物」（〈二十七章〉），天下萬物在自然的方式下得以成全，一切文明、制度均不受宰制得以開出，故曰「大制不割」，因其不割裂萬物，故能成就人類一切事功。

從《老子》「無為而無不為」的說法，以及對名教的態度即可看出，《老子》言「不尚賢」、「不貴難得之貨」、「不仁」、絕棄聖智仁義，並不是為了否定客觀事物或否定應有的價值判斷，凡是合乎自然無心的原則，均被肯定；相反，一經成心執定，不論是從主觀出發的價值判斷，或從客觀成立的認知分別，均須反省，因為凡有所執，則必然有所封限，成為意識形態，導致相互攻訐、標榜，而流弊叢生。只有通過作用上的棄絕，復歸於自然之道，才能成就萬物的存在意義，名教、文明亦由是得以貞定，而不淪為徒具虛文且內容空洞的制度。

（二）聖王之治

聖王之治可分內外而言，自內而言是指聖王之個人修養，即內聖；對外而言則就聖王治民、治國兩方面來說，即外王。

1. 內　聖

　　從《老子》言道與王的關係可見，《老子》所言常道與聖王治國、治天下有著密不可分的關係，透過無為而無不為的工夫修養，使在上位者體證聖人之境，在這情況下，聖人與聖王二者為一。

（1）道與王的關係

　　關於道與王的關係，〈二十五章〉曰：

> 故道大，天大，地大，王亦大。域中有四大，而王居其一焉。（〈二十五章〉）

在道大的前提下，天大、地大、王亦大，故道是一個統攝的實踐原則，層層落實下來，天為超越原則，地為具體原則，王為主體原則，常道具有以上形式的規定。在宇宙當中，道大、天大、地大、王亦大，而王居其中之一，可見主體實踐對於體道的重要性，亦足見常道必需由人體現，聖王乃體現常道的具體原則，文曰：

> 道常無名，樸雖小，天下莫能臣也。侯王若能守之，萬物將自賓。天地相合，以降甘露，民莫之令而自均。始制有名，名亦既有，夫亦將知止，知止可以不殆。譬道之在天下，猶川谷之於江海。（〈三十二章〉）

> 知常容，容乃公，公乃王，王乃天，天乃道，道乃久，沒身

不殆。(〈十六章〉)[132]

常道雖然無法被名狀，純樸幽微，然而道是最高原則，天下無人能命令支配它；治國者若能守此道，天下萬物將自然而然地歸順於他，就好像天地相合自然降下甘露一樣，沒有人命令它，它是自然均平地潤澤四方。樸小無名，散而為器，能體常道而用之的治國者，以有名的方式在宥天下，名教由是而生，當中以自然的方式建立制度，而非偏執地過度地制定名位，如此方可免卻危殆。常道之存在，有如川谷在低下的地方，方可廣納河水，使之成為江海，由是可見虛空容物的重要性，是以《老子‧六十六章》曰：「江海所以能為百谷王者，以其善下之，故能為百谷王。是以欲上民，必以言下之；欲先民，必以身後之。是以聖人處上而民不重，處前而民不害，是以天下樂推而不厭。以其不爭，故天下莫能與之爭。」(〈六十六章〉)江海所以能成為許多河流所匯合之處是由於它處萬物之下，能涵容萬物、受天下之垢，謙退不爭，故能成為百谷之王。同樣聖王治國亦然，聖王如欲領導人民，必須政令謙下、將自身的利益考量放到最後，在這種情況下才能居上位而人民不覺得有所負擔，處於前面而人民不會感到受傷害，百姓以自然而然的方式推崇聖王之治功，而不會過度造作。凡此均由於聖王謙下的修養，使天下百姓不會與之相爭，此即常道海納百川之謙厚包容之意，故又曰「知常容」。能體證常道即能謙厚包容，能包容即合於大公無私，能無私即能為聖王。因為王者

---

132 勞健據王弼注文論證「王」為「全」之壞，王淮、陳鼓應、古棣從其說，均改作「公乃全，全乃天」。然而帛書、傅奕本以及通行本均作「王」，故不從勞說，見劉笑敢：《老子古今：五種對勘與析評引論》，頁202。除了從版本上判斷「王」不宜改作「全」之外，從造句上說，道、天、地、王均作名詞，有一致性，作「全」則顯得突兀。

要成全的乃人間之事，眾人之事所賴在王，能成為聖王即與天道自然合一，能體道方可持之以恆，終身行事都不會危殆出問題。

從道與王（侯王、聖王）的關係可見，《老子》乃為「王」者立言，為「王」者師，故言修身的終極目標，在於成其國、成其天下而曰：「善建者不拔，善抱者不脫，子孫以祭祀不輟。修之於身，其德乃真；修之於家，其德乃餘；修之於鄉，其德乃長；修之於國，其德乃豐；修之於天下，其德乃普。故以身觀身，以家觀家，以鄉觀鄉，以國觀國，以天下觀天下。吾何以知天下然哉？以此。」（〈五十四章〉）善於挺立自然之德者不易被拔除，[133]善於抱一以為天下式者不易脫離常道，子孫若能守此道便能世代相傳永不斷絕。能修自然之德便能體常道之真實不虛、寬餘從容、長久永存、豐富興盛、周普遍在的效應。自修之於身以至於鄉、國、天下，層層遞進，皆見德之用，其修德的方式是還歸於自然，回歸於物之自己，有別於儒家修身齊家、治國平天下之以仁義治國的方式。《老子》此輔萬物之自然而不為主的治國方式，即《莊子・大宗師》所言之「藏天下於天下」，[134]使萬物復歸於萬物，其中當然有所制作、有功業，但卻是以順天下百姓之自然為前提而作。

（2）聖王內在境界

既知侯王、聖王乃具體實踐常道的體現者，則聖王必須有著無為而治的修養工夫，方能實現道化政治的理想境界，文曰：

---

133 《老子》之言「善建」者應就自然之德而言，故《莊子》謂「建之以常無有」，以常有、常無來說建。見《莊子集釋・天下》曰：「關尹老聃聞其風而悅之，建之以常無有，主之以太一，以濡弱謙下為表，以空虛不毀萬物為實。」頁1093。

134 見《莊子集釋》，頁243。

> 以正治國，以奇用兵，以無事取天下。吾何以知其然哉？以
> 此。天下多忌諱，而民彌貧；民多利器，國家滋昏；人多伎
> 巧，奇物滋起；法令滋彰，盜賊多有。故聖人云：我無為而
> 民自化，我好靜而民自正，我無事而民自富，我無欲而民自
> 樸。(〈五十七章〉)

> 其安易持，其未兆易謀，其脆易泮，其微易散。為之於未有，
> 治之於未亂。合抱之木，生於毫末；九層之臺，起於累土；
> 千里之行，始於足下。為者敗之，執者失之。是以聖人無為，
> 故無敗；無執，故無失。民之從事，常於幾成而敗之。慎終
> 如始，則無敗事。是以聖人欲不欲，不貴難得之貨；學不學，
> 復眾人之所過。以輔萬物之自然，而不敢為。(〈六十四章〉)

聖王以無為、無事、無欲、無執等自然而然的方式治國，故能無
不治。從正面來看，以正常、正道的方式治國，以變化、詭道的
方式用兵，以無心無為的方式治理天下，方能做到無為而治。從
反面可見，為君者多禁忌，便無法廣納不同意見，造成百姓精神、
物質上均無法得到滿足；百姓愈標榜利器，國家越容易陷於昏亂
之中；人民愈重視智謀巧詐，奇特的事物便會接踵而生；法令越
嚴苛，盜賊反而日益增多，所以只有無為而治，不專制，不以己
出經式義度教化百姓，才能讓人民實現自己，故聖人治國不為、
不執，因其不刻意而為，不執著把持，故不會敗壞事情、喪失萬
物。無為之治，並非什麼都不做就能成全萬物、治國安民，無為
之治在於以無心無為的方式成就萬物。治國在安定的時候則容易
持守，事情沒有徵兆時則容易處理，事物脆弱時則容易散解，事
情幾微時則容易消除，治國之道亦然，所以要在執有還沒形成之

時便應消解它，在禍亂還沒有產生之時便要處理妥當，凡此皆是謹小慎微的道理。就像合抱大樹，萌芽於細小之時；九層高臺，建基於層累泥土；千里遠行，從腳下舉步開始一樣，所有有心作為之事，均萌生自小事，若不能防微杜漸，心知執念便會一發不可收拾，只有「治之於未亂」之時，方能不敗不失。一般人做事常在快要成功時候才出現問題，因其不能慎終如始，若處事時自始至終均能自然而為，便不會出問題。聖王治國，謹小慎微，從念頭意欲上便能做到無為無心，即使有所欲，仍是以自然的方式滿足所欲，並不會過度執迷於難得之貨；縱有所學，仍是以自然的方式學。若上位者不能做到「見素抱樸，少私寡欲」（〈十九章〉），而是以損害百姓利益來滿足一己私欲，則為《老子》所批評的「盜夸」，故〈五十三章〉曰：「朝甚除，田甚蕪，倉甚虛。服文綵，帶利劍，厭飲食，財貨有餘，是為盜夸。非道也哉！」（〈五十三章〉）朝政敗壞，田地荒蕪，倉庫空虛，而在上位者卻錦衣肉食，飽餐聚歛，則與強盜無有分別，是為竊天下人所有的「盜夸」，是不合乎道的行為，也是對專制君主之嚴厲批判。

聖王知足寡欲，以自然無為的方式治理天下，不標榜仁義聖智，不強調尚賢、不矜貴難得之貨，自能以自然的方式輔助萬物，而不宰制干預百姓，因而使民利百倍、百姓回復孝慈、天下無有盜賊，凡此皆需通過聖人無心無為的內在修養才能達成。

或問，聖王內在境界既達無為而無不為之境，何以又有類似近於權詐之說，觀其〈三十六章〉曰：

將欲歙之，必固張之；將欲弱之，必固強之；將欲廢之，必

> 固興之；將欲奪之，必固與之。是謂微明。柔弱勝剛強。魚
> 不可脫於淵，國之利器不可以示人。(〈三十六章〉)

自《韓非子‧喻老》以權謀之說注解此章後，後世學者或以權詐之術釋之，[135]其實是誤解。本章首四組所欲說明者，均為人事、物勢發展本來如此之形勢，所謂物極必反，正是此意。但凡物將收合必先張開，將削弱時必處於強，將廢棄時必先興起，將奪取必先給予，此等均為《老子》針對人事而有的精察智慧。[136]柔弱勝過逞強，魚不可離開深淵，均為自然而然之事，治國亦然，治國者不能把國家的刑法、武器等強加於百姓，若強加於百姓則有違自然。由是可見前述之人事、現象均為自然如此，用以說明治國者有如前面所述，均應自然無為，不應強加「國之利器」於百姓。可見欲成道化政治的理想境界，聖王自內而言必須有無為虛靜的工夫，方能達至無為好靜、無事無欲之境。

2. 外　王

聖王治國自內而言要修養達至無為之境，然而不止於內聖，必然要通向他人、群體、天下，內聖才有所落實，外王才有根源，外王則又可從治民與治國兩方面討論。

135　如北宋‧二程，近人錢穆、余英時等。見王孝魚點校：《二程集‧河南程氏遺書卷第十八》(北京：中華書局，2004)，頁235。錢穆：《莊老通辨》，頁126-127。余英時：《歷史與思想》(臺北：聯經出版社，1976)，頁11-12。

136　北宋‧呂惠卿(1032-1111)以「天之道，物之理，人之事，其勢未嘗不如此者也。」釋此章。見呂惠卿著，張鈺翰點校：《老子呂惠卿注》(上海：華東師範大學，2015)，頁40。明‧釋德清(1546-1623)以「物勢之自然」釋此義，見釋德清著，黃曙輝點校：《道德經解》(上海：華東師範大學出版社，2012)，頁85-86。

（1）治　民

聖王治國除了修養成個人內在無分別之境以外，對外治理百姓，亦須使得百姓無有執持，方能成其道化政治的理想境界。聖王如何去除百姓心知執著，以及如何助成百姓實現眾人生命的價值意義，凡此均為治民的重要內容，以下將從這兩方面分析說明。

a. 去除心知執著

聖王見素抱樸，無為無執，自能不標榜突出某一方面的價值判斷，在這種情況下，百姓自能去執絕知，故曰：

> 古之善為道者，非以明民，將以愚之。民之難治，以其智多。故以智治國，國之賊；不以智治國，國之福。知此兩者亦稽式。常知稽式，是謂玄德。玄德深矣、遠矣，與物反矣，然後乃至大順。（〈六十五章〉）

> 其政悶悶，其民淳淳；其政察察，其民缺缺。（〈五十八章〉）

《老子》言去知、愚民、不以智治國之說，或被誤以為反智愚民，實則《老子》此說是為了去除百姓心知執著，而非為了易於控制百姓而主張愚民之策。「古之善為道者」是就人君而言，可見《老子》是為王者師，以道化政治的理想為其立論宗趣。聖王不以智巧臨民，是以混沌無分別之心治之，故其所謂「明」與「愚」，不是指開啟民智與使百姓愚昧無知，而是就智巧與混沌無分別的精神修養來說，此所謂「愚之」，與〈二十章〉「我愚人之心也哉！沌沌兮！」的義涵類同，是指無所求之人，其心有若愚笨、

無分別的狀態，而非實指低智商之意，故遂曰：「俗人昭昭，我獨昏昏；俗人察察，我獨悶悶。澹兮其若海，飂兮若無止。眾人皆有以，而我獨頑似鄙。我獨異於人，而貴食母。」（〈二十章〉）俗人與「我」為一對照，俗人昭昭、察察，若明察之貌，此乃有為世俗之境；我獨昏昏、悶悶，若暗昧不清之狀，此乃自然超越之境。因聖王體證自然之境，故無所不容而廣大若海，不黏滯固定一方才能不拘無止；一般人則有所執定，不能做到昏昏、若遺的境界，故「我」獨異於人，而以體道、守道為貴。可見「愚」、「沌」、「悶」、「淳」等形容非指愚笨之意，而是以指點的方式說明體道者證得無分別之境，與之相對的「明」、「昭」、「察」、「缺」亦非今之所謂聰明之意，而是指心知執著下之分別明察，因此《老子》治民之策，非今之所謂愚民之治，而是不以突出智術分別之心治民，使百姓不生偏執的心知。

就《老子》而言，民之難治，是由於在上位者過度使用智巧、計謀，所以以智巧治國，對人民會造成傷害，故曰「其政察察，其民缺缺」。治國之策越精察，事無大小都嚴密管制，則人民便會有所不足，此意與「天下多忌諱，而民彌貧」、「法令滋章，盜賊多有」（〈五十七章〉）相呼應；只有不以智巧的方式來治理國都，才是人民之福，故曰「其政悶悶，其民淳淳」。治國之策越是無為無分別，則人民越能純樸無為。能懂得此道，便能體證「玄德」，玄德乃無為之德，此德深奧遠大。能體此道之治國者，必能與百姓萬物同返於道，達到自然大順之境，故聖王治民必須去其心知執著，使之歸根復命於自然之境。

b. 助成而不居功

聖王治民除了使百姓復歸於自然之境之外，亦須順民、輔民而不居功，首先從順民、輔民方面來看，《老子》曰：

> 聖人無常心，以百姓心為心。善者，吾善之；不善者，吾亦善之，德善。信者，吾信之；不信者，吾亦信之，德信。聖人在天下歙歙焉，為天下渾其心。聖人皆孩之。(〈四十九章〉)

> 天之道，其猶張弓與？高者抑之，下者舉之；有餘者損之，不足者補之。天之道，損有餘而補不足。人之道則不然，損不足以奉有餘。孰能有餘以奉天下？唯有道者。(〈七十七章〉)

聖王治國沒有固定不變的形態，亦不存特別偏好偏愛，故曰「聖人不仁，以百姓為芻狗」(〈五章〉)。因沒有定常之心，所以才能以百姓心為標準，不論百姓善與不善，聖王均以沖虛之德善待百姓；無論百姓真實或有所不足，聖王均以沖虛之德對待百姓，無有分別之心。既謂聖王待百姓以沖虛之德，無有分別之心，何以又曰「損有餘而補不足」？若對待有差別，何以言「德善」、「德信」？

《老子》認為自然之道，猶如開弓射箭一樣，高則抑之使下，低則舉之使高，過猶不及均不能成其事，故有餘的就損抑之，不足的就增補之，如是方為行其所當行，為其所該為，此等不以個人喜好偏私增補損抑治民之策，方為「德善」、「德信」的玄德之治；並不是就客觀事物上之不分清紅皂白、貧富懸殊，推行畫

一政策，以此治國，才是無分別之心。有餘以奉不足乃自然之道，人之道則不然，修養沒有達至自然之境的人，只會損不足以奉有餘，作錦上添花之舉，生企羨奢華之心，凡此均為人心所為，並非發自道心之舉。只有體自然之道者，方能行事合於自然，治民以損有餘以補不足，故又曰「天道無親，常與善人。」（〈七十九章〉）自然之道並無特別偏愛任何人，只要善於修道、合於自然的人，便能得到自然之道的助成。[137]至於不善修道之人，亦因常道而得以保護，所謂「道者萬物之奧，善人之寶，不善人之所保。美言可以市，尊行可以加人。人之不善，何棄之有！」（〈六十二章〉）常道乃人事之奧藏，蘊藏無限的可能性，能以自然方式修養自己的善人最為可貴，不善修身之人亦因此而得到庇護。治國之道亦然，自然無為乃君王最可貴的修養，百姓做不好亦可因君王之助成而得到庇護。美言可以贈送與人，尊貴的德行可以引導不善之人，在這種情況下未達美善者亦可以得到保障，不會被遺棄，故又曰：「聖人常善救人，故無棄人；常善救物，故無棄物，是謂襲明。故善人者，不善人之師；不善人者，善人之資。」（〈二十七章〉）聖人心無所主、無所偏，與自然之道相契，在這種情況下在宥群生，無有所棄，有若小孩純樸無分別一樣對待

---

137 王博認為老子的道是由天道觀念轉變而來，而傳統天道概念一般是指日月星辰等天體運行的道或法則，具過程、規律的意義，又道之所以不可道，正是因為它處在不斷的運動、變化中。王博：《老子思想的史官特色》（臺北：文津出版社，1994），頁 52-53。案：以日月星辰等天體運行的道或法則理解《老子》所言「天之道」或「天道」恐不切於其義理內涵。「天之道，損有餘而補不足。」（〈七十七章〉）、「天道無親，常與善人。」（〈七十九章〉）「天之道，不爭而善勝，不言而善應，不召而自來，繟然而善謀。」（〈七十三章〉）「天之道，利而不害；聖人之道，為而不爭。」（〈八十一章〉）均由自然無心之工夫修養而達至，是與實現生命價值意義相關，非就天體運行而論，此間分際宜有所辨明。

所有百姓，使百姓渾沌其心，此聖王助成百姓的一面。

其次，從助成百姓而不居功的一面來看，聖人有治國之功而不自恃，故能不宰制百姓，文曰：

> 是以聖人處無為之事，行不言之教，萬物作焉而不辭，生而不有，為而不恃，功成而弗居。夫唯弗居，是以不去。（〈二章〉）

> 載營魄抱一，能無離乎？專氣致柔，能嬰兒乎？滌除玄覽，能無疵乎？愛民治國，能無知乎？天門開闔，能為雌乎？明白四達，能無為乎？生之、畜之，生而不有，為而不恃，長而不宰，是謂玄德。（〈十章〉）[138]

聖人修養達到最高境界之時，不執定作為，不刻意造作，故曰「處無為之事」。因其修養境界由實踐證得，而實踐之事不只靠言說達成，故曰「行不言之教」。老百姓在聖王無為的治道下，聖王興作萬物而不主宰萬物，生養萬物而不據為己有，作育萬物而不恃己之有功。有治國興民之功而不居功，故能保存其興作生育萬物的純粹價值，因而「是以不去」。聖王之所以能有治國之功而不居功是由其抱一致柔、除病觀照、無為虛謙的修養所致，故能有生育、畜養之功，而不有、不恃、不宰，是謂玄德。若無玄德治民，恃其功、宰制百姓，則落入《老子》所批評的「自見者不明，自是者不彰，自伐者無功，自矜者不長。其在道也，曰餘食

138　「能為雌乎」之「為雌」，王弼本作「無雌」，帛書乙本、漢簡本、傅奕本、河上公本均作「為雌」，今改王弼本。「能為雌乎」，即能守柔。

贅行。物或惡之，故有道者不處。」（〈二十四章〉）自以為是者則不能彰顯其智慧，自誇其功者則其功不真，自矜自滿者則無法虛心、長養其德，凡此種種均為不自然的、有心造作的表現，與道相悖離，而有道者不會自誇、自是、自伐、自矜，「是以聖人為而不恃，功成而不處，其不欲見賢。」（〈七十七章〉）不自恃有其功，不突出自我之才德，才能成全其治功的純粹價值，故又曰「功遂身退，天之道。」（〈九章〉）

聖王無為而治，除去百姓心知執著，使百姓能如赤子、嬰兒般處於無分別的狀態，加上聖王助成百姓，而不居功自恃，因而成就道化政治的理想境界，文曰：

> 太上，下知有之。其次，親而譽之。其次，畏之。其次，侮之。信不足焉，有不信焉。悠兮其貴言。功成事遂，百姓皆謂我自然。（〈十七章〉）

《老子》所謂的政治境界由上而下可分四等言之，一般人以為被民眾「親而譽之」的統治者為最理想的政治境界，然而《老子》卻提出更高的標準，認為聖王無為而治，自然不恃其功要求百姓親而譽之，聖王縱有治天下之事功，卻不矜誇其功，和光同塵，在這種情況下百姓只知有統治者的存在，百姓與統治者共存共適，故百姓皆謂我自己如此，「帝力於我何有哉」，此乃治國的最高境界 —— 太上之治。若在上位者治國，只是為了人民不討厭他、親近他、歌頌他，則屬於次一等的治國境界。相對於「下知有之」、「親而譽之」者，便是再次一等的「畏之」狀況，治國者以嚴酷政令威嚇百姓，使民畏其威，不敢反抗，此即以法術勢

治國，而不是以道治國，迫使人民終日惶惶，唯恐犯禁而不得安居樂業，故再次之。最差的情況則是常人認為「侮之」的狀況，當民不堪其政時，便侮辱統治者，起來反抗，此乃最差的政治境界。由《老子》對政治境界的分判可見，最高境界是以治國者之治道是否符合自然來說，故能合乎自然之道者為有「信」，為真實的。只有合乎自然之真的統治者，百姓才會信服他。只有合乎自然的統治，不隨便發號政令，造成法令滋彰的情況，百姓才能自然而然地過活。由是可見，太上之治是居上位者事事皆以天下、百姓為念，政令皆從虛靜自然而出，以此成其事功而不居功、不宰制百姓；居下位者在自然無為的政治環境下努力成全個人之德，因生活沒有被宰制，只知有君王的存在，而認為我本自己如此，遂曰「我自然」。事實上，百姓之能「皆謂我自然」，必然有聖王玄德之輔助，這是無可置疑的。

　　從聖王助成百姓的一面來看，乃聖王主觀修養的一面。百姓因有聖王之助成，而能自然而然地過活「皆謂我自然」，可見不可能僅靠聖王個人的修養境界觀照而成，必須百姓也有著虛靜無為的修養，才能體現自然之境，而曰「我自然」。百姓透過聖王助成和自身的努力體證自然之道，實為聖王治民之客觀化表現，如是則從聖王之主觀修養境界，推至聖王及百姓一同體證自然之道的理想境界。能證成此道化政治的理想境界，聖王對百姓之長養亭毒有著極大的功化，正因聖王不以此居功自滿，才能保住化成萬物之功、成全萬物的自然。

（2）治　國

聖王以無為去執的方式化育百姓，輔萬物之自然而不居功，此其治民之策；循治民之策往上察看，則不難發現聖王治國亦不離自然治道，其治國之策又可從內政與外交兩方面討論。

a.　內　政

治理內政首要在於如何安頓群生，讓眾人在無知無分別的情況下各安其分，而互不相傷，文曰：

> 治大國若烹小鮮。以道蒞天下，其鬼不神；非其鬼不神，其神不傷人；非其神不傷人，聖人亦不傷人。夫兩不相傷，故德交歸焉。（〈六十章〉）

> 民不畏死，奈何以死懼之？若使民常畏死，而為奇者，吾得執而殺之，孰敢？常有司殺者殺。夫代司殺者殺，是謂代大匠斲，夫代大匠斲者，希有不傷其手矣。（〈七十四章〉）

《老子》曰「治大國若烹小鮮」，從有烹煮之事可見，治國並不是光靠無為便可成其事，必須從無為落實至無不為，以無心治國方能成其事。因治國能無心無為，故無不為之時能不干預擾民，順從天下所需來治國，即以常道治天下。因聖王治國以常道，故凶事亦不能興起作用；不只凶事起不了作用，吉事亦不能傷人；不但吉事傷不了人，聖人亦不能傷人。《老子》此說似乎有違常理，吉事與聖人豈會傷人？從前文討論可見，以仁義臨人、以己出經式義度化人、尚賢尚智此等以一正萬或有所標舉之事，其本

質，即名教、賢智本身，若為純粹的價值，是無所謂好與壞，然而一旦有所偏好，即落入有心執取之中，而為「有為」、「有欲」，使原本的價值意義變得不純粹、名教禮樂僵化。同樣，吉事與聖人，一旦有違自然常道，起分別作用，便會傷人；只有歸復於道，以道治理天下，才能保障一切人事合於自然，無有私意分別。進一步而言，各不相傷，則能各安其分，才不會出現「代司殺者殺」的情況。天道有常，各人皆有其職分，只有不越俎代庖，各司其分，不代大匠斲者，方能不傷其手。以道臨天下，除了消極地「兩不相傷」，人人各安其分；更能積極地「德交歸焉」，聖王與百姓復歸於玄德，保全萬物純粹價值的一面。[139]

若在上位者不能以道臨天下，只會造成民不聊生，國家昏亂、盜賊多有；百姓生活在絕路的情況下則無所顧忌，亦不懼怕死亡，即使統治者以死亡來恐嚇他們，對管理人民亦起不了任何作用；要是百姓安居樂業有生路的情況下便會畏懼死亡，這時候對於作奸犯科者便能以死刑恐嚇他，便無有為非作歹之徒。可見治國時，應循常道而行，才能政通人和；若國家常處於無道，則政令滋彰仍無法有效治理百姓。以道蒞臨天下的具體情狀，應為〈八十章〉所述內容，其文如下：

> 小國寡民。使有什伯之器而不用，使民重死而不遠徙。雖有舟輿，無所乘之；雖有甲兵，無所陳之；使人復結繩而用之。甘其食，美其服，安其居，樂其俗。鄰國相望，雞犬之聲相聞，民至老死，不相往來。（〈八十章〉）

---

139 袁保新認為形上之道對天下的化成，其實只是讓一切存在，包括天、地、人、我、鬼、神，兩不相傷，各安其位而已。袁保新：《老子哲學之詮釋與重建》，頁162。從「兩不相傷」來看的確讓一切存在各安其位，然而卻較忽略了「德交歸焉」──道積極保存其純粹意義的一面。

無為而治之理想境界不必以人多取勝，城小民寡亦可過著純樸自然的生活，讓人民有著新式器具可抵十人、百人之功卻不使用，[140]使百姓愛惜自己的生命而不遷徙。正如《莊子‧天地》篇所言「有機械者必有機事，有機事者必有機心。機心存於胸中，則純白不備；純白不備，則神生不定；神生不定者，道之所不載也。」[141]有能抵十人、百人之功的器具者定存機心於胸中，這樣便不能保全內心純樸無為，心神不定便不能載道，《老子》所言「什佰之器」即《莊子》之言「機械」，凡此均擾亂心神而不能體自然之道；同樣的，百姓只要能安居樂業，便不會不辭萬里遷徙他方。百姓能過著安穩簡單的生活，縱有輕舟轎輿，亦沒有必要去乘坐它；有著盔甲兵器，亦無必要出兵打仗；讓人民回復到結繩記事的純樸生活，便能安穩無憂。《老子》此說並非主張文明倒退，而是就生活之簡樸而言，下文讓百姓有甜美的飲食、美好的衣服、安適的居所、歡樂的習俗均為文明的表現。都城相鄰，可互聞雞犬之聲，但因滿足於簡樸自適的生活，便能不相攀緣附麗，因而「民至老死不相往來」，此乃《老子》道化政治所描述的理想境界。

b. 外　交

　　因著無心攀附跂羨他國生活，即可想見《老子》並不主張強兵攻戰，文曰：

> 以道佐人主者，不以兵強天下，其事好還。師之所處，荆棘

---

140 「什伯之器」帛書作「十百人器」，應從高明所釋十倍、百倍於人之器，不解作軍旅什伍、兵器。關於「什佰之器」各家釋義，劉笑敢論述甚為詳盡，可作參考，見劉笑敢：《老子古今：五種對勘與析評引論》，頁746-747。
141 見《莊子集釋‧天地》，頁433-434。

生焉。大軍之後，必有凶年。善有果而已，不敢以取強。果
而勿矜，果而勿伐，果而勿驕。果而不得已，果而勿強。物
壯則老，是謂不道，不道早已。（〈三十章〉）

夫佳兵者，不祥之器，物或惡之，故有道者不處。君子居則
貴左，用兵則貴右。兵者，不祥之器，非君子之器，不得已
而用之，恬淡為上。勝而不美，而美之者，是樂殺人。夫樂
殺人者，則不可以得志於天下矣。吉事尚左，凶事尚右。偏
將軍居左，上將軍居右，言以喪禮處之。殺人之眾，以哀悲
泣之，戰勝，以喪禮處之。（〈三十一章〉）

從《老子》對戰爭帶來的禍害，以及用兵態度的反思，可見對攻
伐取天下的否定。首先，從戰爭帶來的禍害來看：《老子》對於
以自然之道來輔佐聖王的人是肯定的，若以武力強佔天下，則軍
隊所處之地，戰爭之後皆荒涼而野草叢生。在大戰過後，人力短
缺，無人耕耘，則穀物欠收，必為荒年。所謂「天下有道，卻走
馬以糞；天下無道，戎馬生於郊。」（〈四十六章〉）正是此意，
治理天下合乎自然之道，則馬走在田中糞田而不必上戰場打仗；
治理天下不合乎自然之道，則連母馬亦要上戰場，並於戰場上生
下駒犢。當農田在耕種之時缺乏人力耕作，亦無走馬糞治其田，
招致荒年為必然之事。在不得已時用兵，只能以自然的方式出兵，
在取得成果之後便收兵，不會以此來強取天下。達到目的之後，
不會自恃、自誇、自傲，凡此均為不得已而為之，非為了滿足一
己私欲而出兵，故不會逞強。凡事太過度則會衰敗，如是便不合
乎自然之道，不合自然之道者只會招致加速敗亡；治國之道亦如
是，如果出兵不是為了不得已而戰，純粹為了滿足一己私欲而窮

兵黷武，只會招致敗政亡國。從民不聊生、敗政亡國可見戰爭的禍害。

其次，從《老子》對待用兵的態度來看：精良的武器因殺人甚多，是為不祥之器，大家都厭惡它，故治國的聖王不依賴它來治理天下。君子一般以左方為貴，用兵時卻相反以右方為貴，因為要謹慎對待用兵之事，君子一般情況下都不會出兵攻伐鄰國，只有在不得已之時，才以自然的方式使用它，縱然獲勝仍不以之為美好的事。若認為用兵戰勝是一件美好的事，則屬於樂於殺伐之人，凡此之人都不能擁有天下。因為真正得天下是以常道治國，用兵不是正常的時候，故為奇變、詭道，只有以無為無事的方式治國，百姓才會歸順，故曰：「以正治國，以奇用兵，以無事取天下。」（〈五十七章〉）按常理來說，吉慶之事以左方為上，凶喪之事以右方為上，但用兵為奇，故與常理相反，副將居左，上將君右，這是以喪禮的儀式待之。加上出兵打仗不免殺人甚多，應以哀傷心情來對待用兵之事，縱然戰勝亦以喪禮形式來處理。從《老子》論述戰爭的禍害，以及其用對待喪禮的態度看待用兵之事，可見《老子》並不肯定「以兵強天下」，並認為不可以用兵得天下。

《老子》既不肯定以兵戰得天下，則國與國之間自不必兵戎相見，亦可和諧共處，故曰：

> 大國者下流。天下之交，天下之牝。牝常以靜勝牡，以靜為下。故大國以下小國，則取小國；小國以下大國，則取大國。故或下以取，或下而取。大國不過欲兼畜人，小國不過欲入

事人。夫兩者各得其所欲，大者宜為下。(〈六十一章〉)

善為士者不武，善戰者不怒，善勝敵者不與，善用人者為之下，是謂不爭之德，是謂用人之力，是謂配天古之極。(〈六十八章〉)

國都之間縱有大小之別，小者不必不跂羨大國，大者亦不必貪求小國，彼此若能以自然的方式相處，則能共榮不爭。然而現實常出現恃強凌弱者，故《老子》特別就大國說法，認為大國要像江海一樣處於下，廣納百川，而不應動輒出兵侵佔小國領土。真正善戰的人並不顯示其威武的樣子，善於征戰的人不會因為被激怒而出兵，善於戰勝敵人的人不會和對方對抗，待人尤為謙下，凡此皆為不爭之德，是為真正懂得善用他人力量成為自己力量的人，能做到不顯其武、不易動怒、不對抗者，方為真正體會自然之極。所謂柔弱勝剛強亦屬此意，大國若能虛靜處下，自能會聚小國，讓小國歸附於他；小國若能謙下見容，亦能得到大國的庇護。只要大國不過度欲求併吞小國，小國不過度阿諛大國，當中佔優勢的大國尤應謙下廣納小國，兩者便能自然共處。

　　從《老子》治國之道可見，其治理內政的方式是以不宰制臣民，讓一切存在安其分內無生跂羨之心，以保各人純樸無為的生活；其治理外交的方式則是謙下不爭，使國邦之間能和平共處，而不相攻伐。百姓在內甘食美服、安居樂俗，對外無所爭，於戰亂不生的情況下，能各自追求自然的理想生活形態。

第四節　小　結

　　面對周文僵化，《老子》以無為而無不為的方式保存萬物的純粹價值意義，以「玄」、「無」、「有」作為常道的內涵，透過道生萬物的方式，實現、成全萬物的存在價值。眾人通過無為虛靜的工夫修養，達至無為而無不為之境，當中無心無為的工夫修養，為消極地去除心知執有；無為而無不為、自然而然之工夫內容，則為積極地實現純粹的價值意義，成全、開創一切人類文明。由道生萬物來看，是自上而下實現萬物的存在意義；從無為而無不為的工夫修養來看，是自下而上復歸於常道之使萬物自然地實現自己。

　　《老子》八十一章內容所述之聖人多就聖王而言，[142]所謂善為道者亦是就治民治國來說，[143]當中更不乏討論治國、治天下的章節，[144]可見《老子》一書論學宗趣指向道化政治的理想境界。或問，《老子》一書，亦多有論及個人修養之道，如致虛守靜、歸根復命（〈十六章〉）、和光同塵（〈五十六章〉）、「見素抱樸，少私寡欲」（〈十九章〉）、「專氣致柔」、「滌除玄覽」（〈十章〉）、無為無欲等主體工夫修養，縱有論及治天下之道，似亦可視之以個人修養的內聖之學為主，兼及論述外王治國之道，不必僅以道化之治作為全書論述宗趣。誠然，若僅看《老子》

142　舉凡〈三章〉、〈五章〉、〈十三章〉、〈二十二章〉、〈二十九章〉、〈四十九章〉、〈六十六章〉、〈七十二章〉、〈七十八章〉等。

143　舉凡〈三十一章〉、〈六十五章〉等。

144　舉凡〈十七章〉、〈三十七章〉、〈四十六章〉、〈五十四章〉、〈五十七章〉、〈五十八章〉、〈六十章〉、〈七十二章〉、〈七十五章〉等。

論個人工夫修養的部份，亦可開展以主體修養為主的理論架構，甚或推而廣之，視之為具有文化治療的面向。[145]然而綜觀整部《老子》書，其個人無為修養的部分，是為了說明聖王治國的必要先決條件，方能做到「聖人無常心，以百姓心為心」（〈四十九章〉）、「輔萬物之自然，而不敢為」（〈六十四章〉）、「聖人處無為之事，行不言之教，萬物作焉而不辭，生而不有，為而不恃，功成而弗居。」（〈二章〉）、「功成事遂，百姓皆謂我自然」（〈十七章〉）等虛心治國，無心長養亭毒百姓，助成天下而不居功的政治理想。只有在天下臣民一是皆無為自然的情況下，眾人才能自然地實現各人本分，一體達成無為而無不為之境，凡此均就無為之治的道化政治理想境界而談，如此看待《老子》才能見其充極理想的實現，而不是只有消極的一面。

從後世解讀《老子》的文本可見，《老子》詮釋面向是十分豐富多樣的，究其因即在於《老子》之義理蘊涵豐富。但若僅摘取《老子》某一面向來詮解《老子》，亦足以成就一家之言，有如《韓非子・解老》、〈喻老〉以法術運用的一面詮解《老子》治國之道，或是《河上公章句》從養生思想面向展開《老子》無為無欲的工夫內涵一樣，均為《老子》義理發展的可能面貌，如

---

145 袁保新認為老子《道德經》在形容「道」之性相時，每每針對人文世界的名教系統，或者遮詮為「無名」、「無為」、「不仁」、「自然」，或者詭辭為用強名之「生而不有」、「不爭而善勝」、「不自生故能長生」等，正是與老子這種以實踐為進路，本質上乃一「文化治療學」的智慧形態有關。袁保新：《老子哲學之詮釋與重建》，頁195。誠然，若僅從作用地保存來看《老子》之道，其說確可作為文化治療學來看待，然而《老子》除了以無為無心來作用的保存萬物之純粹價值外，尚有無不為、輔萬物之自然、功化萬物而不居功的一面，若僅局限文化治療的一面看待《老子》的義理形態，恐有窄化之嫌。

此詮釋固然豐富了《老子》的義理內涵，然而相對於《老子》本身的義理而言，則顯得片面深刻有餘而於渾淪廣大實有不足。

第三章　法術勢運用面向的展開

　　《韓非子‧解老》、〈喻老〉及其他篇章內亦有不少剋應《老子》章句詮解的文字，於今存文本之中可謂最早，而又有系統且具規模地詮解《老子》。《韓非子‧解老》只屬節引，加上僅涉及《老子》十章內容，相對於《老子》八十一章來說，實屬少數；即使〈喻老〉篇詮釋了《老子》十一章的內容，亦多以史事詮解，若謂其能具規模地詮釋《老子》，不免令人質疑。然而，所謂有系統且具規模地詮解《老子》者，並非就其詮解八十一章篇章多少而言，而是指其說是否能融攝《老子》之道論、工夫論、境界論三者。《韓非子》針對《老子》八十一章詮解的篇章雖然不多，然而確能涵蓋宗趣、教路二者內容，且能成一致、不相矛盾的論述；縱以史事詮釋《老子》章句，亦能從具體比喻，見其義理詮釋的轉向，因此謂之為有系統且具規模的詮解《老子》。

　　歷代學者對於《韓非子》詮解《老子》評價不一，或以為此乃黃老或道家之言混入《韓非子》之中的證據，或謂韓非哲學根本思想歸本於黃老，[1]或謂「所釋之文，雖不盡依老子原文之次第，

1　陳啟天指出「本篇（筆者案：指〈喻老〉）既名為喻老，則道家之意味多，法家之意味少。因此胡適謂本篇為另一人所作（見中國古代哲學史大綱）。容肇祖謂為黃老或道家言混入韓非子書中者（見考證）。而梁啟超則仍認本篇為本書中次要之一篇，以韓非哲學根本思想歸本於黃老也（見要籍解題及其讀法）。要之，本篇與前篇均在發明老子，不類純法家言，或非韓非所作也。」陳啟天：《增訂韓非子校釋》（臺北：臺灣商務印書館，1982），頁764。

亦未盡取老子全文而釋之，其所釋者，多合於老子之旨，為治老子者所必讀。」[2]或以為「本篇（筆者案：即〈解老〉篇）解釋老子，夾雜有儒家思想與法家思想，和漢魏以來的注解多有不同。」[3]或以為「（筆者案：指〈喻老〉篇）有時融合了道家、法家的思想，不全是《老子》原文的意思。」[4]或以為「〈解老〉的詮釋特徵及其所詮釋的章數，足以重構一個性格分明的義理系統。」[5]到底《韓非子》解《老》合於《老子》之旨者何在？是否真雜有儒家、法家思想，還是純為法家之說？若真雜有儒家思想，其說會否與《韓非子》其他篇章內容相互矛盾？若謂其真能融合道家、法家思想，則是透過何種方式融合？以哪一個哲學概念融合兩家說法？到底《韓非子》解《老》繼承了《老子》哪些思想？抑或《韓非子》並沒有繼承《老子》思想，只是藉著解《老》創立其說，展開《老子》思想的不同面向？下文將從韓非的生平著述及其詮解《老子》的章句內容展開討論，逐步揭示其詮解《老子》的義理面向。

第一節　韓非的生平及著述

一、生　平

關於韓非的生平事迹，主要見於《史記》，然而《史記》所述簡略，僅知其大概，其餘散見於《戰國策》、《論衡》等書的記載。

---

2 陳啟天：《增訂韓非子校釋》，頁 721。
3 邵增樺註譯：《韓非子今註今譯》（臺北：商務印書，1992），頁 861。
4 張素貞：《新編韓非子》（臺北：國立編譯館，2001），頁 434。
5 邱黃海：〈《韓非子》〈解老〉、〈喻老〉篇的詮釋特色〉，《東海大學文學院學報》46，2005.7，頁 187。

　　韓非，戰國時代韓國人，從國姓韓，名非，為韓國公子。關
於韓非生年，《史記》不載，據錢穆先生考據，「韓非與李斯同
學於荀卿，其使秦在韓王安五年。翌年見殺，時斯在秦已十五年。
若韓李年略相當，則非壽在四十五十之間」，[6]故推斷韓非生於韓
釐王十五年前後。因今存資料無法明確考訂韓非生年，僅以此說
作為參考。據《史記》所載，韓非卒年有兩說，一為卒於韓王安
五年（西元前 234 年），[7]一為秦始皇十四年（西元前 233 年）[8]，
清・王先慎指出「始皇十三年用兵於趙，十四年定平陽、武安、
宜安，而後從事於韓，則非之使秦，當在韓王安六年，紀表為是。」
[9]錢穆先生亦以秦始皇十四年為韓非卒年，故就現存資料所見，韓
非生存年代約在西元前 280-前 233，年約四十八歲。[10]

　　據《史記》所載，韓非「為人口吃，不能道說，而善著書。
與李斯俱事荀卿，斯自以為不如非。」[11]可見其人雖不善於言語
表達，卻能透過著書立說，申述己見。又與李斯一起學道於荀子。
然而韓非一生鬱鬱不得志，曾多次向韓王提出治國之策，卻不被
採納，繼而反省歷史成敗得失，潛心著書，作〈孤憤〉、〈五蠹〉、
〈內外儲〉、〈說林〉、〈說難〉十餘萬字。韓非治國之策於韓
國得不到重視，後來其說傳到秦國後，為秦王所賞識，秦王為了
得到韓非，不惜動武向韓國索取韓非。[12]然而韓非到秦國後，李
斯忌才，因而受到李斯陷害，被迫下獄，李斯遂派人送毒藥給韓

6　錢穆：《先秦諸子繫年》（北京：九州出版社，2011），頁 495。
7　《史記會注考證・韓世家》，頁 728。
8　《史記會注考證・秦始皇本紀》，頁 114。
9　清・王先慎：《韓非子集解・卷一》（北京，中華書局，1954），頁 1。
10　錢穆：《先秦諸子繫年》，頁 637。
11　《史記會注考證・老子韓非列傳》，頁 856。
12　秦王為得韓非而不惜向韓國動武之事，見《史記會注考證・老子韓非列傳》，
　　頁 859-860。錢穆認為此說不無疑問，認為「史公之言，亦多乖矣，恨無他書
　　可以詳定。」見錢穆：《先秦諸子繫年》，頁 496-497。因缺乏其他史料記載，
　　僅能暫取《史記》的說法。

非，逼他自殺。韓非著〈說難〉篇，明言說客之難當，然而終其一生，卻因往秦當說客而受害於同學，可見其平生遭遇之悲涼。

二、著　述

韓非著作據《史記》所述，著有「〈孤憤〉、〈五蠹〉、〈內外儲〉、〈說林〉、〈說難〉十餘萬字」，今存《韓非子》一書。《韓非子》成書於戰國末年，[13]劉向校錄《韓非子》，始定全書為五十五篇，配以敘文，載於《別錄》（《別錄》早佚，此敘文尚有數句殘存於馬總《意林》中）東漢・班固（32-92）《漢書・藝文志》於諸子法家類中著錄云：「韓子，五十五篇。」梁・阮孝緒（479-536）《七錄》著錄「韓子二十卷」（《七錄》已佚，據《史記正義》引文）梁・庾仲容（約 475-約 548）子鈔亦同。《韓非子》在梁以前，分篇、分卷情況各有不同，無從考定。自後，《隋書・經籍志》、《舊唐書・經籍志》、《新唐書・藝文志》、《宋史・藝文志》俱於子書法家類中，著錄「韓子二十卷」，而不言篇數。明・焦竑（1540-1620）《國史・經籍志》法家類，亦著錄韓子二十卷。《明史・藝文志》以法家併入雜家，於韓子且略而不錄。清《四庫全書總目》及簡目子部法家類，均著錄韓子二十卷，乃復隋志之舊。由是觀之，官書多稱「韓子」，私家著錄之書，自宋以後，或仍稱「韓子」，如北宋（1003-1058）王堯臣《崇文總目》、南宋・高似孫（1158-1231）《子略》、陳振孫（1179-1262）《直齋書錄解題》、王應麟（1223-1296）《漢

---

13 許嫚真：《《韓非子》〈解老〉、〈喻老〉之研究》（國立中央大學中國文學研究所碩士論文，2002），頁 8。

藝文志考證》，明·白雲霽《道藏目錄》等書；改稱「韓非子」，如北宋·晁公武（1105-1180）《郡齋讀書志》、清·孫星衍（1753-1818）《孫氏祠堂書目》、《廉石居藏書記》、黃丕烈（1763-1825）《士禮居藏書題跋記》、張之洞（1837-1909）《書目答問》、近人梁啟超《要籍解題及其讀法》等書，可見越至近代，則改稱「韓非子」者越多。[14]

　　然而今存《韓非子》，是否全為韓非所作，《四庫全書總目提要》早已認為「實非非所手定」，只是因為「以其本出於非，故仍題非名」。[15]近代學者曾詳細論辯《韓非子》一書作者屬誰，容肇祖認為《韓非子》一書確為韓非所作，當中雜有黃老或道家、縱橫或遊說家，攙雜他人之說。[16]鄧思善即提出不同看法，而作〈讀容肇祖先生〈韓非的著作考〉志疑〉，並駁斥梁啟超指出〈初見秦〉、〈存韓〉兩篇不是韓非所作。[17]施覺懷亦提出充分理據，指出〈存韓〉、〈有度〉、〈忠孝〉等篇均屬韓非所作。[18]然而，就今存資料來看，若沒有更多的直接證據出現，則所有對《韓非子》作者問題的揣測，均是一種說法，難以直接證成《韓非子》

---

14 關於《韓非子》歷代著錄卷數，及《韓非子》、《韓非子》之稱謂變更考證，詳見陳啟天：《韓非子校釋》，頁 885-886。

15 清·永瑢（1744-1790）等撰：《四庫全書總目提要·子部·法家類》曰：「疑非所著書，本各自為篇，非歿之後，其徒收拾編次，以成一帙，故在韓在秦之作，均為收錄。併其私記未完之稿，亦收入書中，名為非撰，實非所手定也。以其本出於非，故仍題非名，以著於錄焉。」（臺北：台灣商務印書館，1968），頁 2066。

16 見《古史辨》，第四冊，頁 654-674。容肇祖指出〈解老〉、〈喻老〉應屬黃老或道家言者。

17 同上引書，頁 675-679。

18 施覺懷：《韓非評傳》（南京：南京大學出版社，2002），頁 80-83。

之作者屬誰。[19]唐君毅先生指出「今存韓非子諸篇，自不必盡為韓非子本人所著……凡其旨與他篇一致者，皆應為韓非一型態之思想家所著。吾今既重本思想型態以為論，則並納之於韓非之思想之中，固未為不可也。」[20]誠如唐先生所言，今存之《韓非子》不必視為盡是韓非一人之著作，或可視為韓非及其後學、門人之作，其理論體系屬法家之義理脈絡者，自可統而論之。

第二節 《韓非子》解《老》的詮釋內容

在進入討論《韓非子》解《老》的義理問題前，得先說明〈解老〉、〈喻老〉兩篇作者誰屬的外緣問題。後世又因為《韓非子·解老》、〈喻老〉內容似雜有黃老道家學說，肯定仁義等內容，遂質疑此兩篇並非韓非所作，關於這個問題，學界主要有三種說法，一為韓非所作，二為非韓非所作，三為部分為韓非所作。[21]承前文所述，縱然《韓非子》非一人所作，亦無礙其義理系統的歸

---

19 邱黃海指出「作者問題的徹底解決所要求的是直接的或間接的經驗證據，否則不管是就遣辭用句、概念的使用、文章的風格等等來研究，頂多都只是一種臆度與揣測而已。」見邱黃海：〈《韓非子》〈解老〉、〈喻老〉篇的詮釋特色〉，《東海大學文學院學報》46，2005.7，頁 186。

20 唐君毅：《中國哲學原論》原道篇一，頁 508。

21 認為此兩篇出自韓非之手者如：張覺、施覺懷。分別見張覺：《韓非子校疏》（上海：上海古籍出版社，2010），頁 350、412；施覺懷：《韓非評傳》，頁 61-65。二、認為非韓非所作者如：胡適、容肇祖、徐復觀。分別見胡適：《中國哲學史大綱》（臺北：遠流，1986），頁 320；容肇祖之說見《古史辨》第四冊，頁 662；徐復觀：《中國人性論史》，頁 440。三、認為部分為韓非所作，如梁啟雄、鄭良樹、唐君毅、熊鐵基。分別見梁啟雄：《韓子淺解》（北京：中華書局，2009），頁 7；鄭良樹：〈韓非子解老篇及喻老篇初探〉，《漢學研究》6：2，1988.12，頁 310-320，頁 17；唐君毅：《中國哲學原論》原道篇一，頁 535；熊鐵基：〈讀韓非子〈解老〉和〈喻老〉〉，《政大中文學報》8，2007.12，頁 15-28。

屬。誠如邱黃海所指，如果從義理的角度看，由於〈喻老〉的思想與〈解老〉相協調，而且亦出現在《韓非子》書中，則將〈解老〉、〈喻老〉視為韓非的思想，或《韓非子》的思想，差別其實不算太大。[22]

　　司馬遷在《史記・老子韓非列傳》中曾經指出韓非「喜刑名法術之學，而其歸本於黃老。」[23]歸本於道家並非自韓非開始，先秦諸子亦多有自覺地歸本道家之學說，提出「道生法」的觀點，[24]《管子・心術上》也有相近的主張，如其言「法出乎權，權出乎道」。[25]韓非論道，將道的虛靜無為運用於政治，純任法術勢治國。本書將從《韓非子・解老》、〈喻老〉以及相關解《老》的篇章內容展開討論，以見其詮解《老子》展開的面向。

一、道的轉向 ── 從道往法術的轉變

　　《韓非子》論「道」亦有相類於《老子》之說，其言「道者，萬物之始。」（〈主道〉，頁 686）[26]足見道的根源性，能生化萬

---

22 邱黃海：〈《韓非子》〈解老〉、〈喻老〉篇的詮釋特色〉，頁 202。
23 《史記會注考證・老子韓非列傳》，頁 856。
24 分別見《黃帝四經・經法・道法》，陳鼓應註譯：《黃帝四經今注今譯》（北京：商務印書館出版，2011），頁 2，及北宋・陸佃（1042-1102）注：《鶡冠子・兵政第十四》（《四部叢刊・子部》）（臺北：臺灣商務印書館，1965），頁 40。
25 見黎翔鳳撰，梁運華整理：《管子校注》（北京：中華書局，2009），頁 770。
26 本書所引《韓非子》之內容均自陳啟天：《增訂韓非子校釋》，引文標點不同者乃筆者自行修改，不另加說明。以下有關《韓非子》之引文均自此書，僅標其篇目、頁碼。

物；其曰「道無雙，故曰一。」（〈揚摧〉，頁 701-702）[27]「道不同於萬物」（〈揚摧〉，頁 701）可見道的絕對性，無物能與之比配；其謂「夫道者，弘大而無形。」（〈揚摧〉，頁 701）更見道大不可形狀，乃不可道之道；又云「虛靜無為，道之情也。」（〈揚摧〉，頁 704）與《老子》同以虛靜、無為作為道之實情、內容，由是觀之，《韓非子》論道似與《老子》所言無異。然而，從《韓非子・解老》內容，卻可明顯看出其詮解《老子》「道」的轉向，文曰：

> 夫能有其國、保其身者，必且體道。體道，則其智深；其智深，則其會遠；其會遠，眾人莫能見其所極。唯夫體道，能令人不見其事極；不見其事極者，為能保其身、有其國，故曰：「莫知其極；莫知其極，則可以有國。」（〈解老〉，頁 738-739）

> 所謂「有國之母」，母者，道也；道也者，生於所以有國之術。所以有國之術，故謂之「有國之母」。夫道以與世周旋者，其建生也長，持祿也久。故曰：「有國之母，可以長久。」樹木有曼根，有直根。直根者，書之所謂柢也；柢也者，木之所以建生也；曼根者，木之所以持生也。德也者，人之所以建生也；祿也者，人之所以持生也。今建於理者，其持祿也久，故曰：「深其根。」體其道者，其生日長，故曰：「固其柢。」柢固則生長，根深則視久，故曰：「深其根，固其

---

27 〈揚摧〉篇名，各舊本作「揚權」，陳啟天據門無子《韓子迂評》、顧廣圻《韓非子識誤》、劉師培《韓非子斠補》改「揚權」為「揚摧」，陳氏云：「揚摧，猶言綱要，謂人主治國御臣之要義也。」見氏著《韓非子校釋》，頁 696。

柢，長生久視之道也。」（〈解老〉，頁 739）

以上所引乃《韓非子》針對《老子・五十九章》之詮解。所謂有
道、體道者，是就有其國、保其身而言，所謂道是源於治國的方
術，故曰「有國之術」。是以能體此道，便能智慧深沉、計謀深
遠，以智謀治國，則君臣百姓便無法窺探君王所想，不知其究竟，
故曰「眾人莫能見其所極」。因能體證治國之術，故能使眾人不
見其極而能保全身體，穩固政權。可見《韓非子》所謂道，實為
形而下之方術，能以此方術應世接物，則能擁有長久的生命與祿
位。《老子・五十九章》言「有國之母，可以長久。」《韓非子》
以方術釋「國之母」，以生命、祿位作為「長久」的具體內容，
明顯與《老子》所述不同。《老子》所言「重積德則無不克，無
不克則莫知其極，莫知其極，可以有國」之「重積德」是指透過
不斷損之又損的工夫修養來應世接物，因其能損之又損，以至無
為而無不為，故能做到「無不克」，能勝任一切人間世的事務；
又因工夫實踐是無止盡的，故其效應亦是不能被窮盡的，透過無
盡實踐歷程，聖人應物無窮，也就無法估計其極限，是謂「莫知
其極」。工夫修養達至「莫知其極」時，便能作為領導人治理天
下。聖人治國固需有其客觀法度、方術，但在這種情況下，《老
子》所謂「有國之母」，絕不可能純就「術」而言，亦不可能指
向「智深」、「會遠」等權謀之術而論，《老子》「有國之母」，
承其「重積德」之說，其治國原則應為「無為而治」，故其「母」、
其「道」是指無為而無不為，以無為方式治國，始能長久維持天
下太平，是謂可以「長久」。又因其無為而治的背後是有工夫修
養的支撐，故聖人治國根基穩固、可大可久，是謂「深根固柢」、
「長生久視」，凡此均就價值意義之得以保住而言深固、長久。

相較於《老子》，《韓非子》之言「重積德」的目的，則由下文可見，文曰：

> 積德而後神靜，神靜而後和多，和多而後計得，計得而後能御萬物，能御萬物則戰易勝敵，戰易勝敵而論必蓋世，論必蓋世，故曰「無不克」。無不克，本於重積德，故曰「重積德則無不克。」戰易勝敵，則兼有天下；論必蓋世，則民人從。進兼天下，而退從民人，其術遠，則眾人莫見其端末。莫見其端末，是以莫知其極，故曰：「無不克，則莫知其極。」（〈解老〉，頁738）

積德的目的在於能使精神寧靜，精神寧靜能使和氣增多，和氣增多能使計謀得當，計謀得當便能駕御萬物，能駕御萬物便能於戰事上容易戰勝敵人，容易戰勝敵人則言論便能壓倒世人，由是而言「無不克」。戰事容易戰勝敵人，則能兼併天下；言論能說服天下，則能使百姓服從。進則能兼併天下，退則能使百姓服從，這種道術非常深遠，百姓無法窺見其端倪始末，不見其端倪始末，則不知其究竟，是以言「無不克，則莫知其極。」《韓非子》此說，是從道術言之，或問何以積德便能「神靜」，精神寧靜乃「保身」之事，厚積其德，與養神保身關係何在？此即源於《韓非子》釋「德」之義已異於《老子》，《老子》言德是就「常德」、「玄德」來說，與道同層，均具形上意義，故其曰「孔德之容，惟道是從」（〈二十一章〉），是描述修養至德之人的樣態，認為至德者均順從自然之道；其謂「含德之厚，比於赤子」（〈五十五章〉），亦就自然之德而言，《老子》認為自然之德的純厚境界，近於純真無分別心之赤子，可見《老子》之言德與道同層，均具

形上意義。《韓非子》言「德」即謂：「身全之謂德，德者，得身也。」（〈解老〉，頁 721-722）德是就形而下之身而言，故其言「積德」、「神靜」、「和多」均屬「保其身」之術，而「計得」、「御萬物」、「戰易勝敵」、「論必蓋世」均為「有其國」之舉，因而曰「唯夫體道，能令人不見其事極；不見其事極者，為能保其身，有其國。」《老子》言「莫知其極」是就無為工夫效應之無止盡而言，《韓非子》言「莫知其極」，純就事功上之「事極」來說，因其道是指治國之方術，德是指治身之保身，二者均屬形而下者，異於《老子》就形而上者而說道德。

因《韓非子》之言道、德不具形上性格，故其言「道以與世周旋者」，即以道應世的一面，是就「建生」、「持祿」而言，見其功利實用的義理性格。或問《老子》以無為治國，所言「深根固柢，長生久視之道」，難道是空無內容，只有空洞的無為修養，而不具客觀現實意義，不含「建生」、「持祿」的一面嗎？若《老子》亦承認人間世保身、有國的一面，《韓非子》談「建於理者，其持祿也久」、「體其道者，其生日長」亦當屬《老子》義理下必然推出的現實面，何以謂其功利實用，而異於《老子》之無為而治？誠然《老子》亦不反對長生、利祿，只要是以自然之道得之，即使難得之貨、可欲之事，亦當在自然的情況下得到成全，其言「不貴難得之貨」、「不見可欲」，是為了免除人心奔競，凸顯難得之貨，使百姓淪為盜賊；標舉可欲之事，使民心紛亂，當中並非反對難得之貨、可欲之事的本身，可見人間世凡是以自然的方式成全的，《老子》並不反對，若以無為自然的方式保身、有國，成就長生、利祿，自亦不離「深根固柢，長生久視之道」。然而，《韓非子》所謂道，是「生於所以有國之術」，

是純就術用言道,而體道則智深、會遠,凡此均為權謀術用,並無形上自然之道保存一切現實行為的純粹價值意義,有用無體,已淪為現實上的功利實用主義。

以法言道,固然落在形而下論「道」,高柏園先生亦曾指出《韓非子》將法提高至道的地位,文曰:

> 韓非試圖將法的地位提高至道的地位,做為一切存在的基礎,一如道為萬物之根據乃是普遍而必然地及於萬物,而韓非也正希望法也能如道一般地普遍而必然地貫徹到其所管理的對象上,由是而能充分伸張君勢以富國強兵,因此道與法均是無所不在,道是萬物的存有論基礎,是通過有與無而連繫萬物,而法則是通過名與實之間的相應,以政治結構掌握一切。[28]

《韓非子》言法,與道同位,實承自《黃帝四經》「道生法」、《管子‧心術上》「法出乎權,權出乎道」之說,以法、道同層,並不違背「道也者,生於所以有國之術」的說法,以法作為普遍、必然地貫徹於萬物之上,成全其治國之道,正能符合「刑名法術之學」的義理性格。在《韓非子》的思想體系中,法、術二者互為表裡,故曰:「法者,編著之圖籍,設之於官府,而布之於百姓者也。術者,藏之於胸中,以偶眾端,而潛御群臣者也。故法莫如顯,而術不欲見。」(〈難三〉,頁364)法為外,術屬內;法,是編寫在圖書典籍之中,設置於官府之內,並公布於百姓;術,是藏在心中,因應不同事情而有不同手段,以此暗中駕御群

---

28 高柏園:《韓非哲學研究》,頁27。

臣；在這種情況下，法一定要彰顯公告，術則須深藏不露，可見法、術二者，一外一內，同時為治國者所掌握，故《韓非子》亦可名之為「法術家」。[29]既明法、術互為表裡，亦與道同層，則以下所引〈解老〉內容，將有更一致、清楚的詮釋，文曰：

> 道者，萬物之所然也，萬理之所稽也。理者，成物之文也；道者，萬物之所以成也。故曰：「道，理之者也。」物有理，不可以相薄。物有理，不可以相薄，故理之為物之制，萬物各異理。萬物各異理，而道盡稽萬物之理，故不得不化。不得不化，故無常操。無常操，是以死生氣稟焉，萬智斟酌焉，萬事廢興焉。天得之以高，地得之以藏，維斗得之以成其威，日月得之以恆其光，五常得之以常其位，列星得之以端其行，四時得之以御其變氣，軒轅得之以擅四方，赤松得之與天地統，聖人得之以成文章。道，與堯、舜俱智，與接輿俱狂，與桀、紂俱滅，與湯、武俱昌。以為近乎？遊於四極；以為遠乎？常在吾側。以為暗乎？其光昭昭；以為明乎？其物冥冥。而功成天地，和化雷霆，宇內之物，恃之以成。凡道之情，不制不形，柔弱隨時，與理相應。萬物得之以死，得之以生；萬事得之以敗，得之以成。道譬諸若水，溺者多飲之即死，渴者適飲之即生。譬之若劍戟，愚人以行忿則禍生，聖人以誅暴則福成。故曰：「得之以死，得之以生，得之以敗，得之以成。」（〈解老〉，頁 748-749）

---

29 高柏園指出，在韓非思想中以勢最優先，而法與術只是輔助充分伸張君勢的工具，因此韓非即非一般意義之法家，而更宜以法術家名之。見高柏園：《韓非哲學研究》，頁 143。

以上引文所詮釋的道，可從五方面說明道的特點：第一，道乃天下萬物得以形成的依據，亦是萬理所應符合的內容，由是而見道的根源性，此與《老子·二十五章》道「可以為天下母」之說相應。第二，道能使萬物條理化，使萬物各自有其規則，而不相互侵擾，制約萬物，由是而見其制約性。第三，萬物既各有其規律，而道必須均能符合萬物不同的規律，故不得不變化，不得不變化，則無固定不變的規則，由是而見其合宜性。第四，因道沒有固定不變的規則，所以萬物的死生均自道稟受而至，眾人的智慧均自道吸收考量而來，眾事興衰均由道的興廢而致，天得之才能高遠，地得之才能蘊藏孕育萬物，北斗得之才能成其威勢，日月得之才能光芒永續，金木水火土五行得之才能定常不變其位，眾星得之才能正常地運行，春夏秋冬得之才能駕御節氣變化，黃帝得之才可以綏理四方，仙人得之才可與天地齊壽，聖人得之才可成就禮樂制度，從眾物均須靠道來實現，可見其普遍性。第五，從道使眾物能成其自己，可見其實現性，此與《老子·三十九章》「天得一以清，地得一以寧，神得一以靈，谷得一以盈，萬物得一以生，侯王得一以為天下貞」之說相應。

《韓非子》論道，似與《老子》言道的形式特性相去不遠，值得討論的是，道與堯舜俱智、與湯武俱昌、得之以生、得之以成、口渴的人適量取用便能活過來，均屬合理之說，亦不悖《老子》義理；然而若謂道與接輿俱狂、與桀紂俱滅，得之以死、得之以敗，淹水的人過度飲用便會死亡，則有違情理，似亦不合《老子》義理性格。道，既為絕對的善，而不與惡相對，既能體道，與道同行，何以會有狂滅、死敗的情況出現？體道為一無窮的修養歷程，怎會以「溺者多飲」作為比喻，修養工夫應是多多益善，

透過不斷修養，調適上遂，體證聖人修養境界。然而《韓非子》此說，非憑空造說，此段文字出現在〈解老〉篇，即以解釋《老子》大義為主，又引《老子》之言作證，謂《老子》曰「得之以死，得之以生；得之以敗，得之以成」，由此來看，〈解老〉之說並不悖於其所引的《老子》原文。於此，即出現以下兩種可能，第一種可能是，《韓非子》所引《老子》之說，並不見於今本《老子》之中，若《韓非子》所引不誤，即《老子》義理相互矛盾。其原因在於，一，《老子‧六十二章》曰：「道者萬物之奧，善人之寶，不善人之所保。」道既為眾人、萬事的奧藏，是為善於以無為方式修養自己的人最可貴的東西，亦可為不善於修身之人提供庇護，即使不善修身如接輿、桀紂，若能得道，亦不至於有狂滅、死敗的情況出現。二，《老子‧二十九章》、〈六十四章〉均言「為者敗之」，可見有心執持之人，即背道而行之士才會招致敗亡，何以《韓非子》之言得道會敗、會死？應是失之以死、失之以敗才符合《老子》義理性格。第二種可能是，《韓非子》所引《老子》之說，不見於今傳《老子》之中，其所謂「得之以死，得之以生；得之以敗，得之以成。」或為《韓非子》所作，並不出於《老子》所有；或為韓非當時流傳《老子》版本所有的文句，經歷代流傳後，因此章義理與其他章句內容扞格不入，而被刪去；或為《韓非子》受《黃帝四經》「同出冥冥，或以死，或以生」（《黃帝四經‧經法‧道法》）、「萬物得之以生，百事得之以成」（《黃帝四經‧道原》）之說的影響，摻雜於〈解老〉之中。[30]然而在沒有出土文獻的證明，一切只屬揣測，無助更合理地詮釋《韓非子‧解老》此段義理內容。

---

30 分別見陳鼓應：《黃帝四經今注今譯》，頁10、399。

　　在沒有更多出土文獻證明《韓非子》所引章句是否出自《老子》之前，只能就所見說明《韓非子》何以如此詮釋《老子》章句。根據詮釋文本的原則，合理的詮釋應該儘可能運用經典本身無疑義的文獻來解釋有疑義的章句，用清楚的觀念來解釋不清楚的觀念，與此同時，亦應避免將詮釋對象導入自相矛盾的立場。[31]於是，從《韓非子》其他內容來看，其所謂道者，是就法術而論，若如是理解〈解老〉此段文字，則能更清楚所謂「得之以死，得之以生；得之以敗，得之以成」之說。法，為客觀之物，君主治國必須依法而行，故普天之下，萬民均須稽合於法，法是為萬物存在的依據，由是而言「萬物之所然也」、「萬理之所稽也」、「萬物之所以成也」。以法治國，故眾人不可越法相擾，是謂「不可以相薄」，由是而成「為物之制」，以此制約萬民。法須與時而變，才具有合宜性，故《韓非子・心度》曰：「法與時移，而禁與世變。」（〈心度〉，頁815）由是而言「不得不化」、「無常操」、「柔弱隨時」。聖人治理天下，若能體道，即以法治國，便能制定禮樂制度，是謂「成文章」，凡此均就法而言道。法之普遍性，不論賢與不肖、聖君暴君，均無所逃於法，故與堯舜俱智，與接輿俱狂，與桀紂俱滅，與湯武俱昌。若從法的角度來看，萬物之死生、萬事之成敗，亦由法而定，由是而見法之客觀、中立的特性，若為非作歹則得之以死、得之以敗；若奉公守法則得之以生、得之以成，是謂「萬物得之以死，得之以生；萬事得之以敗，得之以成。」若從統治者立場言之，則更清楚明白，所謂「得之以生，得之以死」，即用法可以統治人民，掌握人民的生，也控制人民的死，天下之萬事萬物亦然，均在統治者手中，以法

---

31 關於詮釋原則的詳細論說，見袁保新：《老子哲學之詮釋與重建》，頁77。

來控制其生死。可見若以法來詮解道，則較能一致地詮釋〈解老〉所言之「道」。

　　若能明白《韓非子》以法言道，則其他篇章縱有類近於《老子》論道的特徵，亦是為了以法術治國而立說，故其謂「道者，萬物之始，是非之紀也。是以明君守始，以知萬物之源；治紀，以知善敗之端。」（〈主道〉，頁 686）所謂道作為萬物之始，是非的準則，實就法而言道，因此明君堅守法道便能知曉萬物的起源，整治準則便能明白善惡的端倪，此即其以法治國，即能察姦於肇端之意。其曰「道無雙，故曰一。」「夫道者，弘大而無形。……道者，下周於事，因稽而命，與時死生；參名異事，通一同情。故曰道不同於萬物。」（〈揚摧〉，頁 701-702）言道的絕對性、普遍性，是為了說明「君不同於群臣」，而「君臣不同道」，君主掌握名，以之來考核臣下的言論，臣下顯其形，以績效來驗證自己的才能，形名參驗都能相符的時候，君臣上下的關係就能和諧，其言道的絕對性，是為了說明君臣不同，君上臣下，明君以法術治國之道。[32]又云「虛靜無為，道之情也。」（〈揚摧〉，頁 704）似同於《老子》以虛靜無為工夫來體證形上之道，然而其所謂虛靜無為，較近於黃老學說，並以權謀術用治國，故其道實已轉向法術而言之。[33]

32　〈揚摧〉：「故曰道不同於萬物，德不同於陰陽，繩不同於出入，和不同於燥濕，君不同於群臣。凡此六者，道之出也。道無雙，故曰一。是故明君貴獨道之容。君臣不同道，下以名禱，君操其名，臣效其形，形名參同，上下和調。」頁 701-702。

33　《道家與中國哲學・先秦卷》指出《韓非子・解老》此段文字與《老子》最大的不同在於《老子》「無名天地之始」、「吾不知誰之子，象帝之先」等言論雖未從本原論角度闡明道與天地的關係，卻言明道無始，是最初的存在，天地

由以上討論可見，《韓非子》以法術言道於其思想體系內甚為一致，其〈解老〉、〈喻老〉言道，亦異於《老子》之道而不具形上意義。《老子》之道具有無、有雙重性格，能使萬物自然地實現其自己，保住現實一切純粹價值；《韓非子》所詮解《老子》之道，則刊落常道形而上的義理性格，純為一形而下的君主法術的內容。

二、工夫論轉向 —— 順取而外推

〈解老〉、〈喻老〉所言道既與《老子》不同，轉向法術面的開展，則《韓非子》詮解《老子》去泰去甚、無為虛靜、去智見素、恬淡無用等修養工夫，與《老子》無為無不為的工夫論有無差別？若無差別，則何以二者所體之道有所不同？若有差別，則其所呈現之理想亦應隨順詮解進路的不同，而與《老子》有別，若將這些疑點澄清，則更能說明《韓非子》詮解《老子》的詮釋轉向。下文將從無而不能有的空無、無為無不為的斷裂、淪為術用之無為等三方面討論，以見《韓非子》解《老》轉向順取外推工夫論的特色。

有其起始階段，開始於道的存在之後。是即，道在先，天地居後。《韓非子》之道有始，始於天地分化時，即是說道與天地同時誕生，這是老、韓之道的重大區別。見孫以楷主編：《道家與中國哲學·先秦卷》（北京：人民出版社，2004），頁 446。案：《老子》言「無名天地之始」是指常道無固定名狀，於創生價值天地時便無有限定，不會只突出某一面相；其言「吾不知誰之子，象帝之先」，不知道之前有誰，像上帝之前就有道的存在，是為了說常明道在理論上的優先性，可見《老子》之言並非為了探討客觀天地的存在。《韓非子》論道，是就法術而言，與《老子》相同者是其論道並非為了說明客觀天地的存在，二者最大的區別在於《老子》之道具形上意義，《韓非子》之道則為形下之法術。

（一）無而不能有的空無

　　《韓非子》詮釋《老子》亦言虛靜不為，然而其所言虛無之涵義，與《老子》不同，其文曰：

> 工人數變業，則失其功；作者數搖徙，則亡其功。一人之作，日亡半日，十日則亡五人之功矣。萬人之作，日亡半日，十日則亡五萬人之功矣。然則數變業者，其人彌眾，其虧彌大矣。凡法令更則利害易，利害易則民務變，民務變之謂變業。故以理觀之，事大眾而數搖之，則多敗傷；烹小鮮而數撓之，則賊其澤；治大國而數變法，則民苦之。是以有道之君，貴虛靜，而重變法，故曰：「治大國者若烹小鮮。」（〈解老〉，頁 740-741）

> 夫物有常容，因乘以導之，因隨物之容。故靜則建乎德，動則順乎道。宋人有為其君以象為楮葉者，三年而成，豐殺莖柯，毫芒繁澤，亂之楮葉之中，而不可別也。此人遂以巧食祿於宋邦。列子聞之曰：「使天地三年而成一葉，則物之有葉者寡矣。」故不乘天地之資，而載一人之身；不隨道理之數，而學一人之智，此皆一葉之行也。故冬耕之稼，后稷不能美也；豐年大禾，臧獲不能惡也。以一人力，則后稷不足，隨自然，則臧獲有餘。故曰：「恃萬物之自然，而不敢為也。」（〈喻老〉，頁 778）

　　以上兩則引文均透過對外物之不為來說明虛靜、不敢為之意，與《老子》透過內省工夫，超越人心的造作達至無心無為的工夫修

養，有著明顯不同。文中所云：工人屢次變更職業，則喪失其生產能力；農民屢次遷徙移動，則失去其產出效能。若每人每天浪費半日工作時間，十日便損失五人的工作效能。若一萬人浪費半日工作時間，十日便損失五萬人的工作效能。由是可見，屢次變換工作的人越多，損失便越大。同樣法令的變更亦然，法令越多變，則百姓越受害；利害變更越烈，百姓亦會隨之而求變，變換其職業，故使換眾人而數度變動他們的工作，則多損傷產量效益；烹煮小魚而數度翻煮它，則有損其表面光澤；治理國家而數度更改法令，則百姓生活苦不堪言。職是之故，有道的君主，貴虛靜不變，不輕易改變法令，有若烹小鮮一樣。[34]《老子・六十章》所言「治大國若烹小鮮」是以烹煮小魚作為治國的比喻，烹小魚的過程時有必須翻煮，但不宜過度攪撓翻煮，正如治國者必須有治國的舉措政策，但其治國的方式是以自然無為的方法管理國家，是謂「以道莅天下」。然而《韓非子》所謂「治大國若烹小鮮」、其言「虛靜」，均不從君主主體修養來談治國，而是就法度言虛靜，從不重變法言虛靜，是把《老子》工夫修養往外推至法令，能做到少變動，則大國能治，百姓能固守其業，是為有道之君。此虛靜不為之「無」，實為客觀存在上之不為，而非主體修養上之無為。

　　同樣，《韓非子》詮解《老子》之「不敢為」，亦就客觀外物而言，故曰萬物有一定形態，須依其特性來作引導，能因順物性發展，才能在靜止時成就萬物的特質，運動時相應於大道。《韓非子》更以宋人替國君用象牙雕刻楮葉為例，說明順應自然的重

---

34 陳啟天曰：「重變法，猶言不輕改變法令也。」見《增訂韓非子校釋》，頁740。

要性。宋人用三年時間為國君雕成楮葉，所雕成製品的外貌，不論大小形狀、葉柄及其葉脈紋理，幾可亂真，混之於真的楮葉之中，逼真到無法分辨出來，此人因著其巧藝在宋國安享俸祿。列子聞之即指出，倘若大自然亦需三年才能長成一片葉子，那麼自然界中的葉子就很少了。《韓非子》承列子之說作出批評，認為若不利用自然資源，單靠個人力量成全外物；不依循道理規律，全憑個人智慧成就一事，均屬以巧藝雕刻楮葉的行為。其違反自然定理，有如冬天耕種一樣，即使善種農作物如后稷者亦不能豐收；若能順應自然之理，則如豐年茁壯的穀物，即使拙劣的僕役也不致使農作物枯敗。單憑一人之力，有能力如后稷者亦嫌不足；能隨順自然，則拙劣的僕役亦能應付有餘，由是可見順應自然的重要性。《韓非子》以客觀事物的自然之勢，來說明《老子》「恃萬物之自然，而不敢為」，[35]實將《老子》自覺修養、往內逆反氣性生命之工夫修養，往外推，從主體生命之修養外推到客觀事物之上。《韓非子》之自然為萬物生長之自然，屬外在客觀之物理；《老子》之自然為主體修養之自然，乃無為、不刻意的意思，屬內在主體之事，故其言「不敢為」，是與「無知無欲」等無為修養相應。[36]

---

35 今本《老子・六十四章》作「輔萬物之自然，而不敢為」，「恃」作「輔」，二者詞意相近。

36 《老子・三章》：「常使民無知無欲，使夫智者不敢為也。」陳奇猷認為韓非透過嚴刑重罰來迫使人不敢犯法，也就是使人不敢「為」，這便做到了《老子・三章》的「使夫智者不敢為」，由是而見《老子》是「無為而治」的始倡者，而韓非則是推行「無為而治」的具體策劃者。見陳奇猷：《韓非子新校注・韓非與老子》，頁 1265。案：誠如陳奇猷所言，韓非透過嚴刑重罰迫使百姓不敢犯法，故其言「明主之國，官不敢枉法，吏不敢為私。」（〈八說〉，頁 139）「吏以昭侯為明察，皆悚懼其所，而不敢為非。」（〈內儲說上〉，頁 422）「執術而御之，陽虎不敢為非。」（〈外儲說左下〉，頁 531）之「不敢為」

　　《韓非子》所謂虛靜指的是不輕易改變法令,「恃萬物之自然,而不敢為」,目的是為了勤耕致富,培植國本,故曰:「舉事慎陰陽之和,種樹節四時之適,無早晚之失、寒溫之災,則入多。不以小功妨大務,不以私欲害人事,丈夫盡於耕農,婦人力於織紝,則入多。」(〈難二〉,頁341)只要法令不朝令夕改,工人不易其職,農民不遷徙,便能提高生產效能,加上農耕墾殖能因應四時寒暑等自然變化,避免過早、太晚等疏漏缺失,過冷、過熱等災害,自然做到收穫增多。不因為小事而妨害農耕的大原則,亦不因為個人私欲妨害耕織,自能做到男的盡力於耕作,女的致力於紡織,收入自然會增多,凡此言虛靜、自然、不敢為,均就功利實效出發,非就主體修養之復歸於純樸無為立說。可見《韓非子》無為之無,多就存在上之沒有、不為義來說,而非作用層上之無為、無心義,故其無是空無義,不同於《老子》之無而能有,自無為落實至無不為。

　　因《韓非子》詮釋《老子》無為之「無」為一不起作用的「無」,是一個與「有」相對而言的「無」,故無而不能有,其不為、不學、不欲,不具作用層超越造作刻意的工夫,因此不能保存行為物的純粹價值,其言「學不學」曰:

　　　宋之鄙人得璞玉而獻之子罕,子罕不受。鄙人曰:「此寶也,

多就法術權謀而言「不敢」;然而《韓非子·解老》釋「恃萬物之自然,而不敢為」之「不敢為」應無權謀術用之意,僅就不敢為有違客觀自然之理來闡述。《老子》之「不敢為」,是以「無知無欲」為基礎,透過聖王工夫修養功化百姓,使善於用智之士不敢為,與《韓非子》之以抱法任勢用術治國有所不同,若謂《韓非子》為推行《老子》「無為而治」的具體策劃者,則尚有討論空間。關於《韓非子》詮解《老子》「無為而治」的內容,詳見下文討論。

宜為君子器，不宜為細人用。」子罕曰：「爾以玉為寶，我
以不受子玉為寶。」是鄙人欲玉，而子罕不欲玉。故曰：「欲
不欲，而不貴難得之貨。」王壽負書而行，見徐馮於周。徐
馮曰：「事者，為也。為生於時，時者無常事。書者，言也。
言生於知，知者不藏書。今子何獨負之而行？」於是王壽因
焚其書而儛之。故知者不以言談教，慧者不以藏書學。此世
之所過也，而王壽復之，是學不學也。故曰：「學不學，復
歸眾人之所過也。」（〈喻老〉，頁 776-777）

《韓非子》所謂「不欲」、「不學」均從現實上去掉所欲、所學
而言「不」，此乃無而不能有之「不欲」、「不學」，與《老子》
所言「欲不欲」、「學不學」之義理內涵有所不同。《韓非子》
以宋國鄉人獲得一塊璞玉獻給宋國大夫子罕，子罕卻不肯接受的
故事，說明宋國鄉人欲得璞玉，子罕卻不欲璞玉，不貴難得之貨。
又以徐馮告訴王壽智者不須藏著記載言辭的書籍，於是王壽把書
燒了後高興得手舞足蹈一事，說明有智慧的人不靠言談來教化，
聰慧的人不靠藏書來學習，王壽燒書之舉，才是真正的學不學。
從《韓非子》所舉證事例可見，其所言不欲、不學，均是去掉現
實上的難得之貨－－璞玉、記載言辭的書籍，以達到「不貴難得
之貨」、「復歸眾人之所過」的境界。然而，《老子》言「不貴
難得之貨」，並不是反對「難得之貨」，而是反對「貴」的偏執，
即凸顯「難得之貨」的執念；其言「欲不欲」、「學不學」，並
不反對欲求與學習本身，也不是認為聖人所欲的，是不可欲的東
西；所學的，是不可學的東西，更不專就客觀知識而言學，更不
是反對學習。《老子》之言「欲不欲」是以自然的方式滿足欲望，
聖人欲不欲，聖人之所以為聖，並非無知無情，亦同樣有所喜好，

只是其滿足的方式,是以「不欲」,即不以執定所欲的方式來滿足所欲;若認為聖人所欲的是不可欲的東西,則還是執定「不可欲的東西」,凡有所執,即使所執為一般人認為是具有正面價值之仁義,均須絕棄,故言「不仁」(〈五章〉)、「絕仁棄義」(〈十九章〉),同樣需要於作用層上棄絕超越。同理,「學不學」亦然,《老子》面對周文疲弊的問題,是針對當時已經僵化的禮樂制度進行反省,所反省的不僅是客觀知識的問題,更重要的是生命的學問,即如何實踐,如何透過工夫修養保存純粹價值,而不流於形式或僵化制度。《韓非子》以焚書說明不學,僅能說明不執泥於學的方式的一面,真正的「學不學」是應以自然的方式學,只要不執於文字言辭,即使以言教方式學,以藏書方式學,亦屬自然之學。只有以自然的方式學,才能實踐一般人所做過的事,歸根復命,顯其如嬰兒般的純樸無為。所謂的「學不學」、「欲不欲」,就是以「自然」的方式達成,即是「不敢為」,同樣是以無為的方式成就無不為,聖人輔助萬物使萬物自然地實現其自身價值,不敢偏執而為之,宰制萬物,是謂「輔萬物之自然,而不敢為」。

《韓非子》雖言貴虛、不欲、不學、自然、不敢為,然而其所言之虛靜,是就無有動作而言虛靜,是從去除欲望、不去學、無有作為而言不欲、不學、不敢為,其所言之自然,亦偏就客觀物勢之自然而言之,近於今人之所謂「自然」(Natural)。相對於《老子》透過逆返工夫,從作用層上超越執著而達至的虛靜無為,實有著明顯的差別,《老子》言「無」,是無而能有,無為是體,其作用即保住無不為的用,故能達至無為而無不為,《韓非子》的「無」,是無而不能有,故其言棄絕為客觀現實之不為

義，其詮解《老子》工夫論別於《老子》者一也。

（二）無為無不為的斷裂

《韓非子》除了以空無之無來詮解《老子》「無為」義外，其言「無為而無不為」者，亦與《老子》有所不同。文曰：

> 白公勝慮亂，罷朝，倒杖策而銳貫頤，血流至於地而不知。鄭人聞之曰：「頤之忘，將何不忘哉！」故曰：「其出彌遠者，其知彌少。」此言智周乎遠，則所遺在近也，是以聖人無常行也。能並知，故曰：「不行而知。」能並視，故曰：「不見而明。」隨時以舉事，因資而立功，用萬物之能而獲利其上，故曰：「不為而成。」（〈喻老〉，頁 781）

《韓非子》以白公勝計謀作亂一事，來說明聖人不為，便能洞悉事情始末，而有所成就。白公勝意圖作亂犯上，於朝議完畢後，把馬鞭倒過來拄地，尖的一端便刺入其臉頰，血流至地亦沒有察覺。鄭國人聽聞此事後就認為，臉頰被刺至血流一地，都能忘掉，因此沒有什麼事是不能忘懷的，遂以此說明《老子》「其出彌遠，其知彌少」之意，指出智慮遠者，一定會忽略身邊的事。《韓非子》由是得出，聖人沒有固定不變的行為，因其無所不知，故曰「不行而知」；無所不見，故曰「不見而明」；能因應恰當的時機來辦理事情，憑藉有利的條件來建功立業，利用萬物各種能力來得到利益，故曰「不為而成」。《韓非子》所謂「不為而成」之「不為」，缺乏逆氣的自省工夫作為背後根據。《老子・四十七章》所言「不出戶，知天下；不闚牖，見天道。其出彌遠，其

知彌少。是以聖人不行而知，不見而明，不為而成。」所知之「天下」、所見的「天道」均屬自然，此自然與《韓非子》偏就客觀外物的自然之理有所不同，《老子》之「自然」是就主體價值意義之如其自己而說，故其言不出戶、不闚牖，而能知天下、見天道者，並非指聖人有超能力，能透視、預知一切，而是指生命之純粹價值，不必往外求，故無須出戶、闚牖，自足於當下，便能體知天下、得見天道。「其出彌遠」是指越往外追逐，逐物而不返，則其自知之明越少，是謂「其知彌少」。聖人因有內省工夫，自能歸根復命，故能不行、不現，不往外追求存在的價值意義，而能自知、自明，凡此均在主體上做工夫，可見不行、不現，具有不為無心的工夫意義，因其不行、不現，故能知能明，是謂「不為而成」。可見聖人之「不為而成」，是順應自然來成就人事世務，且以逆返工夫成就外物。

　　《韓非子》以白公勝計謀作亂為例，說明「其出彌遠，其知彌少」，是就現象義來說明遠和少，因謀反之事屬遠，一心計謀作亂，而不知其近者，即臉頰流血至地之事，是謂「其知彌少」。《韓非子》更借此指出，因白公勝智慮於遠，忽略其近事，而聖人行無常，沒有固定方式可讓身邊的人猜透所行所想，故能並知、並視。由於能無常，故能「不行而知」、「不見而明」，然而其無常，並非從去執無為而言無有定常，而是從術用言之，故又曰：「起事於無形，而要大功於天下，是謂微明。」（〈喻老〉，頁769）以事情發端看不出形跡，終究能建立功業於天下，謂之「微明」。《老子‧三十六章》言「將欲歙之，必固張之；將欲弱之，必固強之；將欲廢之，必固興之；將欲奪之，必固與之。」是就現象事物的發展本來如此，來說明物極必反，而反者道之動，以

此說明精微的智慧。因此《韓非子》之「微明」是指事情由細微而著明，《老子》之「微明」指的是精微的智慧。《韓非子》從權謀術用釋「微明」，由是又有「權不欲見，素無為也」（〈揚摧〉，頁697）之說，以術用之隱其情，不顯露權勢，來詮釋「無為」。在這種情況下之並知、並視、隨時舉事、因資立功、用物之能，獲利於上，均指權謀術用，而不在實踐主體上作工夫。透過聖人主體不行、不見之不必有大作為，只要用術不顯其權，便能成事立功、輕鬆得利，是謂「不為而成」，故又曰：「夫物者有所宜，材者有所施，各處其宜，故上乃無為。使雞司夜，令狸執鼠，皆用其能，上乃無事。」（〈揚摧〉，頁697）萬物各有其功用，只要安排得宜，君主便可居上無為，讓萬物發揮效能，在這種情況下便能做到君無為、臣無不為。由是可見無為者歸屬於聖人、君王，而無不為者歸屬於外物、百姓，將無為、無不為的主詞打成兩截，分屬不同主體，割裂《老子》同屬於聖人主體修養之「無為而無不為」。

　　《老子‧四十八章》曰：「損之又損，以至於無為，無為而無不為。取天下常以無事，及其有事，不足以取天下。」是以「損之又損」的工夫，以「無為」支撐「無不為」，工夫繼之以工夫，透過無窮無盡的工夫歷程，調適至自然之境界，方可做到無為而無所不為，即所作所為無不合符自然，是謂「無為而無不為」。以無為修養應物，治理天下，則屬以不刻意操作的方式治之，是謂「取天下常以無事」，若有心造作、刻意而為，則無法充分地治理天下。可見「無為」、「無不為」之主詞，均自聖人、君王出發，透過君王無為修養，便能以自然的方式治理天下，達至「無不為」、無不治之境。又〈三十四章〉言「衣養萬物而不為主」

可見聖王治國澤被萬物，確有「衣養萬物」之功，不過，聖王是讓萬物自己作主，所謂「不為主」，不宰制萬物，並非僅靠聖王什麼都不做，光靠隨時舉事、因資立功、用萬物之能而獲利於上就能治國且有所成。

　　或問，《老子》無為之治下的「無為而無不為」其修養主體同屬於聖王，是否認為光憑聖王一人透過無為修養工夫，便能無所不為地，成就現實上一切事務？只靠聖王治國，便能身兼眾人之職，使天下達至無為而治之境？承前章討論所言，《老子》主張聖王以無為治國，所謂「聖人處無為之事，行不言之教，萬物作焉而不辭，生而不有，為而不恃，功成而弗居。夫唯弗居，是以不去。」（〈二章〉）以自然不為的方式功化萬物，雖有功化治成的功績，卻功成身退，不宰制百姓，因應臣民不同才能，使百官各任其職，讓百姓各遂其生，故謂「常有司殺者殺。夫代司殺者殺，是謂代大匠斲，夫代大匠斲者，希有不傷其手矣。」（〈七十四章〉）以「代大匠斲」作比喻，說明天道有常，各人皆有其職分，只有不越俎代庖，各司其分，不代大匠斲執行砍殺的職務，方能不傷其手。由是可見，聖王體道無為，雖能無不為，然而並不代表聖王能「代司殺者殺」，任其分外之事，聖王之責，即在於以不言之教化民，因順百姓之德，使天下復歸於自然。

　　《韓非子》以人主無為，臣下無不為，割裂「無為而無不為」的說法，在〈主道〉篇有更具體說明，文曰：

> 人主之道，靜退以為寶。不自操事，而知拙與巧；不自計慮，而知福與咎。是以不言而善應，不約而善會。言已應，則執

其契；事已會，則操其符。符契之所合，賞罰之所生也。故
群臣陳其言，君以其言授其事，以其事責其功。功當其事，
事當其言，則賞；功不當其事，事不當其言，則誅。明君之
道，臣不陳言而不當。（〈主道〉，頁 693-694）

群臣守職，百官有常，因能而使之，是謂習常。故曰：寂乎
其無位而處，漻乎莫得其所。明君無為於上，群臣竦懼乎下。
明君之道，使智者盡其慮，而君因以斷事，故君不窮於智；
賢者效其材，君因而任之，故君不窮於能；有功則君有其賢，
有過則臣任其罪，故君不窮於名。是故不賢而為賢者師，不
智而為智者正。臣有其勞，君有其成功，此之謂賢主之經也。
（〈主道〉，頁 686）

《韓非子》所謂「靜退」，是以「不自操事」、「不自計慮」言
之，即以人主不用親自操勞事務、無須親自計謀安排事情，作為
清靜、謙退的具體內容，與《老子》「致虛極，守靜篤」（〈十
六章〉）之無為好靜不同。《老子》之言虛靜，是把自己的生命
透過無為的方式，虛靜體道才能有所作為，在生命中萬物並作的
情況下，以純樸無心的方式觀照萬物，以見萬物的自然價值。萬
物回歸其自然本質，歸根復命，故曰「萬物並作，吾以觀復。夫
物芸芸，各復歸其根。」可見《老子》之虛極、靜篤，與其無心
應物，使萬物各復歸其根，復其命，均從聖人主體修養出發，並
沒有分割兩層從聖人處講無為，由萬物處講無不為。《韓非子》
則不然，《韓非子》言治國之君主，處靜謙退，不自操勞、不自
計謀，便能清楚知道臣下的才能是笨拙或靈巧，其謀慮是可以得
福或招禍，透過此靜退的行為，君主雖不說話，臣下亦能提出好

的建議；君主雖不加約束，臣下亦能有效地做事，由是人君便能有效地掌權，控制臣子，並以此行賞罰，考核群臣。君主根據臣下意見授予職務，不必親自操事、計慮，因此而見「寂乎無位而處，漻乎莫得其所」之意，因君主居上位無事，故言虛寂；群臣不知上位者心中所想，是謂虛寥，在這種權謀術用下「明君無為於上，群臣竦懼乎下。」英明的君主居上位而能無事，群臣處下位卻誠惶誠恐，不敢犯上作亂而為君上所用。

因《韓非子》言君上無為，臣下無不為，故其言「習常」，是指群臣各盡其職分，百官奉行常規，君主則因應各人才能分派職務，是為「習常」。在這種情況下的「習常」是臣下勤勞辦事，君上享受成果，這就是賢主所守之常道。相對《老子》就實踐主體當下而言「塞其兌，閉其門，終身不勤。開其兌，濟其事，終身不救。見小曰明，守柔曰強。用其光，復歸其明，無遺身殃，是為習常。」（〈五十二章〉）認為能閉塞人的執欲，則能終其一生都沒有危險；相反，開濟其嗜欲，則終其一生為外物營役競奔。能察見精微事物曰「明」，持守柔弱之道曰「強」，運用智慧之光，恢復生命的智慧，不讓自身陷於災殃之中，稱之為能實現常道，可見「習常」即實現常道之意。而《老子》實現常道的方式，是反求諸己，透過內省工夫，去欲無為，使生命得以澄明，體證無為無不為的常道。《韓非子》與《老子》之「習常」最大不同者，在於《韓非子》割裂無為、無不為實踐對象，以君無為，臣無不為。《韓非子》此說近於黃老道家「君道無為，臣道有為」之說，亦下啟王弼注《老》工夫論，將「無為」歸屬主體修養，「無不為」落在客觀萬有上的說法。《韓非子》割裂無為無不為實踐對象，將無為歸屬人君，無不為則落在臣民身上，實為橫向

而平面地詮解《老子》無為而無不為的工夫修養，有別於《老子》直貫而立體的說法，其詮解《老子》工夫論別於《老子》者二也。

（三）淪為術用之無為

《韓非子》詮解《老子》無為工夫，除了無而不能有、割裂無為無不為實踐對象外，無為去欲的工夫主要落在術用之上，文曰：

> 所以貴無為無思為虛者，謂其意無所制也。夫無術者，故以無為無思為虛也。夫故以無為無思為虛者，其意常不忘虛，是制於為虛也。虛者，謂其意無所制也。今制於為虛，是不虛也。虛者之無為也，不以無為為有常。不以無為為有常則虛，虛則德盛，德盛之謂上德。故曰：「上德無為而無不為也。」（〈解老〉，頁 723）

> 道者、萬物之始，是非之紀也。是以明君守始，以知萬物之源；治紀，以知善敗之端。故虛靜以待之，令名自命也，令事自定也。虛則知實之情，靜則知動者正。有言者自為名，有事者自為形，形名參同，君乃無事焉，歸之其情。故曰：君無見其所欲，君見其所欲，臣自將雕琢；君無見其意，君見其意，臣將自表異。故曰：去好去惡，臣乃見素，去智去舊，臣乃自備。故有智而不以慮，使萬物知其處；有行而不以賢，觀臣下之所因；有勇而不以怒，使群臣盡其武。是故去智而有明，去賢而有功，去勇而有強。（〈主道〉，頁 686）

《韓非子》釋《老子・三十八章》「上德無為而無不為」之意，[37] 以術用言虛無，明顯異於《老子》以自然言沖虛無為之德。《韓非子》指出，人們重視無為無思的原因，是在於心意能不為外物所牽制。[38]若以心意不為外物牽制釋《老子》之無為與沖虛，亦無不可，然而《韓非子》卻以「無術」作為反例，說明未能做到沖虛之人的情況，其詮釋即從精神修養轉向道術效用而言「無為」。《韓非子》認為沒有道術的人，刻意把無為無思視作沖虛，便是未能超越沖虛，並受制於要做到沖虛的意念。若拘泥於要做到沖虛此一意念，便未能真實體證沖虛之道。真正做到沖虛之人，並不以無為作為恆常不變的定理，能體現此道理，是謂體得「上德」之人。以不執持無思無為者為上德，本亦無異於《老子》義理脈絡，然而以術用作為德的內容，則大異於《老子》思想，而屬創造性的詮釋。[39]

於〈主道〉篇論去智去欲、無為見素更見其詮釋《老子》無為之義的轉向，《韓非子》以法為道，由是而定其是非，就能知道事情端倪，因此人君應以沖虛靜篤的態度對待外物，以名稱來

---

37 今本《老子》作「上德無為而無以為」，「無以為」即就其表現形態不拘於某種特定目的、形式而言之，與《韓非子》引文所言「無不為」義理內涵相通。

38 張素貞指出「意無所制」，即意念毫不專注，毫不受牽制。見張素貞：《韓非解老喻老研究》（臺北：長歌出版社，1976），頁21。

39 邱黃海指出《韓非子》把「無為」解作「神不淫於外」、「意無所制」，一方面使得他的修養工夫成為「自我保存」與「權謀統御」的修行，另一方面也使得他的形上學堵塞了天人一體的可能。在這樣的脈絡下，養生成了經驗意義下的養神，攝生轉為自我保存下的權謀，而外王之學則一意強調聖王德智的主動性，如此，雖服道循理，但以立業成功為得，便也失去了「輔萬物之自然」的意味。邱黃海：〈《韓非子》〈解老〉、〈喻老〉篇的詮釋特色〉，頁201-202。誠如邱氏所言，《韓非子》把《老子》無為工夫修養轉向「權謀統御」，實已失去無心治國「輔萬物之自然」的意味，至於《韓非子》詮釋《老子》養生、治國的思想，將在下一節進行討論。

決定、用事情來判定。沖虛則能知道事情的真相，靜篤則能知道行動的正規。有進言的人讓他親自實踐其理論，要辦事的人讓他親身驗證其主張，如是方能做到言行合一，互相驗證，在這種情況下人君便能以無事治國，而臣下的言行亦能具體地實現，由是而言君主不要顯現其所欲，若君主顯露其所欲，則臣下便會琢磨君主喜好。君主不要顯現其意圖，若君主顯現其意圖，則臣下便會表現個人異才迎合於上。所以《韓非子》認為，只有人君不要表現其好惡，群臣才會將真誠樸實的一面表現出來，即〈二柄〉所言：「去好去惡，群臣見素。群臣見素，則人君不蔽矣。」（〈二柄〉，頁 184）〈二柄〉相對〈主道〉篇更明言，只有群臣誠樸於上，君主才不致被下位者蒙蔽。《韓非子》又認為只有人君摒棄智巧舊習，群臣才會戒備警惕，故又曰：「聖人之道，去智與巧，智巧不去，難以為常。」（〈揚摧〉，頁 699）君王治國之道，即在於摒除智巧，若顯其智巧，則難以貫徹治國常規。因此，君主有智巧而不謀慮，讓萬物各安其處所；有賢行而不施展，用以觀察群臣行事依據；有勇武而不激奮，讓群臣各盡其武力，在這種情況下君主不用智巧而能明察秋毫，不用賢能而能建立功績，不用勇武而能富國強兵，此亦即〈揚摧〉篇言「去甚去泰，身乃無害。權不欲見，素無為也」（〈揚摧〉，頁 696-697）之意，以權謀術用之不顯現，重新詮解「無為」，實已淪為術用的層面，失去《老子》沖虛自然的無為之體。

《韓非子》以君上無為，臣下無不為詮解《老子》無為之義，實已割裂直貫內在的修養轉為平面外推的術用，而所謂人君之無為無事，是無而不能有的空無，不做事、不顯露，以權謀術用駕御群臣，使群臣無從揣測上位者的意向，戒慎恐懼地盡其能以效

國。《老子·十九章》言「絕聖棄智」、「絕巧棄利」、「見素抱樸，少私寡欲」之絕棄、少寡，是從作用層上說棄絕，此乃損之又損的工夫，並不是要否定現實的聖智巧利、客觀的是非判斷、智巧利便，凡是以自然方式實現的都可以得到保存。《韓非子》之言「去好去惡，臣乃見素」，是就君主刻意不表現好惡，而使群臣無從迎合上意，迫使他們把真誠純樸的一面表現出來，如此便失去《老子》逆返自省的工夫意義，淪為順取外推之術用。所謂順取者，是相對於逆返而言；逆返是逆氣性之偏執，往上超越，用《莊子·齊物論》之語，即超越成心而為真心之意，《老子》透過無為去欲的工夫修養，使生命復歸於嬰兒、赤子等無分別境界，是為逆返工夫，是自內而發的；《韓非子》所言之無為去欲，是順氣性生命而下，其目的不在提升個人修養境界，而是透過權謀術用治國，以此集權中央，稱霸天下，實為往外求之法而非求諸己之道，是為順取外推。《韓非子》以權謀術用來詮解無為去欲，實有別於《老子》從主體修養逆氣性而上，體證自然之境的說法，此其詮解《老子》工夫論別於《老子》者三也。

由以上討論《韓非子》詮解《老子》之工夫論可見，其詮釋轉向有三：第一，《韓非子》詮解《老子》「無為」的工夫義，已從《老子》之從作用層上絕棄一切有心作為，轉向現實上的摒除智欲、不作為，或就權詐運用而言「無為」，缺乏逆返工夫修養，故其言「無為」並無工夫歷程，是無而不能有的空無義，此其異於《老子》者一。第二，《韓非子》所謂之「無為而無不為」實為君上無為，臣下無不為，割裂《老子》以聖王無為達至無不為的工夫修養為二，從《老子》同一主體的直貫自內而外的工夫修養，轉向不同主體的平面往外推，當中因為缺乏聖王無為工夫的保證，加上割裂無為、無不為的主體對象，故其言君王之無為

者，是否真能達至臣下之無不為，實無必然性，此其異於《老子》者二。第三，《韓非子》言去智去欲是從客觀術用來說，目的在於駕御群臣，是將無為工夫往外推，屬求在外者；《老子》無為無心之義，重在個人主體修養之體道，是一往內自省的工夫，及其應物，從無為落實到無不為之時，因有無為工夫修養支撐，仍屬求諸己者，此其異於《老子》者三。《韓非子》詮解《老子》之工夫論，何以取向別於《老子》逆返內省而為順取外推者，主要源於《韓非子》是就法術而言，因其論道的轉向，使得其工夫進路亦有不同。嚴格來說，《韓非子》解《老》，並不存有逆返工夫，而純為術用，亦可因而謂之沒有工夫論。若從「依宗起教，以教定宗」的判教原則來看，因應其教路的不同，故其所論宗趣的內容自亦有異。

三、道術應用 ── 純任法術勢治國

《韓非子》解《老》以法術言道，法術屬形而下者，《老子》自然之道屬形而上者，故《老子》所成之聖人境界，在《韓非子》的詮釋下，變成純為應用的一面，失其形上性格，即以法術勢治國。下文將從《韓非子》詮解《老子》之聖人內在養生、對外治國兩方面討論，以見其詮釋轉向。

（一）自內而言：養生

《老子》以修養言聖人內聖的一面，《韓非子》因缺乏逆返工夫修養，加上其言道純為形下之法術，故其理想人格，即聖人，自個人而言則偏重形而下之養身，而非形而上之精神修養，觀其

釋《老子》之「德」者，即可見其詮釋轉向，其文曰：

> 德者，內也。得者，外也。「上德不德」，言其神不淫於外也。
> 神不淫於外則身全，身全之謂德。德者，得身也。凡德者，
> 以無為集，以無欲成，以不思安，以不用固。為之欲之，則
> 德無舍；德無舍，則不全。用之思之，則不固；不固則無功，
> 無功則生於德。德則無德，不德則有德。故曰：「上德不德，
> 是以有德。」（〈解老〉，頁 721-722）

《韓非子》以「身」言「德」，認為「上德」即以心神不往外奔
馳，便能保全內在本質。而「德」是靠棲止於無為，沒有欲求來
成就，不思慮來安定，不費神來保固。要是有所作為、多所欲求，
德便無所著落；德無所著落，則身亦無以保全。多用神、多思慮，
則德不能保固；德不能保固，則沒有功效，德沒有功效，是源於
心神往外奔馳，只有無所求，才能成其德，故曰：「上德不德，
是以有德。」以無欲無為釋《老子》之「上德」，似亦不悖《老
子》無為無不為之義理大概，然而經由上文討論得知，《韓非子》
之言無為、無欲、不思、不用，並不是從作用層上言絕棄，而是
指現實上不為、不顯其欲之意。《老子》之言「上德」是從「不
德」說起，認為最高的德，是不拘於德，沒有任何東西可以規範
德。「上德」在實踐時，即以自然的方式，無心無為作為工夫來
成就「上德」；外在來說，即不以固定形式為是，任何一種方式
只要合符自然的，均屬「上德」，故《老子》之言「德」，是正
面純粹的德。最高的德，因其不拘於任何一種形式，故無所執持，
而能保住純粹德性，是為「上德不德，是以有德」。可見《老子》
並不偏就「身」而言德，一切無形價值、有形事物，若能以自然

的方式實現、成全，均被肯定，均屬「上德」，《韓非子》詮解
《老子》之「德」偏向「身」而論德，將《老子》修養工夫從精
神價值轉向形軀養生，此其論「德」的特色。

後世解《老》而從養生延壽之面向詮釋《老子》者，多溯自
河上公之說，然而，若以養身之說詮解《老子》章句者，於今存
文本來看，實可溯自《韓非子》。養生屬個人之事，治國則屬應
物之道，其養生之論，與治國之道，到底有何關聯？其文曰：

> 人始於生，而卒於死。始之謂出，卒之謂入，故曰：「出生
> 入死。」人之身三百六十節，四肢九竅，其大具也。四肢與
> 九竅，十有三。十有三者之動靜，盡屬於生焉，屬之謂「徒」
> 也，故曰：「生之徒，十有三。」至其死也，十有三具者，
> 皆還而屬之於死，死之徒亦十有三，故曰：「生之徒，十有
> 三；死之徒，十有三。」凡民之生，生而生者固動，動盡則
> 損也；而動不止，是損而不止也。損而不止，則生盡。生盡
> 之謂死，則十有三者皆為死死地也。故曰：「民之生，生而
> 動，動皆之死地，亦十有三。」是以聖人愛精神而貴虛靜。
> 此甚大於兕虎之害。夫兕虎有域，動靜有時，避其域，省其
> 時，則免其兕虎之害矣。民獨知兕虎之有爪角也，而莫知萬
> 物之盡有爪角也，不免於萬物之害。何以論之？時雨降集，
> 曠野閒靜，而以昏晨犯山川，則風露之爪角害之。事上不忠，
> 輕犯禁令，則刑法之爪角害之。處鄉不節，憎愛無度，則爭
> 鬥之爪角害之。嗜慾無限，動靜不節，則痤疽之爪角害之。
> 好用其私智，而棄道理，則網羅之爪角害之。兕虎有域，而
> 萬害有原，避其域，塞其原，則免於諸害矣。凡兵革者，所

> 以備害也。重生者，雖入軍，無忿爭之心，無忿爭之心，則無所用救害之備。此非獨謂野處之軍也。聖人之遊世也，無害人之心。無害人之心，則必無人害；無人害則不備人，故曰：「陸行不遇兕虎。」入山不恃備以救害，故曰：「入軍不備甲兵。」遠諸害，故曰：「兕無所投其角，虎無所錯其爪，兵無所容其刃。」不設備，而必無害。天地之道，理也。體天地之道，故曰：「無死地焉。」動無死地，而謂之「善攝生」矣。（〈解老〉，頁 752-753）

以上為《韓非子》詮釋《老子·五十章》「出生入死」的思想內容，說明「聖人愛精神而貴虛靜」。《韓非子》認為人的生命，從出生開始，至死亡為終結。以開始作為「出」，以結束謂之「入」，是謂「出生入死」，此即從現象義出發釋《老子》「出生入死」之義。《韓非子》接著具體闡述生死「十有三」之說，指出人身有三百六十個關節，手足四肢與兩耳、雙目、兩鼻孔、一口、尿道口、肛門等九竅，凡十三個部分。此組成身體的十三個器官的動靜都與生存相關，是謂「生之徒，十有三」；及其死亡之時，十三個器官反過來亦與死亡相關，是謂「死之徒，十有三」。人們生活，生者固然要活動，及至精疲力竭，則造成身體上的損害；若只顧動而不知止，則其損害亦無休止，如是便會耗盡生命，陷入死亡境地，是謂「民之生，生而動，動皆之死地，亦十有三」。《韓非子》從人們動而不知止的舉動，構成其養生理論，指出人們應愛惜精神，重視虛靜之說。《韓非子》又指出人們動而不知止的舉措，比遇到犀牛、老虎的禍害更為嚴重，因為犀牛、老虎有固定的活動區域，出沒有固定的時候，只要避開牠們的活動範圍，審察牠們出沒的時刻，就可以免除被犀牛、老虎傷害的可能。

人們只知犀牛、老虎有觸角、利爪會傷人，卻不知道萬物皆有傷人的可能。於是，從五方面具體說明萬物皆有角爪傷人的道理，第一，從大自然來看，驟雨匯集，曠野靜寂，晨早或傍晚爬山過河，風露的角爪便會危害生命；第二，從事君來看，事君不夠忠誠，犯下禁戒，刑法的角爪就會傷害他；第三，從日常生活來看，居住在鄉里，不守禮範，隨意憎恨愛慕不加節制，爭執的角爪就會傷害他；第四，從個人生活來看，嗜好與欲望不加節制，動靜舉措沒有限度，癰瘡疾病的角爪就會傷害他；第五，從個人修養來看，喜愛表現個人小聰明，離棄社會公理，不守法度，法網的角爪就會傷害他。萬物的角爪會傷人，但萬物傷人之處就像犀牛、老虎一樣，都有固定的區域，只要能避開禍害的根源，就可以免除禍害。就好像兵器甲冑一樣，都是用來防備禍害的，看重生命的人，雖進入軍營，仍不會有憤恨爭執的心，無憤恨爭執的人，則用不著防治危害的工具。不僅處於野外軍隊時如此，聖人在人間世活動，沒有害人的心思，便沒有人要來傷害他，於是便不用防備人，是謂「陸行不遇兕虎」。進入軍營山野，亦不必靠裝備武器來救治危害，故曰「入軍不被甲兵」。遠離禍害，故曰「兕無所投其角，虎無所錯其爪，兵無所容其刃」。不是不設防備，而是使得兕之角、虎之爪、兵之刃無所用之地，能守此法，便「無死地焉」。能在社會活動做到不陷入死亡的境地，便是「善攝生」。

　　《韓非子》論「出生入死」是從如何保存生命，使之能得其壽而死來說養生；至於《老子》之論「出生入死」是否純就現實上之死生而論，則仍有討論的空間。若從詮釋上的一致性來看，《老子》八十一章所論內容，主要是論如何成就無為而治的道化政治理想，如何將養生跟道化政治連繫起來，恐怕還需更多文本

支撐說明，才能構成一個具完整、一致的詮釋體系。即使《老子·三章》言「聖人之治，虛其心，實其腹；弱其志，強其骨。常使民無知無欲，使夫智者不敢為也。為無為，則無不治。」當中的「實其腹」、「強其骨」可以傾向道教養生而論之，然而虛心、弱志，明顯屬無知無欲等無為修養工夫，在這種情況下，對實腹強骨的較好詮釋，應導向在道化政治的理想之下，聖人治國，能使百姓生活溫飽、體魄強健，是為「實其腹」、「強其骨」，方能相應於整部《老子》的詮釋宗趣。《老子·五十章》論「出生入死」亦落在聖人透過「無為而無不為」工夫修養體證道化政治的理想境界的理論宗趣下詮釋，如此方能合於詮釋的一致性。職是之故，《老子》所謂「出生入死」不應僅為詮釋現實義之死生問題，而應就生命的態度是要走出生路還是落入窮途來理解「出生入死」之說。《韓非子》就具體的生理官能而言「出生入死」，故其「十有三」釋作四肢九竅，若從生命的態度來看，所謂「十有三」，應指懂得生命之途走活路的人，十之有三；走向死路的人，亦十之有三；生命一動就走向死途的，亦十之有三。其原因何在，是由於過度執著生路。所謂善養生者，能於陸上行走不遇犀牛、老虎，入軍作戰不被盔甲兵器所傷，使犀牛無法以其角傷人、老虎無法用其爪傷人，兵器無法用其刃傷人，原因在於沒有落入窮途。《老子》之言生死者，是以存在之生路、窮途而言，並不是認為達到無為修養的人，便有著神通的本領，可以於地上行走不遇到犀牛和老虎，在戰場上不會被殺傷，而是修養達到自然之境的聖人，能行其所當行，以自然的方式避過生命上的窮途，走出生路，故能「無死地」。

　　《老子》內聖乃透過無為修養，使在上位者體證聖人之境，

《韓非子》解《老》則從修養之道，轉向個人的養生安神而談，養生的目的即在於避禍，不僅如此，養身至其極者，則能王霸天下，其文曰：

聰明睿智，天也；動靜思慮，人也。人也者，乘於天明以視，寄於天聰以聽，託於天智以慮。故視強則目不明，聽甚則耳不聰，思慮過度則智識亂。目不明，則不能決黑白之分；耳不聰，則不能別清濁之聲；智識亂，則不能審得失之地。目不能決黑白之色，則謂之盲；耳不能別清濁之聲，則謂之聾；心不能審得失之地，則謂之狂。盲則不能避晝日之險，聾則不能知雷霆之害，狂則不能免人間法令之禍。書之所謂「治人」者，適動靜之節，省思慮之費也。所謂「事天」者，不極聰明之力，不盡智識之任。苟極盡，則費神多；費神多，則盲聾悖狂之禍至，是以嗇之。嗇之者，愛其精神，嗇其智識也。故曰：「治人事天莫如嗇。」眾人之用神也躁，躁則多費，多費之謂侈。聖人之用神也靜，靜則少費，少費之謂嗇。……知治人者，其思慮靜；知事天者，其孔竅虛。思慮靜，則故德不去；孔竅虛，則和氣日入。故曰：「重積德。」夫能令故德不去，新和氣日至者，蚤服者也。故曰：「蚤服是謂重積德。」積德而後神靜，神靜而後和多，和多而後計得，計得而後能御萬物，能御萬物則戰易勝敵，戰易勝敵而論必蓋世，論必蓋世，故曰「無不克。」無不克本於重積德，故曰：「重積德則無不克。」戰易勝敵，則兼有天下；論必蓋世，則民人從。進兼天下，而退從民人，其術遠，則眾人莫見其端末。莫見其端末，是以莫知其極，故曰：「無不克則莫知其極。」（〈解老〉，頁 736-738）

《韓非子》釋《老子·五十九章》「治人事天」之事，其所謂「天」，是就天生本能氣稟的一面而言，故謂耳聰目明、智慧通達是天生的；其所謂「人」，是就後天人為的一面而論，故謂舉措動靜、計謀思慮是人為的。具體而言，人為者是憑著本能的視力來看，靠著本能的聽力來聽，藉著天生的智力來思考，所以過度使用，則會視力模糊、聽力會衰退、意識則昏亂。視力模糊，則不能看清黑白，謂之盲；聽力衰退，則不能分別清濁，謂之聾；意識昏亂，則不能審察成敗，謂之狂。目盲則不能避開白天的危險，耳聾則不能知道雷霆的災害，心狂則不能免除法令的禍害。《韓非子》更指出《老子》所謂「治人」者，是要適度調節動靜舉措，減省思慮消耗；所謂「事天」者，是要不過度使用視聽之力，不耗盡智慧識見之能。若過度使用視聽智能，則耗費精神，便會有眼盲、耳聾、心發狂的禍害，所以要嗇惜精神。愛惜精神，少用智慧識見，是謂「治人事天莫如嗇」。

由於《韓非子》解《老》並無逆返的工夫修養，其所言之道的內容又屬形而下之法術，故其言「事天」之「天」，僅為氣稟本能之天生義，與《老子》以「自然」義言「天」有著不同的涵義。《老子·六十七章》言「夫慈，以戰則勝，以守則固，天將救之，以慈衛之」的「天」非客觀天地之義，亦非氣稟本能之義，而是指自然之道。《老子》認為以慈愛來征戰則能獲勝，用慈愛來守衛天下則能穩固。所謂「天將救之」是指生命意義上之拯救，而「天將救之，以慈衛之」，天與慈均落在與道同層之自然而言，故「天」即指自然之道，以自然的方式拯救吾人生命，以慈愛來保衛吾人生命。又〈七十二章〉言「天之所惡，孰知其故？是以聖人猶難之。天之道，不爭而善勝，不言而善應，不召而自來，

繟然而善謀。天網恢恢，疏而不失。」天所好惡，便是以道判之，即以自然來判其利害，因此修養境界如聖人，處事仍須謹慎小心。天之道，即自然之道，無須爭先而能得勝，不用言說便能有好的效應，不必召喚而能自然歸附，自然無心便能得到好的籌謀，凡此均須透過無為工夫才能達至自然而然的境界，故其「天網」，即指自然原則，自然原則寬大恢綽，卻無有遺漏。意指天下萬物、人事，均須合乎無為自然之道，才能有所成。〈七十七章〉曰：「天之道，損有餘而補不足。人之道則不然，損不足以奉有餘。孰能有餘以奉天下，唯有道者。是以聖人為而不恃，功成而不處，其不欲見賢。」天之道與人之道相對，天之道是就有道者而言，聖人體天道，故其天道即自然之道，天即自然。〈七十九章〉云：「天道無親，常與善人。」自然之道無所偏好，常與合於自然的人一起。〈八十一章〉曰：「天之道，利而不害；聖人之道，為而不爭。」指自然之道，順暢萬物不干擾萬物本性。聖人之道，有所作為而無心為之，故不與民相爭。由以上舉證可見《老子》之言「天」，與道同層，具「自然」之義。職是之故，其言「事天」者，是奉守自然之道的意思；「治人」者，即治國，故下文曰「可以有國」、「有國之母」。然而《韓非子》以天生氣稟言「天」，後天人為論「人」，其「治人事天」之事均指向耳目智思而論，其所嗇是為了愛惜精神，使得耳聰目明、思慮清晰，能判斷利害得失，免除人間禍害，凡此均屬功利實用之意，異於《老子》從修養上提升個人境界之說。

　　《韓非子》之聖人不虛耗精神，常處寧靜之境，故能養神。然而其所謂「用神也靜」、「靜則少費」之「靜」，與《老子》「致虛極，守靜篤」（〈十六章〉）之虛靜有所不同，《韓非子》

之靜乃現實上無所動作之靜，而非精神修養上之虛心無為，故其
「治人事天」之聖人所重者仍指向形軀之養生延壽，而非精神修
養之調適上遂。《韓非子》所謂知治人者便能做到思慮平靜，不
失德性；知事天者便能九竅清虛無阻，增進和氣，是謂「重積德」。
積累德性後能使精神寧靜，精神寧靜後和氣便增多，和氣增多以
後便計謀運用得宜，計謀得宜後便能駕御萬物，能駕御萬物便能
於戰場上容易勝敵，於戰場上容易勝敵他的議論一定能壓倒世
人，是謂「無不克」。能無往而不勝，是源於能不斷地累積德性，
故曰「重積德則無不克」。於戰場上容易勝敵，便能兼併天下；
議論能壓倒世人，則人民便會服從他。積極進取者可兼併天下，
謙退保守者能使百姓服從，可見此術用之深遠，而一般人是無法
看出其始末的，由是而言「無不克，則莫知其極」。

　　承前文所言，《韓非子》言「重積德」，是指形而下之養身，
透過調養四肢九竅，不過度使用，於現實生活上趨吉避凶，重積
德使神靜，神靜而使和多，和多而使計得，計得而能御萬物，御
萬物而能戰易勝敵，戰易勝敵而能論必蓋世，繼而無所不克，可
見其養生論是導向計謀，以術治國、稱霸天下，故謂「其術遠」。
《老子·五十九章》是從個人自內而言之養生，導向天下對外而
言之治國。其言「重積德」，是指不斷積德，其德是指無為自然
之德，透過損之又損的工夫，達至聖人修養境界，便能應物自如，
無所不克。隨著實踐無窮無盡，其所證成的效應亦是無止盡的，
以自然的方式，物來順應，則自然之德便能用之不盡，故謂「莫
知其極」。修養達到「莫知其極」的聖人，便可作為領導人治國，
能以無為自然的方式治國，可謂「有國之母」，掌握治國的根本，
故能長久而治。相對《韓非子》所謂「能有其國、保其身者，必

且體道」，「唯夫體道，能令人不見其事極；不見其事極者，為能保其身、有其國」均從法術而言道，與《老子》具形上義之道截然不同。因其保身，是就形而下之四肢九竅而論，保身的目的是為了計謀得宜，從而駕御萬物、戰勝敵人、兼併天下、百姓服從其統治，由此而言保身有國，以術的方式所體證的道，並不具形上義，純為一法術運用之道而已。所謂「術不欲見」、「藏之於胸中，以偶眾端，而潛御群臣者也」（〈難三〉，頁 364）不顯露、藏於胸中、暗中駕御群臣者，便是「莫見其端末」之意。所謂體道能使人不見其極，亦是指權謀術用，術用效力之大，進可兼併天下，退可臣服百姓，故「莫知其極」。

　　《韓非子》以身釋德之意，與《老子》同言虛靜，但其虛靜修德目的在於神靜有身，計得有國，《老子》則重修身以成其自然之德，而非直接就修其德以成其國，故曰：「修之於身，其德乃真；修之於家，其德乃餘；修之於鄉，其德乃長；修之於國，其德乃豐；修之於天下，其德乃普。」（〈五十四章〉）真實不妄、從容不迫、長久不衰、豐厚不薄、普及不偏乃自然之德的效應的層層遞進漸昇，是境界義、價值義，修身不在於有國，兼併天下，百姓卻因為聖王之德而自然歸順，此即不為而成。同言修德修身，《老子》以此成就自然之德，無為而治的最高境界；《韓非子》則以兼有天下、百姓順從為目的，此乃以法治國的功利實用主義，淪於現實的計算善巧，失去價值意義，可說《韓非子》釋「德」的轉向。

（二）對外而言：治國

《韓非子》詮解《老子》治國之道承其養生之論，往外推說，以法術勢治理天下。下文先從《韓非子》詮解名教的態度展開討論，以見名教在其治國理論的定位，繼而從抱法、用術、處勢三方面闡釋《老子》的治國之境。

1.從法術勢治國肯定名教

《韓非子》解《老子・三十八章》釋仁義禮智等名教內容，或謂之近於儒家思想而迥異於道家哲學；[40]或以之用儒家重仁禮之思想來釋經，乃黃老道家吸收儒家思想後而有之面貌。[41]以下將從《韓非子・解老》對名教的態度，辨析其說與《老子》及儒者之說異同，從而凸顯〈解老〉的詮釋轉向。觀其〈解老〉曰：

> 仁者，謂其中心欣然愛人也。其喜人之有福，而惡人之有禍也，生心之所不能已也，非求其報也。故曰：「上仁為之，而無以為也。」義者，君臣上下之事，父子貴賤之差也，知交朋友之接也，親疏內外之分也。臣事君宜，下懷上宜，子事父宜，賤敬貴宜，知交朋友之相助也宜，親者內而疏者外宜。義者，謂其宜也，宜而為之，故曰：「上義為之，而有以為也。」禮者，所以貌情也，群義之文章也，君臣父子之交也，貴賤賢不肖之所以別也。中心懷而不諭，故疾趨卑拜而明之。實心愛而不知，故好言繁辭以信之。禮者，外飾之

---

40 張素貞：《韓非解老喻老研究》，頁28。
41 唐淑貞：《韓非子〈解老〉〈喻老〉研究》，頁25。

所以諭內也。故曰：「禮以貌情也。」凡人之為外物動也，不知其為身之禮也。眾人之為禮也，以尊他人也，故時勸時衰。君子之為禮，以為其身；以為其身，故神之為上禮。上禮神，而眾人貳，故不能相應，不能相應，故曰：「上禮為之，而莫之應。」眾人雖貳，聖人之復恭敬，盡手足之禮也不衰，故曰：「攘臂而仍之。」道有積，而德有功；德者，道之功。功有實，而實有光；仁者，德之光。光有澤，而澤有事；義者，仁之事也。事有禮，而禮有文；禮者，義之文也。故曰：「失道而後失德，失德而後失仁，失仁而後失義，失義而後失禮。」禮，為情貌者也；文，為質飾者也。夫君子取情而去貌，好質而惡飾。夫恃貌而論情者，其情惡也；須飾而論質者，其質衰也。何以論之？和氏之璧，不飾以五采；隋侯之珠，不飾以銀黃。其質至美，物不足以飾之。夫物之待飾而後行者，其質不美也。是以父子之間，其禮樸而不明，故曰：「禮，薄也。」凡物不並盛，陰陽是也；理相奪予，威德是也。實厚者貌薄，父子之禮是也。由是觀之，禮繁者，實心衰也。然則為禮者，事通人之樸心者也。眾人之為禮也，人應則輕歡，不應則責怨。今為禮者，事通人之樸心，而資之以相責之分，能毋爭乎？有爭則亂，故曰：「夫禮者，忠信之薄也，而亂之首乎！」（〈解老〉，頁 724-727）

〈解老〉指出所謂仁者，是打從心底欣然喜愛別人，替別人有福而高興，為別人遭禍而難過，全為內心不能抑制的仁愛之情，是不求回報的，故曰「上仁為之，而無以為」。義，是指君臣尊卑上下的事情，父子輩分高下的差別，好友親疏內外的分別。臣子事奉君主要恰當，在下位者依附上位者要得宜；兒子事奉父親要

適當，尊卑的禮敬要適宜；好友相互扶持要得當，親密或疏遠的關係要得宜。因此「義」，就是行事得宜的意思，一切事情應合其情理而為，故曰「上義為之，而有以為」。禮，是用來表達真實感情的，亦是為群體生活制定法規的。君臣、父子相處靠禮來維繫，地位尊卑、其人賢與不肖亦是靠禮來區別。內心懷著真實的情感無從表達，故須以疾行快走、低身下拜的形式來表明；內心真摯愛人而別人無法感知，只能以美好言語、繁複辭令取信於人。禮，是藉外在的文飾來表達內在的感情，故曰「禮以貌情」。凡是被外物感動的時候，人往往不知自身的禮節。眾人講究禮節，是用來尊敬別人，所以時而勉強實踐、間有懈怠不逮。君子講究禮節，是為了修養自己，故貌與神合為上禮。君子能精神和禮儀合一，眾人則時而違之，貌合神離，是謂不相應於禮，故曰「上禮為之，而莫之應」。眾人雖不能時常守禮，聖人卻能做到心存恭敬，毫不懈怠於舉手投足之間，故曰「攘臂而仍之」。

由是看來，《韓非子・解老》雖對仁義禮智的定義不同於儒家，但並沒有反對仁義禮智等名教內容，相反地，可見其肯定名教的傾向。因此認為，道是逐漸累積起來的，能積累道，久了就見其功效，德便是道所積養的功效。功效有實際的內容，能展現其實際內容，便能產生光輝。仁，便是德的光輝，有此光輝便能潤澤萬物，能潤澤萬物便能行事得宜。義，便是仁的具體實踐。實踐行事有禮節，有禮節便有文飾。禮，便是義的文飾。禮，是情感的表象；文，是內在實質的表飾。君子注重真實的內容而輕視外在的文飾，喜好實質而厭惡表飾。依恃表象來審度情感者，其情感則較為粗疏；依賴文飾來評量實質的者，其實質較為差劣。就像和氏之璧、隋侯之珠不待文飾，其本質已經極美，任何事物

都不足以潤飾它。但凡物品須文飾才能風行的，其本質一定不夠美好。因此，父子間的禮節是質樸而不明顯的，是謂「禮，薄也。」事情就如陰陽一樣，無法同時並盛，理論上互相消長，就如威嚴和德惠一樣。實質淳厚的而表象簡薄，就如父子間的禮節一樣。由此看來，禮節繁重的，是真實情感衰殺的表現。推行禮節的人，就是溝通人們質樸的心靈。一般人施行禮節，得到別人回應則輕狂歡喜，得不到回應便心生責備怨懟。現在推行禮節的人，溝通人的質樸心靈，同時也予人相互責怪的名目，因此必然造成爭執，由是而生起禍亂，故曰：「夫禮者，忠信之薄也，而亂之首乎！」

若從〈解老〉論名教的義理內容來看，其說明顯與《老子》不同，然而亦非以儒解《老》，或摻雜儒家學說，以下將從〈解老〉所論與儒家、《老子》論名教之義理內涵分析比較，以明〈解老〉的義理分際。

（1）《老子》與〈解老〉論名教之異同

〈解老〉論名教甚為詳盡，若概括而言《韓非子‧解老》釋《老子‧三十八章》二者之異同，則可從成全名教的方式及名教內容的定位兩方面討論。首先，從成全名教的方式來看。《老子》並不否定以自然的方式實踐名教，〈解老〉肯定名教是源於守禮尊法。《老子‧三十八章》曰：「上德不德，是以有德；下德不失德，是以無德。上德無為而無以為，下德為之而有以為。上仁為之而無以為，上義為之而有以為，上禮為之而莫之應，則攘臂而扔之。故失道而後德，失德而後仁，失仁而後義，失義而後禮。夫禮者，忠信之薄而亂之首。前識者，道之華而愚之始。」《老

子》認為最高的德，並沒有德的固定形式；下德者次於上德，僅能做到不失德，如此便有所執定、拘束，其所執者「德」也，因此並非純粹的德，是謂「無德」。上德能體無為而表現的形態不拘於某種目的與形式，是為「無以為」；下德已屬有心作為，有一定目的與形式，是為「有以為」。最好的仁，實現的時候是不以一定形式來實踐；最好的義，實現的時候則須靠一定形式來成就；最好的禮，實現時仍不能與自然之德相符應，因不能與自然相應，故彼我不一，僅能強以己為是，牽繫對方，勉強為之。[42]可見《老子》對於上德、上仁、上義、上禮均是以無為自然的方式來實現，並以此規範名教的內容。〈解老〉則不然，〈解老〉以「欣然愛人」說仁，是從個人喜好而言，縱為由衷，亦有所好有所惡，不一定是以自然的方式好人惡人。以君臣、父子、朋友相處之尊卑、貴賤、親疏言與人相處之得宜，僅落在人倫關係言義，於人間世的原則關係上實有所偏，又因其論缺乏自然無心的工夫支撐，傾向以客觀形式論義，縱言「宜」，亦非以自然的方式實現義，最後難免淪為法令規則之形式規定，此思路與《韓非子》的道法思想一致。以表達真實內情為禮，同時指出禮為群體生活制定法規，區別倫常尊卑貴賤，眾人實踐禮節時常有不逮，不能時時為之，聖人則能做到隨時守禮，恭敬從之，此說更大異於《老子》；《老子》之聖人，並不以守禮為要，而是自然守禮，若只講求守禮，禮於名教中最易僵化，因禮為外在所設定之物，《韓非子》卻認為「聖人之復恭敬，盡手足之禮也不衰」，以恭敬從禮為上，即有所標榜推崇，凡此均屬有心有為之舉，自亦不同於《老子》自然之道。然而《韓非子》標舉禮、著重人倫尊卑貴賤

「攘臂而扔之」，樓宇烈謂「『扔』，拉引。此處形容氣勢洶洶，強迫人遵守禮節。」見樓宇烈：《王弼集校釋》，頁101。

之義，是為了強調守法的重要性，以此駕御臣民，治理天下。《韓非子》以守禮尊義的方式來肯定名教，實異於《老子》以自然的方式實踐名教，此二者之不同者一。

其次，從名教內容的定位來看。《老子》認為喪失道的整全普遍才會強調主觀的德，喪失德才會強調片面性的仁，喪失仁的內在真實才會強調外在合宜的義，喪失義才會強調禮，所以禮內涵缺少了忠信，內在真實性不足，是紊亂的開端。《老子》此說實有判教的意味，以道為最高，德次之，仁又次之，義更次之，禮為最低。究其原因，即在於常道具超越性、普遍性，故其境界最高；德是內在的、特殊化，開放無所限定，凡是以自然的方式呈現，均屬於德，故僅次於道。《老子》雖言「絕仁棄義」（〈十九章〉）、「天地不仁」、「聖人不仁」（〈五章〉），然而僅從作用層上言絕棄，並沒有從現實上否定，凡是合乎自然之仁義禮智等名教內容，《老子》均不否定，其所否定者僅為僵化之名教，然而仁、義相對於道、德則有所限定，有所偏取，故曰「大道廢，有仁義」（〈十八章〉），大道是整全的，仁義則有所限定，相對於道、德來說屬一偏之方，故仁、義次於道、德。仁與義之間，義又較仁次一級，原因在於仁雖有所限定，仍屬具體內在的；義者，儀也，是指做事的原則，當失去內在的真實性時才講求外在的行事原則，故義又次之。禮，則屬行為規範，故缺少忠信等真實性內容，完全落入形式之中，只能勉強他人符合禮的規矩，是為「攘臂而扔之」，猶若以手牽引人，使人遵守禮節。可見《老子》由道及德，再由德言仁，仁及義，義至禮，其價值意義每況越下，是依自然而分判的。〈解老〉謂「失道而後失德，失德而後失仁，失仁而後失義，失義而後失禮。」帛書本、傅奕

本、河上公本、王弼本均作「失道而後德，失德而後仁，失仁而後義，失義而後禮。」〈解老〉引文來看自道而德而仁而義而禮，是層層具體表現的關係，不存有價值判斷的意味；今本《老子》各句均缺後一「失」字，其義理內涵即有明顯差別，此其二者之不同者二。

透過上文討論可見，《韓非子・解老》是正面肯定名教，相對而言，《老子》則否定僵化的名教。同樣面對周文疲弊的問題，《老子》是透過作用地保存，否定僵化的禮樂制度，以保存周文的純粹價值；《韓非子・解老》則透過守禮尊法，以法術治國的方式鞏固名教，其目的歸向統治者的治術，回應禮崩樂壞所造成的政治問題。

（2）儒家與〈解老〉論名教之異同

〈解老〉與儒者同樣肯定仁義禮等名教內容，但〈解老〉所言之仁義又與儒者有所不同。〈解老〉以「欣然愛人」說仁，似與《論語》言「樊遲問仁。子曰：愛人。」（《論語・顏淵》）「君子學道則愛人」（《論語・陽貨》）無異。其言「非求其報」說仁，亦有近於《孟子》「乍見孺子將入於井」，救之，「非所以要譽於鄉黨朋友」（《孟子・公孫丑上》）之說，同為無條件實踐。然而，儒者之言仁義道德，是不從偏好、癖好言愛惡，其所謂愛人者，是指修養達到仁者境界的聖人，其所愛好、憎惡，才有定準，故曰：「唯仁者能好人，能惡人。」（《論語・里仁》）縱然〈解老〉謂之「非求其報」，有近於無條件實踐仁義之說，然而其不求回報，並不具普遍性，僅僅局限於個人偏好的「愛人」

對象之上，並非在任何情況下，面對所有人均能做到不求其報。
牟宗三先生明確指出：「性癖、性好，人性底特殊屬性，人類之
特殊的自然的特徵等詞語皆是告子所謂『生之謂性』以及宋明儒
所謂『氣質之性』，故不能由此建立道德。然則正宗儒家所謂性
善之性以及宋明儒所謂『義理之性』便不能概括在此類詞語之下。」
[43]由是可見，真正的道德行為，並不由個人個性偏好而決定，即
使「生心之所不能已」，有著不容已助人之心，仍不屬道德行為。
儒者之言仁德，是基於四端之心、良知、良能等道德本心發用，
無條件健行不息地實踐仁義；〈解老〉之言仁義禮者，落在一偏
之好，沒有形上常道作為根據，縱言「聖人之復恭敬」有近於「克
己復禮為仁」（《論語・顏淵》）之說，仍屬無根之談，淪為外
在形式之守禮而已。正因為《韓非子》論仁義屬無根之談，故其
言仁義，均以法術治國為前提，有利於守法用術之仁義，則肯定
之，不利於駕御統治之仁義，則否定之。如〈解老〉以君臣尊卑
之宜言義、君臣貴賤之別言禮則肯定之，[44]又如〈難一〉曰：「仁
義者，不失人臣之禮，不敗君臣之位者也。」（〈難一〉，頁325）
從不疏忽君臣禮節，不敗壞君臣等級的角度來看，《韓非子》是
肯定名教的。當仁義與法術治國相抵觸時，則否定之，曰：「夫
垂泣不欲刑者，仁也；然而不可不刑者，法也。先王勝其法，不
聽其泣，則仁之不可以為治，亦明矣。」（〈五蠹〉，頁36）是
以〈五蠹〉篇更以儒者之仁義行為「五蠹之民」。又曰：「明仁
義愛惠之不足用，而嚴刑重罰之可以治國也。」（〈姦劫弒臣〉，

---

43 牟宗三譯註：《康德的道德哲學》（臺北：臺灣學生書局，2000），頁61，牟
先生案語。
44 許嫚真將仁義歸屬儒家，因而認為〈解老〉排斥仁義的內容，是抨擊儒家學說，
許嫚真：《《韓非子》〈解老〉、〈喻老〉之研究》，頁107-114。

頁 224）「見大利而不趨，聞禍端而不備，淺薄於爭守之事，而務以仁義自飾者，可亡也。」（〈亡徵〉，頁 118）可見只要名教不利於人君以法術駕御群臣之時，則為毒、為害，均須被否定。《韓非子》對名教的態度，各篇所載似相互矛盾，然而若以法術治國為前提，同情地理解其所言之仁義禮法，則不難發現其對名教的態度甚為一致，即凡有利於法術治國者，均被肯定；相反，不利於人君駕御臣民者，均被否定。[45]是以知其所言之仁義，是法術之下的仁義，非純粹道德意義下的仁義。

由以上討論可見，面對名教，儒家、《老子》、《韓非子》之〈解老〉有著不同的義理內涵，儒者以道德本心論仁義禮智，《老子》以自然之德論名教，〈解老〉則以法術治國論名教，三者有著本質上的不同，不可不辨。《韓非子‧解老》雖為注解《老子》之作，然而其詮釋為藉《老子》之言開展法術運用的面向。

2.以法術勢治國

《韓非子》從法術運用的面向展開《老子》思想內容，今從抱法、用術、處勢三方面討論，以見其理想的治國之境。

---

45 孫以楷主編，孫以楷、陸建華、劉慕方等著《道家與中國哲學‧先秦卷》指出「在戰國末期群雄爭霸的形勢下，韓非批駁仁義的治世功用，指責用仁義治國不知趨大利、略禍端、務爭守，導致主卑國危民窮，揭露了儒家仁義政治難以克服的弊端，有其強烈的現實針對性。」頁 451。案：《道家與中國哲學》此說實有可討論者二，首先，《韓非子》對仁義治世的功用，其實並無絕對的否定，凡能為法術所用之仁義，《韓非子》並不反對。其次，將仁義歸給儒家，而不從名教當身進行討論，似乎略嫌偏頗，儒家論仁義是正面繼承周文，道家絕棄仁義是從反省周文流弊處回應周文疲弊的問題，先秦諸子除卻儒、道外，墨、法等諸子亦論仁義，可見仁義不為儒家所專屬，若將批駁仁義弊端視為針對儒家仁義政治的論說，略嫌有欠周全。

（1）抱　法

　　關於《韓非子》解《老》抱法治國之說，可從其詮解《老子·六十章》文意，見其治國思想，文曰：

> 人處疾則貴醫，有禍則畏鬼。聖人在上，則民少欲；民少欲，則血氣治而舉動理；血氣治而舉動理，則少禍害。夫內無痤疽癉痔之害，而外無刑罰法誅之禍者，其輕恬鬼也甚，故曰：「以道莅天下，其鬼不神。」治世之民，不與鬼神相害也。故曰：「非其鬼不神也，其神不傷人也。」鬼祟疾人之謂鬼傷人，人逐除之之謂人傷鬼也。民犯法令之謂民傷上，上刑戮民之謂上傷民。民不犯法，則上亦不行刑；上不行刑之謂上不傷人。故曰：「聖人亦不傷民。」上不與民相害，而人不與鬼相傷。故曰：「兩不相傷。」民不敢犯法，則上內不用刑罰，而外不事利其產業。上內不用刑罰，而外不事利其產業，則民蕃息。民蕃息而畜積盛，民蕃息而畜積盛之謂有德。凡所謂祟者，魂魄去而精神亂；精神亂則無德。鬼不祟人，則魂魄不去；魂魄不去，則精神不亂，精神不亂之謂有德。上盛畜積，而鬼不亂其精神，則德盡在於民矣。故曰：「兩不相傷，則德交歸焉。」言其德上下交盛而俱歸於民也。（〈解老〉，頁 741-742）

　　《韓非子》釋聖人治民不傷人之意，一貫於前文所論，以身論德、以法言道來成就法術治國此終極目標。《韓非子》指出人患病便會看醫生，有災禍則會敬畏鬼神。聖人居上位，人民便少嗜欲，少嗜欲則能使血脈氣息順暢調適，血脈氣息順暢調適則少禍害。

《韓非子》認為聖人無為居上位，便能使「民少欲」，此說似與《老子》「常使民無知無欲，使夫智者不敢為也。為無為，則無不治。」（〈三章〉）「道常無為而無不為。侯王若能守之，萬物將自化。……無名之樸，夫亦將無欲。不欲以靜，天下將自定。」（〈三十七章〉）「我無欲而民自樸」（〈五十七章〉）之說相近，然而兩者所異有二：一、從聖人在上位的作用來看：《韓非子》之聖人居上位之不為，並無作用層上的工夫修養教化人民，使百姓亦能做到無欲無為；《老子》之言「常使民無欲」，是透過「不尚賢」、「不貴難得之貨」、「不見可欲」等不標舉突出的無為修養，使百姓不會心生跂羨，以不合乎自然的方式取得外物，因有虛心弱志的工夫修養，故能做到「使民無知無欲」，無為而無不治，天下自能安定。二、從少欲的目的來看：《韓非子》少欲的目的，是在於使血脈氣息順暢調適，已落在養生而論，因其德是就身而言之故，能少欲即能養生，便能避免禍患，仍是落在功利實用上主張少欲；《老子》言「少私寡欲」（〈十九章〉），是指「見素抱樸」體現素樸無為，減少私欲，使生命回歸自然，是從精神修養之調適上遂而言少欲，以成就個人生命。

　　《韓非子》聖人居上使民少欲的詮釋是就客觀外物來說，因此指出血氣順暢即能體內沒有內痔等毛病，身外沒有刑罰的禍殃，如是便能輕視鬼魅，故謂「以道莅天下，其鬼不神」。又認為太平治世的人民，不與鬼魅互相傷害，是謂「非其鬼不神也，其神不傷人」。鬼魅作怪害人，謂之鬼傷人；人們設法驅鬼，謂之人傷鬼。人民觸犯法令，謂之民傷上；在上位者用刑罰殺戮人民，謂之上傷民。如果百姓不觸犯法令，人君便不會行刑；人君不行刑，謂之上不傷人，故曰「聖人亦不傷民」。君主和人民、

人們和鬼魅均不互相傷害，是謂「兩不相傷」。人民不敢干犯法令，君主本身便不用對人民施以刑罰，亦不會搜刮人民產業，如是人民便能所殖增多。人民所殖增多，就能積蓄變多，是謂「有德」。凡是鬼魅作怪為禍，便會使人失魂落魄而精神錯亂，精神錯亂，是謂「無德」；相反，鬼魅不作怪為禍，魂魄就不會失落，精神便不會昏亂，是謂「有德」。君主能讓人民多加蓄積，鬼魅不擾亂百姓精神，則德都能落在人民身上，是謂「兩不相傷，則德交歸焉」。《韓非子》此說與《老子》所言相異者有三：一、「聖人不傷人」的內涵轉向：《韓非子》以法釋道，故其謂「以道莅天下」是以法治理天下之意，著重以法治國，則聖人傷人與否，即在於「法」而不在於修身之德。以百姓干犯法令，受刑戮之苦為傷，異於《老子》「傷人」之說。《老子》之聖人以無分別心治國，百姓自能如其自己地實現其本性，加上亦不恃其治國之功宰制百姓，君臣上下自能體證無為之治的理想境界，故曰：「聖人處無為之事，行不言之教，萬物作焉而不辭，生而不有，為而不恃，功成而弗居。夫唯弗居，是以不去。」（〈二章〉）可見《老子》是從聖人治國，不傷百姓自然之德而言「不傷人」，異於《韓非子》以刑戮言不傷。二、「兩不相傷」的目的轉向：於《韓非子》而言「兩不相傷」，除了是人鬼不相傷以外，重點更是落在君民不相傷。人鬼不相傷，則人們可免於失魂，精神不致昏亂；君民不相傷，則百姓可免於刑戮，保其產業。不僅如此，如此之「兩不相傷」的好處在於能使百姓有效生產，增強國力，此亦一貫其以功利實用治國之說。然而，綜觀《老子》全書其他篇章，亦不論鬼神魂魄，故其所謂鬼神，是借鬼神而言吉凶，而不言魂魄精神之事，《老子》言「不傷」，是說明以道治理天下，鬼神不能起作用，人們亦能免受執持有為帶來的禍害，故能不傷，

能不傷自可保其自然之德。《韓非子》從實利言「兩不相傷」，《老子》則從聖王與鬼神都不傷害百姓之自然而言「兩不相傷」，前者重現實利益，後者重自然之德。三、關於「德交歸焉」之「德」的轉向：《韓非子》以鬼魅釋鬼神，偏就形下之氣化而論，故以鬼神、魂魄並言之，魂魄之不去、精神之不亂，又與養生相關，故謂「德交歸焉」。《老子》之聖王體道，不以分別心治民，故不傷人。鬼神、聖人兩不傷人，使「德交歸焉」，其「德」，是指「玄德」，即〈五十一章〉所言：「生而不有，為而不恃，長而不宰，是謂玄德。」是就無為之道、自然之德而言，與《韓非子》以身釋德者不同。

《老子》雖言「法令滋彰，盜賊多有」（〈五十七章〉）、「失義而後禮」（〈三十八章〉），反對以嚴苛的法令治國，亦視禮節法規為喪失義之後才被重視，屬判教裡最低層次者，然而《老子》並不反對以法治國，只要合乎自然原則的法令，不是過度、僵化的，都給予肯定。《韓非子》以身論德，以法言道，從法令之刑戮論聖人之傷人，實詮解《老子》為法術治國的面向的一個開展，其義理內涵雖與《老子》不同，亦可視為創造性的詮釋。

（2）用　術

《韓非子》除了抱法治國以外，更以術用察姦，文曰：

> 鄭子產晨出，過東匠之閭，聞婦人之哭，撫其御之手而聽之，有間，遣吏執而問之，則手絞其夫者也。異日，其御問曰：

「夫子何以知之？」子產曰：「其聲懼。凡人於其親愛也，
始病而憂，臨死而懼，已死而哀。今哭已死，不哀而懼，是
以知其有姦也。」或曰：子產之治，不亦多事乎？姦必待耳
目之所及而後知之，則鄭國之得姦者寡矣。不任典成之吏，
不察參伍之政，不明度量，恃盡聰明、勞智慮，而以知姦，
不亦無術乎？且夫物眾而智寡，寡不勝眾，故因物以治物。
下眾而上寡，寡不勝眾，故因人以知人。是以形體不勞而事
治，智慮不用而姦得。故宋人語曰：「一雀過羿，羿必得之，
則羿誣矣。以天下為之羅，則羿不失矣。」夫知姦亦有大羅，
不失其一而已矣。不修其羅，而以己之胸察為之弓矢，則子
產誣矣。老子曰：「以智治國，國之賊也。」其子產之謂矣。
（〈難三〉，頁 358）

《韓非子》認為以法術治國，國方可大治，遂以子產為反例，說
明用術的重要，以此釋《老子・六十五章》「以智治國，國之賊
也。」子產透過婦人哭聲含著恐懼，判斷婦人是個親手勒死丈夫
的女人，能觀人於微、察姦辨理，本應值得嘉許，然而《韓非子》
卻認為子產這種治國方式，實為太多事。原因在於若姦惡一定要
耳聞目睹才能察覺，則國家裡的姦惡就很少能被察覺了。因為個
人的智力有限，而事物眾多，若不任用主管訴訟的官吏，沒有細
察參合驗證的方法，不彰明法度，只會依恃個人的聰明才智來察
知姦惡，便是治國無術。事物眾多而人智有限，寡不能勝眾，因
此必須順應事理來管治事物；人民眾多而君臣有限，寡不能勝眾，
因此必須藉著人去考察人。這樣才能做到不勞累身體，就能把事
情處理好；不使用智慮，就能察覺姦惡。又以羿的故事說明察姦
有如捕雀，縱然羿的射藝精湛，能將飛過眼前的麻雀一箭射中，

都比不上將天下做為捕雀的羅網來得有效，如此方能一網打盡天下所有麻雀。只有嚴整法紀，不憑著自己主觀判斷做為察姦的手段，才能審察天下姦惡之事，若如子產單靠個人觀察能力治國，則屬《老子》所批評的「以智治國，國之賊也」。明·門無子指出《韓非子》「禁姦在法，察姦在術」，[46]以上引文《韓非子》正指出察姦的方法，能抱法用術方能使國家大治。

正如高柏園先生所說：「韓非的術論主要受道家虛靜思想之影響，術的積極意義在控制，消極意義在防止他人的控制。」[47]《韓非子》言不為、不欲、不見，是從權謀用智上，避免近臣揣測君上之意，消極地防止他人控制；建構嚴謹的察姦制度，則屬積極地控制他人的一面。《韓非子》用術，雖受道家思想影響，然而《老子·六十五章》曰：「民之難治，以其智多。故以智治國，國之賊；不以智治國，國之福。知此兩者亦稽式。常知稽式，是謂玄德。」所謂「以智治國」，是指智巧計謀，並不是就個人私智之不足以察盡天下姦惡而言「智」，而《韓非子》提倡以術察姦，所謂「術者，藏之於胸中，以偶眾端，而潛御群臣者也。」「術不欲見」（〈難三〉，頁 364）的察姦之術，正是《老子》所批評的「以智治國」者。《老子》認為百姓之難以管治，是由於治國者常用智巧治國，[48]故以智巧治國者，為國之禍害；而不

---

46 門無子：《韓子迂評》，見《增訂韓非子校釋》，頁347。
47 高柏園：《韓非哲學研究》，頁143。
48 陳鼓應指出「人民所以難治，乃是因為他們使用太多的智巧心機。」見陳鼓應：《老子注譯及評介》（修訂增補本），頁 301。以「他們」釋「以其智多」之「其」，恐有不妥。「他們」即眾人，不專就治國者而言。《老子》一書乃「君人南面之術」，為帝王說法，多就治國者而言，少從老百姓角度立說。「古之善為道者，非以明民，將以愚之。」（〈六十五章〉）所謂「善為道者」是指人君，聖王治國，不以智巧治民，而是以混沌無分別的方式治民，故其「愚之」

以智巧治國者，乃國之幸福。能明白以智治國、不以智治國此兩者之治國原則，則能守住常道，是謂「玄德」。《韓非子》從《老子》之不以智謀治國為常道，轉向以權謀術用治國，其理脈甚為一致。在《韓非子》思想中，以法禁姦，用術察姦，一外一裡，人君兼而用之，以法術治國，故曰：「法莫如顯，而術不欲見。」（〈難三〉，頁364）此說完全呈現在其詮解《老子》章句當中。

（3）處　勢

除了抱法、用術以外，人君還須處勢治國，「勢者，勝眾之資也。」（〈八經〉，頁150），其詮解《老子》文本時，亦有相近說法，文曰：

> 制在己曰重，不離位曰靜。重則能使輕，靜則能使躁。故曰：「重為輕根，靜為躁君。」故曰：「君子終日行，不離輜重也。」邦者，人君之輜重也。主父生傳其邦，此離其輜重者也。故雖有代、雲中之樂，超然已無趙矣。主父，萬乘之主，而以身輕於天下，無勢之謂輕，離位之謂躁，是以生幽而死。故曰：「輕則失根，躁則失君」，主父之謂也。（〈喻老〉，頁767）

> 勢重者，人君之淵也。君人者，勢重於人臣之間，失則不可復得也。簡公失之於田成，晉公失之於六卿，而邦亡身死。

與「我愚人之心也哉」（〈二十章〉）的「愚人」同義，不是就人的才智言智愚，而是就修養上之混沌無分別而言「愚」。上句既以聖王之主體修養言不以智治民，下句言「故以智治國，國之賊」也是就君主而言，所以「民之難治，以其智多」之「其」，亦應指治國者，方能前後呼應，相應《老子》一書為帝王立說之作。

> 故曰：「魚不可脫於深淵。」賞罰者，邦之利器也，在君則
> 制臣，在臣則勝君。君見賞，臣則損之以為德；君見罰，臣
> 則益之以為威。人君見賞，而人臣用其勢；人君見罰，而人
> 臣乘其威。故曰：「邦之利器不可以示人。」（〈喻老〉，頁768）
> [49]

《韓非子》認為「勢」乃治國者所不可缺，因此認為主權在國君
手裡便是重，不輕易放棄君位便是靜。權重者可以駕御位輕者，
虛靜則可以控制躁動，故曰：「重為輕根，靜為躁君。」《韓非
子》又以國家為國君的糧食，有若行軍在外，不能沒有軍備、糧
食以供所需，故曰：「君子終日行，不離輜重也。」又以趙武靈
王在生傳其位於王子為喻，說明沒有權勢叫做輕，放棄君位是謂
躁，指出武靈王於活著時把君位傳給兒子，等同拋棄行軍糧食，
即使在代、雲中過得很自在，卻失去了趙國。可見武靈王雖為大
國君主，卻因為離棄君位，失去權勢，而被天下人看輕，故下場
淪為被活活幽禁，終至餓死，故曰：「輕則失根，躁則失君。」
《老子・二十六章》曰：「重為輕根，靜為躁君，是以聖人終日
行不離輜重。雖有榮觀，燕處超然，奈何萬乘之主，而以身輕天
下？輕則失本，躁則失君。」其言輕重者，是指沖虛自然之德，
以沖虛之德為重，並以虛靜為躁動的主宰，因此認為聖人終日應
物而不離開輜重。輜重者，如《韓非子》所言，有若在外行軍之

---

[49] 《老子・三十六章》作「國之利器不可以示人」，河上公本、王弼本、帛書本
均從「國」，傳奕本作「邦」，不論從「國」、從「邦」，均不影響其義理內
涵。相近引文亦見於〈內儲說下〉，文曰：「勢重者，人主之淵也；君者，勢
重之魚也。魚失於淵，而不可復得也；人主失其勢重於臣，而不可復收也。古
之人難正言，故託之於魚。賞罰者，利器也。君操之以制臣，臣得之以壅主。
故君先見所賞，則臣鬻之以為德；君先見所罰，則臣鬻之以為威。故曰：『國
之利器不可以示人。』」頁434-435。

軍備、糧食，然而《老子》所謂之「輜重」，是就「重」者、「靜」者來說，即指沖虛之德，故聖人雖有人間爵位、威儀形式等華觀，仍然能恬靜安閒地應物，不累於外，並不因為自己貴為大國之主，便隨著一己私欲輕率役用天下，故謂輕率便失去沖虛之德的根本，躁動就失去生命的主宰。可見輕重、靜躁、輜重均指沖虛玄德，是生命內在修養之事；《韓非子》就勢位權力而言輕重、靜躁，以國邦作為人君的輜重，已轉向純任法術治國之途。

　　《韓非子》解《老》，不僅以勢為重，法術勢亦要相互配合，掌握在人君手上，才能鞏固政權。首先，從處勢而言，《韓非子》視權勢為人君的淵水，認為統治者若把權勢落給臣下，就不能復得君勢。就像齊簡公的權勢給田常奪走，晉國君主的政權落入六卿之手，導致國破家亡，人君被殺，故曰：「魚不可脫於淵。」此即就處勢的重要性說明人君不可沒有權勢。其次，從抱法來看，賞罰可禁姦，屬法，乃治理國邦的工具，是為「邦之利器」，利器落在君主手中，則君主就可以控制臣子；掌握在臣子手裡，則臣子便能控制君主。再次，從用術而論，掌握賞罰大權，則能得治國之勢，所以在上位者如何察姦，而不為臣子所控制，則屬用術的問題。君主要是表露賞賜或懲罰的意圖，臣子就能因應君主的意向減損或增益，轉為自己的德惠或威勢，如是便被臣子利用了權勢，故君主不可顯露其意向，應以權謀術用治國，是謂「邦之利器，不可示人」。因此權勢不旁落，透過術用掌握法制，人君才能鞏固其統治地位，駕御群臣，治理天下。《老子・三十六章》言「魚不可脫於淵」是指人君治國不可離開自然之道，國家的刑法、武器等事，不可以違反自然之德，強加於百姓，是謂「國之利器不可以示人」。《韓非子》以勢作淵，視法術為國之利器，

認為人君須處勢，抱法用術，才能掌控治國大權，若從解經的角度來看，其說固然異於《老子》，若能正視其有系統的詮釋的轉向，便能發現其創造性的詮釋，開展了《老子》法術勢運用的面向。

在法術勢治國的理想情況下，理想的治國者應具備以下特質，文曰：

> 有道之君，外無怨讎於鄰敵，而內有德澤於人民。夫外無怨讎於鄰敵者，其遇諸侯也有禮義；內有德澤於人民者，其治人事也務本。遇諸侯有禮義，則役希起；治民事務本，則淫奢止。凡馬之所以大用者，外供甲兵，而內給淫奢也。今有道之君，外希用甲兵，而內禁淫奢。上不事馬於戰鬥逐北，而民不以馬遠淫通物，所積力唯田疇。積力於田疇，必且冀溉，故曰：「天下有道，却走馬以冀也。」（〈解老〉，頁743）

> 人君無道，則內暴虐其民，而外侵欺其鄰國。內暴虐，則民產絕；外侵欺，則兵數起。民產絕，則畜生少；兵數起，則士卒盡。畜生少，則戎馬乏；士卒盡，則軍危殆。戎馬乏，則牸馬出；軍危殆，則近臣役。馬者，軍之大用；郊者，言其近也。今所以給軍之具於牸馬近臣，故曰：「天下無道，戎馬生於郊矣。」（〈解老〉，頁744）

《韓非子》釋《老子》有道之君，承接其抱法、用術、處勢之君王的說法，在這種情況下治國，則能做到對外和鄰國不會結下仇怨，對待諸侯便能遵守禮節，很少發生戰事；對內亦能添加恩澤於百姓，處理人事時便能致力於農耕桑植，便不會發生過分奢侈的事情。馬匹之所大量被徵用的原因，往往在於對外供應軍事上

的需要，對內則因為供應過分奢侈的欲求而被大量徵用。有道的君主，對外少動干戈，對內禁制過度奢侈的事。君主不將馬匹用於戰場殺戮、追逐敗軍，百姓又不以馬匹運送遠方奢侈物品，所有馬匹都用在耕田上，多用以施肥灌溉，故曰：「天下有道，卻走馬以糞。」與此相反，無道之君治國，對內殘害虐待百姓，導致人民生產力減弱，牲口絕少，缺乏戰馬；對外則侵略欺負鄰國，導致攻伐戰事不斷，士兵犧牲，軍隊危殆。缺乏戰馬，則雌馬便要上戰場；軍隊危殆，則近臣便得去參軍。馬匹，乃軍事上最重要的軍備；城郊，是指戰地距離京城很近。如今供給軍隊用的，都是雌馬和近臣，故曰：「天下無道，戎馬生於郊矣。」從馬匹用途、生長處，看治國之有道、無道，此《韓非子》解《老》同於《老子》者，然而二者所論之「道」有著本質上的不同，《韓非子》以法術勢治國，其太平世即在於百姓務農植桑，增強生產力，強兵富國；《老子》以無為治國，其太平世即在於聖王有治世之功而不居功，百姓亦能如其自己地自然生活。《韓非子》以功利實效為治國目的，《老子》並非否定現實需要，而是以自然之道治國，現實一切需要均在無為無不為的方式下得以成全，故無需強調功利實效，自得其成，二者論治國之偏全顯然不同。

第三節　小　結

　　《韓非子》以法術釋《老子》形上自然之道，以身釋德；論《老子》無為無不為的工夫進路時，以形下之不為、權謀解釋不為、不欲，缺乏逆返內省的工夫修養；論《老子》無為而治的治

國境界時，從形而下養形養生推向察姦用術的治國之術，透過法術勢三者配合，極成其功利實用主義的王霸之道。[50]《韓非子》詮解《老》的道論、工夫論、境界論三者環環相扣，因《韓非子》論《老子》之道時，刊落了形上意義，純為形而下之法術，使得其說詮解《老子》之工夫義、境界義時，亦失落了形上意味，純為道術的運用，故其工夫論轉向不為、不欲義是無而不能有的空無、割裂無為無不為兩層，淪為術用之無為，而無《老子》逆返的工夫修養。順應《韓非子》解《老》的工夫論的轉向，其所成之治國理想亦有所不同，嚴格而言，《韓非子》解《老》並無逆返工夫義支撐其說，故所成的政治理想，亦不成價值理境，而純為一駕御臣民、兼併天下的治國之術。其論治國，是從君王之養生談起，能養生則能定神，神定則能察姦用術，在這種情況下，人君只要能抱法、用術、處勢，便能成為治國有道之君。至於仁義禮節等名教內容，於《韓非子》而言既不能安身立命，亦不能安邦治國，面對《老子‧三十八章》論道德仁義之說，《韓非子》只提供了其中一種看法，就是合於法令的名教，是有助於鞏固人君的的政治地位，因此便加以肯定；若名教會撼動法令君權者，便加以否定。可見在《韓非子》解《老》體系下，凡是有助於法令實踐者，便加以肯定；無助於法令落實者，便加以反對，一切

---

50 法、術、勢三者在《韓非子》思想體系中為不可缺者，然而三者之中何者佔優，學界有不著不同的看法，高柏園認為牟宗三先生是將術視為優先，王邦雄主張以法為優先與中心，高柏園主張以勢為優先與中心所在。各家說法分別詳見高柏園：《韓非哲學研究》，頁 181，95-98。本書以討論《韓非子》詮解《老子》章句的義理面向展開為中心，並非以全面反省《韓非子》哲學架構為重點，加上從《韓非子》解《老》的章句內容上，著實難以判斷法、術、勢三者之先後重要性，故於文內未加以討論。

事物都須合於法才具有意義，所以牟宗三先生認為《韓非子》的治國之道是「為政以法」、「物化的治道」。[51]君主在處勢、抱法、用術的情況下治國，擁有無限權力，而又不受法律限制，縱然是「有道之君」，亦屬專制統治。[52]

　　《韓非子》解《老》篇章雖然不多，然而對於《老子》的道論、工夫論、境界論所述內容均有涉及，並開展了不同詮釋面向，可謂完整的思想體系。其說不論從《老子》的道論、工夫論、境界論來看，均從形上之道轉向法術勢應用，徹底刊落《老子》的形上意味，純任術用，透過解《老》的方式，展開法術勢運用的面向，建構一個內在義理相互呼應、自成系統的思想體系，實為創造性的詮釋。[53]其以身釋德的說法，上承黃老養生學說，下啟嚴遵從氣化論德，以及河上公以養生之說解《老》的面向。其割裂無為無不為的說法，上承黃老道家「君道無為，臣道有為」之說，下啟王弼治道之聖王不為，百姓無不為的說法。關於轉引《老子》章句來闡釋個人思想的言說方式，並非《韓非子》首創，《莊子》外雜篇已有徵引《老子》之例。然而剋就《老子》章句詮釋

---

51 牟宗三：《政道與治道》，頁 37-43。
52 牟宗三先生指出法家尊君的結果使得元首的地位成了無限制的（unlimited），由無限制的進而成為無限的（infinite），後世的大皇帝都是無限體（infinite being），這是絕對化而非充分地客觀化。經過申不害、韓非的理論，君主完全不受法律的限制，成了黑暗的秘窟，就是主觀狀態中的絕對體，而不能客觀化其自己，因此形成君主專制。見牟宗三：《中國哲學十九講》，頁 185。
53 王曉波亦指出「韓非〈解老〉、〈喻老〉，當然可能不是老子的本意，但不可能不是韓非對老子理解，詮釋的本身也可以是一種再創造。〈解老〉、〈喻老〉可以不是老子《道德經》的『解』和『喻』，但卻可以是韓非的道德論，而形成韓非思想體系的哲學基礎。然而，這個哲學基礎又當然是受老子影響，和老子思想脫離不了關係。」見王曉波：〈論「歸本於黃老」——韓非子論「道」〉，《台大哲學評論》22，1999.1，頁 192。

成篇者，《韓非子》應為今存最早者，其立說形式不僅具有歷史意義的先行者的地位，[54]其創造性詮釋於中國哲學史上，亦具有承先啟後的作用。[55]

---

54 李宗定指出〈解老〉、〈喻老〉兩篇文獻特別之處，在於其主題是針對一個文本進行有計畫、有系統的詮釋，而非隨意徵引一兩句或大段抄錄或引申論述的文章所能比擬，故為現存《老子》注疏中最早也最重要的文獻。見李宗定：《老子道的詮釋與反思：從韓非、王弼注老之溯源考察》（新北：花木蘭文化，2008），頁 72-73。

55 劉笑敢認為韓非子的〈解老〉、〈喻老〉為早期典型的哲學性詮釋著作，雖具有自己的思想，但並不全是《老子》原文的本義，且沒有構成一個體系，加上韓非子的思想理論主要不是通過〈解老〉、〈喻老〉來表現的。見劉笑敢：《詮釋與定向 —— 中國哲學研究方法之探究》，頁 35-36。案：劉氏本認為「哲學性的詮釋」以經典詮釋為主，「詮釋性的哲學」以建立新的哲學體系為主，雖然這兩者都是中國哲學詮釋傳統的組成部分，很難有嚴格的絕對的界限，但是，從哲學理論發展的角度來看，詮釋性的哲學著作建立了有重要影響的哲學體系，因此比哲學性的詮釋著作在中國哲學史上有更要的地位和意義，是中國哲學詮釋傳統的典型代表。同前引書，頁 32-33。誠然，《韓非子》的思想理論並非主要通過〈解老〉、〈喻老〉來表現，然而〈解老〉、〈喻老〉，以及其他篇章有關詮解《老子》章句的內容，與《韓非子》的哲學體系不僅並不矛盾，且思想內容一致，透過整理《韓非子》詮解《老子》章句的相關內容，亦可體現完整的思想體系，故《韓非子》解《老》亦應屬創造的詮釋、「詮釋性的哲學」。

第四章　攝主歸客面向的展開

　　嚴遵《老子指歸》是繼《韓非子・解老》、〈喻老〉後，今存相對完整的解《老》之作，以黃老思想、氣化宇宙論進路注解《老子》，將主體修養收攝於客觀氣化之下，而又能呈現相對完整的思想體系，於詮釋來說極具時代意義；與此同時，在老學詮釋史上，其完整、一致的攝主歸客詮釋面向，實為詮解《老子》打開了新的理解方向。學者或以為其說相對早出，故較能貼近《老子》玄旨，[1]或以為「其為旨與老氏無間」[2]，或稱「與經無異」[3]，或認為與《老子》思想進路不同，[4]前人對《老子指歸》評價不同，或許應分別討論嚴遵《老子指歸》之宗趣、教路，才能進一步理解其說與《老子》之異同。下文將先簡述嚴遵的生平及著述，再分析討論《老子指歸》詮釋內容，以見其詮釋向度。

1　見陳麗桂：〈《老子指歸》的聖人論〉，《中國學術年刊》22，2001.5，頁117。
2　明・劉鳳（1517-1600）《嚴君平道德指歸・序》言「其為旨與老氏無間」，見王德有點校：《老子指歸・附錄三》（北京：中華書局，2011），頁155。
3　後晉・劉昫（888-947）：《舊唐書・憲宗紀上》，《二十五史》（上海：上海古籍出版社，1986），頁3535。
4　陳福濱認為嚴遵《老子指歸》不僅是將個人之論述心得彙集成冊，同時亦為嚴遵以原典注疏之方式，開出屬於自己思想體系的進路。見陳福濱：〈《老子指歸》中「道」思想之探究〉，《哲學與文化》30：9，2003.9，頁80-81。

第一節　嚴遵的生平及著述

一、生　平

今所存嚴遵生平資料不多，主要存錄見於班固《漢書·王貢兩龔鮑傳》與西晉·皇甫謐（215-282）《高士傳·嚴遵》、西晉·常璩（291-361）《華陽國志·蜀郡士女》當中。

嚴遵，西漢中晚期，蜀郡成都人，本姓莊，名遵，字君平，史書為避漢明帝劉莊之諱，改稱「嚴遵」。其生卒年，史無明載，僅知以高齡九十餘而卒。[5]嚴遵以卜筮為業，得錢自養，認為「卜筮者賤業，而可以惠眾人」。嚴遵依蓍龜為言利害，以此導引勸人向善，言忠義孝悌。同時亦講授《老子》，博覽群書無所不通，揚雄於少年時曾從學於嚴遵。嚴遵有大才顯名，然而卻視出仕為損神之事，其為人淡泊，大隱於市，終身不仕。

二、著　述

嚴遵著作，據《經典釋文》所載有《老子注》二卷、《老子指歸》十四卷，其中《老子注》已不傳；[6]《上古三代秦漢三國六

5　《漢書·王貢兩龔鮑傳》謂其「年九十餘，遂以其業終。」《華陽國志·蜀郡士女》則謂「年九十卒」，今採《漢書》之說而謂嚴遵年九十餘。分別見王德有點校：《老子指歸·附錄一》，頁147-148，150。

6　見樊波成：《老子指歸校箋·書目著錄》，頁291。

朝文》、《蜀典》皆收有〈君平說二經目〉（簡稱〈說目〉）、〈座右銘〉二文，〈君平說二經目〉經嚴靈峰的考證，已證實為偽作；[7]《華陽國志·序志》載嚴君平集傳記以作本紀，可知其有《蜀本紀》之作，今亡佚；《經義考·卷八》載嚴遵作《周易骨髓決》，亦亡佚。

　　《隋書·經籍志》載有《老子指歸》十一卷，《經典釋文·敘錄》作十四卷，唐玄宗（685-762）《道德真經疏·外傳》、唐·杜光庭（850-933）《道德真經廣聖義·序》、《舊唐書·經籍志》、《新唐書·藝文志》均記載嚴遵作《老子指歸》十四卷。晁公武《郡齋讀書志》及《宋史·藝文志》則載十三卷。宋後，已佚後六卷，今本只存前七卷。今存《老子指歸》有兩種版本，一為六卷本，一為七卷本。六卷本題為《道德指歸論》，列「卷一之六」，收於《秘冊彙函》、《津逮秘書》、《學津討原》、《叢書集成初編》之中，不引《老子》經文，並以每篇首幾字為題，如「上德不德篇」、「得一篇」、「上士聞道篇」等，較七卷本少「人之飢也」至「信言不美」幾章釋文。七卷本題為《道德真經指歸》，列「卷七至十三」，收於《道藏》、《怡蘭堂叢書》之中，每篇前引《老子》經文，不列篇題。另外，《老子指歸》所據《老子》版本與諸本不同，〈德經〉四十章，〈道經〉三十二章，凡七十二章。王德有點校之《老子指歸》即收德經內容，並集五十多種《老子》注本覓得《老子指歸》後六卷佚文百餘條，刪重去贅，合為八十則，列於前七卷之後。本書所引《老子指歸》原文，即用王德有點校本。

---

7 嚴靈峰考證〈君平說二經目〉非嚴遵自作，見嚴遵：《道德指歸論》（《無求備齋老子集成初編》）（臺北：藝文印書館，1965），頁 6-8。

　　自明代始，即有懷疑所存《老子指歸》為明人偽作，清代疑古之風起，產生各種疑議，關於《老子指歸》真偽的問題，認為《指歸》為偽造者原因有六：一為《漢書・藝文志》不載；二為《漢書》言「著書十餘萬言」，而非像《指歸》那樣的「箋釋」；三為不類西京人語；四為晁公武等宋人尚見足本，而《谷神子・序》言「陳隋之間已逸其半」；五為既云佚其上經，何以〈說目〉一篇獨存？六為所引「莊子」，不見於今之《莊子》。關於以上質疑，近人曾作多方面駁議，分別指出：一、《漢書・藝文志》不載，實為諸史經籍志皆有不著錄之書；二、《漢書》所謂「著」，未必是今人之「專著」；三、《指歸》用韻，不僅合於揚雄，亦與西漢韻文相合；四、據考證《谷神子・序》亦非谷神子所著，為明末妄人以原書序目之小注贋充，又偽續谷神子數語；五、漢人著書，多將序目置於卷末，故〈說目〉得以保存；六、誤以書中之「莊子」為莊周。[8]除此以外，嚴靈峰曾作〈辨嚴遵《道德指歸論》非偽書〉辯證嚴遵《道德指歸》並非偽作，[9]樊波成校箋《老子指歸校箋》又收代前言〈《老子指歸》當為嚴遵《老子章句》－－嚴遵《老子注》的發現與《老子指歸》的性質〉一文詳證《老子指歸》乃嚴遵所作，[10]是以本文仍持《老子指歸》為嚴遵所作之立場。

8　關於對《老子指歸》真偽的問題提出，及駁議整理，詳見樊波成校箋：《老子指歸校箋・《老子指歸》當為嚴遵《老子章句》（代前言）－－嚴遵《老子注》的發現與《老子指歸》的性質》，頁 2-6。又〈說目〉經嚴靈峰考證非嚴遵自作，見注 7。

9　收於嚴遵：《道德指歸論》，頁 3-6。

10　樊波成校箋：《老子指歸校箋》，頁 1-52。

第二節　《老子指歸》的詮釋內容

　　《老子指歸》有別於《韓非子》剗應《老子》章句義理內容作注，而有「故曰」《老子》之原文；亦不同於《河上公注》、王弼注《老》於句下作注。嚴遵於詮解《老子》後，復有「莊子曰」之說，再綜述己見，以此詮釋《老子》大旨。蒙文通即指出「自宋以來，《困學紀聞》之倫，每以嚴書言『莊子』為漆園之佚文，不知《指歸》之莊子即君平之自謂，惑者反謂君平引莊語何以皆為佚文，斯為大失也。」[11]既明《老子指歸》之「莊子曰」，非指莊周，而是君平之自稱，則本書引文所見之「莊子曰」者輒不必再辨明。

　　下文將討論嚴遵《老子指歸》道論、工夫論、境界論三方面對《老子》的詮釋轉向，以見其說轉向攝主歸客面向的展開。

一、道的轉向 ── 從本體宇宙論到氣化宇宙論

　　氣化宇宙論乃漢代哲學之特色，嚴遵注《老》即融合了當時氣化宇宙論的視域，以此詮解《老子》，下文將分別討論氣化生物、道生與自生、性命與道德三方面內容，辨析其道論的詮釋轉向。

---

11 蒙文通：〈《嚴君平〈道德指歸論〉佚文》序言〉，收於《道書輯校十種》，頁 124。《四庫全書總目‧道德指歸論六卷》亦云「至於所引《莊子》，今本無者六七，不應遵之所取皆向郭之所棄。此必遵書散佚，好事者摭吳澄《道德經注跋》中「莊君平所傳章七十有二」之語，造為上經四十，下經三十二之〈說目〉。又因《漢志》「《莊子》五十二篇」，今本惟三十三篇，遂多造莊子之語，以影附於逸篇，而偶末見晁公武說，故谷神子偽〈序〉之中牴牾畢露也。」見王德有點校：《老子指歸‧附錄三》，頁 159-160。實唐谷神子《老子指歸》序目小注曰：「嚴君平者，蜀郡成都人也，姓莊氏，故稱莊子。」見王德有點校：《老子指歸‧君平說二經目》，頁 1。

（一）氣化生物

關於萬物的生成方式，《老子指歸》文曰：

> 天地所由，物類所以：道為之元，德為之始，神明為宗，太和為祖。道有深微，德有厚薄，神有清濁，和有高下。清者為天，濁者為地，陽者為男，陰者為女。人物稟假，受有多少，性有精粗，命有長短，情有美惡，意有大小。或為小人，或為君子，變化分離，剖判為數等。（〈上德不德篇〉，頁3）[12]

> 太上之象，莫高乎道德，其次莫大乎神明，其次莫大乎太和，其次莫崇乎天地，其次莫著乎陰陽，其次莫明乎大聖。夫道德所以可道而不可原也，神明所以可存而不可伸也，太和所以可體而不可化也，天地所以可行而不可宣也，陰陽所以可用而不可傳也，大聖所以可觀而不可言也。（〈道可道篇〉，頁122）

從嚴遵對天地萬物形成的根據來看，道、德、神明、太和均屬形而上者，[13]當中又以道德為最高，神明次之，太和又再次之，繼而有形下之天地、陰陽、大聖。由道而德、神明、太和、天地、陰陽、大聖，此自上而下由其存在根據說明宇宙萬物之生成、衍

---

12 王德有點校：《老子指歸》。下文所引《老子指歸》皆自此本，標點或經筆者新點斷，僅標篇名及頁碼。
13 牟宗三先生於《才性與玄理》中即指出氣稟說為實的自然的超越決定，因「氣」為一形上概念故，可見嚴遵雖從氣化宇宙論說「道」、「德」、「神明」、「太和」，與《老子》之從本體宇宙論言「道德」有別，然而卻同屬形而上者。見牟宗三：《才性與玄理》，頁7。

變的方式，是宇宙論式的說明。

　　承本書第二章所言，《老子》言道生萬物，是本體宇宙論式論道之如何生化萬物，由道生玄，玄生無，無生有，有生萬物，是謂「道生一，一生二，二生三，三生萬物。萬物負陰而抱陽，沖氣以為和。」（〈四十二章〉）其言「陰陽」亦不就陰陽二氣而言，僅取其一事之不同面相的象徵義，實為相對而言之判斷，面對萬事萬物之種種分別相，應抱持虛其氣以達太和境界，故曰「沖氣以為和」。「沖氣」即虛氣，透過沖虛的工夫修養，調適上遂，使生命回歸至太和境界，由是可見《老子》以「和」來回應「玄」、「無」、「有」此道的內涵，故謂《老子》說明萬物的生成方式是本體宇宙論者，應無可疑。相對《老子》之說，嚴遵同言道德、陰陽，亦言太和，更言「和氣」、「太和妙氣」（〈谷神不死篇〉，頁 128）。其言「和氣」者，亦似出自《老子》「沖氣以為和」之說，因而曰：「天高而清明，地厚而順寧，陰陽交通，和氣流行，泊然無為，萬物自生焉。」（〈天地不仁篇〉，頁 127）然而《老子指歸》之宇宙論，實屬氣化宇宙論之思路，與《老子》之本體宇宙論有著明顯不同。

　　所以謂之氣化宇宙論者，是指以元氣作為客觀宇宙生成的根據而形成的宇宙論式的論述。此處所謂客觀者，乃相對於主體價值實踐而言，推出去，外在於主體而尋找一獨立的根源，舉凡天地萬物客觀存在都以此作為解釋的根據，包括天地的形成、人的形成亦視作客觀物。有別於《老子》本體宇宙論者，漢代哲學普遍受黃老思想影響，且摻入陰陽家說法，形成氣化宇宙論解釋宇宙生成，嚴遵詮解《老》道論即屬典型之氣化宇宙論者。

　　嚴遵以道為萬物生化的根據，以德為起始，神明為宗主，太和為祖先，又認為道德可以遵循而不可推原，神明可以保存而不可伸展，太和可以體證而不可轉化，天地可以實踐而不可說明，陰陽可以應用而不可相傳，聖人可以觀察而不可議論。凡此都可以看出道德、神明、太和、天地、陰陽、聖人是常道或常道的應用，均以體證的方式，證成常道的存在，亦相應於《老子》常道不可道，可道者非常道之說。然而《老子》之言道，是「有物混成，先天地生，寂兮寥兮，獨立不改，周行而不殆，可以為天下母。」（〈二十五章〉）常道具有自足性、先在性、絕對性、普遍性、永恆性，且作為萬物存在的根據，何以嚴遵所言的形上之道會有深微、厚薄、清濁、高下之別？因著形上根據的差別，使清者化為天，濁者化為地，陽者化為男，陰者化為女，天下萬物亦因應稟受常道的不同，而性有精粗、命有長短、情有美惡、意有大小之別，故順此形著而成有的為小人，有的為君子，當中的變化分別，實源於稟受所託不同而有異。若常道指向主體價值，以無心無為作為內容，理應無有分別，各人所體之道亦應同出一源；嚴遵所言常道之所以有差別相、特殊性，乃由於從客觀氣化而言道，從氣稟言道，才有所謂稟受多少、厚薄、精粗等不同程度的差別，差別者並非常道本身，是由於萬物稟受不同而有別。從氣稟言常道，故其所成之天地，為客觀的、外在的天地，而非主體實踐、價值意義的天地；其言陰陽，為氣化之陰陽，是實指的得陽者為男，得陰者為女，而非象徵的意指價值意義的不同面相。

　　因嚴遵道論已從《老子》之本體宇宙論轉向氣化宇宙論，故其論宇宙生成，亦多就客觀外物之衍變而論，其文曰：

道德變化，陶冶元首，稟授性命乎太虛之域、玄冥之中，而萬物混沌始焉。神明交，清濁分，太和行乎蕩蕩之野、纖妙之中，而萬物生焉。天圓地方，人縱獸橫，草木種根，魚沉鳥翔，物以族別，類以群分，尊卑定矣，而吉凶生焉。由此觀之，天地人物，皆同元始，共一宗祖。六合之內，宇宙之表，連屬一體。氣化分離，縱橫上下，剖而為二，判而為五。或為白黑，或為水火，或為酸鹹，或為徵羽，人物同類，或為牝牡。凡此數者，親為兄弟，殊形別鄉，利害相背，萬物不同，不可勝道。合於喜怒，反於死生，情性同生，心意同理。（〈不出戶篇〉，頁 32）[14]

木之生也，末因於條，條因於枝，枝因於莖，莖因於本，本因於根，根因於天地，天地受之於無形。華實生於有氣，有氣生於四時，四時生於陰陽，陰陽生於天地，天地受之於無形。吾是以知：道以無有之形、無狀之容，開虛無，導神通，天地和，陰陽寧。調四時，決萬方，殊形異類，皆得以成。（〈萬物之奧篇〉，頁 74）

萬物之所由生，是源於道德，故謂道德的作用變化，是創作萬物之始，萬物稟受性命於太虛、玄冥之中而始成。神明相交，便能使清濁相分，太和運行於曠野微妙之中，便能生成萬物。天圓地方，人豎而行，獸橫而走，草木植根於泥土之中，魚沉游於河水之內，鳥飛翔於天空之間，物以種族相區別，類以群體作分隔，

---

14 「而吉凶生焉」王德有點校本作「而吉兇生焉」，嚴靈峰輯明汲古閣刊津逮秘書本《道德指歸論》作「而吉凶生焉」；樊波成校箋本「兇」亦作「凶」，今據而改之。

由是定下尊卑，產生吉凶。可見天地萬物，有著同一起源，共同
的宗祖，即道德、神明、太和是也。天地四方之內，宇宙之外，
本來並連相屬為一體。因氣化而使之分離，以縱橫上下，分判為
陰陽二儀、五色、五行、五味、五聲等不同內容。[15]有的為黑有
的為白，有的成水有的為火，有的為酸有的為鹹，有的屬徵有的
屬羽，即使人與物同屬同類，亦有雌雄之別。天地萬物之眾，即
使親為兄弟，外貌亦相異不同，優缺點亦有不同，萬物不同之處，
實多不勝數，然而喜怒之情，同歸於生或歸於死，情感性命同樣
存在，心理意念同樣根源氣化之理。以氣化言客觀宇宙之生成、
物類之異同，相對《老子》從主體實踐言價值意義之宇宙、萬物
之生化，實有著本質上的不同。在這種前提下，使嚴遵注《老》
常用大篇幅談論客觀外物的衍化，《老子‧六十二章》言「道者，
萬物之奧。」是就人事而言「萬物」，認為常道乃做人處事的奧
藏，其旨在於說明人事之有無限可能。因此下文是就「善人」與
「不善人」而論；嚴遵因其論道是往外推，重在氣化的一面，故
言萬物則實指客觀外物，實指樹木生長，其末梢依賴於細條，細
條依仗於樹枝，樹枝依附於樹莖，樹莖憑依於樹幹，樹幹依託於
樹根，樹根依靠於天地，天地稟受於無形，層層上推，說明無形
之道能生化萬物。再言花果生於有氣，氣產生於四季，四季產生
於陰陽變化，陰陽產生於天地，天地產生於無形，同樣是從外物
推論其存在的根據，是源於無形之道，從此得出道是無有形狀，
無法被形容的不可道者，但此不可道之道能開啟虛無，引導神明，
使天地和諧，陰陽得以寧息。調順四季變化，決斷萬物方向，使
不同品屬類別者，都得以生成。由是更見嚴遵之常道，是在於成

---

15 「剖而為二，判而為五」之「二」、「五」，二，二儀也。五，五色、五行、
五味、五聲。此說見樊波成校箋：《老子指歸校箋》，頁64。

就客觀外物的育成,而非《老子》之以如何安頓萬物,使之能自然而然地實現其價值意義。

(二)道生與自生

嚴遵既以氣化宇宙論詮解《老子》,則其言道生之說自亦與《老子》重本體價值者有所不同,不僅如此,嚴遵更常言自生,此亦其異於《老子》之處。以下將從道生與自生兩方面,討論嚴遵《老子指歸》論生化萬物之理的內容。

1.道　生

既明嚴遵言道生是以氣化的方式生化萬物,則可以進一步分析其所言之道如何生化萬物,文曰:

> 有虛之虛者開導稟受,無然然者而然不能然也;有虛者陶冶變化,始生生者而生不能生也;有無之無者而神明不能改,造存存者而存不能存也;有無者纖微玄妙,動成成者而成不能成也。故,虛之虛者生虛者,無之無者生無者,無者生有形者。故諸有形之徒皆屬於物類。物有所宗,類有所祖。天地,物之大者,人次之矣。夫天人之生也,形因於氣,氣因於和,和因於神明,神明因於道德,道德因於自然:萬物以存。故使天為天者非天也,使人為人者非人也。何以明之?莊子曰:夫人形觀,何所取之?聰明感應,何所得之?變化終始,孰為為之?由此觀之,有生於無,實生於虛,亦以明矣。是故,無無無始,不可存在,無形無聲,不可視聽,稟無授有,不可言道,無無無之無,始未始之始,萬物所由,

性命所以，無有所名者謂之道。(〈道生一篇〉，頁 17-18)

道虛之虛，故能生一。有物混沌，恍惚居起。輕而不發，重而不止，陽而無表，陰而無裏。既無上下，又無左右，通達無境，為道綱紀。懷壤空虛，包裹未有，無形無名，芒芒頑頑，混混沌沌，冥冥不可稽之，亡於聲色，莫之與比。指之無嚮，搏之無有，浩洋無窮，不可論諭。潢然大同，無終無始，萬物之廬，為太初首者，故謂之一。(〈道生一篇〉，頁 18)

一以虛，故能生二。二物並興，妙妙纖微；生生存存，因物變化，滑淖無形，生息不衰；光耀玄冥，無嚮無存；包裹天地，莫覩其元；不可逐以聲，不可逃以形：謂之神明。存物物存，去物物亡，智力不能接而威德不能運者，謂之二。(〈道生一篇〉，頁 18)

二以無之無，故能生三。三物俱生，渾渾茫茫，視之不見其形，聽之不聞其聲，搏之不得其緒，望之不覩其門。不可揆度，不可測量，冥冥窅窅，潢洋堂堂。一清一濁，與和俱行，天人所始，未有形朕圻堮，根繫於一，受命於神者，謂之三。(〈道生一篇〉，頁 18)

三以無，故能生萬物。清濁以分，高卑以陳，陰陽始別，和氣流行，三光運，群類生。有形鸞可因循者，有聲色可見聞者，謂之萬物。(〈道生一篇〉，頁 18)

萬物之生也，皆元於虛始於無。背陰向陽，歸柔去剛，清靜

不動，心意不作，而形容脩廣、性命通達者，以含和柔弱而道無形也。是故，虛無無形微寡柔弱者，天地之所由興，而萬物之所因生也；眾人之所惡，而侯王之所以自名也；萬物之源泉，成功之本根也。（〈道生一篇〉，頁18-19）

一者，道之子，神明之母，太和之宗，天地之祖。……天地之外，毫釐之內，稟氣不同，殊形異類，皆得一之一以生，盡得一之化以成。故得一者，萬物之所導而變化之至要也，萬方之準繩而百變之權量也。一，其名也；德，其號也。（〈得一篇〉，頁9-10）

以上引文主要節引自嚴遵注《老子·四十二章》、〈三十九章〉的內容，引文頗長，然其所論則不離「虛之虛、虛、無之無、無」與「道、德、神明、太和」及「道、一、二、三」的關係及其特色，以下分別言之。

　　首先，關於「虛之虛、虛、無之無、無」的關係：虛之虛者，能開啟引導萬物稟受的內容，它本身不是被造物，然而卻無所不能地造就萬物。虛者，能陶冶製造萬物，能開始生育生化者，無所不能地生化。無之無者，神明所不能改造，造就存在的存在者，而無所不能地成就一切。無者，精微深玄，動而能成就生化萬物，無所不能。此四者的關係，在於虛之虛者能生虛者，虛者能生無之無者，無之無者能生無者，無者能生有形萬物，所以各種有形之物均屬於物類，即虛之虛者生虛，虛生無之無，無之無者生無，無者生萬物。

　　其次，關於「道、德、神明、太和」的關係：天地人物之所生，是由於氣，氣由於太和，太和由於神明，神明由於道德，道德由於自然，以此見萬物之所以得以保存，此乃存有論式的說明。所謂存有論的說明，是對於宇宙萬物的存在，往後返思考萬物得以存在的根據，給出一根源性的說明。嚴遵以自然作為萬物得以生成的最高原則，與《老子》言「道法自然」（〈二十五章〉）的義涵相近，是以自然作為常道的內容，並非謂「道」之上更有一「自然」者生「道」。嚴遵指出人的形體、聰明感應、變化終始均屬形而下之「有」與「實」，為可具體化而有形狀。能使天地人物成為天地人物者，必不自天地人物本身，故可具體化而形狀者，必不能作為萬物存在的根據，因此曰「有生於無，實生於虛」、「無有所名者謂之道」。道的特質即在於能超越無、超越始，沒有具體存在，無形無聲，不可見聞，又能賦予無有，不能用言說稱道，並能終極超越無無之無，始於尚未有開始的開始，作為萬物生成的根據，性命的所以然，無法用名稱來稱謂的，便是「道」。當中的關係即在於，道生德，德生神明，神明生太和，太和生氣，氣生有形萬物。

　　再者，關於「虛之虛、虛、無之無、無」與「道、德、神明、太和」及「道、一、二、三」的關係。《老子》既言「道生一，一生二，二生三，三生萬物」，嚴遵又以虛之虛者生虛，虛者生無之無，無之無者生無，無者生萬物，亦言道生德，德生神明，神明生太和，太和生氣，氣生有形萬物，則不難發現，道、一、二、三，與虛之虛、虛、無之無、無，以及道、德、神明、太和，自是形而上者，與道同層，四者先後相生，一如《老子·四十二章》言「道生一，一生二，二生三」之意，是理論上之先後義，

而非時間上之先後，亦甚為清楚明白，當中又以道是生化萬物的最高原則，最具理論上的優先性，而氣、與萬物則屬形而下者。嚴遵又以「一者，道之子，神明之母，太和之宗，天地之祖。」「一，其名也；德，其號也。」可見德即是一，而「道虛之虛，故能生一」，即「一」便是「虛」。由是推之，「一」乃道之子，神明之母，則神明即是「二」。以此推論，虛之虛者即道，虛者即一與德，無之無者即二與神明，無者即三與太和。

　　最終，關於一、二、三、萬物之特徵：第一，道是虛之虛，故能生一。一的具體特性為混沌無分別，恍惚興起；輕而不散開，重而不止滯；陽而無外表，陰而無內裡，無上下左右之別，通達無邊，是為道的法則。道能懷納空虛，包覆未有，無形無名，高深而不可考究，無聲色而不可比擬。指向它卻沒有定向，搏擊它卻無實體，浩瀚無邊，無法窮盡，無有終始，不能言喻。有若萬物的廬舍，能讓萬物寄居其內，為宇宙之始，故謂之一。第二，一是虛，故能生二。[16]二的具體特性為，「道」與「一」同時興起時，[17]能生養生養者、保存保存者，順應萬物變化，無形而不

---

16 王德有指出「一由於虛，所以能生二」，見王德有：《老子指歸譯注》，頁53。一即德，即虛，《老子指歸》言「道虛之虛，故能生一」，道與虛之虛同層，因其能虛之又虛，故能生一，若將「一以虛」之「以」理解成「由於」，即虛先於一，虛先於一，即虛先於德，如是，虛便成為道，則如何安頓虛之虛者？故「道虛之虛，故能生一」、「一以虛，故能生二」、「二以無之無，故能生三」、「三以無，故能生萬物」，應理解成道是虛之虛，故能生一；一是虛，故能生二；二是無之無，故能生三；三是無，故能生萬物，以「是」釋「以」較能順應前後文意。樊波成於此亦以「是」釋「以」，見樊波成校箋：《老子指歸校箋》，頁39-40。

17 王德有以「兩種東西」釋「二物並興」之「二物」；「三種東西」釋「三物」，則易誤以為嚴遵所言是指客觀有形之外物，泛指現象界隨意兩種東西、三種東西。嚴遵之言「二物」應指之虛與虛，即道與一；「三物」應指虛之虛、虛與無之無，即道、一與二。見王德有：《老子指歸譯注》，頁53-54。

息繁衍萬物，能光照幽深之境，且沒有方向亦無具體存在；二能包裹天地而不見其端緒，故不能透過聲音、形體來逐離它，此之謂神明。神明存於萬物之中則萬物得以保存，離萬物而去則萬物便會敗亡，智力不能追上它，威德亦不能運轉它，謂之二。第三，二是無之無，故能生三。三的具體特性為，「道」、「一」與「二」，同時產生，廣大無邊，視之而不見其形狀，聽之而不聞其聲響，搏之而不得其端緒，望之而不見其門路。無法揣度測量，幽深遠流，宏闊空曠。清濁作用其間，與和氣並行，能讓天人開始形成，而無有徵兆邊際，根源於一（即「德」），受命於神明（即「二」），謂之三。第四，三是無，故能生萬物。萬物生成的特徵，即在於承三（即「太和」）之清濁作用，而能分清濁之氣，序列高低，區別陰陽，因著和氣流行，使日月星辰得以運轉，不同種類的萬物得以生成。凡是有形體可以因循的，有聲色可被聽見的，均謂之萬物。

　　嚴遵論道，不論是德、神明、太和均與《老子》之言道的玄、無、有同樣均具形上意義，同為廣大無垠，不可測量，不能言說之常道，然而嚴遵在三生萬物，即太和生萬物之際，是以清濁、陰陽、和氣等內容，生化萬物，故屬氣化宇宙論的方式言道生，因此其言萬物是實指客觀萬物，如「三光」、「群類」、「有形竅」、「有聲色」等現象；《老子》論道生則屬本體宇宙論，是就主體實踐之人事價值而言萬物，與嚴遵有著根本的不同，故《老子・四十二章》道生萬物後，又言「故物，或損之而益，或益之而損」是就行為物而言人事之難以畫一規範，言「人之所教，我亦教之。強梁者不得其死，吾將以為教父」，亦就修身之教路、原則來說，並非就客觀外物之發展情勢、客觀生命之死生而立論，

此實嚴遵注《老》之轉化，為《老子》詮釋開展了客觀氣化面的內涵。

2. 自　生

嚴遵既言道生，亦言自生，其道生的方式是以氣化言道生，嚴遵「自生」義與《老子》有何不同？觀其文曰：

> 故無為而物自生，無為而物自亡，影與之交，響與之通。不求而物自得，不拘而物自從，無察而物自顯，無問而物自情。（〈勇敢篇〉，頁 103）

> 天高而清明，地厚而順寧，陰陽交通，和氣流行，泊然無為，萬物自生焉。天地非傾心移意，勞精神，務有事，惏惏惻惻，流愛加利，布恩施厚，成遂萬物而有以為也。（〈天地不仁篇〉，頁 127）

嚴遵之言「自生」是透過「無為」、「泊然無為」等無心無為的工夫達成，其言自不悖於傳統道家的義理脈絡，然而其「自生」義與傳統道家有所不同，亦異於《老子》「自生」之說。

首先，從嚴遵「自生」說的義涵來看，其言「自生」是偏就外物之生長消亡而說，縱言無為而物自然生長、自然消亡，無心欲求而物自然取得，無意拘束而物自然跟從，無心察看而物自然彰顯，無意詢問而自然清楚實情，此之自生、自亡、自得、自從、自顯、自情者，均指外物情勢、狀態之自然而然，故謂「影與之交，響與之通」，有如影與形相交，響與聲相通一樣，均就客觀

現象義而言，而非就主體價值之自我實現說「自生」。其言「泊然無為，萬物自生」者亦然，是就客觀天地之所以高而清明、厚而順寧來說，才有所謂陰陽之氣交匯相通，和氣流行，如是均屬客觀氣化進路。天地沒有偏私心意，耗費精神，盡力做事，慈悲惻隱之心，流布私愛利惠，特別偏愛某物，成就萬物而有所作為，由是而言無為而萬物自生。從其自然無心一面來看，實與《老》、《莊》同屬自然無心的義理脈絡，然而其所成就之「萬物」，其謂「自生」者，實已偏向實現客觀萬物的一面，而非就主體上之自然價值實現來說「自生」，此亦相應嚴遵其道生之義理系統，由道生萬物而至萬物之自生自成、自消自亡，義甚一貫。

其次，從《老子》之「自生」義來看，〈七章〉言「天地所以能長且久者，以其不自生，故能長生。」所謂「不自生」者，是從不執其生來說，因無心執持，故能長生。《老子》以「天長地久」說明道的恆常不變，是由於不執滯，故能長久。以「不自生」來說明常道之不執定、自然而生，故其言「自生」實為負面義之偏私、偏生義。嚴遵之言「無為而物自生」、「泊然無為，萬物自生」、「不生也而物自生，不為也而物自成」（〈得一篇〉，頁 9）之「自生」義，是相對於執其生，有所為而言無執無為之「自生」，與《老子‧七章》的「自生」義剛好相反，此即其異於《老子》「自生」的詮釋，而從客觀面說萬物之自然義說「自生」，轉出新義甚明。

然而，嚴遵既言「三以無，故能生萬物」又言「萬物自生」，到底「道生」與「自生」之說是否相互矛盾？道既然能生萬物，何以又言「道德不生萬物」、「養物而不自生」？觀其注曰：

> 道德不生萬物，而萬物自生焉；天地不含群類，而群類自託焉；自然之物不求為王，而物自王焉。……何故哉？體道合和，無以物為，而物自為之化。(〈江海篇〉，頁 85)

> 是以，知足之人，體道同德，絕名除利，立我於無身。養物而不自生，與物而不自存。(〈名與身孰親篇〉，頁 25)

前文既曰「道虛之虛，故能生一」、「一以虛，故能生二」、「二以無之無，故能生三」、「三以無，故能生萬物」，可見道德實能生化萬物，何以又謂「道德不生萬物」？體道同德之人，既有養物之功，何以又言「不自生」？凡此可見，所謂不生、不自生者，均應從作用義上理解，方能不致詮釋文本內容時造成自相矛盾之說。道德有生物之德，卻以無心生物的方式來生化萬物，故萬物能自然而然地生長、育成，由是而言「不生」與「自生」，有若天地無意覆載群生眾類，而群生自然託附於天地之間；依循無心自然之道者不自求為王，而萬物自然歸順並推其為王，原因即在於能體證自然之道者，不會以有心作為的方式宰制萬物，因此萬物自然能自生自化。同樣，知足之人，能體道自然，懷道納德，不追逐名利，能以不執持有身的方式自處，故能滋養萬物而不執滯其生化，與萬物共處而不私有其存在。可見「養物而不自生」之「不自生」與《老子》之言「天地所以能長且久者，以其不自生，故能長生。」於作用層的意義上是相通的。嚴遵之「自生」義自氣化、客觀萬物立說，而《老子》之「自生」義從有執、有為之偏生說，固是不同，然而最大之不同在於《老子》之「自然」是出自主體工夫後之價值義，凡涉及工夫，自然皆必有主體之自由意志，而嚴遵言「自然」即外於主體之自由意志立說。

　　由以上討論可見，嚴遵言道之生萬物、萬物之自生，是以自然的方式生；道德不生萬物、不自生，是不以有心作為的方式生化萬物，從作用層上言生與不生，乃嚴遵注《老》繼承《老子》之處，然而其生成之物，已從《老子》的價值義轉向外物生成義，此即其義理詮釋的轉向與創新。《老子指歸》從氣化宇宙論論萬物的生成，偏重成就客觀外物的說法，實承自《淮南子》釋《老子》道生之說，其所不同者，在於《淮南子》解《老》是以「一」等同於道，《老子指歸》則以「一」為「德」、「虛者」。《老子指歸》道生、自生之說既承繼了《老子》、《淮南子》的理論，亦進融合了二者之說，而成一完整的理論體系。[18]

（三）性命與道德

　　嚴遵承其道德生化萬物之說，以氣稟性命，說明存在之不同面相，其文曰：

> 所稟於道，而成形體，萬方殊類，人物男女，聖智勇怯，小大脩短，仁廉貪酷，強弱輕重，聲色狀貌，精粗高下，謂之性。所授於德，富貴貧賤，天壽苦樂，有宜不宜，謂之天命。遭遇君父，天地之動，逆順昌衰，存亡及我，謂之遭命。萬物陳列，吾將有事，舉錯廢置，取舍去就，吉凶來，禍福至，謂之隨命。（〈道生篇〉，頁 45）[19]

---

18 關於《淮南子》釋《老子》道生之說，見拙作〈《淮南子》詮解《老子》之義理轉化〉，頁 94-99。

19 「吉凶來」，王德有點校本作「吉兇來」，明汲古閣刊津逮秘書本及樊波成校箋本均作「吉凶來」，今據而改之。

性精命高，可變可易；性麤命下，可損可益。若得根本，不
滯有無。是故，天地人物，含心包核，有類之屬，得道以生
而道不有其德，得一而成而一不求其福。萬物尊而貴之，親
而憂之而無報其德。夫何故哉？道高德大，深不可言，物不
能富，爵不能尊，無為為物，無以物為，非有所迫，而性常
自然。(〈道生篇〉，頁 46)

性命自道德而有，若細分言之，則性稟於道，命稟於德。稟受於
道而生成形體，不同類別，雌雄男女、聖智勇怯、大小長短、仁
愛廉潔、貪婪殘酷、強弱輕重、聲響顏色、形狀外貌、精粗高下，
凡此皆屬於性的範疇，自外而定，不為我所更改。至於稟受於德
者則為命，命又可分天命、遭命、隨命三種。天命者，是指天生
稟賦，即與富貴貧賤、命之長短、人生苦樂、適宜與否相關，此
就先天稟賦的命運而言，自外而來，由天所決定者；遭命者，是
指所處之人事、客觀境遇，即與遭遇到什麼樣的君父，天地會否
震動，世事逆順與否、世道昌衰興替相關，凡此均涉及個人生死
存亡，為人生在世遭遇之命運，皆屬偶然所遇，而非固定恆常，
非由我之意志所出者；隨命者，是指個人意念之舉措取捨而導致
或吉或凶的結果，隨個人決斷而致，即世事陳列於前，自己想辦
的事或要有所行動，或為擱置不為，或為取予、或為捨棄，一切
均隨個人決斷而有不同結果，是隨我所為而決定。性命既自道德
稟受而得，何以又言可以變易，可以損益？性命之所以可益可損，
可變可易者，非性命之所以然可易可變，而是稟受者不從其所以
然，變易其性，故曰：「世主好知，務順其心，不覩大道，不識
自然，以為為為，以言言言，息知生事，以趨所安，浸以為俗，
終世被患。性變情易，深惑遠迷，精濁神擾，外實內虛。」(〈言

甚易知篇〉，頁 94）喜以智謀應物，處事務必順應己心，不見大道，不懂自然之理，以造作方式做事，以言說方式說道，只會徒增分別心而有所做偽造作，逐漸安於這種方式，漸漸習慣成俗，使得一生都困於憂患之內。改變本性內容，造成生命深沈的迷惑、重大的迷失，精神不清明而處於擾動，外表實在而內裡失去本性之自然。可見變易性情而不循道者，即為失道，故又曰：「去其道則性情不則。」（〈江海篇〉，頁 86）

嚴遵則認為，若能體道至深，不執著於無有，天下萬物，皆能依道而存在，得道而不執於道、不私有其德；得德以成就其德而不求福報，在這種情況下，萬物自能歸附它、親近它、珍視它、尊敬它，而不執泥其德。原因即在於道德高大，深遠不可用言說形容它，人為的增益不能使它富足，爵位不能讓它尊貴，無心無為創造萬物，不執滯於外物，亦不為外物所制約，只是性使之自然如此。面對變易之性情，只能透過復命工夫，復其真性，故曰：「唯能鍊情易性，變化心意，安無欲之欲，樂無事之事者，道與德也。」（〈其安易持篇〉，頁 81）此之所謂「鍊情易性」者，是指受「神擾精濁，聰明不達」影響下之性情而言，故須以無欲無事的工夫，變化心意，使之能安於無欲之欲，樂於無事之事，體證道德自然的狀態，如是方能「復其性命之本」（〈道可道篇〉，頁 123）。

嚴遵之言性命，稟之於道德，是由氣化脈絡而言，乃中性義；以氣性言性，因而見其特殊性，或男或女，或智或愚，或仁或廉，或貪或酷，如是均從特殊性言性命；相對性命，道德則有普遍性、恆常性、超越性，具有正面意義，故不可言，不能富，不能尊，

不有為，而常自然。

　　嚴遵《老子指歸》以客觀氣化進路詮解《老子》的道論的意義在於，漢代哲學以氣化宇宙論為特色，所詮釋之《老子》成為漢代之《老子》，豐富了《老子》論道的義理內涵，並具有時代意義；《老子》不言「性」，嚴遵順道德而下，以性命注《老》，既不悖於道家義理，又能開啟詮解《老子》的新視域，豐富《老子》的義理內涵。

二、工夫論轉向 ── 攝主歸客

　　嚴遵論道既以氣化言之，則其所開展的教路，自必與《老子》有所不同，其工夫論的特色即在於既繼承了《老子》內省修養的工夫進路，同時亦兼及治身養氣之說，然而卻以客觀氣化思想籠罩主體修養，將主體修養收攝在客觀氣化之下，可謂攝主歸客的工夫進路。以下將從內省修養、攝主歸客兩方面分述《老子指歸》對《老子》工夫論的繼承與創造。

（一）繼承《老子》內省修養的工夫

　　嚴遵注《老》繼承了《老子》無心無為的工夫，並以此融合其氣化思想，文曰：

> 故用心思公，不若無心之大同也；有欲禁過，不若無求之得忠也；喜怒時節，不若無為之有功也；思慮和德，不若無事之大通也；明於俞跗之術、岐鵲之數以治之，不若使世無病

之德豐也；挾黃帝太公之慮，秉孫吳氏之要以勝之，不若使
天下不事智力之不營也。故道德之所生，愛不能利也；天地
之所成，為不能致也。唯無愛者能利之，唯無為者能遂之。
是故，明王聖主，無欲無求，不創不作，無為無事，無載無
章，反初歸樸，海內自寧。（〈以正治國篇〉，頁 63）

是故聖人，慎戒其始，絕其未萌，去辯去知，去文去言。虛
靜柔弱，玄默素真，隱知藏善，導以自然。是非白黑，昭如
日月，同異真偽，如地如天。空虛無積，與物俱變，無為為
之，與物俱然。畜之不盈，散之未既，包裹萬方，博者深思
不見其緒，辯者遠慮不聞其端。施而不屈，變化不窮，終而
覆始，大明若昏。既以為人，己愈佚；盡以治人，己益明；
既以生人，己愈壽；盡以教人，己以益。既陽且陰，陰而又
陽，利而不害，與天地同。生而不殺，與神明通，建德流澤，
常處顯榮。辭巧讓福；歸於無名，為而不恃，與道俱行。（〈信
言不美篇〉，頁 121）

從以上引文可見，不論自工夫論的方法、內容、目的來看，嚴遵
論修養工夫，已從《韓非子》之順取外推，回歸《老子》內省修
養的一面進行詮釋。首先，自工夫論的方法來看，其所重者乃內
省修養。嚴遵指出用盡心思處於大公，不如無心而為玄同天下；
待有欲求之後來禁制過失，不如無所欲求之來得真誠；喜怒因時
節制，不如無心無為不因喜怒影響其心來得有成效；思慮內在中
和，不如無心為事而能與物相通；用盡高明的醫術治病，不如使
世上無病的恩德來得豐厚；擁有良好治國之才、用兵之將戰勝敵
人，不如使天下太平無事，不以智謀治國。以智謀、計算的方式

處事應物，乃《韓非子》解《老》順取外推的教路，嚴遵則認為巧偽處事，有欲應物，均不能治本，歸本的方法，即在於內省修養，透過無心而為、無所欲求的工夫修養，自能其德豐厚，做事得其成效，亦能與物相通，使天下大同無事，由是可見內省修養乃其工夫論之方法。

其次，由工夫論的內容來看，其說特別強調慎始於未萌，防患於未然，此乃承內省之說，作進一步反思。嚴遵以此論無為修養工夫，是非常透徹幽微的。用心思公、有欲禁過、喜怒時節，是一般人認為對治生命裡的過失的最好良方，有如以高明醫術治病、以賢臣良將治國，是世人認可的治身治國良策，然而嚴遵卻指出與其對治病痛，不如防患於未然，提出更根本的防微杜漸的方式，根治生命裡的種種執念，此即「慎戒其始，絕其未萌」之道，故又曰：「物無大小，視之如身。為之未有，治之未然，絕禍之首，起福之元。」（〈聖人無常心篇〉，頁40）透過無心、無求、無為、無事的工夫修養，使生命不受欲望左右，而能調適上遂，貞定種種因執念而起的不定相，如是方能歸根復命，回歸純樸之境，以此治國，天下方能安享太平。有欲而後抑止其過失，不若去其欲，防患於未然，可見其工夫論內容強調正本清源的重要性。能正本清源，較對治流弊更能治本，不致形成生命的困擾，繼承並充分發揮了《老子》「為之於未有，治之於未亂」（〈六十四章〉）之說。

再次，從工夫論的目的來看，則屬透過內省修養以達海內安寧的目的。自上而下來看，嚴遵指出道德之生育萬物，偏愛執持並不能增益其內容；天地所覆載眾物，有心作為並不能達到其目

的。只有無所偏愛，自然地實現道德生物之理，方能有利萬物的
作育生成；無心無為，如其自爾地覆載萬物，方能達成萬物並生
的目的。因此聖王治國，不能有所造作欲求，刻意有為宰制萬物，
須以無心無為的方式治國，不凸顯修飾，不標舉文采辯說，返樸
歸真，自然能做到海內安寧。自下往上來看，聖人能去其爭辯執
著，除其文飾言辯，虛靜其心，柔弱其志，默契於道，不以心知
應物，不強調善與不善，純任自然無為。在這種情況下，方能以
純樸的心照見萬物，不會因為私心作意而偏私一方，此時萬物之
是非黑白、異同真假，有若日月昭昭之可鑒、天地高下之可判。
聖人心境虛空而無積累，方能在應物時與物俱變，不為物所累。
蓄養萬物而不會過度，散佈自然之德而無有窮盡，涵容天下萬物，
博識者深思而不見其頭緒，善辯者遠慮而不聞其肇端，施惠於天
下而無有窮竭，變化無窮，生生不息，竭力為人而自身越是安逸，
盡力治民而自身越是清明，全力育人而自身越是長壽，盡心教人
而自身越是受益。凡此均見以無為之道應物，因道之廣大無垠，
故能應而無盡，不但不損身傷性，反而越是自得自在，此即其透
過內省修養以達海內安寧的工夫目的。

　　至此可見嚴遵論無為工夫，與《老子》所言不悖，同言精神
上之無為工夫修養，只是其說反省得更幽微，呈現得更具體。然
而嚴遵更進一步，從心上之工夫修養，轉向兼言陰陽、神明、道
德。因此認為以無為之道應物，能不失陰陽，既陽且陰，陰而又
能復陽，如是有利於人而無有所害，同於天地；好生而不好殺，
則與神明相通；建功立德流布恩澤，常處於光耀繁盛的狀態，辭
卻機巧、辭讓祥福，回歸於無心無名，有所作為而不恃其功，則
能與常道同行。其內省工夫特色有二：一、從回歸《老子》義理

來看：首先，嚴遵論聖人無為工夫，並非如《韓非子》解《老》時割裂無為無不為兩層，主張君上什麼事都不做的無為，而由臣下無所不為。《老子指歸》雖為漢代注《老》之作，在黃老思想的氛圍下，卻能回歸《老子》無為無不為的脈絡，收攝在同一實踐主體上，並非以實踐主體力行無為之舉，而由外物完成無不為之事，其為人、治人、生人、教人之迹，是以無心無為的方式實踐，因其無心作為，故能使人愈佚、益明、愈壽、以益，不但不損個人精神心智，反而有益其身。其次，嚴遵工夫進路自心上做工夫，往內自省，向上超越，以證成無為之境，一轉《韓非子》以順取外推的方式，從冷智言無為，用法術勢駕馭群臣，使群臣無不為，此即自外推轉回內省的工夫進路，回歸《老子》逆返工夫修養。再次，聖人有為人、治人、生人、教人之功，不恃其功，德澤四方，而能辭讓巧智福祥，歸於無名，其義理回歸至《老子》「功成事遂，百姓皆謂我自然」（〈十七章〉）的工夫進路、聖人之境，此三者為嚴遵注《老》繼承《老子》工夫論之處。二、從攝主歸客之說來看：《老子》工夫論重個人無為價值之如何顯現，故一切工夫從心上做，實現義亦重在主體價值之上；嚴遵因以氣化思想論道，其宗是以客觀氣化進路為主，故其教路自亦有異，即在客觀氣化思想籠罩下而論主體修養，將主體修養收攝於客觀氣化之下，是謂攝主歸客。嚴遵無心去知等內省修養的工夫，雖與《老子》同於心上做工夫，但其所重者並不只是如何呈現自然無為的價值意義，而是注重如何調和陰陽二氣，與客觀天地融合無間，因而其陰陽氣化、「利而不害」、「生而不殺」等說法，是偏就客觀面來說，並不僅就價值義之利害、生殺、天地而論無心無名，如是方能不悖其氣化之道，將主體修養收攝於客觀氣化宇宙論之下。不僅如此，因著嚴遵以氣化論道，偏重客觀外物之

生成，使其工夫論除了對治精神上之執持外，亦注重治身養神的一面，因而也有工夫外推的傾向。

（二）開展攝主歸客的工夫型態

嚴遵除了內省修養的工夫修養外，亦重視治身養神、應物治國的工夫，《老子》無為無不為的工夫修養，亦落實於修身治國之上，然而嚴遵承此而注，則轉向攝主歸客之說。下文將討論治身養神、應物治國兩方面內容，以見其工夫論之詮釋轉向。

1. 治身養神

嚴遵承內省修養之說，言治身養神，前者屬於主體修養，後者則偏重客觀形軀，以養神的方式存身，其工夫論實有兼融主客的傾向，文曰：

> 故存身之道，莫急乎養神；養神之要，莫甚乎素然。常體憂畏，慄慄震震。失神之術，本於縱恣；喪神之數，在於自專。故太上畏道，其次畏天，其次畏地，其次畏人，其次畏身。昌衰吉兇，皆由己出，不畏於微，必畏於章，患大禍深，以至滅亡。憂畏元始，至於無形，戒慎未兆，其道大光。動得所欲，靜得所安，福祿深微，淪於無方。（〈民不畏威篇〉，頁99）

嚴遵認為存身之道，沒有比養神來得更為迫切重要，而養神的關鍵，沒有比自然樸素來得要緊。對於存身養神，要常處於憂患敬畏的狀態，保持敬慎戰慄的態度。養神所養者在於自然樸素，乃

主體內省的工夫修養，因而是屬於主觀；存身所存者乃生理形軀，相對精神修養來說，乃客體外推的工夫，因而偏屬客觀，嚴遵透過主觀修養來保養客體，是將主體修養收攝於客體之下，其工夫論雖外推，然而卻屬攝主歸客的工夫型態。在這種攝主歸客的修養論下，嚴遵指出失神的原因在於放縱驕恣，喪神則在於妄自專斷。所以養神的最高原則是畏道，畏天次之，畏地再次，畏人更次，畏身最下。興昌衰敗、禍福吉凶，均由自己引出，若不在微細時謹慎它，在明顯時必致畏懼，待大禍臨頭之時，則必導致滅亡。能憂患戒慎於微細元始之時，便能防患未然，發揚光大其道，於是動則能達成欲求，靜則能得其安寧，得福祿於深遠幽微之中，無處不可，無事不然。可見嚴遵之重「身」者，是由於畏於幽微，慎於未兆，能防患於元始，即能守其身，能守其身即能守其人，小者能守，則大者亦能至，終必能體道無為，此說與其內省修養所重視的內容甚為一致。嚴遵重存身養神之道，以畏身為要，然而《老子》卻謂「貴大患若身」、「吾所以有大患者，為吾有身，及吾無身，吾有何患！」（〈十三章〉）二者所言是否有所抵觸？《老子》認為視「身」為大患是在於，不論將「身」理解成形軀，還是自我，都不應過度執有，所謂大患者，並非「身」本身，而是「有身」，即對身或自我的偏執，若以身為患則成了否定身體存在的學說，在義理上是很難成立的。只有「無身」，才能無患，此「無」是作用義上的無，即不執不偏，超越對形軀、自我的執定，才能無患無憂。嚴遵畏身養神，是以「素然」的方式成全身、神，免於恣縱其欲，為外物擾亂其神，於義理內容來看，實與《老子》相通。

嚴遵更具體指出治身養神的內容，其文曰：

> 莊子曰：我之所以為我者，豈我也哉？我猶為身者非身，身
> 之所以為身者，以我存也。而我之所以為我者，以有神也。
> 神之所以留我者，道使然也。託道之術，留神之方，清靜為
> 本，虛無為常，非心意之所能致，非思慮之所能然也。故知
> 者之居也，耳目視聽，心意思慮，飲食時節，窮適志欲，聰
> 明並作，不釋晝夜，經歷百方，籌策萬事，定安危之始，明
> 去就之路，將以全身體而延大命也。若然，則精神為之損，
> 血氣為之敗，魂魄離散，大命傷夭。及其寐也，心意不用，
> 聰明閉塞，不思不慮，不飲不食。精神和順，血氣生息，心
> 得所安，身無百疾。遭離兇害，大瘡以瘳，斷骨以續，百節
> 九竅，皆得所欲。（〈聖人無常心篇〉，頁 39-40）

> 故治之於身，則性簡情易，心達志通，遠所不遠，明所不明。
> 重神愛氣，輕物細名，思慮不惑，血氣和平。筋骨便利，耳
> 目聰明，肌膚潤澤，面理有光。精神專固，生生青青，身體
> 輕勁，美好難終。（〈善建篇〉，頁 53）

嚴遵於此指出身與我、神、道之間的關係，認為身之所以為身，
是在於有我；我之所以為我，是在於有神；神之所以留於我身上，
是道使之然，於此再次說明治身養神與體無為之道的關係。體道
存神的方法，正在於以清靜作為根本，虛無作為常道，不是有心
作為所能達到，或作意思慮所能成事。好用智謀的人，常極盡耳
目視聽來觀察，精心謀劃來做事，飲食非時令不食，又盡情滿足
個人喜好，日以繼夜地耗盡聰明，經過各種歷練，籌謀策劃，判
定安危的根源，決定去就的路向，以此方式保全其身，延續性命。

如此，則精神損傷，血氣敗壞，魂魄離散，使性命耗損消亡。待真正睡著了，不用心思計謀，閉塞耳目之聰明，不思不慮，不飲不食，精神自能調和順適，血色神氣自能恢復過來，心亦得以安寧，體無百病。即使遇到凶害、疾病也能治癒，斷骨亦得以接續，全身百節九竅，均能滿足。因為以無為之道治身，能使性情簡單平易，心志通達，能到達所不能達之境，明察所不能明辨之事。珍視精神，愛惜元氣，不重視外物，淡薄名利，則能讓人思慮不感困惑，血色神氣平和。筋骨靈活便利，耳聰目明，肌膚滋潤而有光澤，面容有光彩。精神專注而固守，生氣勃勃，身體輕鬆有勁，一切都變得無限美好。

嚴遵以清靜虛無養身存神，與《老子》虛心弱志之說實可相通，然而其養神之說又言及血氣、肌膚、百節九竅等具體形軀，又言養神能去病無疾，使人生氣勃勃，如此則不難令人聯想道教養生長壽的說法，但綜觀今存《老子指歸》，嚴遵實反對導引養生，認為那是治身之有為，文曰：

> 夫立則遺其身，坐則忘其心。澹如赤子，泊如無形。不視不聽，不為不言，變化消息，動靜無常。與道俯仰，與德浮沉，與神合體，與和屈伸。不賤為物，不貴為人，與王侯異利，與萬性殊患。死生為一，故不別存亡。此治身之無為也。（〈出生入死篇〉，頁42）

> 貪生利壽，唯恐不得。強藏心意，閉塞耳目。導引翔步，動搖百節。吐故納新，吹煦呼吸。被服五星，飲食日月。形神並作，未嘗休息。此治身之有為也。（〈出生入死篇〉，頁42-43）

以上嚴遵就治身之無為、有為正反說明，指出能遺忘身心，超越身心執持，則修養能達至如赤子般之恬淡，淡泊若無形之軀。外事之變化起落沒有常理可循，唯有不視不聽，不為不言，方能不受外物所干擾，與道德俯仰升降，和精神合而為一，跟太和同其變化。不以物為賤，不以人為貴，不與王侯謀求同樣利益，不與眾人同其憂患，不執於死生，是謂治身之無為。與此相對，貪圖長壽，強健臟腑心意，杜絕耳目感官活動，以導引方式養生，搖動百節，吐納服氣，飲食生活講究五行陰陽，勞神傷形，無有休止，此即治身之有為。前述養身之術，過於強調養形，故為嚴遵反對；以節欲服氣方式養身嚴遵尚且反對，以滿足口腹之欲的延壽方式，固然亦在其反對之列。由是可見，嚴遵言治身養神雖論及血氣魂魄、百節九竅等道教養生思想所重視的內容，然而其說是在清虛無為的情況下成就精神和順、血氣生息、心得所安、身無百病。若其工夫論的對象是就心神而論，使人達至精神和順之境，則與《老子》致虛守靜之說，亦可謂同出一轍，同屬內省主觀價值之事；然而工夫對象亦兼及血氣、臟腑、筋骨、百節九竅等客觀形軀，則屬外推客觀形軀之事，觀其治身養神之說，是自內透過自然素樸來成就養神，再以養神的方式往外成就存身之道，此自內而外的修養過程，是將主體修養收攝於客體之下，可謂攝主歸客的詮釋進路，其說雖有外推的傾向，然而終究沒有違背無為自然的大原則，但其所言「自然無為」是客觀形上義之自然，和《老子》主體義之自然仍有不同。

2. 應物治國

　　若就嚴遵應物治國的工夫論而言，亦見其攝主歸客的工夫型

態，文曰：

> 是以聖人，柄和履正，治之無形。遊於虛廓，以鏡太清。遺
> 魂忘魄，休精息神。無為而然，玄默而信。窅然蕩蕩，昭曠
> 獨存。髣髴軖逮，其事素真。其用不弊，莫之見聞。夫何故
> 哉？微妙周密，清靜以真，未有形聲，變化其元。開導如陽，
> 閉塞如陰，堤埻如地，運動如天。文武玄作，盛德自分。(〈大
> 成若缺篇〉，頁 26-27)

關於應物方面，嚴遵順其內省修養的工夫，指出聖人秉持和諧正
道治理百姓，故治天下於無形無迹。精神遊於清虛之境，忘其身
心，休息其精神。治天下不必刻意而治，要無為而成，玄冥於道
來成就治天下之功。聖人之精神狀態如臨深遠浩蕩之境，昭明曠
遠，達到見獨的境界。好像被牽引而應物，但其行事不失自然真
性。因此應事的效用不會衰竭，亦不會強調聖人治天下的功績，
沒有人能見聞到此境界。原因在於，聖人體道微妙周密，其心清
靜真摯，沒有刻意的形聲，變化循道而行。聖人開啟引導時如向
陽，閉塞固守時如向陰，厚積如大地，運轉如昊天，妙用文武，
治天下之德自然分明，由是可見，以無為治天下，則能休精息神，
遺魂忘魄；能慎畏養神存身，則能防患於未兆，體道於無為，可
見養神與無為而治有著密不可分的關係。

養神存身，自是攝主歸客的工夫，透過養神而達至無為而治，
自內省而應物，亦屬攝主歸客的表現。或問，《老子》同言無為
而治，亦自內省而應物，何以《老子》工夫論所成不屬攝主歸客
的形態，而嚴遵之說則屬攝主歸客？自內省而言，嚴遵養神的關

鍵在於自然無為,養神的目的在於存身,其身是客觀形軀之身,
此前文已作說明;從應物而說,嚴遵以氣化思想論道,導致其論
以客觀氣化思想籠罩主體修養,在這種情況下所言之主體修養工
夫均收攝於客體之下,異於《老子》從價值意義、主體義來說行
為物,故其詮解《老子》應物治國章句時,有相當篇幅論及具體、
客觀的外交用兵問題,如〈以正治國篇〉文曰:

> 若夫小國迫於大國之間,遭無道之君,以正事之不可,則去
> 之;去之不可,則割地而予之;予之不可,則率眾而避之;
> 避之不可,則杖策而遁之;遁之不可,則患及萬民,禍將及
> 我,故奮計而圖之。是爭之所為起,而兵之所為生也。吾欲
> 選將練士,砥礪甲兵,積糧高壘,營而自守,百姓靡弊,國
> 家虛空。是戰之所為作也,而正之所為興也。吾欲以正入,
> 則我寡而彼眾,我弱而彼強。如卵投石,為敵受殃。三軍必
> 敗,士卒死傷。天心不得,宗廟滅亡。下悲萬民之命,上畏
> 天地之心。是權之所為動也,而奇之所為運也。故建反往之
> 計,招覆來之事,開萬民之心,生諸侯之謀。明我道德之祐,
> 闡我天地之助,以渾四海之心,同萬國之意。百姓應我若響,
> 鄰國隨我若影,飛鳥走獸與我俱往。是計之所為用,而奇之
> 所為行也。(〈以正治國篇〉,頁 61)

此為嚴遵釋《老子・五十七章》「以奇用兵」之意,嚴遵對於小
國處於大國之間,提供了非常具體明細的方法,認為若遇無道的
君主,不能以正常的方式與之相處,則應避免與之交涉;若無可
避免,則可割地給予大國以圖求存;若割地仍不能使之獨善其身,
則應率國民逃避大國;若逃避大國仍無法保其身,則只好對大國

言聽計從；若言聽計從仍不能免其患，依舊遭遇禍害，則應發奮用計以圖反抗大國。因小國企圖反擊大國，故須用兵選將，由是而需要訓練軍隊，製造武器，囤積糧食，高建防壘，造成勞民傷財，可見以發動戰爭的方式與大國相處，是正常的手段。然而小國勢寡力弱，以正常的手段與大國相處，有如以卵擊石，必定遭殃。戰敗必致士兵死傷無數，盡失天下人心，有亡國之禍，因此須用特殊的手段，以計謀與大國相處，能得百姓附和，鄰國相隨，萬物與之俱往，可見用權謀方式與大國相處，是奇變興起的原因。嚴遵此說完全落入客觀用兵之術，與《老子》透過內省修養，以自然之德化民的無為治道有著明顯不同。《老子》言「以正治國，以奇用兵，以無事取天下」，是以相對的方式說明，治國須用常態，用兵則取奇變之道，因為用兵不在常態的時候，然而取天下則應以無為自然的方式，方能大治天下。其重點在於「以無事取天下」，而不在於用什麼方法具體落實「以正治國，以奇用兵」，因其工夫修養重點不在於具體地應對客觀事務，而是透過主體修養的無為自然，便能有其相應的方式，自然而然地應物處事，治理天下。若明白地提供一套具體的方式，則容易落入制度的僵化，易生流弊，故《老子》立論重點不在於此，其所關懷問題亦不在於此；嚴遵解《老》，往往在客觀應物時，以大篇幅申述，具體地提供應對方式，則因其工夫論受道論影響，不僅就個人身心修養而論，自然涉及具體論述如何應對外在萬物，將主體修養收攝於客觀萬物之下而言無為自然。

　　嚴遵的工夫論，由主體內省修養的進路，外推治身、客觀應物，攝主歸客，究其原因，即在於嚴遵論道是從氣化而言，因其道無所不包，且以元氣作為道的內容，使其生化之物為客觀萬物，

故其工夫實踐必然與外物相關,落入外推的一面。在氣化思想籠罩下,其自內而外的修養過程,可謂攝主歸客,此即其工夫特色。

綜觀嚴遵注《老》的工夫論特色,既繼承了《老子》重內省修養的內容,亦將工夫論外推而論治身養神之道,《老子指歸》雖不贊同導引養生之說,但其治身養神之說對《河上公章句》以治身解《老》影響甚大。嚴遵注《老》的工夫論之所以有外推傾向,兼論客觀外物,而不純就心上做工夫逆氣性而上,以體無為之道,究其原因,即在其道乃元氣之道,屬氣化進路,勢必導致主體無不為之工夫落在客觀外物之上。以氣化言道,致使其工夫進路定必有所轉向,將客觀氣化的一面籠罩整個思想體系,縱言主體修養工夫,亦勢必造成主體修養工夫收歸於客觀氣化之下,轉向攝主歸客的工夫形態。嚴遵雖與《老子》同言無為而無不為,同屬主體修養之事,然而嚴遵所論的主體性是籠罩在客觀氣化下的無為自然,《老子》所論的主體性是從實踐主體出發、主觀的無為自然,二者所論同中有異,不可不察。

三、開顯境界 —— 攝主歸客的治道

承接《老子指歸》攝主歸客的工夫論,其治身養神、應物治國的工夫內容所成就的境界亦屬攝主歸客的型態,所成全主觀價值之自然義,亦收攝於客觀外物之自然底下。下文將從氣稟肯定名教與從氣化言內聖外王兩方面論之。

（一）從氣稟肯定名教

嚴遵論名教既繼承了《老子》作用保存名教之說，亦融合氣化學說，從主客兩面闡述自然與名教的關係。以下將從氣稟作為名教的根據、反對標舉名教、以表詮方式肯定名教等三方面說明，由是突出嚴遵論名教的特色。

1. 以氣稟作爲名教的根據

嚴遵從性命氣稟言名教，故其言仁義禮等名教內容時，亦從性而言之，仁、義、禮實踐到最高境界時，稱之為上仁、上義、上禮，從嚴遵論此三者內容，可見其名教觀，以及與《老子》論名教之異同。其文曰：

> 上仁之君，性醇粹而清明，皓白而博通。心意虛靜，神氣和順，管領天地，無不包裹。覩微得要，以有知無，養生處德，愛民如子。昭物遭變，響應影隨，經天之分，明地之理。別人物之宜，開知故之門，生事起福，以益萬民。錄內略外，導之以親，積思重厚，以招殊方。法禁平和，號令寬柔，舉措得時，天下歡喜。雷霆不暴作，風雨不卒起，草木不枯瘁，人民不夭死。跂行喙息，皆樂其生，蝸飛頓動，盡得其所。老弱羣遊，壯者耕桑，人有玄孫，黃髮兒齒。君如父母，民如嬰兒，德流四海，有而不取。（〈上德不德篇〉，頁5）
>
> 上義之君，性和平正，而達通情，察究利害，辯智聰明。心如規矩，志如尺衡，平靜如水，正直如繩。好舉大功，以建鴻號，樂為福始，惡為禍先。秉權操變，以度時世，崇仁勵

義，以臨萬民。因天地之理，制萬物之宜，事親如奉神，履
民如臨深。兼聽萬國，折之以中，威而不暴，和而不淫。嚴
而不酷，察而不刻，原始定終，立勢御民。進退與時流，屈
伸與化俱，事與務變，禮與俗化。號令必信，制分別明，綱
要而不疎，法正而不淫。萬事決於臣下，權勢獨斷於君。廷
正以慎道，顯善以發姦。作五則，刻肌膚。敬元貴始，常與
名俱，因節而折，循理而割。權起勢張，威震海內，去己因
彼，便民不苛。纖芥之惡貶，秋毫之美舉。內施王室，外及
人物，承弊通變，存亡接絕。扶微起幼，仁德復發，有土傳
嗣，子孫不絕。（〈上德不德篇〉，頁 5-6）

上禮之君，性和而情柔，心疎而志欲，舉事則陰陽，發號順
四時。紀綱百變，網羅人心，尊寵君父，卑損臣子。正上下，
明差等，序長幼，別夫婦，合人倫，循交友。歸奉條貫，事
有差品，拘制者褒錄，不羈者削貶。優遊強梁，包裹風俗，
導以中行。順心從欲，以和節之，迫情禁性，防隄未萌。牽
世繫俗，使不得淫。絕人所不能以，強人所不能行，勞神傷
性，事眾費煩，亂得以治，危得以寧。知故通達，醇愨消亡，
大道滅絕，仁德不興。天心不洽，四位失常，雷霆毀折，萬
物夭傷。父子有喪，而天不為之和；晝夜悽悽，而世不為之
化；鐘磐喤喤，而俗不為之變；沉吟雅韻，而風不為之移。
謙退辭讓，天下不信；守柔伏雌，天下不親；懸爵設賞，賢
人不下；攘臂執圭，君子不來。夫何故哉？辭豐貌美而誠心
不施故也。（〈上德不德篇〉，頁 6）

是故，帝王根本，道為元始。道失而德次之，德失而仁次之，

仁失而義次之，義失而禮次之，禮失而亂次之。凡此五者，
道之以一體而世主之所長短也。故所為非其所欲也，所求非
其所得也，不務自然而務小薄。夫禮之為事也，中外相違，
華盛而實毀，末隆而本衰。禮薄於忠，權輕於威，信不及義，
德不逮仁。為治之末，為亂之元，詐偽所起，忿爭所因。故
制禮作樂，改正易服，進退威儀，動有常節，先識來事，以
明得失，此道之華而德之末，一時之法，一隅之術也。非所
以當無窮之世，通異方之俗者也。是故，禍亂之所由生，愚
惑之所由作也。（〈上德不德篇〉，頁 6-7）

以上引文為嚴遵注《老子・三十八章》「上仁」、「上義」、「上
禮」之義，及其對《老子》評判名教的詮釋。若從嚴遵與《老子》
對名教判教之高下來看，則二者對名教的判教，大體無別；若從
義理內容來看嚴遵之說則與《老子》所言有異，其所異者一在於
以氣稟言名教，二在於論名教內容具體化。

　　首先，從嚴遵對道、德、仁、義、禮的判教次第高下來看，
嚴遵之說實與《老子》無異，二者均認為上德高於上仁，上義次
之，上禮最下。嚴遵指出從人之稟性不同，或稟性醇粹清明而為
仁人，或稟性平和公正而為義人，或稟性和善情柔而為禮人，然
而即使能發揮其稟性之至，為上仁之君、上義之君、上禮之君，
仍屬一偏之才，為有所標舉之君。如上仁之君，親愛人民、百姓
皆喜歡仁君，「親而譽之」，屬《老子》認為次之之治。（〈十
七章〉）上義之君，只講求做事的原則，而失去內在情感，只能
做到建立權勢駕馭百姓。上禮之君，只講求行為規範，故被認為
文飾華美，誠心不足，不能移風易俗，使天下歸信，賢人君子來

朝見親近。因此，嚴遵提出帝王治國的根本，在於體道，以道為最高境界，道落失了才會要求德，德落失了才會講求仁，仁落失了才會講究義，義落失了才會追求禮，當禮都落失了，禍亂便會相隨而至。於道、德、仁、義、禮之中，只有道才能把它們貫通為一，沒有常道的德、仁、義、禮，均屬一偏，凡標舉一偏者均屬有為。以得一偏之道來治天下，只會造成所做的不是所想要的，所求的並不是所想得的，全因不求自然之道，而只求一偏所造成之過。按著禮來做事，因只有形式而沒有真實內容，便會造成表裡不一，外表繁盛而內裡毀壞、末節興隆而根本衰敗的情況。禮節沒有內在心意，權力沉淪比不上威信，雖真實而沒有合宜性，所得沒有達到仁，這些均為治國小術，造成禍亂的根源，巧詐虛偽因此而起，忿恨爭執因此而生。因此制定禮節樂曲，更易曆法變易服飾，進退講究威容儀式，動作舉止遵循禮節，為求預知未來的結果，以明得失，均是常道的浮華表面、德的末節，一時的方策，一偏之治術。不能用以適應後世變化，融通各方風俗，禍亂由是而生，愚惑由此而起。可見嚴遵對名教判教之說，實與《老子》一脈相承，內容高下並無二致。

其次，若從義理內容性質來看，則其異者有二，第一，以氣稟言名教：嚴遵以氣稟之道而論性，故言：「所稟於道，而成形體，萬方殊類，人物男女，聖智勇怯，小大脩短，仁廉貪酷，強弱輕重，聲色狀貌，精粗高下，謂之性。」（〈道生篇〉，頁45）又曰：「人物稟假，受有多少，性有精粗……或為小人，或為君子，變化分離，剖判為數等。故有道人，有德人，有仁人，有義人，有禮人。」（〈上德不德篇〉，頁 3）可見道的內容為一無所不包的元氣，天下萬物均自此道而出，人乃萬物之一員，人之

所以有不同面相的表現、高下的差別，全在於稟氣不同所致，隨著稟受內容的不同、多寡而有別，君子、小人、仁人、義人、禮人亦自此而出。仁、義、禮乃名教不可或缺的內容，嚴遵認為能分別把仁、義、禮實踐到最好的人稱之為「上仁之君」、「上義之君」、「上禮之君」。所謂上仁之君，是指其性純粹而清明、純潔而博通。所謂上義之君，是指其性平和公正，通情達理，深明利害得失，聰明又能言善辯。所謂上禮之君，是指其性和善，其情柔順，心意曠達而志氣高遠，做事能合乎陰陽規律，下令能隨順四季變化。凡此均從人之稟性而論名教，認為眾人表現不同源於稟受有別、多少不同，致使性有精粗，從而見其特殊性。嚴遵從稟性論仁義，似與儒者言仁義之義有相通之處，然而若從義理分判來看，二者實有不同。嚴遵從元氣、特殊性論名教，則不見其普遍性，因其受氣稟決定，故所成就之仁、義、禮者只是道之一偏，即使實現到最圓滿之時仍屬一偏之教，因論仁義的根源不同；同言仁、義、禮等名教內容，儒家以道德本心作為超越的根據，使仁、義、禮、智四者在實踐圓滿之時，仁心便是道，四端之心即道心，人皆有之，由是而見其普遍性。在儒家來說踐仁知天，天道、性命亦因其自覺體證仁德的工夫而相貫通。在嚴遵來說，性命不是道，所以性命才是道：道是性命的「所以然」，為超越的，以元氣為根據；性命只是「然」，因應眾人稟受不同而使性有精粗，命有長短，此即所謂「變化分離，剖判為數」的意思。《老子》是以道德為道化名教之最高境界，從仁、義、禮則已有所偏失，是對名教的分判，依無為無偏為準據，仁、義、禮最終仍要回歸道化；嚴遵則以氣化命定為根據，則其言仁、義、禮為名教必然的呈現，是無可改變的，此二者之不同也一。

第二,論名教內容具體化:受其氣化宇宙論的思想進路影響,嚴遵論上德、上仁、上義、上禮等名教內容,較諸《老子》僅以「上德無為而無以為,下德為之而有以為。上仁為之而無以為,上義為之而有以為,上禮為之而莫之應,則攘臂而扔之。」六句說明名教等內容,實有著明顯差異。《老子》僅以無為、為之來論實踐到極致的名教狀態,嚴遵論名教狀態,則詳加列舉說明:嚴遵認為「上仁之君」因能以仁愛之心處事,故其心意清虛寧靜、神氣平和順暢,能統領天地萬物而無所不包。能洞察細微事物並能把握要旨,根據有而知曉無,對內能養生處德,對外則能愛民如子。能揭示事物的機遇變化,作出適當的反應,並能明辨天地分際、紋理。能鑒別人物才能,開啟機巧的方法,興事造福,澤及百姓。記錄內務、概述外事,溝通內外使之和睦相親,厚積恩德,以此招撫天下四方。法制禁令平和,號令寬鬆柔和,舉止合乎時宜,如此治理天下,則天下歡喜。風調雨順,草木不枯,人民不因災禍而夭亡。蟲鳥樂其生,昆蟲得其所,老弱之人結伴同遊,壯年之士耕耘採桑,老人長壽,子孫不絕,年老而齒嫩。在位者愛民如子,恩澤流布四方,有治天下之功而不宰制天下,是謂上仁之君。

嚴遵又指出「上義之君」因凡事合乎外在原則,故其心有若規矩,其志有如尺衡,平靜如水,正直如繩。喜歡創造偉大的功績,以建立廣大的威望,樂於為人民造福,厭惡為人民生禍。掌握權力操持變化,以此審時度世,崇尚仁愛鼓勵仁義,以此治理萬民。因循天地的法則,制定萬物規矩,事奉雙親有如供奉天神,管治百姓有如身臨深淵。治理眾多諸侯國而能調和折中,有威嚴而不暴戾,和適而不過度。嚴肅而不殘酷,明察而不刻薄,能根

據開始來判定終結，建立治國的權勢來駕馭百姓。進退行動能與時並進，舉措行為能因循變化，事情隨著政務得以調適，禮節跟隨習俗而起變化。號令內容確實，制度分明，綱令簡要而不疏漏，法令公平而不過度。事情由臣下解決，權勢由君主獨攬。朝廷公正審慎履道而行，彰顯善行並揭發姦邪之事。制定五常，施行刑罰。敬重開始，常道與名號都能同時並存。隨順關節彎曲，因循理路割裂。權勢興起擴張，威震海內，不執己見而能因順萬民，方便民眾而不苛責。小惡雖亦會被貶斥，縱使是小善亦能被表揚，其政能通內外，承接有流弊的制度而能知所通變，扶助將傾覆的國家而接續其將斷絕的政權。輔佐年幼君主，復興仁德之政，使他們擁有國土，傳於後代，不絕子孫，此即上義之君。

所謂「上禮之君」則為籠絡人心，注重人倫關係，所以尊重君主、父親，卑損臣下、兒子，以此正名校定上下地位，昭明差別等級，排列長幼次序，分別夫婦尊卑，符合人倫禮法，循禮結交朋友。遵奉規條，理事分別等差，能守制度者褒獎錄用，不守法者削職貶斥。使強橫之人柔順，包容不同風俗，以中道誘導他們。任心隨欲的人，則加以調和節制，約束其性情，防患於未萌。引導節制風俗，使其不致過度。讓不能停止的人停止，使不能做到的人做到，勞損精神，傷害本性，役使大眾，消耗資源，試圖治亂，平息危難。智巧通達，忠厚消亡，大道減絕，仁德不盛。天心不融洽，四時失常序，雷霆毀房屋，萬物死傷。父子之間失去應有的慈孝之德，上天亦不會為他們和順；儘管晝夜都憂心悽惶，世道也不為此而轉變；所用的鐘磬聲洪大，風俗亦不為此而變易；深沉吟誦風雅，風氣不為此而移轉。謙卑辭讓，而世人並不信任；守柔伏雌，而眾人不與之親近；懸爵設賞，而賢達不肯

出仕；手執禮器，而君子不來領取，原因即在於，言辭華麗而內心不誠，只重外在的禮節之故，此即上禮之君。嚴遵因受氣化宇宙論的思想影響，其致使其論上仁、上義、上禮之君時多旁及客觀事物，對於應物的客觀原則亦具體說明；《老子》論上仁、上義、上禮之時僅抓住無為、有為此原則，緊扣主觀價值意義立說，由是判教，指出禮不及義，義不及仁，仁不及德，德又不及道，此二者之不同也二。凡此詮釋之轉向，均與其論道之宗趣相關，既能於此見嚴遵注《老》的特色，又能見其詮釋上的一致性。

從嚴遵對名教內容的義理分判即可發現，其說雖鎔鑄了氣化思想，從稟性論名教，豐富了《老子》名教思想的義理內容，然而並沒有違悖《老子》以道德高於名教的原則，其論上仁、上義、上禮，雖具體而繁複，亦能相應《老子》之說，可見其思想體系的一致性。然而，在相同中仍有不同處，從實踐的可能性來看，《老子》的用意在標示名教最高依據由於道德，凡仁、義、禮均為偏失，下淪之狀況，判教有高下之別，然而在於個人實踐來看凡是合乎自然之仁、義、禮等名教內容，均不被封限，通通在無心的情況下得以實現，由是而顯自由無限心，最終皆歸於道德之下，而不必偏舉仁義禮法；嚴遵雖然也分判名教，但在氣稟為依據的理論之下，其所言仁、義、禮，是相應於氣稟如此之人，這些人只能做到如此，而無法改易，故其名教觀依各人之不同而有不同層次的名教相應而設，似乎更能符合現實，然而卻由此見其限制意義，僅能在氣稟所得之內體證實現，若未稟得仁、義、禮之性，則如何努力亦不能成為仁人、義人、禮人，即一切主體實踐均受氣稟限制而收攝於客觀氣化之下見其限制。

2. 反對標舉名教

嚴遵雖從氣稟論名教，然而卻與《老子》同樣反對標舉名教，觀其文曰：

> 是故，王者有為而天下有欲，去醇而離厚，清化而為濁，開
> 人耳目，示以聲色，養以五味，說以功德，教以仁義，導以
> 禮節，民如寢覺，出於冥室，登丘陵而盼八方，覽參辰而見
> 日月，故化可言而德可列，功可陳而名可別。是以知放流，
> 而邪偽作；道德壅蔽，神明隔絕；百殘萌生，太和消竭。天
> 下偟偟迷惑，馳騁是非之境，失其自然之節。情變至化，糅
> 於萬物；悴憔黧黑，憂患滿腹；不安其生，不樂其俗；喪其
> 天年，皆傷暴虐。是以，君臣相顧而營營，父子相念而戀戀，
> 兄弟相慢而悽悽，民人恐懼而懻身。懻身相結，死不旋踵，
> 為患禍也。父子戀戀，兄弟悽悽，昏定晨省，出辭入面，為
> 天傷也。臣見其君，五色無主，疾趨力拜，翕肩促肘，稽首
> 膝行，以嚴其上者，為不相親也。故可道之道，道德彰而非
> 自然也；可名之名，功名顯而非素真也。（〈道可道篇〉，頁
> 122-123）

> 是以聖人，知而弗為，能而不任，仁義而不以為號，通達而
> 不以為名，堅強而不以為顯，高大而不以為榮。言不可聞，
> 動不可形。心若江海，志若蒼天，廢為以立道，損善以益性。
> 寂然蕩蕩，莫之能明，皎然昭昭，莫觀其情。頹然默默，魁
> 然獨存，薄外厚內，賤己卑名。去眾離俗，與道為常。（〈言
> 甚易知篇〉，頁 95-96）

嚴遵從正反兩面指出有為之君和無為之君治國的不同境界，由是揭示其反對標舉名教的主張。首先，從反面來說，有為之君所行乃非自然之道，是為可道之道。嚴遵指出有為而治的君王，是捨棄淳樸、遠離忠厚，其氣化清為濁，開啟百姓耳目，以建立禮樂、服飾作為標幟，以五味調養眾人，以功德來愉悅百姓，以仁義來教化民眾，以禮節來導正人們，在這種情況下，百姓有若剛睡醒走出暗室，登上丘陵而目視八方，瀏覽星辰而見到日月，因此教化可以言說而德澤可以列舉，功績可以陳述而名號可以區別。於是，智巧流放而邪偽興起，堵塞道德，隔絕神明，各種人事殘害生起，太和消竭。天下遑惑不定，奔競於是非之境，失去無為自然的節度。情隨物而變，百姓憔悴憂患，不能安頓其生命，無法和樂其風俗，無法享盡自然的年壽，均屬傷害暴虐性命之舉。因此，君臣相處得營營役役，父子相念而戀戀不捨，兄弟憂心而憂悽，民眾恐懼縱身而逃。民眾逃亡，是因為擔心有禍患。父子不捨、兄弟憂心，講究侍奉禮節，是因為憂心夭傷。臣下見到君主，面色惶恐而無主，便快步前趨跪拜，縮肩彎肘，叩頭跪行，全因君主的威嚴肅然，而不在於彼此相親。由此可見重視聲色五味，強調功德，曉以仁義禮節，均屬可道之道，是以不自然的方式彰顯標舉名教的內容；凡是可道可名者，雖功名顯赫，但已經失去素樸真實的內容。

其次，從正面指出，無為之君所行乃自然之道，是不可道之道。聖人深明治道，故知而不為，能而不任，其所謂不為、不任，是不以不合乎自然的方式作為、任用，而非真的什麼都不做，就能體道自然。聖人實踐仁義，不是用以求取名號；做事通達，而不以此求取名聲；內心堅強，而不用以求取彰顯；志向高大，而

不藉此求取榮耀。其言說不可得以聽聞，舉動沒有一定的模式。
聖人的心意有若江海能納百川，意志如蒼天能容萬物，不會有心
刻意作為來建立大道，消除偏好的行為來增益本性。聖人境界寂
然虛無，沒有人能知曉；昭明彰著，沒有人能窺知其內容；沉默
無言，而高大獨自存在；輕視外在事物注重內在本性，不突出自
己而鄙視名利，和世俗之士不同而與道同在。

　　正因為嚴遵反對標舉名教，認為只有體證不可道之道，方能
與道相冥，所以其說對於標榜仁義、講究禮節者，均加以批評，
故曰：「德失而仁次之，仁失而義次之，義失而禮次之，禮失而
亂次之。……故制禮作樂，改正易服，進退威儀，動有常節，先
識來事，以明得失，此道之華而德之末，一時之法，一隅之術也。
非所以當無窮之世，通異方之俗者也。是故，禍亂之所由生，愚
惑之所由作也。」（〈上德不德篇〉，頁 6-7）指出凡是刻意標
舉仁義禮節者，是由於失去道德之本，其仁義禮節均非自然而成，
才需要刻意突出，越是強調外在形式，制訂繁瑣禮樂制度來規範
生活，則越失其真性，只能得一時之治而不能長久，終究因其不
合乎自然，生起禍亂。嚴遵不僅反對標舉名教，更具體地指責儒
墨二家之失，故又曰：「儒墨之流文，誦詩書，修禮節，歌雅頌，
彈琴瑟，崇仁義，祖潔白，追觀往古，通明數術，變是定非，已
經得失，身寧名榮，鄉人傳業：中士之所道，上士之所廢也。」
（〈上士聞道篇〉，頁 13）指出儒墨兩家的模式，講求誦讀詩書，
修訂禮節，吟誦雅頌，彈奏琴瑟，推崇仁義，規範明確，追溯往
古，精通巧術，判定是非，衡定得失，身安榮名，鄉人安其事業，
此即中士之道。嚴遵此說雖儒墨並言，實其所批判者乃儒家崇仁
重禮的說法，流於記誦外在形式、落實執行規條、標舉名教內容，

以此安身立命,確屬有為之士。然而其所批評之儒者乃「行仁義」之人,與儒家「由仁義行」之說,實有不同。嚴遵是從儒者所論的流弊反省,借《老子》「中士聞道,若存若亡」(〈四十一章〉)之說批評之。《老子》不曾批評儒墨之說,其言「聖人不仁」(〈五章〉)、「絕聖棄智」、「絕仁棄義」(〈十九章〉)是就作用上言絕棄,以保存現實上之仁義聖智,而且僅反省名教流弊,嚴遵則進一步批評儒家學說,指出儒學的流弊,此即具體地批判當時社會現狀。

3. 以表詮方式肯定名教

從以上討論可見,嚴遵反對只標舉名教,故有「不為仁義,而物自附焉。」(〈江海篇〉,頁85)「是以聖人,釋仁去義,歸於大道,絕智廢教,求之於己。」(〈為學日益篇〉,頁37)「不顯仁義,不見表儀,不建法式,不事有為。」(〈大成若缺篇〉,頁27)等釋仁去義、不為仁義等說法,凡此均以遮詮的方式,作用地保存自然義的名教內容。然而,何以又有「內慈父母」、「父慈子孝,兄順弟悌」等說法?其標舉孝悌,與《老子》「六親不和,有孝慈」(〈十八章〉)的說法是否相矛盾?觀其文曰:

> 春生夏長,秋收冬藏。奉主之法,順天之命。內慈父母,外絕名利。不思不慮,不與不求。獨往獨來,體和襲順。辭讓與人,不與時爭。此治家之無為也。尊天敬地,不敢忘先。修身正法,去己任人。審實定名,順物和神。參伍左右,前後相連。隨時循理,曲因其當,萬物並作,歸之自然。此治國之無為也。冠無有,被無形,抱空虛,履太清。載道德,

浮神明,秉太和,驅天地。馳陰陽,騁五行,從羣物,涉玄
冥。游乎無功,歸乎無名。此治天下之無為也。(〈出生入死
篇〉,頁42)

廢釋天時,獨任人事。賤強求貴,貧強求富。飢名渴勢,心
常載求。衣食奢泰,事過其務。此治家之有為也。富國兼壞,
輕戰樂兵。底威起節,名顯勢隆。形嚴罰峻,峭直刻深。法
察網周,操毒少恩。諸侯畏忌,常為俊雄。公強求伯,伯強
求王。此治國之有為也。祖孝悌,宗仁義,修禮節,教民知
飾。修治色味,以順民心。鐘鼓琴瑟,以和民志。主言臣聽,
主動臣隨。表功屬行,開以恩厚。號令聲華,使民親俯。諸
事任己,百方朝仰。此治天下之有為也。(〈出生入死篇〉,
頁42-43)

以上引文可見嚴遵分別從無為、有為說明治家、治國、治天下,
在具體落實時的狀況,首先,從治家而言:嚴遵認為要注意農作
物春生夏長,秋收冬藏,適時務農則家能溫飽富足。遵守君主設
立的法規,順從天命;在家對父母孝慈,在外隔絕名利,不思不
慮,不施不求,便能和順過活;能辭讓待人,適時而變,則能做
到治家之無為。相對而言,不從天時,純任人事而為,貧賤卻不
安於現狀,強求富貴,貪求名聲權勢,心中常有所求,講究奢侈
衣飾,處事失其法度,則屬治家之有為。嚴遵言治家著重農務得
時,父慈子孝,因而又曰:「治之於家,則夫信婦貞,父慈子孝,
兄順弟悌,九族和親。耕桑時得,畜積殷殷,六畜蕃殖,事業修
治,常有餘財,鄉邑願之。」(〈善建篇〉,頁53)認為治家講
究夫婦忠貞,父子兄弟相處要做到孝悌,族人之間要做到和睦親

近，耕種得時，積畜殷實，繁殖六畜，財富有餘，鄉里樂與之相處，才是真正的治家。嚴遵此具體言治家之無為者，亦屬眾人治家之願境，似與《老子》所言不同。《老子》並不主張標舉孝慈和順，反而指出「六親不和，有孝慈」（〈十八章〉）只有六親相處不和順時，才會凸顯孝慈的一面；《老子》言「不貴難得之貨」（〈三章〉）並不是反對難得之貨本身，而是反對有所執定的「貴」之，凡有所凸顯、標舉，則屬有為，有為並不在於難得之貨本身的價值，而在於人心競奔此一執念之上，嚴遵言「內慈父母，外絕名利」，實異於《老子》以遮詮的方式，作用保存自然而然的名教內容；然而，究其實並不悖於《老子》義理，因其所謂「內慈父母，外絕名利」是在「體和襲順」的情況下實踐，是在「無為，生之宅；有為，死之家」（〈出生入死篇〉，頁 42）的前提下言慈孝，絕名利，所以在義理上並不悖於《老子》，僅在表達方式上與《老子》不同，是以表詮的方式，說明在自然而然的情況下，治家應慈愛孝悌，絕棄名利。

其次，從治國而言：嚴遵認為治國者應尊敬天地，不忘先祖；修身守法，不從己意而順任他人。審定核實名號，左右參照配合，前後相應關連，以此順應外物調和精神，應順時節而遵循事理，俯仰己身以求合宜，這樣便能使萬物同時作育生成，回到自然的境界，此即治國之無為。相對而言，富有之國兼併別國土地，輕易發動戰爭，而樂於用兵，極盡威勢以樹立名節，名聲顯赫以壯大權勢。刑罰嚴峻苛刻，法規明細周密，執行狠毒少有恩惠。諸侯恐懼害怕，常以之為俊傑英雄。公強求於伯，伯強求於王，如此便是治國之有為。嚴遵強調守法、考核名實，以此為治國之無為，更以忠臣和順為尚，故又曰：「治之於國，則主明臣忠，朝

不壅賢，士不妬功，邪不蔽正，讒不害公。和睦順從，上下無怨，百官樂職，萬事自然。遠人懷慕，天下同風，國富民實，不伐而疆。宗廟尊顯，社稷永寧，陰陽永合，禍亂不生。萬物豐熟，境內大寧。鄰家託命，後世蕃昌，道德有餘，與天為常。」（〈善建篇〉，頁54）治國使國家富足，民眾殷實，不戰而能擴展疆域，宗廟又能尊貴顯赫，永享社稷安寧，和合於陰陽變化，禍亂不生，後世蕃衍昌盛，自然是治國者嚮往的事功境界，然而主張臣下忠誠，不堵塞賢路，即尚忠尚賢，此說似與《老子》「不尚賢」（〈三章〉）之說相抵觸，凡有所尚，即使是正面價值，諸如仁義孝悌，亦屬有所執，有所執持即屬有為，又如何談得上治國之無為？然而此說是在「無為無事，反樸歸真，無法無度，與變俱然」（〈善建篇，頁53〉的前提下，具體地延申其說，雖曰忠臣賢士，亦屬自然而治下所有之忠臣與賢士，非刻意有為推舉之忠臣、標舉之賢士。《老子》反對標舉賢士，然而其所反對者並非賢士本身，而是指刻意標舉之偏執作為，只要以自然無為的方式實踐一切價值意義，均可得到肯定、得以成全。

　　再次，從治天下而言：嚴遵認為以人君踐行無有無形、空虛太清，與道德、神明、太和、天地同遊，以此馳騁於陰陽五行，隨眾物，涉足玄冥，遊心於無功之境，返歸於無名之地，便是治天下之無為。相對而言，凡尊崇孝悌，推舉仁義，修治禮節，以修飾失真來教化百姓。修治色味以迎合民心，以鐘鼓琴瑟來調和民志。君主有所言說，臣下隨即聽從；君主有所動作，臣下立即相隨。表揚功德，嚴加執行，賞賜豐厚，號令尊威，使百姓親附。所有事情都任順一己之意，諸國因此叩首稱臣，是為治天下之有為者。從無心不為來治天下的態度來看，崇尚孝悌仁義，便是有

執，是有為之治。然而何以「祖孝悌，宗仁義」於治天下時是為「有為」；「內慈父母」、「父慈子孝，兄順弟悌」治之於家的時候，則屬「無為」？從以上討論即可得見，有為與無為，並不在於孝悌、仁義本身，而是在於實踐之時，是有心為而為，還是無心為而為。若只拘泥於字義表述，不問其由，不參照前後文理，便謂之自相矛盾，則無法同情地理解嚴遵論名教之說。

在不違背無為自然的情況下，嚴遵以表詮的方式肯定名教，故又曰：「奉道德，順神明，承天地，和陰陽，動靜進退，曲得人心，莫崇乎自勝。治家守國，使民佚樂，處順恭謹，慈孝畏法，莫高乎知足。」（〈知人者智篇〉，頁 145）其治國之說，言孝慈守法之意甚為明顯，然而不足以謂之為有所標舉、崇尚，因其說是在體證道德、順應神明、奉迎天地、和合陰陽、動靜進退皆得人心，且擁有自省工夫的情況下，治家守國，因而能使百姓逸樂，保持恭敬謹慎態度，慈愛孝順、敬畏法令，知足常樂，凡此均屬表詮言道的方式。嚴遵此說，雖與《老子》常以不為、不尚、不爭、不貴、不欲等遮詮方式說道有異，然而亦非憑空轉出，《老子‧六十七章》言「我有三寶，持而保之。一曰慈，二曰儉，三曰不敢為天下先。慈，故能勇；儉，故能廣；不敢為天下先，故能成器長。」三寶當中之「慈」與「儉」者，即屬以表詮方式言道，在自然無為的情況下，以正面方式保存其純粹價值意義，由是而言「慈」與「儉」，因其能慈愛百姓，故能勇武不懼；因其謙和節制而不放任，故能廣大無限。其言「不敢為天下先」，則以遮詮方式言道；因其不敢為天下先，故能使萬物歸順於己，成就眾物之長，以遮詮方式論說，在《老子》一書中為數不少，亦屬《老子》論道之常態。除此以外，《老子》亦有正面肯定名教

的說法，其「居善地，心善淵，與善仁，言善信」（《老子‧八章》）之說，所謂「善地」、「善淵」、「善仁」、「善信」等內容，即以能體自然之境為「善」，在自然無為的情況下，以正面方式保存名教的純粹價值，與其以遮詮方式言道，遂曰「不仁」之說不同，然而此說亦非《老子》論名教的主要態度，嚴遵承此而擴充其說，對名教充分肯定，實於義理上既有所本，且有更具體的發揮。

嚴遵除了以氣稟論名教之外，亦繼承《老子》反對標舉名教思想，更以表詮方式肯定名教，由此論述可知嚴遵之有進於《老子》者，在於《老子》只言「百姓皆謂我自然」，且對名教之態度主要以批判反省為主，從〈三十八章〉亦可窺見，仁、義、禮乃失道、失德之後的境界，而嚴遵卻將所謂之「自然無為」的境界內容，不只是從「作用地保存」表示而已，也同時從「正面肯定」的方式揭示，說明道德之治天下，其中亦必肯定仁、義、禮等內容。加上嚴遵論名教時既注入了漢代氣化思想，從氣稟之性論名教，又從正反兩面保存自然義下之名教，既繼承《老子》義理內容，亦融合時代精神，為《老子》開拓了更廣的詮釋視域。

（二）從氣化言內聖外王

嚴遵論內聖外王之道亦一貫其氣化宇宙的思想，攝主歸客的工夫型態，所成的理想境界由治身及至治國，進而治天下，無不在自然無為的工夫下達成，然而所成者，除了主觀價值外，亦兼有客觀外物，並以客觀氣化思想收攝主觀價值意義，在這種情況下，主客均達至自然之境，由是而體證道化政治的理想。

1. 內聖：身國關係

治身治國於嚴遵來說實有輕重之分，其文曰：

夫德之在人猶父母之於身也；其於萬物，猶珠玉之與瓦鉛也。是以，含德之士，重身而輕天下，猶慈父孝子，不以其有易其鄰。大身而細物者，猶良賈察商，不以珠玉易瓦鉛也。其無欲也，非惡貨而好廉也，天下之物莫能悅其心也；其為虛也，非好靜而惡擾也，天下之事莫足為也。夫何故哉？所有重而天下輕也。明於輕重之稱，通於利害之變，故萬物不能役，而天下不能徭也。故不為虛而虛自起，不為靜而靜自生，不休神而神自定，不和氣而氣自平。是以，不聽而聞無聲之聲，不視而見無形之形，不思而領是非之意，不慮而達同異之鄉。神淪天地，德尊陰陽，不請福而天地祐之，不辭禍而患害去之，不殺戮而天下畏之，不施與而天下愛之。鼓腹而樂，俯仰而娛，食草而美，飲水而甘。喬木之下精神得全，巖穴之中心意常歡。貧樂其業，賤忘其卑，窮而恬死，困而忘危。功與地配，德與天齊，反愚歸樸，比於嬰兒。（〈含德之厚篇〉，頁 55-56）

是故，建身為國，誠以赤子為容，則是天下尊道貴德，各重其身，名勢為垢，萬物為塵。貪夫逃爵，殘賊反仁，積柔集弱，唯德是修。而作福生亂者有何由然？悲夫！天地之道，深以遠，妙以微，能識之者寡，行之者希，智惠不能得，唯赤子能體之。（〈含德之厚篇〉，頁 56）

從引文所見嚴遵認為身比國來得重要，因為德在人的身上，有若父母賦予形體一樣，而身體與外物相比，實為身比物更為重要，因此能做到無為無欲者，定必重身而輕天下，就好像慈父孝子，不會用自己所愛與鄰人交換。重視身體而輕視外物，有如善於營商者，不會用珠玉去交換瓦鉛。含德之人，之所以無欲無為，並不是因為厭惡財物而偏好廉潔，是因為天下萬物都不能取悅其心；其虛靜無欲，並不是因為喜好清靜而厭惡擾動，是因為天下之事都不足以讓他刻意為之。原因是天賦之德較天下事物都來得重要，只要明白輕重分際，通達利害變化，便不會為萬物所役使，天下萬事都不能役使其心，使之有違自然。在這種情況下，不必故意虛靜，自能虛靜自然；不用刻意休養精神，自能安定精神；不須勉強調和和氣，自能平順和氣。因此，不用故意聆聽，便能聽到自然之聲；無須用心觀察，便能看見自然之形；不必刻意思考，便能定奪是非；不須故意思慮，便能玄同異同。一切只須自然無為，便能應物無礙，而不損精神。在這種情況下，神相泯於天地之間，德遵奉陰陽變化，不必求福而天地自會保祐他，不用避禍而禍害自會離他而去，無須以殺戮手段治天下而天下自然敬畏他，不須施予恩惠而天下自然愛護他。生活無憂，又能保存精神。貧乏而能樂其業，位賤而能忘其卑，人窮而能安受死亡，困頓而能忘卻危險，全因心中含德，不論置身歡樂，還是身處憂患，皆能自得。聖人於此，便能功與地相配，德與天同齊，回歸到蒙昧無有分別的純樸境界，就像初生嬰兒一樣。

　　嚴遵雖謂身比天下重要，然而其說是就修德而言，並不是認為形軀比外物重要，教人自私忘公，只顧養身而不顧天下。只要能修其德，便自然能治國、治天下，故言養身治國，須以赤子為

楷模,能修養至赤子之純樸不為的境界,則天下便尊道貴德,人人珍重其身,以名利地位為污垢,萬物為塵埃,此即「重身而輕天下」、「大身而細物」之意。若貪婪之人能逃避爵位,殘忍之人能歸返仁愛,積集柔弱,全心修德,便無有勉強求福、造成禍亂的人。天地之道,幽微深遠,知道的人本來就不多,能徹底實踐的人更少,修德之智只有赤子才能體會得到。可見能體道修德,便能立身治國,身之重要,即在於「唯無欲者,身為之宅,藏之於心,故曰『含德』。」(〈含德之厚篇〉,頁 55)身能修德,方可應物無礙,成就外王事業,故曰:「是以聖人,心默而不動,口默而不言,目默而不視,耳默而不聽。動如天地,靜如鬼神,不為而成,不言而信。進則無敵,退則不窮,身無纖介之憂,國無毛髮之患。夫何故哉?危於不危,亡於不亡,昭然獨見,運於無形。」(〈為無為篇〉,頁 78)聖人之心靜默不動,口無語不言,眼閉闔不視,耳堵塞不聽;其有所作為則能與天地相合,靜默休止時則如鬼神一樣,無須作為而能有所成,不必言說而具真實內容。進能應物無礙,退則自處愉悅,治身無細微的憂慮,治國無任何禍患,原因即在於,防危於不危之時,止亡於不亡之際,體道觀物,運籌於無形之間。所謂不動、不言、不視、不聽,不為而成,不言而信,天地鬼神之說,並非說聖人擁有超自然的能力,通曉神通之術,而是指聖人修養之境界,其不為是就作用上之無心而言「不」,其動靜與天地鬼神相合指其應物無礙而言,描述自然而能與天地相合的境界,若質實地以為聖人真能什麼都不做,便能修身治國,無有憂患,則其工夫論便無從落實,亦不能相應其道論之說。

2. 外王：治天下

嚴遵之言治天下，可從其論君臣殊分異職之說，以及君民同歸自然之境此兩方面見其詮釋特色。

（1）君臣殊分異職

嚴遵論治國、治天下時，講究君臣之別，認為各有定分，不得越俎代庖，而君臣之別實自其氣化思想而出。觀其注文曰：

> 是故，天之所胞，地之所函，太一之所主，天一之所將，四時所歸，五行所監，羣臣毒害，變化運行，各有分部，不得相干，周流萬物，莫之可傷。是故，鬼神治陰，聖人治陽，治陰者殺偶，治陽者殺奇。虛無清靜，鬼神養之；纖微寡鮮，鬼神輔之；盛壯有餘，鬼神害之；盈滿亢極，鬼神殺之。不屬其類，聖人奉之；忠信順善，聖人與之；雄俊豪特，聖人察之；作變生奇，聖人殺之。故動於陰者，鬼神周之；動於陽者，聖人制之；唯無所為者，莫能敗之。聖人在上，奇不得起，詐不得生，故鬼以其神養物於陰，聖人以其道養物於陽。福因陰始，德因陽終，鬼神降其澤，聖人流其恩。交歸萬物，若性自然，流道沉德，洽和同真。（〈治大國篇〉，頁69）

> 以道為父，以德為母，神明為師，太和為友。清靜為常，平易為主，天地為法，陰陽為象。日月為儀，萬物為表，因應為元，誠信為首。殊分異職，繩繩玄默，引總紀綱，舉大要而求之於己。是以，民如胎鷇，主如赤子，智偽無因而生，

> 巧故無由而起。萬物齊均,莫有盈損,和洽順從,萬物豐茂。
> 鬼神與人,合而俱市,動於自然,各施所有。寂如無君,泊
> 如無鬼,萬物盡生,民人盡壽,終其天年,莫有傷夭。(〈治
> 大國篇〉,頁 68)

由以上引文可見,不僅君臣異職,甚至鬼神、聖人亦殊分。嚴遵
指出天所包覆的,地所承載的,太一所主管的,天一所統轄的,
四季所歸屬的,五行所監管的,群臣所育所害的,萬物變化運作,
都各有功能,不得相互干涉,聖人周流於萬物之間,不能損其分
毫。在萬物各有分工的情況下,鬼神、聖人亦然,二者其分部不
同,鬼神治理陰者,聖人治理陽者。治理陰者的需減殺偶的,治
者陽者的需減殺奇的,各有分工。虛無清靜的,鬼神助養他;纖
細寡少的,鬼神輔助他;盛大有餘的,鬼神貶抑他;盈滿極致的,
鬼神抑制他。不屬本類的,聖人奉養他;忠信和善的,聖人認同
他;雄壯強大的,聖人明察他;作怪生奇的,聖人抑制他。由是
可見,陰陽各有所司,起於陰的,鬼神會保全他;起於陽的,聖
人會掌控他。只有無心無為的人,才能不敗。聖人在上位,則詐
偽奇怪之事不得興起;因此鬼在陰面以其神養育萬物,聖人在陽
面以其道作育萬物。福澤借助於陰而起始,恩德資助於陽而終成,
鬼神施降福澤,聖人流布恩德,各有分位,而不相干。二者交互
養育萬物,有若自然之性一樣,流布厚積道德,融洽玄同太和真
性。嚴遵言鬼神,並非主張怪力亂神,而是借助鬼神與聖人之別,
說明鬼神、聖人分工不同,一主福澤,一主道德,聖人透過修養
自省,盡其職分,治理天下。

聖人治理天下,然而並非單靠聖人一人,便能使天下大治,

故又指出若能以道為父，以德為母，以神明為師，以太和為友，以清靜為綱常，以平易為宗主，以天地為法式，以陰陽為取象，以日月為準則，以萬象為表率，以因順應物的方式為本源，以誠信為首要，能守此道，則明白天下萬物各有其不同職分，能各守其分，便能與道玄默相應，符合綱紀，得其大要並能自足而不必外求。若全天下皆能做到各守其本分，不跂羨分外之事，則民眾有若剛出生待餵哺的雛鳥，聖主有如赤子一樣，皆具無分別之心，巧智詐偽便無從生起。於是，萬物各安其分，守其位而不會損益其性，和洽順從，各自生化，萬物豐盛。鬼神與人，均能各守其分，各施所能，天下有若無君而治，淡泊得像沒有鬼神一樣，萬物各盡其生，百姓各盡其年壽，終其天年而不至夭折而亡。

　　嚴遵在不違背道、德、神明、太和等以元氣為內容的客觀氣化宇宙論的情況下，言「殊分異職，繩繩玄默」，是從氣稟言「殊分異職」，透過無為清靜等工夫，各人均能達至「繩繩玄默」之境，回歸赤子之心，而不生詐偽智巧，因而天下大治。因為嚴遵是以氣化言道，故其言殊分異職之時，自亦旁及許多客觀外物，諸如陰陽、日月、天地、太一、天一、四時、五行等物，凡此均自氣化而生，與君臣同屬萬物之一元，同在氣化流行之中，不同者只在於君臣稟氣厚薄不同，故曰：「盛德者為主，微劣者為臣，賢者不萬一，聖人不世出。」（〈不尚賢篇〉，頁 125）以德之稟受厚薄來區分君臣之別，可見或為君者或為臣者，均屬氣化命定之事，以此言殊分異職。只是即使稟得德厚而為君，亦不一定能成聖君明主，因其能成為聖人，是需要有無為修養的工夫，才能達至聖人之境；賢臣亦然，若稟得臣子之分，而無工夫修養使其才發揮呈現，則亦不能成其賢，故嚴遵認為賢人萬中不出一，

聖人亦非每一世代均能出現。當中既有先天因素，亦須後天修養才能成就聖王、賢臣的出現。從先天氣稟而論君臣之別，是成其殊分異職的客觀條件；從後天工夫修養來成就聖君、賢臣之所以聖、之所以賢，是成其殊分異職的主觀條件，因涉及主體修養之故也。從理論上來看，世之所以有聖王、賢臣，既依據客觀氣稟，亦需主觀條件來成就，實為一綜合命題。

嚴遵殊分異職之說的理論特色有二：第一，從成聖的可能來看：以稟氣性分論聖人，從因果的條件論之，即從因地上否定人人皆可以成聖之說，繼承了《莊子》「聖人之才」的說法。[20]從理論內容來看，《老子》既言「百姓皆謂我自然」，即肯定人人皆有體證自然之境的可能，若以能體證自然之境者即能成聖作為前提，則亦可推導出《老子》並未否定人人皆可以成聖，嚴遵從稟性論聖賢，則否定了人人皆可以成聖之說，此二者之不同。第二，從理論的發展來看：嚴遵以此論君臣有分，聖賢之別，實於人才品鑒的理論上，往前推進一步，更深入具體地解釋現實上何以有君臣、賢不肖之別。[21]從稟性論人才，工夫論修養，綜合二者之說，論君臣職分，「各施所有」以致「萬物盡生，民人盡壽，終其天年，莫有傷夭」，人主以及百姓均能復歸於嬰兒的境界，實為魏晉注《老》、《莊》者，特別是郭象詮釋《莊子》所繼承。嚴分職分，以自然無為的方式，各安所有，為道化政治具體落實不可或缺的一環，所以嚴遵此說實為道化政治理論開展更豐富的

---

20 《莊子集釋‧大宗師》曰：「卜梁倚有聖人之才而無聖人之道，我有聖人之道而無聖人之才，吾欲以教之，庶幾其果為聖人乎！不然，以聖人之道告聖人之才，亦易矣。」頁252。

21 熊鐵基等編《中國老學史》亦曾指出《老子指歸》的社會政治思想中，「守分」的思想極為突出。熊鐵基等編：《中國老學史》，頁179。

義蘊。

（2）君民同歸自然

　　君臣既殊分異職，則臣子百姓如何在聖王的統治下，同體自然之境，其文曰：

> 聖人不見一家之好惡而命萬家之事，無有千里之行而命九洲之變。足不上天而知九天之心，身不入地而知九地之意。陰陽進退，四時變化，深微隱匿，窅冥之事，無所遁之。何則？審內以知外，原小以知大，因我以然彼，明近以喻遠也。故聖人之為君也，猶心之於我、我之於身也。不知以因道，不欲以應天，無為以道世，無事以養民。玄玄默默，使化自得，上與神明同意，下與萬物同心。動與之反，靜與之存，空虛寂泊，使物自然。（〈不出戶篇〉，頁34）

> 夫以一人之身，去心則危者復寧，用心則安者將亡，而況乎奉道德，順神明，承天心，養群生者哉！是以聖人，建無身之身，懷無心之心，有無有之有，託無存之存。上含道德之化，下包萬民之心。無惡無好，無愛無憎。不與兇人為讎，不與吉人為親。不與誠人為媾，不與詐人為怨。載之如地，覆之如天，明之如日，化之為神。物無大小，視之如身。為之未有，治之未然，絕禍之首，起福之元。去我情欲，取民所安，去我智慮，歸之自然。動之以和，導之以沖，上含道德之意，下得神明之心。光動天地，德連萬民，民無賦役，主無職員。俱得其性，皆有其神，視無所見，聽無所聞。遺

> 精忘志，以主為心。與之俯仰，與之浮沉。隨之臥起，放之
> 屈伸。不言而天下應，不為而萬物存。四海之內，無有號令，
> 皆變其心。善者至於大善，日深以明；惡者性變，浸以平和；
> 信者大信，至於無私；偽者情變，日以至誠；殘賊反善，邪
> 偽反真，善惡信否，皆歸自然。(〈聖人無常心篇〉，頁 40)

嚴遵指出聖人治天下是以無心無為的方式成全萬物，前段引文是
從聖人主觀修養而言治天下之無為；後段引文則從聖人無為而治
來說其功化萬物之德。

從聖人的主觀修養來說，聖人不表現自己的好惡而能管理萬
家的事情，無須千里之行亦能掌握九洲的變化。不必上天入地，
亦能知曉九天之心、九地之意，因其體自然之道故能玄同彼我，
與陰陽共進退，和四時同變化，世界上幽深微細之事，聖人亦能
無所不知，其知的方式是以無心無為的方式知之，知的內容不是
指客觀事物的無所不知，而是知自然之理。原因在於，聖人見微
知著，據我知彼，以近喻遠。聖人做為君主，有若身心相處一樣，
自然而然，以無知因順常道，以無欲順應天地，以無為引導世情，
以無事養育百姓。不知、不欲、無為、無事，凡此均自作用層上
之無心造作而言，而非現實上之不為，如此，則能使天下大治。
因聖人以無心工夫治國，故能與道玄同，變化自得，上與神明同
意，下與百姓同心，即使有所作為亦屬無不當為，而能與物同歸
於道；無所為亦屬無為，而能與物共存於無為之道。聖人於此體
得清虛淡泊之境，使萬物歸於自然。若僅從聖人之主觀修養而言
道化政治的自然之境，會否僅為聖人觀照下的道化政治，而百姓
本身並無工夫修養可言？如是所成之道化政治境界，則純屬觀照

之理想境界。

　　於是，嚴遵從聖人無為而治的境界，指出聖人之治天下，並非僅屬個人的觀照，而是有其功化萬物的一面。其說先從一般人應物所面對的情況說起，再從聖人應物無礙，順應自然，功化萬物論證，聖人與眾人的不同。嚴遵指出一般人不以有心應物，則身陷危殆的亦能回復安寧；以有心的方式應物，則居處安寧的將會危亡。聖人應物時，即能立無身之身，懷無心之心，以無心而有的方式有，以無心而存的方式存。自上承繼道德變化，向下包覆萬民之心。因其達到無為之境，故不因私欲而好惡、愛憎，不與惡人結仇，不與善人結親，不與忠誠之人結緣，不與詐偽之人結怨。聖人治國承載百姓如大地一般，覆育百姓如蒼天一樣，如日光之照耀，鬼神的變化一樣，物無大小，無所不包，視民如己。有所為於未有危難、有所治於未成形之時，斷絕禍患的源頭，興起福澤的根源。聖人去除個人情欲偏好，來成全百姓的安寧；絕棄自我之智巧詐慮，使百姓回歸自然之境。以沖和虛靜的方式引導百姓，盡得道德、神明心意。其治光明感動天地，德惠澤及萬民，百姓無須為納稅服役而感到吃力，君主不會因為治理天下而感到責任重大，因百姓與君主均體自然之境，雖有所為仍是以無為的方式成就無不為，故其言「無賦役」、「無職員」是就作用義而言「無」，並非真指百姓在現實上不必納稅服役，君主什麼事都不做就能成就無為之治。在這種情況下君民皆得其性，皆存其神，以自然的方式視、聽，則無所謂刻意偏頗之見聞。百姓能不有心為而為之，則不會耗損精神、消磨心志，故能遺精忘志，歸順於君主，隨順君主俯仰、浮沉、臥起、屈伸。聖王自能不言而天下應，不為而萬物存，達至真正無為而治。四海之內，不必

號令，亦能變易百姓之心。使善者更善，日益深邃曉明；惡者性變，漸趨平和；守信者更有誠信，至於無私；偽詐者情變，日益誠懇；殘暴之賊歸向於善，邪惡造作回歸真樸，善惡、信不信者，一是皆能歸返於自然之境。

從「俱得其性，皆有其神」、百姓能與君主同體自然之境，而與之俯仰、浮沉，隨之臥起、屈伸，善者能增益其善，不善者能變性易情，便可看出無為之治不光是靠君主一人觀照的自然之境，透過聖王的功化，「因道任天，不事知故，使民自然也。」（〈大成若缺篇〉，頁 27）順應天道自然，不宰制百姓，使之能自然而然地，無有號令而變易其心。在這種情況下百姓同時亦須有復性工夫，才能真正「反善」、「反真」、「性變」、「情變」、「皆歸自然」。

然而在嚴遵之道化政治理論中，並非人人皆可以成聖，但人人皆可歸於自然，同能體證自然之境，而所成的理想境界又非靠觀照可得，則有若干疑點仍須澄清。能成聖者必可體證自然之境，能體自然之境者並非皆可成聖；即成聖與體自然之境兩者之間並無必然關係，此問題看似矛盾，其實不然。體證自然只是成聖的必要條件，而非充分條件，其充分而必要之條件則在於嚴遵論道從元氣講起，其「道有深微，德有厚薄，神有清濁，和有高下」之說，認為「人物稟假，受有多少，性有精粗，命有長短」。（〈上德不得篇〉，頁 3）因此君臣百姓、聖賢眾人雖同稟受於道，然而因其稟受內容不同、多少而有別，在殊分異職的前提下，稟得聖人之才，是成聖的充分且必要的條件，然而其說並非宿命論，因為嚴遵認為，成聖須透過工夫修養，才能體道，故非宿命。至

於其餘沒有稟得聖人之才的眾人，則只能成其所稟之才，或為賢人，或為德人，或為仁人，或為義人。然而眾人只要「俱得其性，皆有其神」，亦能皆歸自然，在其得性的情況下體證自然之境，是於其性內得性之自然。眾人所體自然之境，與聖人所體自然之境，均屬無為之境，同證各人生命境界之各自最高處，只是眾人體證之最高者，與聖人所證的境界之高，或有不同。於嚴遵理論系統內，並沒有明確規定只有聖人才能成王，百姓似亦有成聖的可能。及至郭象注《莊》，則完全承接嚴遵此說，將逍遙與成聖分屬兩事，同以氣稟論聖人，並規定聖人即聖王，聖人之逍遙乃「無待的逍遙」，眾人之逍遙乃「有待的逍遙」。聖王必須順有待者，使之不失其所待，而眾人則在聖王的任順之下，有其適性工夫，體證有待的逍遙。聖人與眾人同證逍遙之境，然而二者境界高下有別，但從同是得性來說，同在各自盡其自身性分所達致之最高境界來看，則無有分別。於是，凡能成聖者必能逍遙，凡能逍遙者未必能成聖之說由是而確立；[22]相對而言，嚴遵所言之道化政治，與郭《注》雖同屬道化政治，但嚴遵所論則不及後出之郭象，郭象所論相對嚴謹、圓滿。[23]嚴遵所言之聖人必能體證自然之境，但能體證自然之境者，則不一定能成聖，此說自是無疑；嚴遵之言聖人亦是就聖王而論，故其言聖人是「上含道德之化，下包萬民之心」、「聖人治陽」、「聖人之王也，非求民也，民求之也」（〈江海篇〉，頁86）均從治國而言聖人。以聖人即聖王，在嚴遵的理論系統便會出現此一問題：國之長治久安，多賢不可以多君，雖言「盛德者為主，微劣者為臣，賢者不萬一，

---

22 關於郭象注《莊》論逍遙與成聖的關係，詳見拙作《郭象《莊子注》的詮釋向度》（臺北：文史哲出版社，2013），頁293-301。

23 牟宗三先生曾指出郭象注《莊》乃道家之圓境，見牟宗三：《圓善論》，頁280-305。

聖人不世出。」（〈不尚賢篇〉，頁 123）氣化非人的意志所能決定，而往往出於偶然，因此若同時出現不止一個聖王，或累世不出聖人，則如何成就道化之治的理想境界，如果沒有解決這些問題，則所謂理想的政治可能只是空話，現實的政治亦不免淪於空轉。[24]這些問題恐怕都需要進一步說明。

除此以外，嚴遵之言治天下，亦有相當篇幅談及用兵外交的問題，如注解《老子‧五十七章》，則花兩千五百多字論大國小國相處之道，並詳細講述用兵計謀等事（〈以正治國篇〉，頁60-64）；詮釋〈六十一章〉，則以一千多字闡述大國如何在國土、經濟上成其大，明王用什麼具體方法治理大國，使之不招鄰國覬覦而被滅國；具體闡明小國如何在與大國為鄰的情況下，獨善其身（〈大國篇〉，頁 70-72）；《老子‧六十九章》是以無為的方式言用兵之術，嚴遵注此章時，則以一千兩百多字論述客觀的用兵之術（〈用兵篇〉，頁 91-93）；注〈八十章〉小國寡民之政時，則以幾近千言，詳論外物之理（〈小國寡民篇〉，頁 117-118）。嚴遵詳論外交用兵之術，與《老子》著重透過修德治國的方式有異，實與其工夫論外推之說相關，究其主要原因，即在於其道是一客觀氣化之道，人於其中，只是眾物稟氣之一，為陰陽造化的一員，從氣化論道，必導致其論外推兼論客觀外物，與《老子》集中從個人主體修養言修身治國有所不同，此詮釋轉向將《老子》之說外推客觀化。從消極面來看，嚴遵如此詮解《老子》，使其論雜說兼揉，容易混淆其說；從積極面來看，為詮釋《老子》開啟了不同的詮釋面向，發掘「無不為」的具體內容，若將用兵外

---

24 郭象曾指出：「千人聚，不以一人為主，不亂則散。故多賢不可以多君，無賢不可以無君，此天人之道，必至之宜。」（《莊子集釋‧人間世》注，頁 156）

交之術全面展開來理解《老子》，亦能打開研究《老子》的不同
視域，如唐・王真之《道德經論兵要義述》即以用兵之術注《老》，
將《老子》全面往用兵術用詮釋。

　　透過對嚴遵《老子指歸》開顯境界的討論則能發現，因應以
元氣論道的說法，使其工夫論往外推，繼而所成之境界自亦有別
於《老子》。首先，嚴遵從氣稟論名教，既繼承了《老子》反對
標舉名教之說，亦摻雜了漢代氣化學說，更多以表詮的方式肯定
名教，此其論名教之特色。其次，其治天下的理論，是從君臣稟
氣不同而言殊分異職，透過聖王無為而治的功化，達成道化政治
理想境界，將聖王臣民之主體修養收攝於客觀氣稟之中，此其攝
主歸客的內聖外王之道的特色。

第三節　小　結

　　較諸《韓非子》之〈解老〉、〈喻老〉、河上公之《河上公
章句》、王弼之《老子注》來說，研究嚴遵《老子指歸》之學者
相對不多，然而並不能因此而否定《老子指歸》的思想價值，或
認為它不成體系，不屬創造性的詮釋。[25]嚴遵以攝主歸客思想詮
解《老子》，不僅鎔鑄漢代氣化宇宙論的時代特色，亦能以之貫

25　杜保瑞認為嚴遵《老子指歸》的宗旨為闡釋無為境界，就哲學研究的創造性要
　　求而言，無甚足觀，但其哲學特色是在於其對無為本體論的理論言說，即方法
　　論問題最見特色。見杜保瑞：〈嚴君平《老子指歸》哲學體系的方法論檢討〉，
　　《哲學與文化》29：10，2002.10，頁909。案：若以無為境界作為《老子哲歸》
　　哲學宗趣，似未見其創造性詮釋，其說應以攝主歸客思想開拓《老子》詮釋面
　　向，最見特色。

串其道論、工夫論以及境界論，不論從教路來看，還是從宗趣而言，其詮釋系統甚為一致，亦極具特色，不能說它不是別開新面的詮釋。

與《韓非子》以法術勢詮解《老子》的進路相比較，嚴遵之說再次回歸到本體修養而論治身、治家、治國、治天下；然而劉鳳謂之「其為旨與老氏無間」，則顯然忽略了嚴遵注《老》的特色。嚴遵注《老》的特色可從三方面討論，首先，從道的轉向來看：嚴遵從客觀氣化進路以元氣論《老子》之道，從稟受說性命，故其生化萬物的方式，是以氣化的方式言生，其言道生與自生，雖是以無為自然的方式生，然而其所生之者，乃一元氣，故其生成者仍屬元氣意義下的生成，是具體質實的萬物的生成，萬物的差別，只在稟受內容的不同，稟受多少的分別。《老子》從自然無為的價值意義論道，其道具有玄、無、有的特性，透過無與有之間的作用，生化萬物的價值，故道是萬物之所以為萬物的價值根源，其生物的方式是本體宇宙論地生化萬物，與嚴遵從氣化宇宙論來說道生與自生，實有著明顯不同，此其道論之詮釋轉向。其次，從工夫論轉向來看：嚴遵繼承了《老子》內省修養，亦往外開拓治身養神的一面，原因即在其道屬元氣者。即使嚴遵與《老子》同言自然無為，同言內省修養，然其所謂之無為自然者，是籠罩在客觀氣化下之自然無為，與《老子》在主體實踐下之自然無為義，有著本質的不同。在客觀氣化工夫進路下，勢必導致工夫外推，論及治身養神之事，以此進路言修身，必涵著一個合氣化之自然的原則，其最高原則在他而不在己，以客觀氣化收攝主體修養，此其工夫論之詮釋轉向。再次，從境界論轉向來看：因

應道論的不同，必使其境界論隨之而轉，兼論主體修養與客觀氣化之攝主歸客的無為而治。嚴遵以氣稟論仁義禮節等名教內容，凡此皆非《老子》所本有，然而此說亦甚能解釋現實上有仁人、義人、禮人之別。嚴遵繼承《老子》反對標舉仁義聖智，而言絕聖棄智、不仁之說，此其以遮詮的方式作用保存名教的真實內容；相對遮詮之說，嚴遵更常以表詮的方式，正面肯定名教，凡是合乎自然無為者，嚴遵均肯定之，故有父慈子孝之說，不論是以遮詮還是表詮的方式討論名教，只要在無為自然義下論之，均不違悖道家之義理內涵，加上其批評儒墨之說，顯然不是摻雜儒者學說，而是自成一貫之理論。[26] 除此以外，《老子指歸》呈現的政治境界，是在攝主歸客意義下之道化政治理想境界，在內聖方面，嚴遵強調修養的重要，透過修身養神而成其性，體證自然。於外王方面，提出君臣殊分異職之說，認為聖王、臣民，因其稟氣不同，而有殊職，眾人只要各安其分，在聖人無為之治下，便能歸根復性，同證自然之境，攝主體修養於客觀氣稟之下，此其境界論之詮釋轉向。

透過對嚴遵《老子指歸》的文本疏理，不難發現攝主歸客思想貫徹其思想體系之中，既不完全違悖《老子》無為無不為的義理思想，亦融合了漢代氣論的特色，以稟性之說詮解《老子》，並自成一完整的思想體系，為解《老》開展了新的詮釋面向，在漢代老子學的詮釋來看，無疑地具有代表性地位。

---

26 許抗生認為嚴遵顯然受儒家思想影響，雜揉儒道兩家學說。見許抗生：《魏晉思想史》（臺北：桂冠圖書，1992），頁 12-13。

第五章 養生思想面向的展開

　　《河上公章句》為歷代注《老》流傳最廣的注本之一，以養生面向詮釋《老子》，對道教思想影響甚深，然而其說是重在治身還是身國兼重，學界尚有不同看法：或以之為兼論治身、治國思想；[1]或認為其說以天道為根源、治身為方式、治國為目標的身國一理架構；[2]或以為其說注重治身與治國，只是特別重視追求長生之道來解釋《老子》；[3]或認為其論轉向黃老養生思想，邁向道教養生論的先聲。[4]本書嘗試從河上公的生平及著述、《河上公章句》的詮釋內容兩方面討論，特別針對其立論宗趣及教路分析，以見其詮釋重點所在及其創造性詮釋。

第一節　河上公的生平及著述

一、生　平

　　《河上公章句》相傳為「河上公」或「河上丈人」所作，史

1 林明照：〈《老子河上公章句》治身與治國關係之思辯模式析論〉，《國立政治大學哲學學報》32，2014.7，頁 130。
2 莊曉蓉：《身國一理的《老子河上公章句》》（新北：花木蘭出版社，2010），頁 13。
3 鄭燦山：〈老子河上公注長生思想析論〉，頁 177。
4 陳麗桂：〈《老子河上公章句》所顯現的黃老之理〉，《中國學術年刊》21，2000.3，頁 178。

書關於河上公記載甚少,最早見於《史記·樂毅傳》,文曰:

> 樂臣公學黃帝、老子,其本師號曰河上丈人,不知其所出。
> 河上丈人教安期生,安期生教毛翕公,毛翕公教樂瑕公,樂
> 瑕公教樂臣公,樂臣公教蓋公。蓋公教於齊高密、膠西,為
> 曹相國師。[5]

據《史記》所載,河上丈人所學所教者為黃老之學,曾教安期生,
再傳毛翕公,毛翕公又傳樂瑕公,樂瑕公又樂臣公,樂臣公又傳
蓋公,蓋公再教曹參。河上丈人的弟子樂瑕公、樂臣公、蓋公均
屬戰國末至西漢初年的著名隱士,若河上丈人曾教導安期生,二
傳毛翕公,三傳樂瑕公,則河上丈人作為黃老道教祖師,當為戰
國時人。然而司馬遷既未載河上丈人曾著《河上公章句》,亦謂
「不知其所出」,從《河上公章句》體例來看,當屬漢代流行注
經形式,[6]若河上丈人為戰國時人,則《河上公章句》的作者自非
《史記》之河上丈人。

　　三國·魏·嵇康(約 223-約 263)《聖賢高士傳》、皇甫謐
《高士傳》亦有提及河上丈人,分別見《太平御覽》引文曰:

> 河上公,不知何許人也,謂之丈人,隱德無言,無德而稱焉,

---

5 《史記會注考證》,頁 989。
6 陳麗桂指出章句之體與「就經為注」的解經形式,是漢代流行的注經形式。章
　句之體,西漢已有,如盧植《尚書章句》、王逸《楚辭章句》,於東漢尤為盛
　行,從《河上公章句》體例來看當屬漢代流行注經形式。見陳麗桂:〈《老子
　河上公章句》所顯現的黃老之理〉,頁 178-179。

安丘先生等從之，修其黃老業。[7]

河上丈人者，不知何國人也，明老子之術。自匿姓名，居河之湄，著《老子章句》，故世號曰河上丈人。當戰國之末，諸侯交爭，馳說之士，咸以權勢相傾，唯丈人隱身修道，老而不虧，傳業於安期生，為道家之宗焉。[8]

嵇康所言與《史記》所述大同小異，同言河上丈人修黃老之道，傳業於安期生。所不同者乃明言河上丈人著《老子章句》，然而從著書的體例來看，嵇康所言之河上丈人是否即今《河上公章句》之作者，仍不可得而知之。《四庫全書總目提要》指出：「然《隋志‧道家》載《老子道德經》二卷，漢文帝時河上公註。又載梁有戰國時河上丈人註《老子經》二卷，亡，則兩河上公各一人，兩《老子註》各一書。戰國時河上公書在隋已亡，今所傳者，實漢河上公書耳。」[9]認為戰國時之河上丈人所注《老子》已亡，今存河上公注《老子道德經》二卷，則屬漢文帝時之作。然而王明指出「戰國之末，當有『河上丈人』，但並未為《老子注》。漢文帝時，實無河上公其人，更無所謂《老子章句》，今所傳《老子河上公章句》，蓋後漢人所依托耳。」[10]認為今存之《河上公章句》作者非西漢文帝時人，應為東漢時人托名而作，眾說紛紜，然而由於無更確定的史料佐證，僅能聊備一說。今人一般認為河上公或河上丈人乃後人所托，謂之曾著《河上公章句》。

7　北宋‧李昉（925-996）：《太平御覽‧卷五百一十》（臺北：大化書局，1977），頁2326。
8　《太平御覽‧卷五百零七》，頁2318。
9　《四庫全書總目提要》，頁3031。
10　王明：《道家和道教思想研究》（北京：中國社會科學出版社，1984），頁302。

二、著 述

不僅《河上公章句》作者無從考訂，僅能托之以河上公或河上丈人所著，即使是《河上公章句》一書的成書年代，歷來亦頗具爭議。

關於《河上公章句》成書年代說法眾多，自西晉・葛洪（283-343）《神仙傳・卷三・河上公傳》編造神人河上公授書漢文帝的故事開始，已有種種不同說法。《隋志》承其說謂「《老子》二卷，漢文帝時河上公注。」又云：「梁有戰國時河上丈人《注》二卷，亡。」[11]南宋・黃震（1212-1280）早指出「漢文帝在位二十三年……未嘗幸河上」之史實加以駁斥，[12]後來學者因《神仙傳》所言情節荒誕離奇，不採其說。晁公武《郡齋讀書志》認為《河上公章句》成書於戰國，河上公即河上丈人，[13]從著書之體例來看，不可能成書於戰國時期。關於《河上公章句》成書時期的說法約類可分四種：

一、成書於西漢時期：認為《河上公章句》早於嚴遵《道德指歸》，為西漢時期作品，金春峰更指出成書當不晚於成帝之世。[14]孫以楷主編，陳廣忠、梁宗華等著《道家與中國哲學・漢代卷》以帛書《老子》甲、乙本與河上公本避諱比較，得出《河上公章

---

11 見清・吳承仕（1884-1939）疏證：《經典釋文序錄疏證》（北京：中華書局，2008），頁 136。
12 黃震：《黃氏日鈔・卷五十五》（京都：中文出版社，1979），頁 637。
13 晁公武：《郡齋讀書志》（上海：上海古籍出版社，1990），頁 460-461。
14 金春峰：《漢代思想史》（北京：中國社會科學出版社，1987），頁 338-348。

句》成於文、景之世的說法。[15]

　　二、成書於兩漢之際：認為《河上公章句》成書應在嚴遵《老子指歸》之後，東漢中後期之間。如吳相武認為從思想內容來看《論衡・道虛篇》與《河上公章句》主要思想基本一致，以及東漢時期盛行元氣說並非《河上公章句》的核心思想，故推其成書於西漢末至東漢初，早於王充《論衡》而晚於嚴遵《老子指歸》。由版本變化看來，《老子指歸》較近帛書《老子》，皆以德經在前，道經在後；《河上公章句》與《老子想爾注》則道經在前，德經在後，同於今本《老子》。而且相較於《老子指歸》，《河上公章句》不只某些概念詮釋更為明確，養生思想也更為豐富，甚至主張長生不死，故宜較指歸為後出。[16]陳麗桂從《河上公章句》內容大篇幅論及黃老學說，認為絕非魏晉以下道教養生論所可籠括，當屬西漢末至東漢中期之作。[17]凌超煌〈從避諱現象考訂河上公老子注成書年限〉一文，則具體舉證指出《河上公章句》經文部份遍避漢文、景、昭諸帝之諱，卻於惠帝之諱先避後回改，準之「已祧不諱例」，可推測經文版本應形成於漢惠帝劉盈已祧之後。再者，經文除了回改「盈」字之外，並未連帶回改「恒」、「啟」、「弗」等字，顯示當時惠帝已祧而文、景、昭諸帝尚未毀廟，文、景、昭諸帝之名諱尚存，因此只能回改「盈」字而不及於他字，據此可知經文在文、景、昭諸帝毀廟之前應已抄寫完成。注解亦未避惠帝之諱，與經文回改「盈」字之法相互對應，顯示經文版本之形成與注解之寫作同步進行。由是推斷《河上公

---

15 孫以楷主編，陳廣忠、梁宗華等著：《道家與中國哲學・漢代卷》，頁50。
16 吳相武：〈關於《河上公注》成書年代〉，《道家文化研究》15，頁209-246。
17 陳麗桂：〈《老子河上公章句》所顯現的黃老養生之理〉，頁179-181。

章句》完成於西漢元帝永光五年至竟寧元年之間（西元前 39-33年）。[18]

　　三、成書於東漢時期：饒宗頤認為《想爾注》吸取《河上公章句》部份思想，並加以宗教化、神秘化，由此考訂出成書於張陵立教之前，故《河上公章句》亦成書於東漢。[19]王明認為《河上公章句》成書於東漢中後期。[20]鄭燦山〈《河上公注》成書時代及其思想史、道教史之意義〉從《河上公章句》思想內容與道教史關係指出，當是方士之流的作品，約成書於東漢中晚期。[21]王卡則指出「《河上章句》的成書時代也不應早至戰國或西漢初。因為《漢書‧藝文志》未曾著錄此書。而且據孔穎達《禮記正義》稱：東漢學者馬融注《周禮》，始採用「就經為注」形式，改變以前經文與注文分開的形式。《河上公章句》在形式上正是「就經為注」的，應成書於馬融（79-166 年）之後。」[22]凌超煌則指出孔穎達僅能證明漢初之時經、傳（註）別行，缺乏漢中、漢末時期的相關證據，因此東漢馬融之例充其量只能當作「就經為注」形式成立之下限，加上「就經為注」未必為馬融首創。東漢上距漢初一、二百年，孔氏只單取下限為「就經為注」形式之起始線，卻忽略其間尚存在大段的空白，頗值商榷。再者，孔穎達所論以儒經為主，未及道經，不可憑孔穎達的推論即斷定《河上公章句》

---

18 凌超煌：〈從避諱現象考訂河上公老子注成書年限〉，《清華中文學報》11，2014.6，頁175-212。
19 饒宗頤：《老子想爾注校證》（上海：上海古籍出版社，1991），頁82。
20 王明：《道家與道教思想研究》，頁293-323。
21 鄭燦山〈《河上公注》成書時代及其思想史、道教史之意義〉，《漢學研究》18：2，2000.12，頁87-94。
22 王卡點校：《老子道德經河上公章句‧前言》（北京：中華書局，2011），頁3。

晚於東漢馬融之時。[23]虞萬里從《河上公章句》著書體例指出，西漢章句繁富，嚴遵之《指歸》猶可見當時章句之一斑。東漢之章句簡省，趙岐《孟子章句》概可窺其貌，然其章末猶有一章旨意。反觀《河上公章句》，極少字詞訓詁，多在串講句意，各章之後絕無概括的章句，與王逸《楚辭章句》頗類似，皆章句簡省後之產物，故其年代似與王逸相先後，即使曾為後人增刪，亦很難與西漢章句體式並論。[24]虞萬里則從南北朝道經《太玄部第八老君傳授經戒儀注訣》論《河上公注》定其時代下限，又從其體式、思想內容，以及劉向對《老子》的校勘等四方面討論，以證《河上公章句》成書不可能早至西漢和東漢初期，應與王逸相先後。[25]王清祥根據注文神秘性編撰型式所反映的天人合一、陰陽共融的神秘宗教經驗，以及注文慣用「氣」來解釋天地萬物的形成，並為大小宇宙之間溝通媒介，這些觀念正與東漢時所流行的陰陽五行與氣化論等時代特色相契合，然而卻因為缺乏可靠史料直接證明成書年代，只能寬泛地定位於「從東漢到六朝」這段時間。[26]

　　四、成書於魏晉南朝：王應麟《漢書藝文志考證》及黃震《黃氏日鈔》以河上公傳說荒誕而謂之形成於晉朝。[27]清・盧文弨（1717-1795）說其書「內有詮發弼義者，是王弼以後人作」。[28]馬

23　凌超煌：〈從避諱現象考訂河上公老子注成書年限〉，頁162。

24　見樊波成校箋：《老子指歸校箋・序》，頁46。

25　王卡點校：《老子道德經河上公章句・前言》，頁40-50。

26　王清祥：《《老子可上公注》之研究》（臺北：新文豐出版，1994），頁14。

27　分別見王應麟：《漢書藝文志考證》（《二十五史補編》第2冊）（北京：中華書局，1955），頁1412。黃震：《黃氏日鈔》卷55，頁637。

28　盧文弨：《經典釋文敘錄考證》（《叢書集成・初編》冊1201）（北京：中華書局，1985），頁20。

敘倫（1885-1970）《老子覈詁》、[29]清·吳承仕（1884-1939）《經
典釋文敘錄疏證》轉引南宋·道士謝守灝（1134-1212）之說，認
為是仇岳之作，皆晚世道家所假託。[30]

除了成書時期有不同說法之外，更有學者提出《河上公章句》
成書是由不同階段形成的：日人楠山春樹《老子傳說研究》及小
林正美《六朝道教史研究》則提出不同階段形成說，楠山春樹以
為《河上公章句》的「道家養生」思想為原本河上公注，約出於
後漢，其「道教養生」思想則為六朝末期靈寶派所附加；小林正
美則以為現行《河上公章句》名稱凡歷三變，即《河上丈人注》、
《河上真人章句》、《河上公章句》及一次內容變化：劉宋時期
天師道三洞派製造河上宜人傳說，附於《河上公章句》治身與「體
內神」思想而形成。[31]

由以上概述可見，《河上公章句》的成書說法紛紜，班固《漢
書·藝文志》不曾著錄，綜觀現存漢代典籍亦未有言及。三國·
吳·薛綜（？-243）於注解東漢·張衡（78-139）《二京賦》時
引河上公注《老子·四十六章》「天下有道，卻走馬以糞」一句
注文，可見《河上公章句》問世應在三國以前。[32]《四庫全書總
目提要》以為「詳其詞旨，不類漢人，殆道流之所依託歟。」[33]學

---

29 馬敘倫：《老子覈詁》（《無求備齋老子集成續編》）（臺北：藝文印書館，
   1965），頁 2-6。
30 吳承仕疏證：《經典釋文序錄疏證》，頁 137。
31 相關資料整理見蔡振豐：〈嚴遵、河上公、王弼三家《老子》注的詮釋方法及
   其對道的理解〉，《中國經典詮釋傳統（三）：文學與道家經典篇》（臺北：
   臺大出版中心，2004），頁 298。
32 相關考證詳見王卡點校：《老子道德經河上公章句·前言》，頁 2。
33 《四庫全書總目提要》，頁 3031。

者從《河上公章句》思想內容，判斷其說為方士之作，或以之具有宗教神秘色彩，從義理內容來判斷成書年代的說法，似乎還有商榷的餘地，綜觀《河上公章句》一書以「自然長生之道」為常道，又有長壽不死、愛精守氣之說，然而其所謂不死與道教之羽化成仙有別，所謂愛精守氣與道教不泄男精、服炁之說亦有所不同，若以後出道教思想詮解《河上公章句》，便會得出成書於東漢中晚期的說法。然而若能分辨其說僅為黃老思想之養生延壽，再從其章句體例來判斷成書年代，則可相對客觀地將成書年代縮至兩漢之際至東漢中期以前，甚至可以進一步明確地說，《河上公章句》成書當在《老子指歸》、《想爾注》二書之間。凌超煌〈從避諱現象考訂河上公老子注成書年限〉一文，舉證詳贍，且甚具說服力，推斷《河上公章句》完成於西漢元帝永光五年至竟寧元年之間（前 39-33 年），即西漢末年。此說既晚於《老子指歸》，亦早於《想爾注》成書時間，似可相應從思想內容、體式判斷時代之說。[34]然而在沒有更充分的客觀證據判定成書年代的情況下，僅能採取較為寬泛的說法，視之為西漢末至東漢中期的著作，或許更具包容性。

　　《河上公章句》自東晉南朝起廣為流傳，至唐初已出現不同版本，唐代傳本各章無章名，今傳河上公本的標題或見於宋代，如「體道第一」、「養身第二」等。[35]

---

34 揚雄於少年時曾從學於嚴遵，嚴遵生卒年不可考，僅知其存活時期為西漢中晚期，然而揚雄生於西元前 53 年，卒於西元前 18 年，嚴遵高齡九十餘而卒，若以《河上公章句》成書於西元前 39-33 年來看，推斷《老子指歸》先於《河上公章句》亦非不可能。
35 見王卡：《老子道德經河上公章句・前言》，頁 15。

第二節 《河上公章句》的詮釋內容

　　《河上公章句》不僅為漢代解《老》的重要注本，因其著重養身實踐，成為民間流傳極廣的詮釋《老子》之作；更因其以養身之道解《老》，為詮解《老子》打開了新的詮釋視域，成為道教養身成仙的修身思想源頭。《老子》一書並不以養形治身為主，而是以無為治道為要，《河上公章句》著重「自然長生之道」，明顯與《老子》思想有所不同，當中自有其詮釋轉向。關於《河上公章句》解《老》的詮釋內容及其轉向，下文將從道論、工夫論及境界論三方面討論，以見其創造性的詮釋及對《老子》養生思想的開展。

一、道的轉向 —— 從本體宇宙論到氣化宇宙論

　　《河上公章句》論道的內容以及道生的方式均異於《老子》而與嚴遵《老子指歸》道生的方式相近，同屬氣化宇宙論，然而《河上公章句》與《老子指歸》所言之道亦有著明顯不同，下文將討論《河上公章句》道的內容及道生的方式，以明《河上公章句》養生思想的開展。

（一）道的內容

　　《河上公章句》注《老子》首章，即明白指出所論之道非治國經世之道，而是自然長生之道，觀其注曰：

謂經術政教之道也。[36]非自然長生之道也。[37]常道當以無為養
神，無事安民，含光藏暉，滅迹匿端，不可稱道。……無名
者謂道，道無形，故不可名也。始者道本也，吐氣布化，出
於虛无，為天地本始也。……萬物母者，天地含氣生萬物，
長大成熟，如母之養子也。妙，要也。人常能無欲，則可以
觀道之要。要，謂一也。一出布名道，讚敘明是非也。徼，
歸也。常有欲之人，可以觀世俗之所歸趣也。兩者，謂有欲
無欲也。同出者，同出人心也。而異名者，所名各異也。名
無欲者長存，名有欲者亡身也。玄，天也。言有欲之人與無
欲之人，同受氣於天也。天中復有天也。稟氣有厚薄，得中
和滋液則生賢聖，得錯亂污辱則生貪淫也。能知天中復有
天，稟氣有厚薄，除情去欲，守中和，是謂知道要之門戶也。
（〈體道第一〉，頁 1-3）[38]

河上公與《老子》同以可道之道與不可道之道來分辨非常道與常
道，然而其所謂道的內容卻異於《老子》，可從三方面分別言之。
首先，從道的具體指向來看：《河上公章句》所言非常道、可道
者，是指向經世之術、政教之道；其所謂常道、不可道者，是指
自然長生之道。由是可知，《河上公章句》所論之道是以自然長
生為主，其常道是以無為的方式養神，以無事的方式安民，因其
和光同塵的特質，故不見其跡，不顯其端，因而不能被稱謂。可
見《河上公章句》由養生言道，與《老子》所言「君人南面之術」，

---

36 「道可道」句下注。
37 「非常道」句下注。
38 王卡點校：《老子道德經河上公章句》。本書所引《河上公章句》原文均自此
　書，然而部分章句或經筆者重新句讀，而稍有不同。

[39]從道化政治之理想境界論道，雖同樣以人生意義論道，價值偏重卻有所不同。

其次，從道的生化方式來看：《河上公章句》的道是就元氣而言，故自道至於萬物來看是「吐氣布化」、「天地含氣生萬物」，自萬物與道的關係來看則屬「稟氣有厚薄」的問題，可見道乃氣化萬物之所以然，以虛無的方式始成天地，長養萬物，是客觀地從氣化生物之宇宙生成而說生化，即屬氣化宇宙論的進路；相對而言，《老子》之生化萬物是以玄作用於無、有之間的方式來創生價值，使萬物自然地實現其自己，是就主體實踐、本體論地說價值宇宙的生化，即屬本體宇宙論。

再次，從道的具體內容來看：《老子》的道包涵玄、無、有，三者同屬於形而上者，以無名、無欲為「無」，創造價值意義，以有名、有欲為「有」，以見道的徼向性，故無、有乃道的雙重性，又藉著玄作用於其間，使無而能有，故無非空無，若只顯其虛無則無法落實；使有而能無，故有不滯於有，如此則能藉著無的妙用，顯其純粹價值，由是而言無有兩者，「同出而異名，同謂之玄」，故謂三者同屬形而上者。《河上公章句》之言道，則僅從無名、無欲言之，有名、有欲卻落在形而下，故客觀天地有形狀、位置、陰陽、剛柔等具體分別，是謂「有名」；透過有欲之人，以見世俗之事的取捨歸向，是謂「常有欲，以觀其徼」。又曰：「始，道也。有名，萬物也。道無名，能制於有名，無形，能制於有形也。」（〈聖德第三十二〉，頁 131）明顯將無名、

---

39 班固：《漢書‧藝文志第十》，頁 1732。班固以「君人南面之術」概括道家論學宗趣，用之來論《老子》道化政治的理想境界，亦甚能相應。

無形歸於道，為形而上者；有名、有形歸於萬物，為形而下者。《河上公章句》就「有欲」、「無欲」而言「兩者」，認為有欲之人、無欲之人同出於人心，只是有欲者損其身，無欲者益其身，其名各異，而同樣稟氣於天，謂之為「玄」，所以玄者，即天也。從稟氣來看，能做到無欲者，即與道同行，但無欲者不能直接等同於「無名」，有欲者更非「有名」，於此又與《老子》之義理內涵有所不同。由是進一步推論，即可得出有欲、無欲之人同出於天，同受氣於天，故天即是「玄」，是為形而上之「天」或「玄」。若「天」即是「玄」，而「有名謂天地」，天地又是有形位、陰陽、柔剛等具體可名的內容，則此有名之天地顯然非形而上者，如此即與「玄」同名之「天」與「有名謂天地」之「天」實屬不同義涵之「天」，一為形而上者，一屬形而下者。《河上公章句》以氣稟言天，釋《老子》之「玄」，則天有二義，一為等同元氣意義之天，一為眾人稟氣之天，於理論上，必須分辨清楚。《河上公章句》又以「天中復有天」之義釋「玄之又玄」，則只能從氣稟的方向理解「玄之又玄」，而不見玄之作用於形上「無」、「有」的作用不息義，如是則如何理解受氣於天之天，能天中有天？關於這個問題應緊扣「稟氣有厚薄」來理解，「天中復有天」的第一個「天」義應就「受氣於天」的「天」義來說，是形上義能生物之天，所謂「復有天」是指萬物稟氣當中有厚薄之不同而言，即就天生氣稟的多少而說「復有天」，既明萬物自氣稟而生，而當中又有稟氣厚薄的差別，則能明白稟得中和之質者為賢聖，只有做到除情去欲，守其中和之質，方為體道的要門。

　　關於《河上公章句》以玄即是元氣之天的說法，所在多有，並多具形上義，注文曰：

> 玄，天也，言其志節玄妙，精與天通也。(〈顯德第十五〉，
> 頁57)

> 玄，天也。人能行此上事，是謂與天同道也。(〈玄德第五十
> 六〉，頁217)

> 玄，天也。常能知治身治國之法式，是謂與天同德也。玄德
> 之人，深不可測，遠不可及也。玄德之人，與萬物反異，萬
> 物欲益己，玄德欲施與人也。玄德之人與萬物反異，故能至
> 大順，順天理也。(〈淳德第六十五〉，頁255)

> 能行此者，德配天也。是乃古之極要道也。(〈配天第六十
> 八〉，頁269)

《河上公章句》指出人能體道，其精神即能與天相通，與天同道，
便能得治身、治國的準則，是謂與天同德。故體天德之人即是體
玄德之人，體道之人與眾人相異，一般人只希望增益自己，體道
之人卻是施予於人，因而能順應萬物。所謂「德配天也」亦即體
證天德、玄德之意，均為道之要。在這種情況下之「天」、「玄」
同義，均與道同層而屬形而上者。然而其所謂形而上者，是從元
氣之道而言，故言「萬物皆歸道受氣」(〈任成第三十四〉，頁
137)。「言道善稟貸人精氣，且成就之也。」(〈同異第四十一〉，
頁165)又《老子·二十一章》言道之為物「其精甚真，其中有
信」，是就正面說道的真實性，並可以驗證其內容，《河上公章
句》注曰：「言道精氣神妙甚真，非有飾也。」(〈虛心第二十
一〉，頁86)則從精氣釋「精」，以此理解道的真實性，實已從

價值義之精實，轉向氣化宇宙論之精氣、元氣而言道，故曰「言道稟與，萬物始生，從道受氣。」「今萬物皆得道之精氣而生。」（〈虛心第二十一〉，頁 87）認為萬物均自氣而生，而氣則自道而來，從道生氣，氣生萬物之說可見，實為氣化宇宙論之生成進路。《河上公章句》論道的內容可見，以長生之道作為道的具體指向，又以氣稟言道，僅以無、玄作為形上之道的內容，並刊落有的形上義，凡此均屬《河上公章句》論道的詮釋轉向。

（二）道生的方式

既明《河上公章句》是以氣化的方式言生，同時亦刊落《老子》言道「有」的一面，則其言道生的內容，亦必有異於《老子》，其文曰：

> 道始所生者一也。一生陰與陽也。陰陽生和、清、濁三氣，分為天地人也。天地人共生萬物也。天施地化，人長養之。萬物無不負陰而向陽，迴心而就日。萬物中皆有元氣，得以和柔，若胷中有藏，骨中有髓，草木中有空虛與氣通，故得久生也。（〈道化第四十二〉，頁 168-169）

> 一者，道始所生，太和之精氣也，故曰一。（〈能為第十〉，頁 34）

> 道生萬物。德，一也。一主布氣而畜養之。（〈養德第五十一〉，頁 196）

> 一，無為，道之子也。（〈法本第三十九〉，頁 154）

《河上公章句》言道生一，一生二，二生三，三生萬物的宇宙論生成方式，是以無為、太和精氣、主布氣而畜養之德言「一」，可見「一」有多種別稱，亦可從三方面分析言之：一，從「一」的內容來看，則為太和之精氣，是以氣論道。二，從「一」與道的關係來看，則曰「德」，德者，得之於道，其作用為布氣、畜養萬物。三，從「一」的作用方式來看，「一」既可視之為「無為」，即以無心的方式作用於萬物，成全萬物。以上三者皆言「一」，同為道之發用，與道同層。以陰、陽二氣而言「二」，然而此陰、陽二氣，卻與「有名謂天地。天地有形位、有陰陽、有柔剛，是其有名也」之「陰陽」不同，有名之「陰陽」是就萬物的具體特性而言，若不以陰陽言之，亦可謂之牝牡、牛馬、乾坤，如是均為形而下者，並非「一生二」之陰、陽二氣，而為形而上者。又以和、清、濁而言「三」，由是可見道與無為、太和精氣、德、陰陽二氣、和、清、濁等「一」、「二」、「三」等內容均自氣而言，同屬形而上者，此氣化之生成。至天、地、人則屬形而下者，故曰「天地人共生萬物也」，其生成方式則與道生一，一生二，二生三的生成方式有異，天地人共生萬物的方式，是以天施地化，人參與其中養育萬物而成萬物，並不是生物義地從天、地、人生出萬物。

《河上公章句》此說實有四種涵義。首先，道生之說嚴分形上形下兩層：陰陽生和、清、濁，而非陰陽生天、地、人，天、地、人是自和、清、濁稟受不同而分為天、地、人。在這前提下，《河上公章句》則繼承《老子》以道、一、二、三為形而上者，以萬物為形而下者。

其次，要辨明形上形下的生成方式有異：《河上公章句》雖繼承《老子》形上形下二分的方式，然而二者的生成方式有所不同。自道生太和精氣（或謂之「無為」、「德」皆可），太和精氣生陰陽，陰陽生和、清、濁，是直接的「生」，是以元氣創生，此其形上之生；自形下之天、地、人、萬物，等客觀外物之「生」則屬「共生」，並非直接地自天、地、人生成萬物。自形上生形下之轉折，則自和、清、濁演變成天、地、人開始，便非直接地生，天、地、人不從陰陽二氣直接生出，而是由和、清、濁之稟受厚薄有別，分判為天、地、人。自此即落在形而下者言生化，萬物在這種情況下，為天覆地載人養之，而非由天、地、人直接地生成，此即從直接之生化轉為間接地生化的關鍵。縱言「天下萬物皆從天地生，天地有形位，故言生於有也。」（〈去用第四十〉，頁 162）亦是從「天施地化」之「共生」而說，與形而上之道生太和精氣、太和精氣生陰陽二氣，陰陽二氣生和、清、濁三氣有所不同。《老子》言道生萬物，則無此曲折之說，《老子》言道生，是以道生玄，玄生無，無生有，有生萬物，道、玄、無、有同屬形而上者，萬物即包含天、地、人三者，同屬形而下，自形上生形而下的生成方式並無二致，亦未論及氣稟厚薄之內容，故無所謂「共生」之說，亦不自人「長養」萬物，天地萬物（包括人）均以自然無為的方式實現其自身價值，從價值義上說生化，故無「共生」之說，均為直接之生化，此二者之不同。

再次，強調人的重要性：《老子》言道生，乃就聖人主體而言道生，不必特別強調人的重要性，其言「萬物」乃主體實踐下價值意義行為物之「萬物」，故僅曰「三生萬物」、「天下萬物生於有，有生於無」，與《河上公章句》所言之指向客觀義的「萬

物」有所不同,不能混淆,《河上公章句》將天、地、人並列,並置之於「萬物」之前,是因為《河上公章句》所言之「常道」是以「自然長生」為內容,能實現自然長生之道者,僅人能行之,故曰:「天地生萬物,人最為貴。」(〈虛用第五〉,頁 18)此《河上公章句》所貴於人者實異於《老子》。

萬物稟受元氣,兼在天地施化之下,又得人所長養,因而能就其天性背著陰暗面、朝向陽光面,得以長生久養。於此《河上公章句》所言之「負陰而向陽」之「陰」、「陽」乃形而下之陰陽二面,與「一生陰與陽」的形而上之陰陽二氣有所不同,所謂「萬物無不負陰而向陽」,並非指陰陽又落在萬物之下,淪為形而下者,前後所言之陰陽涵義有別,不可不察。[40]

由是可見,因應《河上公章句》言「元氣生萬物」(〈養身第二〉,頁 7)、「萬物皆得道之精氣而生」(〈虛心第二十一〉,頁 87),以元氣作為道的內容論宇宙生成,將太和精氣、陰陽二氣、和清濁三氣同時列為萬物之所以能生化的形上根據,並刊落《老子》「有」的形上意義,故其道生的內容自亦與《老子》有別,《老子》乃本體宇宙論地言萬物的主體價值生化,《河上公章句》則氣化宇宙論地言客觀萬物的生化,二者有著本質的不同,

---

40 徐復觀認為《河上公注》因「萬物背陰而抱陽,沖氣以為和」之句,遂將「二」解釋為陰陽,加上「和」而為三,是不正確的,若如此何以原文不乾脆說「一生陰陽」,而要說一生二呢?且《老子》一書在其他談創生過程的地方,沒有再提到陰陽。「若此處係以陰陽為創生宇宙的二基本元素,則萬物的本身,即係陰陽二氣的和合。若僅就陰陽二氣自身而言,則在層次上應居於萬物的上位;不可言『萬物負陰而抱陽』,陰陽反在萬物的下位。而成物以後,則陰陽已融入於萬物之中,亦不可謂『萬物負陰而抱陽』;因為若果如此,則是陰陽與萬物為二。」見徐復觀:《中國人性論史》,頁 334。

不可不別。[41]

二、工夫論轉向 ── 從修身到養生

因應道論的不同，《河上公章句》的工夫論亦有所轉向，以下將從《河上公章句》的工夫論內容及特色，和其異於道教之處討論說明，以見其工夫論的詮釋轉折。

（一）《河上公章句》工夫論的內容及特色

《河上公章句》的工夫論特色可從除情欲、養神明兩方面說明，前者相對消極，後者較為積極，若分析地與《老子》工夫論作類比說明，則前者屬去病工夫，後者屬歸本工夫，透過除情欲對治讓身心奔馳的對象，使身心清淨不為，調護神明，與道相合，由是而達至養生的目的。

1. 除情欲

關於去情欲、除嗜欲的工夫內容，《河上公章句》曰：

> 除嗜欲，去煩亂。懷道抱一，守五神也。和柔謙讓，不處權也。愛精重施，髓滿骨堅。反朴守淳。思慮深，不輕言。不

---

41 杜保瑞指出《河注》對於道與天地萬物的關係的註解之詞，雖確得《老子》原義但也沒有多所發揮，故而在註解之中並未有哲學上的新意。杜保瑞：〈《河上公注老》的哲學體系之方法論問題檢討（上）〉，《哲學與文化》336，2002.5，頁399-400。案：如前文所論不誤，則《河上公章句》論道與天地萬物的關係，並非《老子》原義，而是在其氣化宇宙論下之重新詮釋。

造作,動因循。(〈安民第三〉,頁 11-12)

得道之人,捐情去欲,五內清淨,至於虛極。(〈歸根第十六〉,頁 62)

出生,謂情欲出於五內,魂定魄靜,故生。入死,謂情欲入於胷臆,精勞神惑,故死。言生死之類各有十三,謂九竅四關也。其生也,目不妄視,耳不妄聽,鼻不妄嗅,口不妄言,舌不妄味,手不妄持,足不妄行,精不妄施。其死也反是。人之求生,動作反之十三死地也。問何故動之死地也。言人所以動之死地者,以其求生活之事太厚,違道忤天,妄行失紀。(〈貴生第五十〉,頁 191-192)

《河上公章句》認為情欲入於胸臆則入於死地,故言「除嗜欲」、「捐情去欲」,其說與《老子》無欲寡欲之說相類近,然而細究其意,則不難發現二者所言工夫論的對象、方法、目的均有差別。首先,從工夫論的對象來看,凡工夫論的設立,是就生命中的病痛而設,故必有其對治對象。《河上公章句》所對治者為身心上的嗜欲,故曰「除嗜欲,去煩亂」、「捐情去欲」,只有除情去欲方能避免情欲入於內,勞損精神,入於死地;精神不被勞損,才能安定魂魄,入於生地;而《老子》所欲對治者乃主觀價值意義上的偏執,從個人來說,能去其偏執,才能得生之途,人生才有活路可走;只有去其執滯之心,才能體虛靜之道,回復生命純樸無為的境界;從群體來說,因聖人能做到無執,故能有長育萬物之功而不有、不恃,自然而然地使群體達至無為之境。由是可見,二者工夫立論所對治者有著明顯不同,《河上公章句》已從

《老子》之對治生命中的偏執轉向身心上的嗜欲；又因《河上公章句》除情欲之說多就個體之養生而言，不若《老子》從聖人之無執，推至功化天下，使天下均能體證無為自然之境，故其工夫論之對象亦自《老子》之群體轉向以個人為主，此其不同者一。

其次，從工夫論的方法來看，即其棄絕的方式來看，《河上公章句》言「除嗜欲」、「捐情去欲」甚或言「絕利去欲」目的是「財利不累於身心，聲色不亂於耳目，則終身不危殆也。」（〈立戒第四十四〉，頁 176）使身心不為財利所牽累，耳目不被聲色所擾亂，由是而言絕去，此絕去、捐除是就去除一切現實上之聲色情欲而說。《老子》所言「絕聖棄智」、「絕仁棄義」、「絕巧棄利」之絕棄，是從作用層上而言絕棄，故其絕棄之聖智、仁義、巧利者，並非就現實上之種種客觀分別來說棄絕，而是就價值上之妄作分別、行為上之有心刻意主觀上之偏執來說絕棄，乃作用義上之絕棄，凡有心標舉聖智仁義的，有意標榜技藝上之巧利的，均屬有為之舉，此等因心知執著而致使不純粹者，皆須絕棄。只有透過少私寡欲、損之又損的工夫，才能轉有為而為無為，以其虛靈之心創造純粹的價值，保住現實上一切事物，此即所謂「作用地保存」。由是可見《河上公注》之言「除嗜欲」、「捐情去欲」、「絕利去欲」與《老子》所言「絕聖棄智」、「絕仁棄義」、「絕巧棄利」於絕棄的方式上，有著本質上的差別，前者從現實上之財利聲色而言絕棄，後者從作用義上之有心有為而言棄絕，此其不同者二。

再次，從工夫論的目的來看，即從捐除工夫所達成的理想境界來看，《河上公章句》言體道之人是從自身之「捐情去欲，五

內清淨，至於虛極」來說，只有去除情欲，身心不為財利聲色所擾，方能處於虛靜之境，精神才能不勞而逸；《老子・十六章》之言「至虛極，守靜篤」者，則從透過致虛、守靜的無為工夫，使精神上達到沖虛無為之境來說，只有致虛、守靜的工夫做到透徹的情況下，方能在應物時即使有種種念頭同時出現，亦能以自然無為的心境去看待事物，故曰「萬物並作，吾以觀復」。《老子》是就價值義之偏執而言絕棄的工夫，透過無為、損之又損的工夫歷程，使生命回歸純粹自然的一面，此其工夫目的內聖的一面，從外王來說，聖人順應萬物而不居功，故能成就萬物純粹價值之實現，以此體證道化政治的理想境界，不論內聖外王，《老子》均以聖王及百姓能體證無為自然的價值意義為宗趣，即以成就道化政治理想境界為目的；《河上公章句》則從現實層面之去除財利聲色而言虛極，故其治身之「除嗜欲」、「捐情去欲」，雖亦就「得道之人」來說，亦言「懷道抱一」，然而其道是「自然長生之道」，能得道、懷道者，自能「守五神」、「五內清淨」，其所謂五內是指人體肝、肺、心、腎、脾等五臟，故曰：「人能養神則不死。神謂五藏之神。肝藏魂，肺藏魄，心藏神，腎藏精，脾藏志，五藏盡傷則五神去矣。」（〈成象第六〉，頁21）《老子・六章》言「谷神不死」是就道之沖虛妙用的不能被窮盡而言。山谷凹陷之狀有若虛懷，故言「谷神」，沖虛之道無所限且不能被窮盡，故曰「不死」，實亦無所謂生死，由是可見《老子》之言「谷神不死」乃就沖虛之道言其大用，《河上公章句》於此即專就保養形體來說。《河上公章句》指出能除去嗜欲，即能守道謙和，免於利益紛爭之中，因而能愛惜精氣，謹慎施用，在這種情況下自能骨骼強健，復返於純樸之境，應物時自能深思熟慮，不輕言致禍，舉止因順自然，不刻意造作，可見《河上公章句》

是從調養體魄而說，此乃養生延年之術，後世道教修煉內丹之術即順此而有所發展。《河上公章句》又曰「多嗜欲，無足時」（〈益證第五十三〉，頁 204）「嗜欲傷神，財多累身。」（〈運九第九〉，頁32）嗜欲害神，不利養生，故「不欲奢泰盈溢」（〈顯德第十五〉，頁59）、「除情去欲，日以空虛。」（〈顯德第十五〉，頁58）以除情欲，去嗜欲的方式定魂魄、守五神，使得形下的形軀得以休養生息，以此體證虛極無為之境。其除情欲的工夫，可與《老子》無為去欲之說相通，同屬內省修養，然而其絕情去欲的目的，不在於「經術政教之道」，提昇個人的精神修養境界，使生命調適上遂，繼而體證道化政治之境，而是在於保養個體形軀，使五臟、魂魄、九竅四肢均能保持清淨，不泄太和精氣，守住所稟元氣，以此體證「自然長生之道」，《老子》所重則有類於《河上公章句》批評非常道之「經術政教之道」，只是《老子》之「經術政教」是以自然的方式來成全，而非僵化制度下之「經術政教」，此其不同者三。

　　《河上公章句》與《老子》同言無為去欲，然而卻自此轉向以養生為目的，其說非無所承。《河上公章句》認為能捐棄情欲，則能安定魂魄，避免情欲入於胸懷，勞累、困惑精神，因此能得生免死，以此體證長生之道，實繼承了《韓非子‧解老》「十有三」之說，認為十三者是指「九竅四關」，即兩耳、雙目、兩鼻孔、一口、尿道口、肛門等九竅，與手足四肢，凡十三個部分。尤有進者，是《河上公章句》就此十三者進一步言如何養生，其養生的方法即在於目耳鼻口舌五官、手足精氣均不妄為，不該視、不該聽、不當聞、不當語、不應嚐、不應觸碰、不應行、不應泄者，便不為；若視不該視，聽不當聽，聞不應聞，語不應語，嚐

不當嚐，碰不該碰，行不應行，泄不該泄者，則有所害生，使人臨近死地。由是看來，其說大體落在形而下的感官形軀而具體地言保養，與其注「強其骨」曰「愛精重施，髓滿骨堅」，就精氣不妄施而言「深藏其氣，固守其精，無使漏泄」（〈守道第五十九〉，頁 231-232）愛惜稟氣所得的內容，才能固守太和精氣，無使其泄漏，方能骨髓堅固等說法甚為一致。[42]

由以上討論可見《河上公章句》與《老子》同言內省去欲的工夫，然而因其所體之道不同，致使其工夫對象、內容及目的均有不同。《河上公章句》從《老子》對治主觀價值之偏執轉向精神身心之嗜欲，又從《老子》作用層之棄絕轉向現實上的捐除，亦將《老子》內省工夫往外推，絕棄情欲來保障客觀元氣之不泄，與《老子》透過逆返自省工夫作用地保存現實價值意義，並往上貞定生命種種不定相，達於無為而治的政治理想境界實有著明顯不同。

2. 養神明

《河上公章句》工夫論除情欲的一面是相對消極地對治精氣、精神外泄，使之能免於死地。除此以外，《河上公章句》更有著相對積極的工夫論，以養神明來保養精神、精氣，使人能得長生。〈成象第六〉曰：

> 谷，養也。人能養神則不死，神謂五藏之神：肝藏魂，肺

---

42 關於「愛精重施」、「固守其精」之「精」是就「太和精氣」而言，非就道教房中術之不泄其精，以精液言「精」的說法，詳見下文說明。

藏魄，心藏神，腎藏精，脾藏志。五藏盡傷，則五神去矣。
言不死之道，在於玄牝。玄，天也，於人為鼻。牝，地也，
於人為口。天食人以五氣，從鼻入藏於心。五氣清微，為
精神聰明，音聲五性。其鬼曰魂，魂者雄也，主出入人鼻，
與天通，故鼻為玄也。地食人以五味，從口入藏於胃，五
味濁辱，為形骸骨肉，血脉六情。其鬼曰魄，魄者雌也，
主出入人口，與地通，故口為牝也。根，元也。言鼻口
之門，乃是通天地之元氣所從往來也。（〈成象第六〉，
頁 21-22）

善以道抱精神者，終不可拔引解脫。……修道於身，愛氣養
神，益壽延年，其德如是，乃為真人。（〈修觀第五十四〉，
頁 207）

《河上公章句》指出養生之道在於養神，其說與《老子》歸根復
命之說，於工夫論而言同具積極意義，均屬歸本工夫，然而二者
所論的內容則有所不同，箇中異同，亦可自工夫的對象、方法、
目的三者分別言之。首先，從工夫的對象來看，《河上公章句》
養「神」的具體內容則為五臟之主。五臟各有作用，其神用即在
於能養肝便能養魂，能保肺便能保魄，因為「魂在肝，魄在肺。」
（〈能為第十〉，頁 34）無論是養五臟之主還是保魂魄，其工夫
對象主要指精神與生理形軀；《老子》之言歸根復命，雖言命，
然而並非剋就生理形軀作對治工夫，而是就精神價值意義來說歸
根復命，故能歸復其生命純樸自然的狀態，是謂「歸根」，即能
體虛靜的境界，故曰「靜」，能復返上天賦予我們的自然本性，

即謂「復命」，故曰「常」，可見《老子》之言「靜」、「常」者均就主體精神修養而言，此其不同者一。

其次，從工夫論的方法來看，《河上公章句》認為養肝保肺，與保養魂魄有莫大關聯，又指出「魂在肝，魄在肺。美酒甘肴，腐人肝肺」（〈能為第十〉，頁34）透過節制飲食，保養肝肺，能養肝肺即能保養魂魄；同理，養心、腎、脾之神者亦然，若不節制飲食，適時作息則傷五神。除了以節制飲食養五神外，亦同樣須前述之去情欲等工夫，方能調養五臟，故又曰：「治身者當除情去欲，使五藏空虛，神乃歸之。」（〈無用第十一〉，頁41）只有捐情去欲，不為外物牽引而心思妄作奔馳的時候，五臟之神自能歸復其位，發揮其自身的作用。不僅五臟需養護，口鼻亦然，鼻吸五氣入於心而與天相通，臊、焦、香、腥、腐五氣，屬清為輕者，能成就無形的精神聰明、音聲五性，屬魂、雄，為玄；口食五味入於胃而與地通，酸、甜、鹹、甘、辛五味，屬濁為厚者，能成就具體的形骸骨肉、血脈六情，屬魄、雌，為牝。《老子》言「玄牝」是象徵地說道之玄妙而能生天生地的妙用，只是方便的譬喻，《河上公章句》則將「玄牝」具體實指，以之為鼻口、清濁之氣、魂魄、雄雌，進而道出天地與人之形軀關係，由此而言養形、養神，只要鼻口、玄牝能得其養，則能不死，故「言不死之道，在於玄牝。」而養鼻口的具體方式，在於「鼻口呼噏喘息，當綿綿微妙，若可存，復若无有。用氣當寬舒，不當急疾勤勞也。」（〈成象第六〉，頁22）除了呼吸喘息須徐徐不疾之外，養形者更要注意「希言」，《河上公章句》曰「愛氣希言」（〈虛用第五〉，頁19）人的氣息與天地精氣相通，多言則使體內精氣流失而不得長生，故以少說話的方式來保養精氣。《老子》言「谷

神不死」是就山谷凹陷中虛之狀，取之為喻，而言「谷」，故「谷神」是就沖虛精神而言。因虛靜妙用之無所限而言「不死」，是謂「谷神不死」。牝能生物，故以之為喻而言「玄牝」，以見常道生物不息之妙用，萬物純粹價值因道的妙用而得以保住，是謂「天地根」。道生化萬物，非母生子有形之生，而是以引導的方式，使生命得以貞定，不再因執取之心待物，使萬物價值浮動不止。道無形，不能實指，非具體可觸摸之事物，即不是《河上公章句》所言鼻口等物，然而常道卻真實存在，生化具價值意義的天地，因而曰「若存」，又因其「不死」故能「用之不勤」，不能被窮盡，由是可見《老子》是以沖虛的方式使人回歸生命自然本性，又以不有、不恃、不宰的方式功化萬物，使之同得無為自然。與《河上公章句》以除情去欲、節制飲食、少說話等方式保養精神、精氣，達至歸本的目的，有著本質的不同，此其不同者二。

再次，從工夫論的目的來看，《河上公章句》是以「能養神則不死」、「益壽延年」為目的，因此釋《老子・十章》「天門開闔」時，是從治身義言之，注曰：「治身，天門謂鼻孔，開謂喘息，闔謂呼吸也。」（〈能為第十〉，頁35）以鼻孔釋「天門」固然並非《老子》原義，《老子》就無為治道言「愛民治國」、「天門開闔」，故其「天門」應就處事之自然孔竅而言，認為聖王治國應順自然之理應物，不應有所凸顯，應以謙下柔弱的方式治國，順應天下，如是方能「明白四達」以自然的方式大治天下。《老子》透過無為沖虛的工夫，自內而言使生命回復無為自然之境，自外而言順應萬物，功化萬物而不以此為有功，達至道化之

治的理想境界，《河上公章句》則轉修身治國的工夫目的為延壽
長生，又見其詮釋轉向，此其不同者三。

《河上公章句》轉《老子》無為治國之義為自然長生之道，
以鼻孔釋「天門」尤重呼吸喘息之意，究其原因即在於「治身者
愛氣則身全」，能做到「不淫邪」（〈能為第十〉，頁35），便
能愛惜其精氣。口鼻之門，乃人與天地之間往來相通的橋樑，能
治其「天門」、「玄牝之門」，則能保持人與天地元氣往來相通，
故養鼻口者，於養生而言尤為關鍵。

保持天門、玄牝之門的暢通，是在於存其精氣，《河上公章
句》凡言精氣者，均屬形而上之物，有如其言「太和精氣」一樣，
均與道同層，屬元氣一類。除了以精氣言之，亦以神明稱之，觀
其文曰：

> 人不畏小害，則大害至。大害者，謂死亡也。畏之者，當愛
> 精養神，承天順地也。謂心居神，當寬柔，不當急狹也。人
> 所以生者，以有精神，精神託空虛，喜清淨。若飲食不節，
> 忽道念色，邪僻滿腹，為伐本厭神也。夫唯獨不厭精神之人，
> 洗心濯垢，恬泊無欲，則精神居之而不厭也。……自愛其身，
> 以保精氣。（〈愛己第七十二〉，頁279）

> 天地之間空虛，和氣流行，故萬物自生。人能除情欲，節滋
> 味，清五藏，則神明居之也。……多事害神，多言害身。口
> 開舌舉，必有禍患。不如守德於中，育養精神，愛氣希言。
> （〈虛用第五〉，頁18-19）

此言人當畏死養生，以愛惜精氣、護養神明的方式，順承天地。心能藏神，生活才能不褊急偏狹，宜以寬柔不迫的態度養生。人所以能生者，是在於能存其精神。精神寄託於虛空，喜好清靜，若縱情聲色，不加以節制，便會使人滿腹邪僻，傷其精神。只有不傷害精神之人，才能做到虛靜淡泊，無欲清淨，如是則精神亦喜於居藏其身之內。能愛其身，不念聲色，除情去欲，方能保存精氣。《河上公章句》又認為人生天地間，是藉著太和精氣的流行，稟氣而生，若人能除情去欲，節制享樂，清淨五藏，五藏之神自能歸之，神明自處其中。若不保持無欲清淨，糾纏外事則傷神，多言招禍則害身，只有養育精神，愛惜精氣，寡言少語，才是養生之道。可見不論養神、養氣之精神、神明、精氣、元氣，均就形而上的修養主體而論。透過除情去欲的工夫，使身心清淨，繼而神明自居，元氣不散，而能體長生之道，故又曰：「治身正則形一，神明千萬，共湊己躬也。能王，則德合神明，乃與天通。德與天通，則與道合同也。與道合同，乃能長久。」（〈歸根第十六〉，頁 64）[43]能治其身，則能專一其神，神明便能臨蒞自身。當自然之德合於神明之時，便能與天相通；自然之德能與天相通，便能體道無間，與道相合。如是從養身治身言「德合神明，乃與天通」，並非就宗教意義之「神明」而言與天相通，與道相合。

　　從上討論可見，除情欲是消極地言去病，屬去病工夫；養神明是積極地言養生，屬歸本的工夫。不論去病還是歸本工夫，《河上公章句》工夫論所對治者為身心之嗜欲，其工夫對象以個人精神、心理形軀為主，其工夫方法為除情欲、養神明，其工夫目的

---

43 「共湊己躬也」，原文作「共湊已躬也」，「己躬」即自身之意，據此改「已」為「己」。

為體自然長生之道；有別於《老子》工夫論所對治者為主觀之偏執，其工夫對象由個人以至群體之精神修養為主，其方法為虛靜無為、歸根復命，其工夫目的為體證無為治道之理想境界，二者工夫論有著本質上的不同，此教路之異，全因其宗趣之不同所致。《河上公章句》工夫進路的轉向，雖非《老子》原意，然而作為創造性詮釋，實充分展開了養生思想的詮釋面向。

（二）與道教之工夫論不同

關於《河上公章句》「愛精重施」、「固守其精」之「精」的詮解，或以為是就道教房中術不泄其精而說，是就精液而言「精」；其養神明之說，或以為屬後來道教養生成仙的工夫進路。因此《河上公章句》工夫進路與後來道教之說常被混為一談，特於此稍作簡別。

首先，關於「愛精重施」、「固守其精」之「精」應作「太和精氣」、精神等形上之物、與道同層的內容來理解。《河上公章句》言「愛精重施」，是以「除嗜欲」作為工夫，雖類近於道教戒色去欲之說，然而其去欲的工夫進路，是以成全「懷道抱一，守五神」為目的，其道是就「自然養生之道」而言，非就成仙不死之說立論，從工夫論的目的來看「愛精重施」之「精」應與「太和精氣」之精氣相近，同指形而上之元氣，並非具體地說形而下之精液。[44]其言「固守其精」，是就「深藏其氣，固守其精，無

---

44 鄭燦山指出「愛精重施」講究的是男女房中之術，男女體內之精液不可隨意施泄，如此方能保此身內之精氣充盈。道教傳統上認為人之體髓乃「精」所製造出來的，能愛惜「精」不妄施泄，自能髓滿骨堅了。見鄭燦山：〈老子河上公注長生思想析論〉，頁 197。案：鄭氏之說或有以後來道教之說詮解《河上公

使漏泄」（〈守道第五十九〉，頁 231-232）言之，所藏之氣，自亦就天生稟受之元氣而論，「深藏其氣」、「固守其精」均為相對應之內容，深藏、固守其精氣，自是不容置疑，故其所謂「無使漏泄」，當就所稟精氣而言無使之泄漏，而非指道教房中術之無洩其精液之意。且從其他章句之注釋，亦可以證明前說，文曰：

> 人能自節養，不失其所受天之精氣，則可以長久。目不妄視，耳不妄聽，口不妄言，則無怨惡於天下，故長壽。（〈辯德第三十三〉，頁 134）

> 用其目光於外，視時世之利害。復當反其光明於內，無使精神泄也。內視存神，不為漏失。人能行此，是謂習修常道。（〈歸元第五十二〉，頁 200-201）

> 謂人主有道也。[45]冀者，冀田也。治國者兵甲不用，却走馬以治農田；治身者，却陽精以冀其身。（〈儉欲第四十六〉，頁 181）

精氣在「不失其所受天之精氣」為先天太和之氣，此義已甚為明白。《河上公章句》指出能節制欲望、涵養精神便能保存天生所稟得之精氣，故能長久；節養的方式即在於眼睛不視其所不該見，耳朵不聽其所不該聞，嘴巴不說其所不該言，如是便能與天下萬物和諧共處，故能長壽。目光留心於外，看清世俗利害關係，繼而留心於內，務使精神不外泄，故曰：「內視存神，不為漏失。」

章句》之疑，以道教房中術不施洩精液的前見，理解《河上公章句》之「愛精重施」，證諸注文前後章句，恐未能合於詮釋上的一致性。

45 「天下有道」句下注。

所不漏失者，是精神之不漏，而非精液之不漏。能以此存養精神，使神無所失，便能修習長生之道。可見《河上公章句》是以不失其精氣、精神，無使之外洩為體長生之道者。在此前提下之有道人主，即就不失其精神、精氣而言，故曰「治身者，却陽精以冀其身。」所謂「陽精」應與「愛精重施」、「固守其精」之「精」相應，均就稟受精氣而言，[46]強調「陽」者，是與「陰」相對，強調其為人之精氣者，才有所謂「人得治於陽，鬼得治於陰」（〈居位第六十〉，頁 236）之說，故其所言「却陽精以冀其身」是指以保存精氣的方式來養身，而非以不洩精液的方式養身，故曰：「治身者，當愛惜精氣，不為放逸。」（〈守道第五十九〉，頁 231）。[47]如此詮解「却陽精以冀其身」，方能相應於「愛精重施」、「固守其精」，在詮釋循環上才能一致而無矛盾。[48]

---

46 陳麗桂指出「卻走馬」為「固精不泄」的說法卻成了道教房中術的殊用語，其後《抱朴子·微旨》說：「善其術者，則能却走馬以補腦」所指即此還精補腦之說，而《河上公章句》此說更是轉化《老子》學說為養生術的明證。見陳麗桂：〈《老子河上公章句》所顯現的黃老之理〉，頁 188。案：以後來道教房中術詮釋《河上公章句》，則不免受道教方術思想影響，未能同情地理解文本義理內容。

47 莊曉蓉亦指出「陽精」一詞僅出現在〈儉欲第四十六章〉，以陽說精只是在強調指稱人身上的精，並沒有特別強調男性的意思，綜觀《河上公章句》全書，並沒有修煉功法意圖，而精字的用法多指精華、精要的部分。莊曉蓉：《身國一理的《老子河上公章句》》（新北：花木蘭出版社，2010），頁 68-69。

48 卿希泰認為「愛惜精氣」、「固守其精，無使漏泄」、「却陽精以冀其身」、「未知牝牡之合而峻作，精之至也」（〈玄符第五十五〉）均指男女交媾時，應當愛精固精勿使放泄，這便是房中固精之道。見卿希泰：〈《老子河上公章句》的成書時代與基本思想初探〉，《輔仁宗教研究》22，2011.3，頁 20-21。案：誠如上文所言，所「精」者，應就精氣、精神而言方能呼應各章義理內容，而不致造成詮釋不一，卿氏所言「未知牝牡之合而峻作，精之至也」乃《老子·五十五章》原文，而非《河上公章句》之原文，《老子》一書不作道教房中術養生之說甚為明顯，《老子》此說僅以赤子自然反應說明修道自然、精純不造作，而非就男女交媾之勿泄精、固精而言。

　　其次，就養神明之說，應就涵養精神或畜養精氣等方向詮解「神明」，以後來道教養生成仙的工夫進路，祈求神祇保佑等方式來理解「神明」，恐非《河上公章句》所言之義理內涵。其所謂神明者，應與《莊子・天下篇》之「神何由降？明何由出？」之「神明」義相通，[49]是就道的神妙、智慧而言神明，非指神仙之意。[50]《河上公章句》所謂「與道通神，當有何患？」（〈猒恥第十三〉，頁49）是說得自然之道者即能體會道的神妙、道的智慧，故能無憂無患。《河上公章句》之道是指自然長生之道，是從元氣、太和精氣、陰陽二氣、清濁和三氣等內容說道，故其言「神明」應與精氣相通。觀其注文曰：

> 謂含懷道德之厚者也。[51]神明保佑含德之人，若父母之於赤子也。蜂蠆蛇虺不螫。赤子不害於物，物亦不害之，故太平之世，人無貴賤，皆有仁心，有剌之物，還反其本，有毒之蟲，不傷於人。（〈玄符第五十五〉，頁211-212）

> 養生之人，兕虎無由傷，兵刃無從加也。問兕虎兵甲何故不害之。以其不犯上十三之死地也。言神明營護之，此物不敢害。（〈貴生第五十〉，頁193）

> 能王，則德合神明，乃與天通。德與天通，則與道合同也。與道合同，乃能長久。能公能王，通天合道，四者純備，道德弘遠，無殃無咎，乃與天地俱沒，不危殆也。（〈歸根第十六〉，頁64）

---

49 見郭慶藩集釋，王孝魚點校：《莊子集釋》，頁1065。
50 王清祥認為神明即指神仙。見氏著：《《老子河上公注》之研究》，頁109。
51 「含德之厚」句下注。

所謂「含懷道德之厚者」於《河上公章句》而言是指能體自然長生之道的人，即能治身養生者，能體長生之道則神明自然會保佑他。所謂的「神明保佑」，並非以參拜神明的方式，使天神保佑之，此神明自氣稟而來，故能通過修身來合於神明，由是而言「德合神明」。因其自天生稟氣而有，故能與天相通。透過除情欲、養神明等工夫，便能合神明、與天通、與道合同，故曰：「人能除情欲，節滋味，清五藏，則神明居之也。」（〈虛用第五〉，頁 18）所謂「合」者，非信仰神祇，使之與己相合之合，其所謂「合」，是合於氣稟之太和精氣，是就每個人所稟不同之精氣而言「合」，透過養生治身的方式，使神明與己相歸合，故又曰：「治身者當除情去欲，使五藏空虛，神乃歸之也。」（〈無用第十一〉，頁 41）神明居之、歸之，均由工夫修養而致，使自身與氣稟之神氣、神明相合，非外在別有神物保佑自身安危，使之得福或招禍，[52]故言：「天道與人道同，天人相通，精氣相貫，人君清淨，天氣自正；人君多欲，天氣煩濁，吉凶利害，皆由於己。」（〈鑒遠第四十七〉，頁 184）可見天人相通，是在於自天之稟氣，經由「愛精重施」、「固守其精」等工夫，使之與元氣無泄漏、無間斷，從而養五臟之神，使其精氣、精神得以保存，歸合於神明。在這種情況下清淨無欲，則其氣自正，自然吉利得福，《河上公章句》以父母對赤子之自然為喻，說明人跟萬物相處自會趨吉避凶，自然能不為蜂蠆蛇虺所刺、不被犀牛老虎所傷、不為兵器利刃所加，保有純樸之心的人既不傷害萬物，萬物自然亦

---

52 鄭燦山指出人若治身，除情去欲，則天地間的神明便會前來依附己身，如此便得長生。見鄭燦山：〈老子河上公注長生思想析論〉，頁 187。案：若以「天地間的神明」來依附己身來說「神明居之」、「德合神明」，則此「神明」恐有外來別有一物之嫌，而非眾人天生氣稟本有，透過後天工夫修養，歸根復命，復其神明，使之歸附。

不會攻擊他，因而能與物和平共處；即使上戰場，無可避免遇上
殺戮之事，因其「不好戰以殺人」（〈貴生第五十〉，頁192），
故能免於傷害。《河上公章句》指出人無分貴賤，皆有愛物之心，
有刺、有毒之物縱然看起來具有攻擊性，但只要能以自然的方式
與之相處，便不為所傷；若為人嗜欲甚多，則內心不能清淨，便
無法如赤子避禍，因此招凶得害，此即其「吉凶利害，皆由於己」
之意。[53]由是可知，《河上公章句》所謂「神明保佑」、「神明
營護」，並非指外來他物能保佑其吉凶禍福，能佑其福者，乃自
身之修養，此即含德之厚者能得其福、物不敢害之意。[54]透過以
上討論可見，《河上公章句》所言之「神明」，只有透過眾人天
生氣稟之精氣來理解「神明」之義，方能相應其除情欲、養神明
的工夫進路，呼應前後章句的義理內容。

　綜觀《河上公章句》一書，並沒有主張以呼吸吐納之術養炁，
亦不言男女房中術之愛精守精等內容，更沒有主張羽化成仙之
說，若從後來道教養生成仙之說詮釋，則恐屬以後來道教之視域

---

53 鄭燦山指出「神明」具有人格，故能知善懲惡，然而不只鬼神具有人格意味，
　「道」、「天」也一齊被擬人化而成一尊尊的神明……掌管著人間的禍福。見
　鄭燦山：〈老子河上公注長生思想析論〉，頁184。案：《河上公章句》之「神
　明」不從神祇而說，是從與道同層之元氣而論，加上其言「吉凶利害，皆由於
　己。」可見其論「道」、「天」、「神明」均緊扣個人修養來說，而非就人格
　「神」論道與「神明」。
54 莊曉蓉認為「神明」可分三義：一指神祇，如五十章「神明營護之，此物不敢
　害。」五十五章「神明保佑含德之人」；二、就天與道而言，如二十八章「道
　散則為神明，流為日月，分為五行也。」三十五章：「治身則天降神明，往來
　於己也。」似可作精氣解；三、就人而論，如十六章「治身正則形一，神明千
　萬」、三十五章：「治身不害神明，則身安而大壽也。」又似乎指精神而言。
　莊曉蓉：《身國一理的《老子河上公章句》》，頁72。案：經由前文討論可見，
　《河上公章句》之言「神明」是就稟氣之和氣而言，是就元氣之道的神應、妙
　用而說，誠可與天道並言，亦就人而論，然而不具神祇之意。

詮解《河上公章句》思想內容，容易造成內部義理的不一致，甚至自相矛盾。若說《河上公章句》的思想開啟了後世重身養生思想，則是合理的溯源，但是若明確地說其有後世道教的養氛吐納、男女房中術，或羽化登仙之說，則不僅無法得到內部章句的支持，而且有過度詮釋之嫌。

若從《河上公章句》全書來看，是否皆屬養生之說，不談《老子》修身治國之道，因此視其工夫論的轉向是從修身到養生，而非兼論修身治國、養生的工夫進路？〈反樸第二十八〉亦言謙下之德、「復歸志於嬰兒」，同樣肯定守常德的重要性，然而其說是「德不差忒，則長生久壽，歸身於無窮極也。」（〈反樸第二十八〉，頁 114）是以養生為終極目的。〈立戒第四十四〉亦承《老子》之意，認為名聲、財貨均輕於身，好欲過度必有所亡，然而其說縱言「治身者神不勞，治國者民不擾，故可長久。」兼言治身治國，卻有更多篇幅落在如何對治情欲，來養客觀形軀，因此重點還是落在「財利不累於身心，聲色不亂於耳目，則終身不危殆也」闡述當中。（〈立戒第四十四〉，頁 176）〈忘知第四十八〉釋《老子》「為學日益，為道日損」之義，以「情欲文飾日以消損」、「捐情去欲」、「情欲斷絕」來合於道，由是而言「治天下常當以無事」，其說與《老子》所言大致相同。然而本書卻以除情欲、養神明等養生工夫進路，作為《河上公章句》的工夫論特色，而不論其無為、不欲、謙下、清虛等道家通義說法，目的是要凸顯其詮釋轉向。誠然，《河上公章句》繼承《老子》的內容，亦屬其義理內涵所有，其繼承《老子》者亦具有相當重要性，然而論義理之詮釋轉向不從其與《老子》有差異的部份加以說明，則無法凸顯其詮釋面向的開展。從《河上公章句》

有系統、一致地論述養生思想的工夫進路可見，其說已從《老子》之重修身者轉向重養生。

三、開顯境界 — 從治國到治身

有關《河上公章句》的境界論，可從治身之說見其特色，以下分別由從治國到治身、聖人治身之境界兩方面討論，以說明其境界論實異於《老子》之詮釋轉折。

（一）從治國到治身

《老子》一書乃「君人南面之術」，《河上公章句》除了把理想人格稱之為「聖人」外，亦以人君、侯王、治國者、太上、人主、明君子、大丈夫、天下主言之，更常言「治國」之道，其說似與《老子》一脈相承，然而細究其意，《河上公章句》言「治國」者，多與「治身」相提並論，有意從治國之道轉出治身之術，由是而闡明其自然長生之道。《老子·四十四章》言「知足不辱，知止不殆，可以長久。」勸人不要因名利而徇身，只有知足才不會受辱，適可而止才不會身陷險境，如是方可長久。其說是就價值意義立言，其旨在於豁醒人心，不應有為於名利而營役一生，耗損心智、猜度計算終非長久之策，唯有以無為之心應世，方能物來順應，可大可久。此等無心順應的應世精神，下至黎民百姓，上自侯王人主均應守之，百姓守之則能自足，「侯王若能守之，萬物將自賓」（《老子·三十二章》），既屬個人修身之道，亦可謂之為治國之道。《河上公章句》於此則轉向調養體魄的治身

之說，認為「知可止則止，財利不累於身心，聲色不亂於耳目，則終身不危殆也。人能知止知足，則福祿在己，治身者神不勞，治國者民不擾，故可長久。」（〈立戒第四十四〉，頁 176）雖亦言治國者，然而卻以治身為重。凡此等例子所在多有。[55] 綜觀《河上公章句》言治身之術較其談治國之道的篇幅為多，內容更為深入詳盡，可見治國、治身雖常並舉而論，實以治身之說為其論述重點，由是轉出其論治身的說法。[56]

若進一步討論《河上公章句》治身之說，則可見其治身目的是以「益壽延年」為主，其注文曰：

> 人載魂魄之上得以生，當愛養之。喜怒亡魂，卒驚傷魄。魂在肝，魄在肺。美酒甘肴，腐人肝肺，故魂靜志道不亂，魄安得壽延年也。言人能抱一，使不離於身，則身長存。……專守精氣使不亂，則形體能應之而柔順。能如嬰兒，內無思慮，外無政事，則精神不去也。當洗其心，使潔淨也。心居

---

[55] 舉凡〈安民第三〉、〈虛用第五〉、〈能為第十〉、〈無用第十一〉、〈猒恥第十三〉、〈歸根第十六〉、〈重德第二十六〉、〈反朴第二十八〉、〈無為第二十九〉、〈仁德第三十五〉、〈微明第三十六〉、〈偏用第四十三〉、〈儉欲第四十六〉、〈鑒遠第四十七〉、〈守道第五十九〉、〈居位第六十〉、〈守微第六十四〉、〈淳德第六十五〉、〈愛己第七十二〉、〈制惑第七十四〉、〈貪損第七十五〉等章雖言治國，卻以治身為重。

[56] 蘇慧萍曰：「《河上公章句》『聖人』的實踐進程，是先以『治身』為本，而後以『治國』為用，其『聖人』思想，雖承繼了《老子》守柔無為的修養與黃老思想的治國權術，但其最終目的是以『治身』為重要依歸，此為一項的立論價值。」見蘇慧萍：〈《老子道德經河上公章句》的聖人論〉《高雄師大學報·人文與藝術類》26，2009，頁 101。案：誠然《河上公章句》以「治身」為本，然而是否以「治國」為用，則仍有進一步討論的空間，因其注《老子·一章》時即以「自然長壽之道」為常道，以「經術政教之道」為非常道，立意於治身而輕治國者顯而易見。

> 玄冥之處，覽知萬事，故謂之玄覽也。不淫邪也。治身者，
> 愛氣則身全；治國者，愛民則國安。治身者，呼吸精氣，无
> 令耳聞也；治國者，布施惠德，无令下知也。天門，謂北極
> 紫微宮。開闔，謂終始五際也。治身，天門謂鼻孔，開謂喘
> 息，闔謂呼吸也。治身當如雌牝，安靜柔弱；治國應變，和
> 而不唱也。（〈能為第十〉，頁 34-35）

人以形體載其魂魄而存在於世，故應加以愛惜，因此能養魂魄、精神即能養生。養生之道在於除情欲、養神明。歡喜、憤怒傷魂；鬱卒、驚嚇害魄，對應五臟之神來說，魂在肝，魄在肺，要保養魂魄，則應節欲調適，不應縱情於美酒佳餚之中，只有魂魄、精神不受情緒所擾亂，不為酒餚所腐蝕，魂靜魄安方能益壽延年、精神清明。若心迷於逸樂聲色，則情欲入於胸臆，精神疲勞困惑，是為傷精神；身陷於美酒佳餚之中，則情欲入於五內，魂魄不得平靜，是為損魂魄，故曰：「出生謂情欲出於五內，魂定魄靜，故生。入死，謂情欲入於胸臆，精勞神惑，故死。」（〈貴生第五十〉，頁 191）治身之道當「愛惜精氣，不為放逸。」（〈守道第五十九〉，頁 231）而愛惜精氣，即在於除情欲，養五臟之神，是謂「修道於身，愛氣養神，益壽延年。」（〈修觀第五十四〉，頁 207）能無使太和精氣外漏、精神外泄，方能養生延壽。《河上公章句》一再強調「專守精氣」的重要，是為了使魂魄不亂，得以保存形體。有若嬰兒之無欲不為，內無思慮之患，外無政事干擾，以此保養精神，讓其心神得以保持清淨。只有心神清靜，方能掌握萬事，是謂「玄覽」，而不作淫邪之事，可見治身者當愛惜精氣，不為外物所擾，透過鼻孔調息與天地相通，保持其柔弱順應的態度；治國者當廣布恩惠，不讓臣下知其有所治，

能隨時與物相冥，順應外物有所應變，而不宰制萬物。《老子‧十章》言「載營魄抱一，能無離乎？專氣致柔，能嬰兒乎？滌除玄覽，能無疵乎？愛民治國，能無知乎？天門開闔，能無雌乎？明白四達，能無為乎？」[57]是就形神合一、合於自然而言「抱一」，能抱一則能使形神不相離，不致失魂落魄。能專一其氣，守柔而不致僵滯，則能有如嬰兒般純樸自然。能除去生命中的病痛，則能以自然無為的方式觀照萬物，生命不致有所缺失。能善待百姓，以無為方式治國，則能免去心知執著。能順生命中的自然孔竅，則能做到柔順謙下，不逞強突出生命的某一面相。能做到事物通達，所有事情都以自然方式達成，則能體現無為境界。凡此「載營魄抱一」、「專氣致柔」、「滌除玄覽」、「愛民治國」、「天門開闔」、「明白四達」等工夫修養，均是為了體證無為無知的修養境界，達至「生而不有，為而不恃，長而不宰」的無為而治的道化政治理想。此「不有」、「不恃」、「不宰」的對象是指百姓，剋就治國之道而言無為工夫，《河上公章句》雖亦言治國者應愛民安國、布施恩惠、順應百姓而不宰制百姓，然而其說所重，是在於愛養魂魄，以專守精氣的方式使精神不泄，清淨其心的方式使心不淫邪，重在愛氣全身，治民安國之說僅為順《老子》章句而注，非其論說重點所在。

　　同樣《河上公章句》注《老子‧三十五章》時，亦以自然長生之說論道。其文曰：

執，守也。象，道也。聖人守大道，則天下萬民移心歸往之也。治身則天降神明，往來於己也。萬民歸往而不傷害，則國安家寧而致太平矣。治身不害神明，則身安而大壽也。餌，美也。過客，一也。人能樂美於道，則一留止也。一者，去盈而處虛，忽忽如過客。道出入於口，淡淡，非如五味有酸鹹苦甘辛也。足，得也。道無形，非若五色有青黃赤白黑可得見也。道非若五音有宮商角徵羽可得聽聞也。既，盡也。謂用道治國，則國富民昌；治身，則壽命延長，無有既盡之時也。（〈仁德第三十五〉，頁139-140）

《老子》論道，認為能把握道，則天下百姓便歸順他，且體道之人不害百姓，安享國泰平安，又認為悅耳的音樂、美味的飲食，能吸引過客歸順；《河上公章句》即指出聖人恪守大道，治之於國，則能使天下萬民心歸往之，萬物歸順而不被傷害，則國安家寧，天下太平；治之於身則能使神明與己合一，無傷氣稟所受，則能養身延壽。人能樂於道，則道自然駐足其身上，此即轉治國之道為兼論治身、治國之說。《老子》進一步描述有關常道的表現，則指出常道淡若無味，視若無睹，聽若不聞，用若無盡，無法被具體呈現，卻有若源頭活水，取之不竭，此即道的特性，是謂「道之出口，淡乎其無味，視之不足見，聽之不足聞，用之不可既。」《河上公章句》句下注即言「道出入於口」明顯與《老子》所說不同。何以道能出入於口，此即與其以太和精氣、元氣論道之說相關，其謂「言不死之道，在於玄牝。玄，天也，於人為鼻。牝，地也，於人為口。天食人以五氣，從鼻入藏於心。五氣清微，為精神聰明，音聲五性。其鬼曰魂，魂者雄也，人鼻，與天通，故鼻為玄也。地食人以五味，從口入藏於胃，五味濁辱，

為形骸骨肉,血脉六情。其鬼曰魄,魄者雌也,主出入人口,與地通,故口為牝也。根,元也。言鼻口之門,乃是通天地之元氣所從往來也。」(〈成象第六〉,頁 21-22)指出人能長生不死之道,是在於口鼻,口鼻使人與天地相通,從鼻入五氣,五氣藏於心;口入五味,五味藏於胃,口鼻之門,乃天地元氣與人相通的關鍵,可見其言「道出入於口」,是從元氣之出入來說,是人與天地之間「元氣所從往來」之門,因從氣化論道,故言道淡乎無味而不若五味之有味,無色而不若五色之有色,無聲而不若五音之有聲可以掌握,如此均就氣稟精氣而言道,與其治身安魂魄之說相通,均就壽命延長、不死無盡而言道之不可既。相對論治身之說,其言治國者僅曰「國富民昌」而已,可見其論道是重治身多於治國。《河上公章句》重治身之說,僅以順《老子》原文的方式略述治國的內容,完全相應於〈體道第一〉開宗明義的說法:認為「經術政教之道」乃可道之道,非常道;而「自然長生之道」乃不可道之道,為常道。

因《河上公章句》言道是就「自然長生之道」立說,故其注《老子‧六十五章》「古之善為道者」即曰「謂古之善以道治身及治國者」,注「楷式」即言「是治身治國之法式也」,注「常知楷式,是謂玄德」即曰「能知治身及治國之法式,是謂與天同德也。」(〈淳德第六十五〉,頁 254-255)《老子‧三章》「是以聖人之治」即言「說聖人治國與治身同也」(〈安民第三〉,頁 11)均從《老子》修身治國之聖人,轉向養生延壽之聖人而論,由是而見其論聖人境界的轉向。不僅論聖人如是,論治國者亦如是,《河上公章句》釋「國」亦轉從「身」而論,其注文曰:

利器者，謂權道也。治國權者，不可以示執事之臣也；治身
道者，不可以示非其人也。(〈微明第三十六〉，頁 142)

國身同也。母，道也。人能保身中之道，使精氣不勞，五神
不苦，則可以長久。人能以氣為根，以精為蒂，如樹根不深
則拔，菓蒂不堅則落。言當深藏其氣，固守其精，無使漏泄。
深根固蒂者，乃長生久視之道。(〈守道第五十九〉，頁
231-232)

《老子》以「天下神器」(〈二十九章〉)、「利器」喻國，指
出「國之利器，不可以示人」，是指國家的刑法、武器不可強加
於百姓，《河上公章句》順此而注，以「權道」釋「利器」，認
為治國之權，不可顯示於大臣面前，此實承《老子》之意而言治
國之術，然而所重者在於轉「利器」之意而言治身之道，認為治
身者之道，亦不可以輕易展示於人前。以權論國，以身論道，其
所重者顯而易見，故以「國身同也」釋「有國之母」，由是轉治
國而言治身。認為治身之道，即在於不勞損精氣，不苦害五臟之
神，便能長壽。人以元氣為根，以精氣為蒂，只有深藏、固守其
元氣、精氣，無使之泄漏，方能使生命根深蒂固，長生久視。《老
子》此章明就治國之本而論長久之道，認為只有重積德的聖王，
方能無所不克，由是而能莫知其極，可以有國，作為一國之領導
人，《河上公章句》轉而就自然長生之道言「有國」，以除情欲、
養神明的方式達至長生久視，可見其詮釋之轉向，故又曰：「器，
物也。人乃天下之神物也，神物好安靜，不可以有為治。」(〈無
為第二十九〉，頁 118)《老子》言「天下神器」，是以「天下」
言之，是就治國治天下之外王而言「神器」，《河上公章句》卻

以「人」論之，指出人乃天下之神物，人好安靜，故不能有為而
治，治身應當除情去欲，有為則敗其質樸。

從以上討論可見，《河上公章句》論聖人、治國，縱然兼論
無為而治的道化政治理想，然而其論以「經術政教」為非常道，
故言治國者亦只是順《老子》而注，並非其論重點所在。其說所
重即在於「自然長生之道」，故注文所述多從治國轉向治身，以
延年益壽的長生之道為重點展開，此即其境界論的詮釋轉向。[58]

（二）聖人治身之境界

《河上公章句》所立宗趣雖從《老子》無為治道轉向長生之
道，然而其所呈現的聖人境界，亦同樣可從內聖、外王兩方面展
開論述。

1. 內　聖

《河上公章句》順其氣化宇宙論之說，從氣稟論聖人，其文
曰：

> 言有欲之人與無欲之人，同受氣於天也。天中復有天也。稟
> 氣有厚薄，得中和滋液則生賢聖，得錯亂污辱則生貪淫也。
> 能知天中復有天，稟氣有厚薄，除情去欲，守中和，是謂知
> 道要之門戶也。（〈體道第一〉，頁 2-3）

---

58 陳麗桂指出《河上公章句》將《老子》中幾乎全部的治國之論，依據黃老道家
　　治身、治國一理相貫的思想基調，大部分翻轉成治身、養生的大論。陳麗桂：
　　〈道家養生觀在漢代的演變與轉化－－以《淮南子》、《老子指歸》、《老子
　　河上公章句》、《老子想爾注》為核心〉，《國文學報》39，2006.6，頁 53。

成，就也。言道善稟貸人精氣，且成就之也。（〈同異第四十一〉，頁 165）

從氣稟進路可見成聖與否，全在天生氣稟厚薄之別，得其中和滋液者，即為聖賢，而為無欲之人；得錯亂污辱者，即起貪淫，而為有欲之人，二者同樣稟受精氣於天。可見能否成聖，氣稟厚薄即成其客觀限制，此說與《莊子》「聖人之才」（《莊子集釋・大宗師》，頁 252）無異，亦繼承了嚴遵《老子指歸》之說，同就氣稟言聖人之資，下啟三國・魏・劉邵（424-453）《人物志》以中和論聖人的說法，由此指出成聖的客觀限制。然而從道之元氣稟受，決定成聖的可能，並不表示《河上公章句》就是宿命論者，稟得中和滋液乃成聖的必然條件，屬先天資質，而非充分條件，若無後天除情欲、養神明的主體修養工夫，便不能體得自然長生之道而成聖，故其治身工夫才是成聖的充分條件。從成聖工夫的努力可見，《河上公章句》更重視後天的人為努力，因此不是以宿命論聖賢。

《河上公章句》所成之聖賢須稟得中和滋液之資，加上除情欲、養神明的工夫修養，才能體得自然長生之道。其說既然是為了成就益壽延年、長生不死，則可進一步追問，能益壽延年、長生不死，是否即等同不死成仙之說？若是，則與道教成仙之說無異，而非單純的養生延壽而已。觀其注曰：

言人能抱一，使不離於身，則身長存。（〈能為第十〉，頁34）

言安靜者，是為復還性命，使不死也。復命使不死，乃道

> 之所常行也。（〈歸根第十六〉，頁 63）

> 人能養神則不死。（〈成象第六〉，頁 21）

> 吾所以有大患者，為吾有身。有身則憂其勤勞，念其飢寒，觸情縱欲，則遇禍患也。使吾无有身體，得道自然，輕舉昇雲，出入無間，與道通神，當有何患？（〈猒恥第十三〉，頁 48-49）

從以上引文可見，《河上公章句》既謂「身長存」、「不死」，又言「輕舉昇雲」，似與常人理解之神仙無異，是否就能因此肯定《河上公章句》主張修成「不死神仙」之說？[59]若否，則如何理解這些說法？綜觀《河上公章句》言「輕舉昇雲」此等形容神仙特徵的說法不多，最類似形容神仙舉止者亦僅此一條。若從詮釋學的循環來看，「輕舉昇雲」此說必須與《河上公章句》整體詮釋方向一致，不離《河上公章句》治身之旨方洽其義。[60]由於《河上公章句》各章注文裡，沒有成仙思想，故不能坐實此章便是羽化成仙之說。〈偏用第四十三〉云：「道無形質，故能出入無間，通神明濟群生也。」（〈偏用第四十三〉，頁 173）與〈猒恥第十三章〉之說相近，若由此而看「輕舉昇雲」之說，應為以此形容常道之無形無質、出入無間之特性，此乃境界之描述而非實指。《河上公章句》順《老子》之言，認為人之所以有憂患是

---

59 王清祥認為長生不死是神仙特色之一，遂把《河上公章句》思想理解成「長生不死」、「肉體飛昇」的神仙思想。分別見王清祥：《《老子可上公注》之研究》，頁 106 及頁 110-113。

60 透過「詮釋學的循環」去理解《河上公章句》使注文各章內容與《河上公章句》主旨相應而不矛盾牴觸，若遇有「個別」不清楚的觀念亦可以「整體」的宗趣來詮釋「個別」注文。

在於人之執有其身，只要人一執定其身，便會憂心他過度勞累，繫念他捱餓受凍，如是方為憂患之始。假使不執著形軀存在，就能無憂無患，體證常道自然；而常道無形，能出入人間事物於無間，舉重若輕，如雲自在，神明通達，故無有憂患。若前文所論不誤，《河上公章句》言「神明」並無神祇之意，而是專就形而上的太和神氣妙用言「神明」，即「與道通神」，是指體得自然之道者即能體會道的神妙、道的智慧而言，故能無憂無患。

「輕舉昇雲」既不必坐實的理解為神仙之說，然則復命不死、養神不死之說，又當如何理解其所謂「不死」？所謂「不死」，是指不枉死、不屈死、不夭亡之義，是指有道者得正壽之命而死的意思。[61]〈道化第四十二〉云：「不得其死者，為天命所絕，兵刃所伐，王法所殺，不得以壽命死也。」（〈道化第四十二〉，頁 170）之「不得以壽命死」者正與其「不死」之說相反，或為未能做到去欲調息之人不得其正壽而歿，或為意外身故者，當中並沒有表明體道者即能煉成長生不死之術。故《河上公章句》所言復命不死、養神不死、「修道則可以解死」（〈為道第六十二〉，頁 242），並非就神仙不死之說而立論，是就人能修道則能享其正壽而說，不宜過度推論，亦不能混二者為一。[62]

61　見杜保瑞：〈《河上公注老》的哲學體系之方法論問題檢討（下）〉，頁 501。
62　王清祥指出人守「道」於身，不僅成為長生不死之真人，而且天也會主動幫助，使人不復入危險之地。王清祥：《《老子可上公注》之研究》，頁 71。又指出人體煉氣，成為無所不知、無所不能的活神仙。見前引書，頁 76：案：《河上公章句》認為修道於身，能使精氣不泄，神明自能歸之，保祐修道之人，使之能自然遠離危險之地，凡此均透過個人修養而達致自然而然地招福避禍，而非有一外在神祇在人發生危難時主動出來幫助修道之人，使之脫離險境。王氏謂修道之人不死，又以神仙之說看待得道之人，更認為上天會主動幫助人脫離險境，凡此均以後來道教之說詮解《河上公章句》，恐未能相應《河上公章句》之義理脈絡。

　　既明其「不死」、「長存」之說是就不枉死而說，則可理解
其長久合道之說，乃聖人自然長壽的境界，文曰：

> 公正無私，則可以為天下王。……能王，則德合神明，乃與
> 天通。德與天通，則與道合同也。與道合同，乃能長久。能
> 公能王，通天合道，四者純備，道德弘遠，無殃無咎，乃與
> 天地俱沒，不危殆也。(〈歸根第十六〉，頁 64)

> 夫聖人懷通達之知，託於不知者，欲使天下質朴忠正，各守
> 純性。小人不知道意，而妄行強知之事，以自顯著，內傷精
> 神，減壽消年也。(〈知病第七十一〉，頁 277)

聖人因能除情去欲，故能包容，能無所不容，即能公正無私，淫
邪不能入，於是便能為天下王。既能除情欲，自能養神明，其德
便能與神明合而為一，與天相通，與道相合。能與道相合同，即
能與之長久共處。然而其所謂長久者，並非長生不死，而是能得
其正壽而不致早夭，故又曰：「人能自節養，不失其所受天之精
氣，則可以長久。」(〈辯德第三十三〉，頁 134) 能節養除欲，
無使太和精氣泄漏，自能得神明保祐，而得長壽。能備得公正無
私、為天下王、與天相通、與道相合此四者，即能體證道德的弘
大深遠，不會招致危險、惹起災禍，而能與天地並生共存，無有
憂患。聖王、聖人因其心懷通達，故能無強知之病，透過不強知，
使天下還歸質朴純正，不失自然之性，自能延年益壽，故曰：「目
不妄視，耳不妄聽，口不妄言，則無怨惡於天下，故長壽。」(〈辯
德第三十三〉，頁 134) 能行其所當行，不違自然之道，便能不
為天下百姓所怨，故長壽；與之相反，小人不能體道真義而胡

亂強行，用以彰顯自我，則為有所欲，如是便會內傷精神，折損壽命，離道越遠。

由是可見《河上公章句》雖以氣稟論聖人，卻非宿命論者，認為聖賢天生人成，由其工夫論可見，聖人必待後天工夫努力方可達致。聖人內聖之道，即在於稟得中和滋液，方有成聖的可能，繼而需要除情欲、養神明等成聖的工夫，使之能體長生之道，延年益壽，與道長存。其所謂長生不死、與道通神者，並非等同道教不死成仙的說法，其說雖影響後來道教服炁成仙之說，然而《河上公章句》本身並不就羽化成仙立說，僅就如何養成長生之道立論，所成之內聖境界為一自然長生之境，得其正壽而亡之道。其說既異於《老子》從無為自然價值意義論聖人修養境界，亦不同於道教不死成仙之說，箇中義理分際的異同，差之毫釐，失之千里，不能不辨。

2. 外　王

由於《河上公章句》所重者乃自然長壽之道，將道收攝到個體上，至於如何安頓群生，則屬經術政教之事，非其立論重點所在，故其言外王者，如安立名教、化民方面，泰半順《老子》而作注。《河上公章句》承《老子》原文而言治國者，如〈淳風第五十七〉、〈謙德第六十一〉、〈後己第六十六〉、〈任信第七十八〉、〈任契第七十九〉、〈獨立第八十〉、〈顯質第八十一〉等章節內容均順《老子》原文言無為而治之說，以治身之道言外王者並不多，文曰：

上德，謂太古無名號之君，德大無上，故言上德也。不德者，
言其不以德教民，因循自然，養人性命，其德不見，故言不
德也。言其德合於天地，和氣流行，民德以全也。下德，謂
號謚之君，德不及上德，故言下德也。不失德者，其德可見，
其功可稱也。以有名號及其身，故無德也。謂法道安靜，無
所施為也。[63]……上仁，謂行仁之君，其仁無上，故言上仁
也。為之者，為仁恩也。功成事立，無以執為。為義以斷割
也。動作以為己，殺人以成威，賊下以自奉也。謂上禮之君，
其禮無上，故言上禮。為之者，言為禮制度，序威儀也。言
禮華盛實衰，飾偽煩多，動則離道，不可應也。言禮煩多不
可應，上下忿爭，故攘臂相仍引。言道衰而德化生也。言德
衰而仁愛見也。言仁衰而分義明也。言義衰則施禮聘、行玉
帛也。言禮廢本治末，忠信日以衰薄。禮者，賤質而貴文，
故正直日以少，邪亂日以生。(〈論德第三十八〉，頁 147-150)

有為於事，廢於自然；有為於義，廢於仁慈；有為於色，廢
於精神也。執利遇患，執道全身，堅持不得，推讓反還。聖
人不為華文，不為色利，不為殘賊，故無敗壞。聖人有德以
教愚，有財以與貧，无所執藏，故無所失於人也。……聖人
學人所不能學。人學智詐，聖人學自然；人學治世，聖人學
治身，守道真也。眾人學問皆反，過本為末，過實為華。復
之者，使反本實也。教人反本實者，欲以輔助萬物自然之性
也。聖人動作因循，不敢有所造為，恐遠本也。(〈守微第六
十四〉，頁 249-251)

---

63 「謂法道安靜，無所施為也。」乃「上德無為」句下注。

關於對名教的判教，《河上公章句》與《老子》所言大同小異，同者是二者同以道為最高、整全者，具體落實則為德，德落實到最佳者謂之「上德」，「下德」次之，仁落實到最佳者謂之「上仁」，「上仁」又次於「下德」。同理，義和禮落實到最佳者謂之「上義」、「上禮」，「上義」又次之「上仁」，「上禮」則又次於「上義」，因此道衰落才會強調德，德衰落才會顯現仁愛，仁愛衰落才會嚴分於義，義衰落才會實施禮節、講究玉帛文飾。越強調禮節則越失其自然之本，僅能治之於末，由是而落於外在形式而內在忠信日益減少。因為禮節是不重視實質內容，只強調文飾形式，所以真實內容越來越少，邪亂越來越多。

與《老子》小異者是在於《河上公章句》以「養人性命」、「合於天地，和氣流行」來說明全德。《河上公章句》指出最高的德，是沒有名號，因其德大無上，故無以稱之，而謂「上德」，上德之人，不以德化民，僅順自然之道，養眾人性命，故其德不凸顯於眾人之間而言「不德」。因其德不彰顯，故能和光同塵，合於天地之間，與太和精氣並行不悖，由是成全民德。從以自然方式養人性命、與太和精氣並行天地之間的方式來成全眾人之德可見，所成者非經世政教之術，而是治身延壽之道。既言上德者「不以德教民」，何以又謂「聖人有德以教愚」？二者所言是否互為矛盾？若循前後文理來分析，則不難發現「聖人有德以教愚」，其所謂有德，是指聖人與太和精氣並行於天地之間，體道應物，故無為於事，而能因循自然，以自然的方式教化愚者，以財帛贈與貧賤，不執持不私藏，以無為之心成全大眾，故不失天下民心。若有為於事，則有害自然；有心為義，則不能保存仁慈之心；著意於聲色享樂，則廢損精神。以利害得失行事，因有違

無為自然，故常遭憂患；以自然之道行事，因其無心不為，故能保全其身。可見凡有所執持者，便不能體道；謙讓不爭者，則能還返於道，復歸自然。聖人不作華飾講求外在規範，無心於聲色財利，不殘害破壞，故能無敗；以自然方式教化百姓，不執於財帛，不藏有私心，故無失。眾人學智詐、治世之術，聖人學自然、治身之道，聖人學眾人所不能學，以自然之道治身，故能守道的真實內容。眾人所學者乃智詐治世之術，皆為與道相反的內容，於修道而言實為失其本、著力於末；失其真實內容、著力於浮華文飾。聖人復眾人之過，使之能棄絕智詐，不學治世而學治身，返還於自然之道。聖人有德化民而不以德化民，有其德而不彰顯其德，以自然的方式輔助百姓還返於道，治身守道，而不敢有違自然。以德化民，則是刻意為之，則恐有違自然，流為智詐，離道更遠。可見聖人並非真的不為實事，而是以「輔萬物自然之性」的方式「教愚」，使之歸復自然，是為「因循自然」、「不以德教民」，故「其德不見」。

　　相對於「上德」者，下德之人其德可見，可稱其功，即有所彰顯、標榜，故被後世封謚號加以表揚，其德不及上德者，是為「下德」，以有封號於其身之故，因而失其德之自然真實，是謂「無德」。「上德」之人學道之清淨無為，有施為之德，而無施為之心，故不必用封號來彰顯其德，以名號造就其德，是為「無為而無以為」；「下德」之人，著重經世政教，為後世名聲、封號而有心作為，是謂「為之而有以為」，在這種情況下，「下德」者之境界自不及「上德」者高。「上仁」之人，實踐仁愛而無有限制，故言「上仁」，「上仁」之人著重於施恩澤惠，能立事功，卻無所執持，然而因其凸顯仁愛這一面，於道德而言則有欠周全，

故次於「德」。「上義」之人，以外在形式作為應物判準，有所為或不為均以自身立場來考量，殺人以立威嚴，殘害下級為自己的利益，即使將義實踐得再好，仍謂之「有以為」，故又次於「上仁」。《河上公章句》並不反對自然而為之仁義，故曰：「修道於國，則君信臣忠，仁義自生，禮樂自興，政平無私。其德如是，乃為豐厚也。」（〈修觀第五十四〉，頁 208）其正面肯定仁義之說，與《老子》「絕仁棄義」、「聖人不仁」遮詮地表達道之整全不偏，不偏好仁義的說法不同，卻繼承了《老子・六十七章》表詮地說「我有三寶」，其中之一寶：「慈」的一面。《老子》、《河上公章句》言「慈」、「仁」者，均屬德之一偏，縱然正面肯定仁義，亦屬自然無為的方式下實踐之仁義，其根據即是自然無為；與儒者之言「仁」不同者，儒者之論仁心、仁德、仁體乃道德心之全部，其根據即是仁德、仁心本身，能踐仁即能知天，便能下學上達，與天道相通。於道家而言，能踐仁，以自然的方式達至極致者，是謂「上仁」，然而已落一偏，故仍次於道德，《河上公章句》縱以表詮方式肯定仁義，認為修道於國，可達至人君有信，臣下忠心，仁義禮樂等名教內容自能表現、興起，政令平順、無有私心，繼而達致無為之治，仍與儒者仁德之治有所不同。故「上仁」、「上義」者均次於「上德」者。至於「上禮之君」，則已做到禮的極致，是謂「上禮」，然而為禮者，是重視禮儀制度，加強威儀，只流於華美的外在，而內心實缺乏真實的內容與之相應，文飾造作過多，有所為即離於道，故不能與自然之道相應。又因禮儀制度繁多不能符應於自然，因此在落實時便會引起怨憤、爭執，只能勉強別人來執行它，由是「上禮之君」最次。

　　從《河上公章句》判別名教高下來看，其說與《老子》大同小異；然而從其判教的內容討論，特別是從「上德之君」的具體所為，以合於天地和氣，成全百姓自然之德，涵養百姓性命，則與《老子》純就德性之自然不為而說上德有別。《河上公章句》之天地乃氣化之天地，是從和、清、濁三氣分化而成，又以太和精氣言「德」，[64]故其言因應自然「養人性命」，是就氣化而言性命，是以客觀、形而下之氣性形軀來說性命。

　　綜觀《河上公章句》境界論，實已從《老子》之無為而治的道化政治境界轉向自然長壽的治身之境。因其說著重於治身延壽，故其言外王之道者泰半順《老子》而注，少有創造性的詮釋，其創造性的詮釋是在順原文而下言治國轉向兼言治身，從而詳細論述治身延壽的方法及其境界，充分展開養生的思想面向。然而其論雖言養生延壽，卻與後來道教不死成仙之說有所不同。《河上公章句》著重透過捐除情欲、涵養神明的方式長生延壽，並無服芺煉丹之說，亦未主張物理形軀之長生不死，其言與天地沒，長生不死者，僅就得其自然正壽而言，更無飛天成仙之說，當中義理分際其實是很明確的。

第三節　小　結

　　《河上公章句》開宗明義以「自然長生之道」為常道，「經術政教之道」為非常道，其立說宗旨甚為明顯。因其論以長生之

64　〈能為第十〉：「一者，道始所生，太和之精氣也。」頁 34。〈養德第五十一〉：「道生萬物。德，一也。一主布氣而畜養。」頁 196。

道為宗，相應於治養形軀之說，論道便以元氣為主，遂以元氣為道，太和精氣為一，陰陽二氣為二，和清濁三氣為三，由是分為天地人，再以天地施化，人長養萬物，共生的方式生養萬物，其生化是透過客觀元氣、外在天地與人共同育養，是以主體實踐的方式客觀生化萬物，使萬物各得其壽不早夭而能長壽久生，屬氣化宇宙論的進路。《老子》論道則以無為自然之道為主，所欲成的乃無為之治的道化政治理想境界，其道為一自然無為、具價值意義之道，以玄為一，無為二，有為三，透過玄無有的相互作用，生化萬物，實現萬物之自然價值，其生化是透過主體實踐、主觀價值地生化萬物，使之自然地實現其自己，屬本體宇宙論。由是可見《河上公章句》論道已從《老子》之無為治道轉向自然長生之道，道生的方式亦從本體宇宙論轉向氣化宇宙論，由此展開其長生理論。

因應標宗之不同，立教自亦有異，《老子》一書則是透過無為而無不為的修養方式達致聖人無為之治，《河上公章句》則提出相對具體的工夫論，以除情欲、養神明的養生方式體證聖人自然長生之道，其除情欲之說較為消極地對治耗損精神之病，養神明則相對積極地提出固養精氣的方法，或可視除情欲為其去病工夫，養神明為歸本工夫。其所異於《老子》者，在於《河上公章句》工夫論從對治主觀的偏執轉向嗜欲煩亂，實踐主體從聖人以至天下百姓轉向以個人為主，工夫目的從無為之治轉向自然長生，此即其工夫論之轉向。

由於《河上公章句》立說是以個人之自然長壽為目的，故所成之境界，自亦偏就內聖而言，針對內聖之長生不死而立說。其

說縱有論及治國者，泰半是承原文而作注，簡要地論及治國，重點往往是借由言治國之論，轉向治身之說，並詳加闡釋其治身之道的具體內容，充分開展養生思想面向。在這脈絡下，《河上公章句》自亦不會多加發揮《老子》外王之道，有關名教的內容，以及如何治理國家、天下者，《河上公章句》不是順原文而稍加引申，便是轉就治身而言，故其言「天下神器」、「利器」、「有國之母」者均轉就「身」而論，其詮釋之轉向甚為明顯且自成一詮釋體系。

透過對《河上公章句》的義理內容分析可見，其說不論從標宗還是從立教來看，自道論至工夫論、境界論而言，一是均從治身養生來建構其思想體系，以此作創造性的詮釋。自《河上公章句》以養生思想的詮釋面向解《老》開始，使得後世道教在養生工夫上多受其影響，然而其說與道教求不死成仙之道有著根本的不同，上文已作澄清。然而不可否認的是，《河上公章句》的詮釋轉向是使《老子》詮釋逐步趨向後來道教化的濫觴。[65]

---

65 莊曉蓉指出《河上公章句》用養生觀念來解說《道德經》，建構出其內聖外王的系統性思想，也因為將養生觀念引入《道德經》，使得後世道教在許多養生功法上，都引申自《河上公章句》。但是，從《河上公章句》全書的立場出發，可以說《河上公章句》的說法影響道教，卻不能說《河上公章句》的說法與道教的說法一樣。見莊曉蓉：《身國一理的《老子河上公章句》，頁82。

第六章　讓開成全治道的展開

　　王弼注《老》歷來譽多毀少，譽者如陸德明稱之「其後談論者，莫不宗尚玄言，唯王輔嗣妙得虛無之旨。」[1]北宋・晁說之（1059-1129）認為王弼真得《老子》之學，更譽之為「完然成一家之學，後世雖有作者，未易加也。」[2]北宋・熊克（1132-1204）亦言「王弼所注，言簡意深，真得老氏清淨之旨。」[3]吳仕承認為王弼注《老》乃「古今作者，莫之或先。」[4]毀者如唐・陸希聲譴之為「王何失老氏之道，而流於虛無放誕。」[5]歷代對王弼注《老》的不同評價、箇中得失異同，已顯見王弼注《老》之義理內涵實與《老子》有不同之處，所謂「一家之學」更見王弼注《老》有其獨異於眾人之處。若從詮釋理論上說，同於《老子》者乃其繼承《老子》思想的一面，其所異者則為開展《老子》思想的面向。下文將先簡述王弼生平及其著述，繼而從王弼注《老》的詮釋內容討論，以見其《老子注》乃《老子》思想讓開成全治道的展開。

1　吳承仕疏證：《經典釋文序錄疏證》，頁136。
2　見劉固盛點校：《道德真經註》，熊鐵基等編：《老子集成》第一卷（北京：宗教文化出版社，2011），頁235。
3　同上注。
4　《經典釋文序錄疏證》，頁136。
5　陸希聲：《道德真經傳・序》（《無求備齋老子集成初編》）（臺北：藝文印書館，1965），頁1B-3A。

第一節　王弼的生平及著述

一、生　平

　　關於王弼生平事跡，主要資料散見於《三國志》及其注文、《世說新語》當中。大概由於王弼官位不高，三國‧蜀漢‧陳壽（233-297）並未為之獨立作傳，僅以附傳形式，以數十字載於〈鍾會傳〉之後。及後，南朝‧宋‧裴松之（372-451）為〈三國志〉作注，注文中引西晉‧何劭（？-301）〈王弼傳〉一段內容，為今傳史書中所載最詳盡者。下文將就今存資料，對王弼之家世、才學、性格三方面整理說明。

（一）家　世

　　王弼字輔嗣，三國時魏山陽高平（今山東金鄉縣）人，生存年代為西元 226-249，年僅二十四歲。據《博物記‧人名考》所載，王弼父親是王業，王業乃劉表之外孫。[6]王弼祖父王凱是王粲的族兄，因魏文帝誅殺王粲二子，遂以王業為王粲後嗣。[7]據〈王弼傳〉所載，王弼「無子，絕嗣。」[8]東晉‧張湛〈列子序〉云「輔

6　《三國志》注引《博物記》卷六〈人名考〉云：「博物記曰：初，王粲與族兄凱俱避地荊州，劉表欲以女妻粲，而嫌其形陋而用率，以凱有風貌，乃以妻凱。凱生業，業即劉表外孫也。」見陳壽著，裴松之注：《三國志》（北京：中華書局，2008），頁796。
7　《三國志》注引《魏氏春秋》曰：「文帝既誅粲二子，以業嗣粲。」見《三國志》，頁796。
8　《三國志》注引〈王弼傳〉，頁796。

嗣女壻趙季子」[9]可見王弼雖無子嗣，卻至少有一女。

　　王弼雖享壽不長，然而才思橫溢，〈王弼傳〉曰：「弼幼而察惠，年十餘，好老氏，通辯能言。」足見他哲思之早熟，因此牟宗三先生稱王弼有「夙慧」。[10]王弼為人能言善辯，穎悟過人，除了稟賦聰穎之外，更重要是其家學淵源，據〈王弼傳〉引《博物記》記曰：

> 王粲與族兄凱俱避地荊州，劉表欲以女妻粲，而嫌其形陋而用率，以凱有風貌，乃以妻凱。凱生業，業即劉表外孫也。蔡邕有書近萬卷，末年載數車與粲，粲亡後，相國掾魏諷謀反，粲子與焉，既被誅，邕所與書悉入業。業字長緒，位至謁者僕射。子宏字正宗，司隸校尉。宏，弼之兄也。[11]

首先，從王弼家世觀之，王弼不僅是劉表的外曾孫，亦是王粲的嗣孫。王粲為王弼族祖，乃建安七子之一，其宗族譜系相當顯赫。王龔乃王粲之曾祖父，在《後漢書》有傳，為當世豪族名臣，歷任司隸校尉、太僕、太常、太尉；王暢乃王粲之祖父，同於《後漢書》有傳，為東漢黨人、名士領袖人物，與陳蕃、李膺齊名，歷任太守、尚書、司空；王謙乃王粲之父，曾任漢末大將軍何進長史，雖官位不高，但權居要津。[12]王粲此系雖與王弼沒有直接的血緣關係，但卻有宗法承嗣的關係，王弼承繼了這一系在學問上的優秀傳統。於血緣上，王弼乃劉表之外曾孫，弼父王業，官

9　張湛注，楊伯峻撰：《列子集釋》（北京：中華書局，2008），頁279。

10　牟宗三：《才性與玄理》，頁79。

11　《三國志》注引《博物記》，頁796。

12　關於王粲宗族家世考據，詳見莊耀郎：《王弼玄學》，頁29-30。

至謁者僕射；弼兄王宏，亦曾為司隸校尉，可謂官宦世家。其次，從學術淵源觀之，蔡邕藏書近萬卷，輾轉流入王業之手，使王弼自幼便有機會博覽群籍。擁有萬卷藏書乃王弼著書論學在客觀學術環境上的優勢，加上天資聰穎，幼而察慧，無怪乎王弼年壽雖短，卻有著超卓的治學成績。

（二）才　學

王弼才學過人，察慧通辯，《三國志》及其注文、《世說新語》亦多有所載，文曰：

> 何晏為吏部尚書，有位望，時談客盈坐，王弼未弱冠往見之。晏聞弼名，因條向者勝理語弼曰：「此理僕以為極，可得復難不？」弼便作難，一坐人便以為屈。於是弼自為客主數番，皆一坐所不及。[13]

> 何平叔注老子，始成，詣王輔嗣。見王注精奇，迺神伏曰：「若斯人，可與論天人之際矣！」因以所注為道德二論。[14]

> 何晏以為聖人無喜怒哀樂，其論甚精，鍾會等述之。弼與不同，以為聖人茂於人者神明也，同於人者五情也，神明茂故

13　南朝・宋・劉義慶（403-444）著，劉孝標注，余嘉錫箋疏：《世說新語箋疏・文學第四》（北京：中華書局，2009），頁 231。

14　《世說新語校箋・文學第四》，頁 234。又《世說新語・文學第四》亦載曰：「何晏注老子未畢，見王弼自說注老子旨。何意多所短，不復得作聲，但應諾諾。遂不復注，因作道德論。」兩則引文同說一事，然而說辭卻稍有不同，余嘉錫認為「一事兩見。而一云始成，一云未畢，餘亦小異。蓋本兩書，臨川不能定其是非，故並存之也。」《世說新語箋疏》，頁 237。余氏此說可備一說。

能體沖和以通無，五情同故不能無哀樂以應物，然則聖人之情，應物而無累於物者也。今以其無累，便謂不復應物，失之多矣。[15]

以上三例均為何晏與王弼論學之事，據《世說新語》注所載，何晏「能清言，而當時權勢，天下談士多宗尚之」，[16]可見何晏為當時清談宗師，然而何晏卻不自恃望高權重，而能謙厚服善，對王弼讚譽有加。第一則記載王弼當時雖未弱冠，然而已通辯能言，將何晏與席上清談賓客所辯得之勝理，提出問題作難。何晏本以為方才所論已達究竟，然而經王弼分析論辯後，仍能進一步提出詰問，在座賓客竟無一人能與之應答，王弼只好自為主客，自行往復駁難數番，眾賓客無不瞠乎其後，由是可見王弼辯名析理之才智。第二則記載何晏推崇王弼《老子注》的故事，何晏將剛注成之《老子》拿去拜訪王弼，及其見王弼注《老》之精闢奇絕，便心悅誠服稱許他「後生可畏」、[17]能與論天人之際，遂把自己所注之書改成《道德二論》。於此既見何晏之服善，亦可見王弼對玄理有著獨到的慧解。第三則記述王弼論聖人體無之說，何晏認為聖人無喜怒哀樂，其論甚為精闢，鍾會等人纘述其說，獨王弼所見不同，認為聖人並非無喜怒哀樂，只是聖人精神修養境界高於眾人，故於應物時雖有喜怒哀樂，但能不為情感所累，可見聖人與眾人不同之處並不在於情，而是在於「神明茂」，王弼論理才思之透闢自此可見。從以上引文得知，王弼能言善道，無怪

---

15 《三國志》注引〈王弼傳〉，頁795。
16 《世說新語校箋‧文學第四》注引《文章敘錄》，頁231。
17 〈王弼傳〉曰：「于時何晏為吏部尚書，甚奇弼，歎之曰：『仲尼稱後生可畏，若斯人者，可與言天人之際乎！』」見《三國志》，頁795。

乎《三國志》稱他「辭才逸辯」。[18]

除此以外，〈王弼傳〉稱他「天才卓出，當其所得，莫能奪也。性和理，樂游宴，解音律，善投壺。」[19]從王弼論理內容可見，其性格與玄理相應，甚有慧解。於生活上亦見其才藝，喜愛交遊飲宴、通曉音律、擅長投壺遊戲，與當時名士無異，均講究生活情趣。與當時名士不同者，在於王弼哲思清晰，且能論理覃思，長於著述，不僅能清談，此其雖哲人早逝卻能不朽的原因，〈王弼傳〉曰：「弼注《老子》，為之指略，致有理統，著《道略論》；注《易》，往往有高麗言。」[20]從其論理成章、深有理致且成系統，更有高見麗句，可見王弼拔萃於當世，也因此而使其著作得以傳世。

（三）性　格

王弼雖才情橫逸，然而因其年少才高，致使性格自負、不善與人交往，〈王弼傳〉曰：

> 正始中，黃門侍郎累缺。晏既用賈充、裴秀、朱整，又議用弼。時丁謐與晏爭衡，致高邑王黎於曹爽，爽用黎。於是以弼補臺郎。初除，覲爽，請間，爽為屏左右，而弼與論道，移時，無所他及，爽以此嗤之。時爽專朝政，黨與共相進用，弼通儻不治名高。尋黎無幾時病亡，爽用王沈代黎，弼遂不得在門下，晏為之歎恨。弼在臺既淺，事功亦雅非所長，益

---

18 《三國志》，頁 795。
19 《三國志》注引〈王弼傳〉，頁 795。
20 《三國志》注引〈王弼傳〉，頁 796。

不留意焉……其論道賦會文辭，不如何晏，自然有所拔得，多晏也，頗以所長笑人，故時為士君子所疾。……然弼為人淺而不識物情，初與王黎、荀融善，黎奪其黃門郎，於是恨黎，與融亦不終。正始十年，曹爽廢，以公事免。其秋遇癘疾亡，時年二十四，無子絕嗣。弼之卒也，晉景王聞之，嗟歎者累日，其為高識所惜如此。[21]

何晏身為吏部尚書，正欲舉薦王弼為黃門侍郎。丁謐同為尚書，刻意與何晏抗衡，推舉王黎擔任此職。曹爽聽從丁謐建議，以王黎為黃門侍郎，王弼則任尚書郎。然而王弼因此嫉恨王黎，與之交惡決裂。王弼在初任尚書郎之日，謁見曹爽，還特別請退曹爽左右侍從。王弼與曹爽單獨會面，僅論道便長達一個時辰以上，但因王弼僅以己所長之玄理與曹爽對談，曹爽是政客，嗤其迂遠。後來王黎病亡，曹爽卻以王沈代之，從王弼因升遷不順而恨王黎之事可見，其人性格直率，加上喜歡以己之所長笑人之所短，又謀劃不深、不諳人情往來，實不適合於規範甚多的官場。王弼為官時間尚淺，事功亦不是他的專長，因此越來越不留心於仕途。次年，曹爽被廢，而王弼僅以公事被免職，是年秋天王弼染上癘疾而亡。因王弼為人才俊能辯，司馬師為其死而嗟歎不已。從王弼生平軼事可見，其人雖長於思辯玄解，卻於待人處世時不夠圓融世故，大概與其年少高才而又享盛名不無關係。

21　《三國志》注引〈王弼傳〉，頁 795-796。《世說新語》注文引〈王弼傳〉文字較為簡略，見《世說新語校箋》，頁 231。

二、著　述

　　關於王弼著述，《三國志》曰：「弼好論儒道，辭才逸辯，注易及老子。」[22]〈王弼傳〉曰：「弼注《老子》，為之指略，致有理統。著《道略論》，注《易》，往往有高麗言。」從史書所載，王弼應有注《易》、注《老》及《道略論》等著作；今存王弼著作收於樓宇烈校輯之《王弼集校釋》，內有《老子道德經注》、〈老子指略〉輯佚、《周易注》、《周易略例》、《論語釋疑》輯佚以及東晉・韓康伯注〈繫辭〉轉引王弼之說。

　　關於王弼著作之考辨，王曉毅曾對此深入研究，並比較說明歷代著錄王弼的著作。[23]今僅就王弼著述資料整理如下：第一類為現存著作，包括《周易注》、《周易略例》、《老子道德經注》、[24]〈老子指略〉（即《道略論》與《道德略歸》）[25]；第二類為已佚著作，包括《周易大衍論》、《易辨》、《周易窮微論》（另《易傳纂圖》）、《論語釋疑》、《王弼集》。

22　《三國志》，頁 795。

23　見王曉毅：《王弼評傳》（南京：南京大學出版社，1996），頁 375-384。

24　今傳王弼《老子道德經注》乃經歷代流傳後，出現歧變的版本。不僅今傳王弼《老子注》之《老子》原文，已非王弼當時所見之《老子》，即使王弼注文亦多謬誤，本書所引王弼注《老》之文字，主要參考樓宇烈之《王弼集校釋》。

25　〈老子指略〉一文，《舊唐書》未載明作者何人，《新唐書》始標為王弼著，《宋志》及《通志・藝文略》均載為王弼著。宋末以後佚。近人王維誠據《雲笈七籤》中〈老君指歸略例〉及《道藏》中〈老子微旨例略〉輯成〈老子指略〉，並且認為即王弼〈老子指略〉之佚文。其說見於《北京大學國學季刊》第七卷第三號。嚴靈峰亦於 1956 年 6 月自《道藏》中檢出，並附校記，又校張君房《雲笈七籤》〈總敘〉有〈老君指歸略例〉一文，並確證為王弼所著，其說見《無求備齋老子集成初編》〈老子微旨例略〉附記。今學者大都接受〈老子指略〉為王弼所著的說法。

第二節　王弼《老子注》的詮釋內容

　　王弼詮解《老子》的主要內容見其《老子道德經注》及〈老子指略〉，此亦本書綜述王弼詮解《老子》的主要依據，當中或以《論語釋疑》、《周易注》、〈王弼傳〉等資料作為旁證。下文將討論王弼詮解《老子》、工夫論及其開顯境界等三方面內容，以見王弼對《老子》讓開成全治道的展開。

一、道的義涵 ── 刊落「有」的形上義

　　王弼論及「道」的特徵時繼承《老子》之說，同為不可名狀、不可道、不可得而知者，故曰「無狀無象，無聲無響，故能無所不通，無所不往。不得而知，更以我耳、目、體，不知為名，故不可致詰，混而為一也。」（〈十四章〉注，頁31）、「混然不可得而知」（〈二十五章〉注，頁63）。若強為之言，分析地說，則「道」具有先在、絕對、普遍、永恆等特性，且作為萬物存在的根源，凡此均順《老子·二十五章》作注，可見王弼與《老子》所論之道同具形上特色。然而若細論之則不難發現，王弼論「道」的義涵與「道生」之義，與《老子》有著明顯的不同，王弼更以名號、稱謂區分物與道，以下將就道的內涵、道生的意義、道的表達方式三方面討論王弼注《老》的詮釋轉折。

(一) 道的內涵

從王弼注《老子・一章》的內容，最能體現其論道的內涵，文曰：

> 可道之道，可名之名，指事造形，非其常也。故不可道，不可名也。凡有皆始於無，故未形無名之時，則為萬物之始。及其有形有名之時，則長之育之，亭之毒之，為其母也。言道以無形無名始成萬物，萬物以始以成而不知其所以然，玄之又玄也。妙者，微之極也。萬物始於微而後成，始於無而後生。故常無欲，空虛其懷，可以觀其始物之妙。徼，歸終也。凡有之為利，必以無為用。欲之所本，適道而後濟。故常有欲，可以觀其終物之徼也。兩者，始與母也。同出者，同出於玄也。異名所施，不可同也。在首，則謂之始；在終，則謂之母。玄者，冥也，默然無有也。始、母之所出也，不可得而名，故不可言，同名曰玄，而言謂之玄者，取於不可得而名，而謂之然也。謂之然，則不可以定乎一玄而已，則是名則失之遠矣。故曰，玄之又玄也。眾妙皆從同而出，故曰眾妙之門也。(〈一章〉注，頁 1-2) [26]

此段義理甚為豐富，亦很能體現王弼對《老子》道的詮釋。從本書第二章討論可見，分析而言「玄」、「無」、「有」三者均為

---

[26] 「常無欲空虛」，《道藏集注》本及《道藏集義本》於「空虛」下均多「其懷」二字，則此句當讀作：「故常無欲，空虛其懷」，今據此補「空虛」二字。(《王弼集校釋》，頁 3)「異名所施……眾妙之門也」一段文字頗費校改，陶鴻慶認為此段注文「謬誤幾不可讀」(《王弼集校釋》，頁 5)，陶氏及樓宇烈諸家所校更易甚多，今從牟宗三先生《才性與玄理》中的校改，其說改易較少，且能保持原文通暢，見牟宗三：《才性與玄理》，頁 135-136。

《老子》「道」的內涵，然而王弼注《老》所論的「道」即是「無」，為形而上者，「無」、「玄」同層；「有」則刊落其形上意義，而為形而下者，此《老子》與王弼注《老》的最大分別。

王弼認為「常道」為不可道、不可名，屬形而上者，故又曰：「道無形，不可名，以無名為常，故曰道常無名也。」[27]（〈三十二章〉注，頁 81）；可道之道，可名之名，則屬形而下者，故為具體事物。有形的東西，變化不斷，故不見其「常」，此說順《老子》而下，更具體地從形式區分可道之道與不可道之道。王弼承此說將《老子》常道「無」（包括「無名」、「無欲」）、「有」（包括「有名」、「有欲」）的雙重性作出二分，使「無」為形上者與道同層，使「有」為形下者與萬物同層。王弼雖曰「凡有皆始於無」，似與《老子·四十章》之「天下萬物生於有，有生於無」無異，然而卻以「未形無名」為「萬物之始」來規範「無」，以「有形有名」來規範「有」，可見「有」屬於「指事造形」之具體有形事物，異於「常道」，而為形而下者。所謂「道以無形無名始成萬物」、「萬物始於微而後成，始於無而後生」，說明了道以無的方式始萬物，即以無創始有，如是「無」、「有」判為形上、形下兩層，「有」便刊落其形上意義，失去作為徹向性的特質，僅剩其作為形而下、與萬物同層的一面，明顯異於《老子》的「道」。

因王弼以「有」為形而下者，故〈一章〉注「有欲」之時，必須以「空虛其懷」的方式返其本，只有當「有欲」得其本，方

---

27 樓宇烈本作「道，無形不繫，常不可名。」《道藏取善集》引此注無「不繫常」三字。見《王弼集校釋》，頁 81-82。

能濟助萬物，保存萬物的自然價值。可見萬物之所以能得以實現，
必須以「無」為用，方能有所成，於此「有」的徼向性徹底落空。
因為「有」不具形上意義，故不能謂之「玄」，所以王弼在注解
「此兩者同出而異名，同謂之玄」之時，把「兩者」詮解成「始
與母」，而非「無」和「有」。以「始」、「母」釋「兩者」，
同出於玄，即同屬於道，此說雖異於《老子》以「無」、「有」
言「兩者」，然而亦自有所據。[28]《老子・五十二章》曰：「天
下有始，以為天下母。」此處「始」與「母」均指道而言。以「始
與母」作為「兩者」的內容，甚能呼應前面「凡有皆始於無，故
未形無名之時，則為萬物之始。及其有形有名之時，則長之育之，
亭之毒之，為其母也。言道以無形無名始成萬物，萬物以始以成
而不知其所以然，玄之又玄也」之說，牟宗三先生認為「未形無
名之時」、「有形有名之時」是指天地萬物說，「言無形無名之
道既於萬物『未形無名之時』，始萬物，又於萬物有形有名之時，
終萬物。自其『終萬物』言，則謂之母。自其『首萬物』言，則
謂之始。」[29]先生所言甚是，始、母皆由道而言，與道同體，並

---

28 余敦康認為王弼之「始與母」即《老子》之「無與有」，即「無與有同出於冥
　默無有的無限整體，因而是統一的。」見余敦康：《魏晉玄學史》（北京：北
　京大學出版社，2004），頁 173-174，案：誠然，王弼以「始與母」代替《老
　子》以「無與有」言「兩者」，然而王弼之「始與母」並不等同其自身義理系
　統之「無與有」，其言「始」、「母」二者屬於形而上，與道同層且同出而異
　名，但「無」、「有」卻不同，前者為形而上與道同層，後者為形而下與物同
　層，故「有」絕不可能是「無限」的。余氏此說有恐混《老子》之「無與有」
　為王弼之「始與無」之嫌。
29 此說見於牟宗三先生《才性與玄理》初版，後於 1978 年三度重印時，先生修
　訂前說，未見於今本《才性與玄理》。牟先生對於王弼老學早年說法，現已收
　入《牟宗三先生全集》之中，見牟宗三：《才性與玄理》，收於《牟宗三先生
　全集》2（臺北：聯經出版社，2003），全集本編校說明，頁 3。案：牟先生早
　年解王弼注《老子・一章》的內容甚具參考價值，後來《才性與玄理》改版後，
　先生以《老子》之說解王注，似乎未及舊說相應於王弼注《老》的義理系統，
　關於先生論王弼老學舊說，可參考《才性與玄理》（《牟宗三先生全集》2），
　全集本編校說明，頁 3-6；新說見《才性與玄理》，頁 131-137。

非形而下的萬物，於萬物未形無名之時創始萬物，又於萬物有形有名之時始終成萬物，故王弼曰：「在首，則謂之始。在終，則謂之母。」「母」雖終成「有」和萬物，[30]但「母」並不等同「萬物」或「有」，因「母」是「及其有形有名之時，則長之育之，亭之毒之」，使萬物具體化後，讓它能生長育成、熟成安定之所以然，故屬形而上者，且與道同體；「始」既於「有」和萬物未形無名之時，創始萬物，其為形而上者之性格則更為明顯，故「始」與「母」二者同出於道而異名。由於「始與母」，一施於萬物「未形無名之時」，一施於「有形有名之時」而異名，故曰「異名所施，不可同也」，又因二者同屬於道，為不可名狀者，故王弼以「謂」言之，而不以「名」說之，遂曰「謂之始」、「謂之母」，王弼「稱謂」、「名稱」的區分，更確定二者形上、形下的歸屬。[31]

從以上討論可見，王弼以無、玄、始、母同層，作為道的內容，歸屬形而上者；以有和萬物同層，歸屬形而下者，明顯與《老子》所言不同。《老子》以「無名天地之始，有名萬物之母」，若王弼以無名為形而上的常道，有名為形下的萬物，以王弼無有分屬形上形下來看，則《老子》此句之「始」當為形而上者，而「母」則淪為形而下者，王弼卻以「始與母」同出於玄而與道同

---

30 從〈一章〉注文以「有形有名」、「指事造形」規範「有」來看，應可以「有」等同「萬物」，但王弼又言「天下之物，皆以有為生」（〈四十章〉注，頁110），可見萬物是以「有」的方式呈現，是否能直接以「有」等同「萬物」，似乎仍有討論的空間。綜觀王弼注文雖並沒有明言「有」完全等同「萬物」，但「有」與「萬物」二者同層，均屬於形而下，而為有形有名、指事造形者是非常明顯的。牟宗三先生曾明確指出「有與物為同一，並無分別。」見牟宗三：《才性與玄理》（《牟宗三先生全集》2），全集本新編校說明，頁3。先生之說亦可聊備一說。

31 關於名號稱謂之說詳見下文討論。

層，以此解《老》明顯有違文本意思。然而若從王弼其他章句釋「有」之意來看，在王弼注《老》的系統中，「有」屬形而下者而與萬物同層則當屬其創造性的詮釋。

下文將討論王弼其他篇章論「無」、「有」的特色，以證前說之有據。

1.「無」即是道

《老子》或以玄言道，或以一言之，其言常、玄、無、有、樸、一等均與道同層，王弼注《老》則以「無」直接等同於道，其所謂一、玄、無、常、母、樸等均就「無」而言，此乃其異於《老子》之處，觀其注文曰：

> 道以無形無為成濟萬物，故從事於道者，以無為為君，不言為教，綿綿若存而物得其真，與道同體，故曰同於道。(〈二十三章〉注，頁58)

> 萬物皆由道而生，既生而不知其所由，故天下常無欲之時，萬物各得其所，若道無施於物，故名於小矣。(〈三十四章〉注，頁86)

自上而下來說，道以「無形無名」的方式成濟萬物，即以無來生物，可見無同於道。自下而上來看，萬物皆由道而生，並以常無欲的方式使得萬物各得其所，在這種情況下《老子》所言之「常有欲以觀其徼」(〈一章〉)，即道的徼向性便落空，僅以「常無欲以觀其妙」的方式成濟萬物。可見無即是道，而「有」的形上意義已不復再。不僅如此，王弼更直接以無作為體、用，注文

曰：

> 萬物雖貴，以無為用，不能捨無以為體也。捨無以為體，則
> 失其為大矣，所謂失道而後德也。以無為用，則得其母，故
> 能己不勞焉而物無不理。下此已往，則失用之母，不能無為
> 而貴博施，不能博施而貴正直，不能正直而貴飾敬。（〈三十
> 八章〉注，頁 94）[32]

〈三十八章〉注更直接以「無」為體、用，王弼言體用與後人所
言有所不同，莊耀郎先生對此段義理有著深入精闢的見解，先生
曰：

> 王弼是將「體用」一語作為哲學語言的第一人，他的用法和
> 後來學者的涵義稍有不同，理應尊重他的看法，……「體用」
> 皆在無的形上層次說，而非將體用分為形上，形下兩層，……
> 在王弼處可以說「因有以明無」，而不能說「即用以顯體」；
> 可以說「即體以全物」，而不可說「即體以生物」，以王弼之
> 本體為無，不具實有層故也。不具實有層，因此和漢學之實
> 體氣化之體用不同，和老子之道生物之說法亦有差別，並且
> 和後來的體用義亦有所不同，此義理之關鍵處，甚為細微，
> 而分別甚鉅，不可不檢別。（《王弼玄學‧附錄：王弼道論的
> 義涵》，頁 296）

王弼以無為本體，並無主宰萬物之意，僅具作用層而不具實有層；

---

32 「萬物」據《道藏》本及《道藏集注》本校補。「捨無以為體，則失其為大矣」，
　前有「不能」二字，樓宇烈認為「不能」二字涉上文而衍，故刪。「則得其母」
　之「則」字據《道藏集注》本校補，「得」本作「德」，樓宇烈據文義校改，
　以上校釋見《王弼集校釋》，頁 101-102。

與此同時，以無為體，即以無為妙用，作用於萬物，成全萬物。無之所以可為妙用，是由於萬物賴之以成其定用，藉著無的作用，使萬物得以實現其自己，故又曰：「凡有之為利，必以無為用。」（〈一章〉注，頁 2）「高以下為基，貴以賤為本，有以無為用。」（〈四十章〉注，頁 109）可見無既為體，亦為用。[33]因此不能捨棄無來作為本體，沒有無的本體，雖「德盛業大，富而有萬物」（〈三十八章〉注，頁 94），[34]猶為無本之物，不能成其大。王弼以無為體、用的說法，實以「無」等同於「道」，故曰「聖人體無」（《世說新語校箋・文學第四》，頁 235），又以「無形無名」的方式濟成萬物，實已徹底刊落「有」的形上意義。

除此以外，王弼言一，亦偏就「無」而言，異於《老子》之

---

33 王弼體用義異於後人所說，乃不爭之事實。近人或受宋明理學影響，以體為形上，用為形下的觀念作為詮釋的前見（Vorurteile），而滋生誤解。王曉毅指出遍查王弼的所有著作，「體」的名詞性含義都是指事物的有形體，即屬於「有」這一範疇。王弼從未用「體」字去表示宇宙本體「無」。因為在他的哲學觀念中，宇宙本體的最根本特徵就是沒有形體。「寂寥，無形體也。」（《老子・二十五章》注）。見王曉毅：《王弼評傳》，頁 233-234。王氏又指出《老子・三十八章》注中，將宇宙本體「無」，視為有形體的存在物。更認為「以無為用，不能捨無以為體」的「體」是指「事物的形體」；「用」是指「事物內在無形本體『無』的作用」。同前引書，頁 235。因此指出王弼「體用」觀與東晉南北朝之後的表達形式是「完全顛倒」。案：王曉毅以「形體」來理解王弼〈三十八章〉注文所言之體，似乎未能兼顧詮釋的一致性。首先，王弼言「從事於道者，以無為為君，不言為教，緜緜若存而物得其真，與道同體，故曰同於道。」（〈二十三章〉注，頁 58）「不隨於所適，其體獨立，故曰反也。」（〈二十五章〉注，頁 64）可見王弼對於「體」的用法，不獨為形體之義，亦有與道同層的道體之義。其次，王弼言「不能捨無以為體」（〈三十八章〉注，頁 94），可見無為體不可缺者。凡此均可見王弼言體具有形上意義，而非指形下之體。誠然王弼體用觀與後世所言不同，但是否為完全顛倒，則仍有討論空間。

34 「德」字，據《古逸叢書》本、《道藏》本及《道藏集注》本校補。見《王弼集校釋》，頁 101。

說。承前章所言，《老子》「道生一」（〈四十二章〉）、「得一」（〈三十九章〉）者「一」均就「玄」而言，《老子》所謂「玄」是作用於「無」、「有」之間，使無而能有，有而能無，充分發揮道的雙重性，由是而成全了天下萬物，此亦是天下萬物之所以能如其自己實現其價值意義的所以然。王弼注此二則之「一」，則不然，觀其文曰：

> 一，數之始而物之極也。各是一物之生，所以為主也。物皆各得此一以成，既成而舍一以居成，居成則失其母，故皆裂、發、歇、竭、滅、蹶也。各以其一，致此清、寧、靈、盈、生、貞。用一以致清耳，非用清以清也。守一則清不失，用清則恐裂也。故為功之母，不可舍也。是以皆無用其功，恐喪其本也。清不能為清，盈不能為盈，皆有其母，以存其形，故清不足貴，盈不足多，貴在其母，而母無貴形。貴乃以賤為本，高乃以下為基，故致數譽乃無譽也。（〈三十九章〉，頁 105-106）[35]

> 萬物萬形，其歸一也，何由致一？由於無也。由無乃一，一可謂無？已謂之一，豈得無言乎？有言有一，非二如何？有一有二，遂生乎三。（〈四十二章〉注，頁 117）[36]

王弼以「一」與道同層，故能為「物之極」，而「一」是由於「無」，

35　「舍一」之「一」，據《道藏集注》本校補。「數譽」、「無譽」之「譽」，本作「輿」，《道藏集注》本經文、注文四「輿」字均作「譽」，傅奕注本亦作「譽」，故改「輿」為「譽」。見《王弼集校釋》，頁 107。

36　「王侯得一者主焉」據陶鴻慶校改。「益之而損」亦據陶鴻氏校補，見《王弼集校釋》，頁 118-119。

非由於「有」或「玄」，《老子》言「一」由於道，王弼直謂「一」由於「無」，更見直接將道等於「無」。能體無即能得一，萬物得一則能成其清、寧、靈、盈、生、貞，而致清者非清，可見「一」與清並不同層，若失一用清，則失其本源，在無本的情況下用清則恐裂。清之所以能為清非因其用清，而在於守一，即不失道、不失本、不失其母。所謂一、道、本、母均就道而言，故又有「崇本」、「守母」之說，其曰「母無貴形」，是以「無形無名」之「無」為主，非以「有形有名」之「有」為一、道、本、母的內容。所謂貴以賤為本，高以下為基，是以比喻說明謙下、無為的重要，故又曰：「高以下為基，貴以賤為本，有以無為用，此其反也。」（〈四十章〉注，頁 109）可見「無」比「有」更為根源，失其無則有便無所用。因其「一」偏就「無」而言，加上其言「玄」亦不就「無」、「有」而論，故王弼在詮解〈四十二章〉「道生一，一生二，二生三，三生萬物」之時，「有」一貫於他的詮釋系統，刊落其形上意義，「一」、「二」、「三」不就「玄」、「無」、「有」而論，僅言一由於無，以道等同於無，而生一。因王弼之「有」不具形上意義，遂使其言「二」、「三」時不就「有」而說，反以《莊子・齊物論》：「天地與我並生，而萬物與我為一。既已為一矣，且得有言乎？既已謂之一矣，且得無言乎？一與言為二，二與一為三。自此以往，巧曆不能得，而況其凡乎！」（《莊子集釋》，頁 79）之說釋「一」、「二」、「三」。《老子》透過道生一、二、三，來說明道「玄」、「無」、「有」生成萬物，此乃從存在價值出發的宇宙論；《莊子》之言一、二、三是假諸言說，說明由成心分別而起的重重執滯相，二者所論不同，不能混為一談。然而卻因王弼以無論道，刊落了「有」形上意義，只好借《莊子》之說詮解《老子》，實則王弼此說語意脈

絡與文本已經不合，義理亦不相應。[37]

除此以外，《老子》言常道與自然同層，均屬形而上者，王弼言「無」即是道之說論「自然」，亦僅以不為的方式來成其然，因此曰：「不自見，則其明全也。不自是，則其是彰也。不自伐，則其功有也。不自矜，則其德長也。自然之道，亦猶樹也，轉多轉遠其根，轉少轉得其本。多則遠其真，故曰惑也；少則得其本，故曰得也。」（〈二十二章〉注，頁55-56）以不自現、不自是、不自伐、不自矜等方式讓開一步來成全其明、彰顯其是、保住其功、長養其德，由是而言自然之道。王弼又以樹木生長比喻自然之道，認為轉多則離其根本、失其真性，故惑；轉少則得其根本，故得，可見保存自然之道僅以不離其本的方式去惑來成全，只顯常道「無」的一面，並不如《老子》論自然之道有「無」、「有」兩者相互作用而成。

王弼以「無」等同於道，其論一、本、母、玄、自然等內容亦與道同層，又言「常之為物」（〈十六章〉注，頁36）、「樸之為物」（〈三十二章〉注，頁81）、「無之為物」（〈十六章〉注，頁37），於此常、樸、無均與道同層，然而卻不言「有之為物」，可見「有」與無、道並不同層，而為形下之物。關於「有」屬形下者，王弼有著更多的說明。

---

37 牟宗三先生指出王弼借《莊子》之說詮解《老子》，雖未嘗不可方便借用，亦比一切其他解者為成義理，然實語意脈絡不合，亦即立言精神不合。見牟宗三：《圓善論》，頁284。

2.「有」與萬物同層

　　承前文討論，王弼以「無」等同於道，「有」則與萬物同層，致使「無」、「有」分割成形上、形下兩層，注曰：

> 高以下為基，貴以賤為本，有以無為用，此其反也。動皆知其所無，則物通矣。故曰，反者道之動也。柔弱同通，不可窮極。天下之物，皆以有為生，有之所始，以無為本，將欲全有，必反於無也。（〈四十章〉注，頁109-110）

　　「有以無為用」、「不能捨無以為體」，無在王弼體系內同屬體、用，加上「無」即是道，而「有」非道，由是而刊落「有」的形上意義。縱然注曰「天下之物，皆以有為生」一說似與《老子‧四十章》「天下萬物生於有，有生於無」無異，然而「皆以有為生」之「生」僅具呈現義，而不具出自之意，因王弼接著言「有之所始，以無為本，將欲全有，必反於無」，此說與其「無形無名者，萬物之宗也。」（〈十四章〉注，頁32）「凡有皆始於無」無異，王弼一再強調，萬物從「無」而生，而不自「有」出，「有」不能自全，必須賴於「無」，方得以生。「有」不能生物，僅能以「有」的方式呈現萬物，即「有」為形而下者，在這種情況下「所從出」的意思沒了，將「有」之生萬物的出自義轉化為呈現義，則「有」便已不具形上義涵。[38]

---

[38] 牟宗三先生指出「物生於有」，並不是「出於有」，以有為母。而是「以有為生」，將「生」之「出自」義完全轉化而為「物之自生」義，即在有形有名之「有」的範圍內以成其實際之生長也。見《才性與玄理》（《牟宗三先生全集》2），全集本新編校說明，頁4。

王弼更多時候直接言「有」為具體的形下事物，注文曰：

> 道無水有，故曰，幾也。言水皆應於此道也。（〈八章〉注，頁 20）[39]

> 恍惚無形，不繫之歎。以無形始物，不繫成物，萬物以始以成，而不知其所以然，故曰，恍兮惚兮，其中有物；惚兮恍兮，其中有象也。……此，上之所云也。言吾何以知萬物之始於無哉，以此知之也。（〈二十一章〉注，頁 52-53）[40]

《老子‧八章》言「上善若水」，是以水之「善利萬物而不爭」的利達萬物而不爭先的沖虛無為性格作比喻，說明最好的德是以自然為原則，但由於道無形，而水有形，縱然水有很多優點，畢竟還不是道，故曰「幾於道」。王弼能掌握《老子》言「幾於道」此言，直指出「道無水有」，道沒有形狀，而水有形狀，與首章以「有形有名」、「指事造形」規範「有」的說法相呼應，指出「有」屬形而下者。同時也與其〈老子指略〉所言「有形之極，未足以府萬物」（〈老子指略〉，頁 196）之說相應，上善如水者，雖幾於道，然而仍屬有形之物，即使趨向於極，仍不離其為形而下之具體事物，不足以使之超越萬物之上。一貫於其他章句的說法，〈二十一章〉注文言惚恍有象時，王弼注文便就無形來說惚恍，把有象有物解釋成萬物，「有」落實在萬物之中、形而下的層次。以惚恍為「無」，關連無形始物來說；有象有物為「有」，關連萬物來說，此意並不相應於《老子》原文。《老子》文曰「道

39　「言水皆應於此道也」一句，據《道藏集注》本及《道藏集義》本校改。見《王弼集校釋》，頁21。

40　「其中有物」，據俞樾說校補。見《王弼集校釋》，頁54。

之為物，惟恍惟惚。惚兮恍兮，其中有象；恍兮惚兮，其中有物；
窈兮冥兮，其中有精」中之「有象」並不是就現象中之有形有象
來說，《老子‧四十一章》言「大象無形」，若為現象義之有形
有象，即能透過形象把握道，不論《老子》或王弼注，均不認同
道是有具體形象可以把握的，故《老子》所謂「有象」應就形著、
示現來說明道的內容，所謂「有物」是就作用事功來說，所謂「有
精」應從精純、精一來說。「有象」、「有物」、「有精」三者，
層層遞進，須透過工夫修養體道，踐道而行，才能將道形著起來，
以道應物後，才能見其事功，保存精純無雜的價值意義。《老子》
以惚恍、恍惚、窈冥來形容道，可見常道不易透過感官來把握，
若以現象中之迹象、實物、精質來理解《老子》文意，恐怕混淆
王注與文本義理內涵為一。王弼以無、有二分形上形下，視惚恍
窈冥為無形，以此始成有象有物之萬物，可謂其論道特色，亦屬
創造性的詮釋。

　　從前文討論可見，王弼以「無」等同於道，為形而上者；以
「有」與萬物同層，為形而下者，此說甚為明顯。王弼不僅以此
觀念注《老》，注《易》亦然，其曰：「演天地之數，所賴者五
十也。其用四十有九，則其一不用也。不用而用以之通，非數而
數以之成，斯易之太極也。四十有九，數之極也。夫无不可以无
明，必因於有，故常於有物之極，而必明其所由之宗也。」[41]所
謂「无不可以无明，必因於有」，即「無」、「有」不同層，「一」
與「無」同層，同屬於道；「有」與萬物同層，同屬形而下，箇
中關係即在於自上而下言，即明無必因於有，自下而上言，則「有

---

41 韓康伯《周易繫辭傳注》「大衍之數」引王弼注文，見《王弼集校釋》，頁 547-548。

之以為利，必以無為用」（〈一章〉注，頁 2）、「將欲全有，
必反於無」（〈四十章〉注，頁 110），故「有物之極，而必明
其所由之宗」，是從「無」、「有」上下兩層說，「有物」即「有」，
從有指向超越之無，必須以「無」為宗，可見王弼詮釋《易》、
《老》的一致性，亦見其詮釋體系的一貫。

　　王弼以「無」等同於道，以「有」與萬物同層，此種對《老
子》常道的詮釋，是否並無例外？觀其〈四十二章〉注云：「從
無之有，數盡乎斯，過此以往，非道之流，故萬物之生，吾知其
主，雖有萬形，沖氣一焉。」（〈四十二章〉注，頁 117）若前
文討論不誤，有形萬物之所以能生，全賴於「無」，故其所謂「主」
應就「無」而論，有形有名之「有」，不屬於道是顯而易見的。
何以云「從無之有」，過此以往，則非道之流？言即「從無之有」
乃道之流，「無」即是道，是可以理解的，何以「有」於此仍屬
道之流？若「有」屬於道之流，則應同於《老子》「道生一，一
生二，二生三，三生萬物」（〈四十二章〉）、「天下萬物生於
有，有生於無」（〈四十章〉）之說，以「無」、「有」作為道
的內涵，不與萬物同層。若王弼於此承認「有」屬道之流，則悖
於其他注《老》章句。何以王弼僅此一章認為「從無之有」乃屬
道之流？雖說在考據學上「孤證不足以為證」，關於此問題，若
強為之說，恐造成過度詮釋，僅能付諸闕如，以明其例外。

　　透過前文討論可見，王弼詮釋《老子》道論，是以「無」等
同於道，為形上者；以「有」與萬物同層，均屬於形而下者，唐
君毅先生亦曾指出王弼特重無與自然之道相，使常道之為「有」

之義隱而不彰，唐先生所言甚是。[42]王弼將「有」的形上意義刊落，除了使「有」失其徹向性，同時亦使「玄」失其「無而能有」、「有而能無」的作用義。《老子》之「常無欲，以觀其妙；常有欲，以觀其徼。此兩者同出而異名，同謂之玄」的「玄」作用於無、有之間，因其無而能有，非空顯其無，而失其落實踐的徹向性；又因其有而能無，則能不滯於有，回歸於無的妙用上保存其純粹價值。王弼之「玄」僅從始萬物、終萬物上說「始與母」，「有」只能關聯著萬物的呈現義說生，必須「適道而後濟」、「將欲全有，必反於無」，「有」不能當下自足，相對《老子》顯得迂迴而曲折。由於王弼對《老子》道的內涵詮釋有所轉向，遂使其道生義亦不同於《老子》，工夫論及其所開顯的境界自亦有所不同。

（二）道生的意義

《老子》談道生萬物主要見於〈一章〉、〈四十章〉和〈四十二章〉，因王弼已刊落《老子》論道「有」的一面，而「無」即是道，故其注釋《老子》相關篇章時，僅言「有之以為利，必以無為用」（〈一章〉注，頁 2）、「將欲全有，必反於無」（〈四十章〉注，頁 110）、「萬物萬形，其歸一也。何由致一？由於無也。」（〈四十二章〉注，頁 117）均以「無」來生成萬物。所謂無生萬物，具體一點即是讓開一步成全萬物，以不生的方式生化萬物，文曰：

> 凡物之所以生，功之所以成，皆有所由。有所由焉，則莫不

由乎道也。故推而極之，亦至道也。隨其所因，故各有稱焉。道者，物之所由也。德者，物之所得也。由之乃得，故不得不尊，失之則害，故不得不貴也。亭謂品其形，毒謂成其質，各得其庇蔭，不傷其體矣。為而不有。有德而不知其主也，出乎幽冥，故謂之玄德也。（〈五十一章〉注，頁137）[43]

所謂道常無為，侯王若能守，則萬物將自化。不塞其原也。不禁其性也。不塞其原，則物自生，何功之有？不禁其性，則物自濟，何為之恃？物自長足，不吾宰成，有德無主，非玄如何？凡言玄德，皆有德而不知其主，出乎幽冥。（〈十章〉注，頁23-24）

生命中之事物（案：應就行為物而言，非就客觀事物而說）、事功之所以能得以實現，全因其有所本，其所本者乃道，即無。王弼所言道、德均就「無」而言，關於無即是道之說，前文已縷論；其所謂德者，亦是就「無」而言，故曰：「何以得德？由乎道也。何以盡德？以無為用。」（〈三十八章〉注，頁93）道即是無，德由乎道，即由乎無；而盡德的途徑，就是以無為用，可見王弼論道、德均就「無」而言。由於王弼論道、德均刊落「有」的形上義，失其徼向性，僅得「無」的妙用，於是在生成萬物之時，只能以不塞其原、不禁其性等方式，讓開一步，使物自生、自化、自濟、自長、自足，以此來濟成萬物。

　　王弼以讓開一步，物自生的方式來說道生萬物，然而其所謂

---

43 「故不得不尊，失之則害，故不得不貴也」句，據陶鴻慶校改。「隨其所由」之「由」，據樓宇烈校改。「亭謂品其形，毒謂成其質」句，據易順鼎、宇惠說增補並校改。見《王弼集校釋》，頁138。

「自生」者，與《老子》不同，近於《莊子》之說，亦異於郭象所言之「自生」，下文將透過比較說明王弼論「自生」的義涵。

第一，從《老子》「自生」之說來看：《老子·七章》曰：「天地所以能長且久者，以其不自生，故能長生。」其所謂「不自生」者，是從不自執其生來說，因無有執滯，故能長生。以「天長地久」比喻說明道之恆常不變、生生不息，是由於不執持，故能長久。以「不自生」來說明常道無所執定，故其言「自生」實為負面義之偏私、偏生義。《老子》言「自生」和其他篇章的「自是」、「自彰」、「自見」、「自伐」、「自矜」（〈二十二章〉、〈二十四章〉）同義，皆指自我偏執之意。王弼順《老子·七章》作注，亦云「自生則與物爭，不自生則物歸也。」（〈七章〉注，頁19）《老子》兩者於義理脈落的大方向來看，並無二致，然而細究其意，則所論重點卻有不同。首先，由「長生」的對象來看，《老子》此章之「長生」是剋就常道本身說明常道「周行而不殆」的特色，並非指常道生化萬物之生生不息；王弼之言「自生」是就生化萬物而說，並不就常道本身而論。其次，由言說方式來看，《老子》從遮詮的方式說明以「不自生」來成就常道之「長生」；王弼則從表詮的方式解說「自生」即與物相爭，為一執有的表現，只有「不自生」，萬物才能歸順，如是方為常道，此即「谿不求物，而物自歸之」之意。（〈二十八章〉注，頁74）然而王弼言「自生則與物爭」，與其言「道常無為」之不塞不禁的自生自濟，實有抵觸，前者之「自生」具負面義，須靠工夫修養對治方能體道；後者之「自生」具正面義，只要能守常道，便能自生、自化，由是看來兩者相互矛盾。該如何理解王弼「自生」之說？首先，要理解王弼注《老》的特色，不能從其順《老子》文本作注的內

容來看，必須就王弼注《老》與《老子》不同處，且具有完整概念的地方來理解王弼注《老》的系統。其次，從王弼注《老》的體系來看，王弼雖僅於〈七章〉、〈十章〉注文言「自生」，然而從〈十章〉注可見，自生、自化、自濟、自長、自足義涵相近，均在體道者能守道的情況下，讓開一步，不執持、不禁塞，使萬物能各自實現其自己的方式成全萬物。王弼此種自生、自化的成物方式，與其「因而不為，順而不施」（〈二十九章〉注，頁71）之因順萬物、任其自然之說一致，亦與他章注文所言之「自得」（〈二十九章〉注、〈三十二章〉注）、「自賓」（〈三十二章〉注）、「自歸」（〈三十二章〉注、〈六十一章〉注、〈七十三章〉注）、「自全」（〈六十一章〉注）意義相近。從詮釋的一致性來看，以不塞不禁之自生自化義，即具正面意義而不是作為工夫所對治的負面意義的「自生」，以此理解王弼道生的方式，似乎更能籠罩王弼詮解《老子》的義理系統。

　　第二，從《莊子》「自生」之說來看：首先，從「自生」的根據而論，《莊子》、王弼均言道生，並以形上之道作為生化萬物的根源。《莊子》曰：「夫道，有情有信，无為无形；可傳而不可受，可得而不可見；自本自根，未有天地，自古以固存；神鬼神帝，生天生地。」（《莊子集釋・大宗師》，頁247）[44]說明道的獨立性、先天性，能「生天生地」，即說明萬物有自然生化

---

44 唐君毅先生認為此段文字或為後人所加，見唐君毅：《中國哲學原論》原道篇卷一（臺北：臺灣學生書局，2004），頁395。從義理形態上來看，此段文字將「道」推出去作為表述的對象，故特顯道的形上義，與《莊子》內篇義理不盡相合，反近於外雜篇。關於《莊子》內、外雜篇論道或「道生」的主張異同，可參考周雅清：〈郭象「自生獨化」論與老莊「道生」說的義理形態辨析〉，《中國學術年刊》26，2004.9，頁51-53。

的根據。從「自本自根」之說，可見萬物存在的實現根據，是就形而上的常道來說。王弼言「凡物之所以生，功之所以成，皆有所由。有所由焉，則莫不由乎道也。」「道者，物之所由也。」「萬物萬形，其歸一也。何由致一？由於無也。」同樣肯定有一超越的道（或可稱之為「無」），作為根據，透過道的妙用，讓物自生。其次，從「自生」的形式而論，《莊子》、王弼均在無心的狀況下讓物自生。《莊子》曰：「汝徒處無為，而物自化。……無問其名，無闚其情，物固自生。」（《莊子集釋・在宥》，頁390）「何為乎，何不為乎？夫固將自化。」（《莊子集釋・秋水》，頁585）《莊子》以無為、無心的方式成就物之自生、自化，在無心造作的情況下使萬物得以自我實現。於是，道之生物，實任其自然而生，故曰：「物之生也，若驟若馳，無動而不變，無時而不移。何為乎，何不為乎？夫固將自化。」（《莊子集釋・秋水》，頁585）萬物之所以得以實現，因其無心，故能與時俱變，因地制宜，無為而無不為，又因常道不宰制萬物，因順萬物之自化，故能「萬物畜而不知」（《莊子集釋・知北遊》，頁735）。王弼以「道常無為」的方式不塞、不禁萬物，同樣是以無心的方式不宰制萬物，使萬物自生、自化。萬物因著道的作用，無有宰成，縱有妙萬物、讓開一步成全之德，亦不知是誰使之如此者，因不知其所以然，故曰「有德無主」、「有德而不知其主」，是謂「玄德」。萬物在玄德的作用下自生自化，不知而自成。從自生之根據與形式來看，王弼的說法實與《莊子》相近。

　　第三，從向、郭「自生」之說來看：與王弼同屬魏晉時期，且晚出之三國・魏・向秀（約 227-272）、郭象亦言「自生」，先論郭象與王弼「自生」之異同，再說明向秀與王弼相類之處。

首先，從郭象「自生」之說而論，二者最明顯不同處，即在於王弼以道來決定萬物之自生，以無生萬有，郭象則截斷形而上能生物的主宰。郭象云：「無既無矣，則不能生有；有之未生，又不能為生。然則生生者誰哉？塊然而自生耳。自生耳，非我生也。我既不能生物，物亦不能生我，則我自然矣。自己而然，則謂之天然。」（《莊子集釋・齊物論》注，頁50）郭象否定「無」、「有」能生物，既否定向上有「無」此一超越的主宰，亦否定形而下之「有」能生物，更非我所能作意主宰而能生物。若以至道為先，至道即至無，無既為空無則不能生有；若以「有」能生物，則「有」亦為俗中之一物，其未生之時又不能生物，必有生「有」者；若我有心便能為之，則存在之價值便不純粹。在這種情況下只有以「我自然」的方式實現自己，才能不為外物所役使。萬物以如其自己、「天然」、「自然」方式生成，故不自上蒼而生，更非他生、我生，而是「自生」。可見郭象言自生的方式是「外不資於道，內不由於己」（《莊子集釋・大宗師》注，頁251）、「上不資於無，下不待於知」（《莊子集釋・天地》注，頁425）以「自己而然」的方式自生，因著非客觀外物、主觀作意所能主宰其生，而是萬物掘然而自得，於是其自生之說既不落形下之生育義、亦無情識造作之嫌，故謂之「天然」。王弼以形上之體來生物，承認無能生有，此其與郭象之最大不同，王弼之說反與向秀之言「自生」相類。其次，從向秀「自生」之說而論，向秀與郭象同時，亦曾注《莊》，《世說新語》曾謂郭象為人薄行，曾剽竊向注，後世論《莊子》注亦謂「向郭」注，於此暫不論向、郭二人注《莊》之義理分齊，僅就今存資料所見，向秀論「自生」實亦與郭象所論不同，向秀曰：「吾之生也，非吾之所生，則生自生耳。生生者豈有物哉？無物也，故不生也。吾之化也，非物

之所化，則化自化耳。化化者豈有物哉？無物也，故不化焉。若使生物者亦生，化物者亦化，則與物俱化，亦奚異於物！明夫不生不化者，然後能為生化之本也。」[45]向秀同言自生是非我所生，非物所化，然而其所謂自生、自化與郭象不同，因為向秀主張有一「化物者」在，此化物者「能為生化之本」，且必須為「不生不化」，若化物者自身隨順萬物生化，則同落在形下而與物同層，可見向秀主張之「本」為一超越的常道。向秀又言「同是形色之物耳，未足以相先也。以相先者，唯自然也。」[46]更見其生化背後是以「自然」為眾物的生化者，並以之為本、為一超越的常道，其說類於王弼以「無」為超越常道生物之義。因王弼、向秀所論仍肯定有一超越的常道存在，並以此超越的常道生化萬物，二者所言「自生」僅就生化萬物之無心作用義而言，非如郭象徹底去除以形上常道生化萬物的生物方式，故王弼自生之說與向秀類近，而異於郭象。[47]

從以上討論可見，同屬道家義理系統，所言「自生」之義理內涵同中有別，王弼論「自生」，是以不塞、不禁、不宰、不生等無心無為的方式，讓開一步，讓物自生自化，其生可視之為「不生之生」。「不生」是就其不塞、不禁、不恃而說，是從作用義上無的妙用來說「不生」，「不生之生」雖非王弼所創用語，而為郭象《莊子注》所出。[48]誠如上文討論所示，王弼、郭象論「自

---

45 張湛注，楊伯峻撰：《列子集釋》，頁 4，張湛注引向秀說。「無物也」三字據王叔岷之說補之。
46 《列子集釋》引向秀注曰，見《列子集釋》，頁 49。
47 關於郭象竊向秀《莊子》注之公案詳細論辨，以及郭象自生獨化之義理內涵，分別詳見拙作《郭象《莊子注》的詮釋向度》，頁 64-70、178-208。
48 「不生之生」語出郭象《莊子·大宗師》注曰：「無也，豈能生神哉？不神鬼帝而鬼帝自神，斯乃不神之神也；不生天地而天地自生，斯乃不生之生也。」（《莊子集釋》，頁 248）。

生」實有不同，若不從根據上說，即是否有一超越常道使物自生；僅從形式來看，二者均從存在主體上透過無心自然的方式，實現其生，就形式上而言均具有「不生之生」之意。自《莊子》以下，言「自生」者，均肯定存在之在其自己，肯定每個個體的獨立不同於他物之處，王弼從不塞、不濟、不恃等無心工夫來使物自生，是從漢代之氣化進路回到存在主體而言，其說雖異於《老子》所言之「自生」，但不悖於《老子》以無為、無心方式實現生命價值的說法，且亦相應於《莊子》「自生」之說，下啟向秀、郭象以「自生」說明存在之在其自己。

　　王弼從不生之生的「自生」方式論道生，雖不悖於道家義理，卻因其刊落「有」的形上意義，使《老子》的道失去徼向性，不能積極成全萬物，僅能以消極的方式生化萬物，即以不生生之。《老子‧十章》言「生之、畜之，生而不有，為而不恃，長而不宰。」王弼則注曰：「不塞其原也。不禁其性也。不塞其原，則物自生，何功之有？不禁其性，則物自濟，何為之恃？物自長足，不吾宰成，有德無主，非玄如何。凡言玄德，皆有德而不知其主，出乎幽冥。」明顯《老子》生之、畜之，是具有積極意義生化、畜養萬物，其「生而不有，為而不恃，長而不宰」，是有生、為、長之主動義，只是有生養萬物之功而不私有萬物，作育萬物而不自恃其功，長成萬物而不宰制萬物。王弼純就不生言自生，透過無心無為的方式讓開一步，不干涉萬物，讓萬物自生，於此言不塞、不禁，使物自生、自長、自濟。從道生的方式而論，王弼讓開一步的自生說，僅具被動義，相對《老子》之道生德畜來得消極。自生、自長、自濟沒有積極生化之功，僅讓開一步成全萬物之自生，由此而言不居功容易；有生物之功而不有、不恃、不宰，

不居功則較難。[49]王弼之所以從較消極的方式論道生,是因為其道僅以「無」作為內容,只有無的妙用義,失去《老子》言道「有」的一面,縱言「有欲」亦僅能迂曲地「以無為用」,以「空虛其懷」的方式回到「無」之上,使之有所本,踐道濟物,即使順《老子》而作注,言「觀其終物之徼」,亦不同於《老子》之直接以形上之「有」實現萬物,此王弼言道生雖不悖於道家義理,但亦不同於《老子》之處。

(三) 道的表述方式

王弼論道的特色,除了刊落《老子》「有」的形上意義,以及道以讓開一步的方式生化萬物外,其用名號、稱謂、超越名號和稱謂三層來區分客觀外物、主觀意謂與絕對常道的表達方式亦甚具特色。關於三者之別,〈老子指略〉有明確說明,文曰:

> 名也者,定彼者也;稱也者,從謂者也。名生乎彼,稱出乎我。故涉之乎無物而不由,則稱之曰道;求之乎無妙而不出,則謂之曰玄。妙出乎玄,眾由乎道。故「生之畜之」,不壅不塞,通物之性,道之謂也。「生而不有,為而不恃,長而不宰」,有德而無主,玄之德也。「玄」,謂之深者也;「道」,稱之大者也。名號生乎形狀,稱謂出乎涉求。名號不虛生,稱謂不虛出。故名號則大失其旨,稱謂則未盡其極。是以謂

---

49 唐君毅先生曾明確指出「老子原文,明是言己之有功而不居,己之為長而不宰,非謂功之自彼成、物之自長成者,吾不能居其功,而為之宰也。功原自彼成者,不居功固易;功自己成者,不居功則難。不塞不禁,以任物自生自濟,而不有不恃,固易;自有所為、有所生、而不有不恃則難。則焉知老子之言『生而不有』、『為而不恃』,非就此難為者為言,而必如王弼之就其易者而言乎?」見唐君毅:《中國哲學原論・原道篇》弍,頁361。

玄則「玄之又玄」，稱道則「域中有四大」也。（〈老子指略〉，頁 197-198。）

從引文可知，名號是用來規範客觀事物，依據客觀事物而產生的，因事物外在形狀而有，故曰「名號生乎形狀」、「名號不虛生」，凡此均指有形有名之物，有形有名之物於王弼而言即「有」或萬物，同屬形而下者；稱謂是由主觀意向而至，出於主觀的涉求，心中有所取之意，故曰「稱謂出乎涉求」、「稱謂不虛出」，凡此均指無形無名之物，無形無名之物於王弼而言即為「道」或「無」，同屬形而上者。王弼於此多方描述常道：第一，道的普遍性：即所謂「無物而不由」者，應就道（即「無」）來說，因為「凡有皆始於無」、「萬物始於微而後成，始於無而後生」，故涉及到萬物均經由它而出者，則稱之曰「道」。第二，道與玄的關係：能於道尋其無限妙用，故稱之為「玄」。玄生妙用，道生萬物。第三，道生萬物的方式：以不壅塞的方式，暢通萬物自然本性，就是所謂道。道有生養萬物之功而不私有萬物，作育萬物而不恃其功，長成萬物而不宰制萬物，有生物之德而不知其所主，此即德之深奧玄妙。

由王弼對常道的描述用語可見，凡論及道者，必以稱、謂言之，因為名號是用來規定客觀事物，道非有形之物，故僅能以「稱」、「謂」言之。不僅論道如此，舉凡談及道的特徵亦只能以「稱」、「謂」說之，故曰：「然則『道』、『玄』、『深』、『大』、『微』、『遠』之言，各有其義，未盡其極者也。然彌綸無極，不可名細；微妙無形，不可名大。是以篇云：『字之曰道』，『謂之曰玄』，而不名也。」（〈老子指略〉，頁 196）

「玄」、「深」、「大」、「微」、「遠」均為道的一徵，故以稱謂言之；加上此等均為道的某一面相，存乎主觀涉求，其未盡道之極者自可理解。然而以「道」為未盡其極者，何也？究其因即在於絕對的道是不可稱的，凡可指稱者，即可道之道，便非常道，故王弼曰：「夫名以定形，字以稱可。言道取於無物而不由也，是混成之中，可言之稱最大也。吾所以字之曰道者，取其可言之稱最大也。……凡物有稱有名，則非其極也。言道則有所由，有所由，然後謂之為道，然則道是稱中之大也，不若無稱之大也。」（〈二十五章〉注，頁 63-64）[50] 凡言「名」者均就有形之物來說，故「名以定形」；相對於萬物而言之道，無形無狀，不能以「名」說之，只好勉強用「稱」來肯定它。道作為萬物生化的根據，可謂「稱」之中最大，故只好勉強「字之曰道」。然而「道」這稱號，並不完全等同常道本身，所以「道」這稱謂，雖為稱之最大者，仍非常道本身，故王弼認為還是「未盡其極」、「非其極」，因而在「名號」、「稱謂」之外，進一步推出「名號則大失其旨，稱謂則未盡其極」的說法，說明用「名號」則失其表達意旨，用「稱謂」則未能窮盡其內容，凡能用稱謂、名號去表述的內容，即能被定義，能被定義即存在一定程度的封限，便非極致，不若不可道之道，此無稱之道大，故曰「不若無稱之大」。常道本身雖不能被言說所窮盡，然而只有通過「稱謂」，以暫說的方式方便說來表達常道的特徵、面相。

王弼以名號、稱謂區分客觀外物和主觀稱謂，溯之於《老子》亦有所本，《老子》言：

---

50 「然則道是稱中之大也」之「道是」，本作「是道」今據陶鴻慶說校改，見《王弼集校釋》，頁 67。

此兩者同出而異名，同謂之玄，玄之又玄，眾妙之門。(〈一章〉)

谷神不死，是謂玄牝，玄牝之門，是謂天地根。(〈六章〉)

生之、畜之，生而不有，為而不恃，長而不宰，是謂玄德。(〈十章〉)

「玄」、「玄牝」、「天地根」、「玄德」，均為形上之道的特徵，不論從無而能有、有而能無的作用言，還是從生化萬物價值來看，抑或有造化之功而不居功、不宰制萬物的德性來說，均為透過主體實踐才能體證的內容，同為「從謂者」、「出乎我」之物。然而《老子》並沒有像王弼那樣嚴分名號、稱謂，例如：

孔德之容，惟道是從。道之為物，惟恍惟惚。惚兮恍兮，其中有象；恍兮惚兮，其中有物；窈兮冥兮，其中有精。其精甚真，其中有信。自古及今，其名不去，以閱眾甫。吾何以知眾甫之狀哉？以此。(〈二十一章〉)

常無欲，可名於小；萬物歸焉而不為主，可名為大。(〈三十四章〉)

《老子》以「名」稱道，並不如王弼所區分的「名號生乎形狀」。道的存在，恍惚窈冥，無有形狀，雖有象、有精、有信，但仍不能被具體形容，然而卻是真實存在，恆久可以被檢驗，故自古至今，其名是不可被否定的。《老子》又認為若能無欲，便能不自私、不自恃，因其少私寡欲，而名小；萬物都歸向他，且能不宰

制萬物，便能無所不包，於此見其大，而名大。由是可見，此所謂「大」、「小」者，並不是從客觀外物的形狀言之，而是從體道修養來說。以上所引例子可見，若從王弼對名號與稱謂的區分，應曰「稱」或「謂」，而不應言「名」，其言「名號則大失其旨，稱謂則未盡其極」已作明顯分別，即客觀外物與主觀意謂和絕對常道分屬三層。王弼此說與《莊子》之「世之所貴道者書也，書不過語，語有貴也。語之所貴者意也，意有所隨。意之所隨者，不可以言傳也，而世因貴言傳書。世雖貴之，我猶不足貴也，為其貴非其貴也。故視而可見者，形與色也；聽而可聞者，名與聲也。悲夫，世人以形色名聲為足以得彼之情！夫形色名聲果不足以得彼之情，則知者不言，言者不知，而世豈識之哉！」（《莊子集釋·天道》，頁 488-489）「夫精粗者，期於有形者也；無形者，數之所不能分也；不可圍者，數之所不能窮也，可以言論者，物之粗也；可以意致者，物之精也；言之所不能論，意之所不能察致者，不期精粗焉。」（《莊子集釋·秋水》，頁 572）相類。《莊子》認為可言說者，諸如書、語、有形之類，可以言語指涉表述，屬物之粗者，王弼以「名號」稱之；可意會者，諸如無形、數量不能分、不可範圍者，只能以主觀意謂傳達，屬物之精也，王弼以「稱謂」說之；至於言語不能指涉、意謂不能傳達，即常道當身或與道同層者，屬不能期限於精粗的，王弼即以「名號則大失其旨，稱謂則未盡其極」言之。王弼對名號、稱謂的區分，未必盡合於《老子》文本章句，然而卻繼承《莊子》言、意、超言意之說，以《莊子》之說對《老子》表述道的方式，進行視融融合。王弼以此澄清客觀外物、主觀意謂及絕對常道的分別，可視之為後出轉精的理論創設。

透過王弼《老子注》論道的內容討論可見，將《老子》論道「有」的一面落在形而下來說，「有」的徼向性則落空了，失其積極創生義，只剩下消極的作用保存義，使《老子》的道生變為讓開一步成全萬物，失其積極成全萬有的功化的一面。不僅如此，因為「有」的形上義的刊落，致使工夫論造成割裂，沒有工夫的必然保障，則王弼要息的「末」便會出現問題。

二、工夫論轉向 —— 因順而外推

王弼注《老》同樣主張清靜無為、虛靜柔弱等逆返工夫，與《老子》不同者，在於王弼注《老》的工夫論有將無為而無不為分割成兩層的傾向，著重因順無為的一面，至於能否必然落實無不為這一面則恐成疑問。觀其注曰：

> 天地任自然，無為無造，萬物自相治理，故不仁也。仁者必造立施化，有恩有為。造立施化，則物失其真。有恩有為，則物不具存。物不具存，則不足以備載。天地不為獸生芻，而獸食芻；不為人生狗，而人食狗。無為於萬物而萬物各適其所用，則莫不贍矣。若慧由己樹，未足任也。聖人與天地合其德，以百姓比芻狗也。橐，排橐也。籥，樂籥也。橐籥之中空洞，無情無為，故虛而不得窮屈，動而不可竭盡也。天地之中，蕩然任自然，故不可得而窮，猶若橐籥也。愈為之則愈失之矣。物樹其慧，事錯其言，不慧不濟，不言不理，必窮之數也。橐籥而守中，則無窮盡，棄己任物，則莫不理。若橐籥有意於為聲也，則不足以共吹者之求也。(〈五章〉注，

頁 13-14）[51]

> 以無為為居，以不言為教，以恬淡為味，治之極也。小怨則
> 不足以報，大怨則天下之所欲誅，順天下之所同者，德也。
> （〈六十三章〉注，頁 164）

王弼注文或有未盡扣合《老子》章句的地方，然而其所表達的義
理內容則甚為清晰一致。[52]天地以自然的方式無心無為濟成萬
物，並無特別偏愛、偏私，亦無所謂仁與不仁，故曰「不仁」。
有為偏私的人，必會刻意造立，施化萬物，凡是有心刻意造立者，
則必有所分別；有所分別，則必有殊棄，如此則不能兼善萬物，
萬物亦無法得以保全。天地萬物的長育濟成，是任自然而成，非
刻意安排而能為之，故曰「無為於萬物而萬物各適其所用」，不
必有心為之，萬物便能相與相為，各得其所，在這種情況下萬物
各得其自足。若以私意施惠，造立施化，則起種種分別，反而不
能惠及萬物。在王弼來說，聖人即聖王，聖王治理天下時，做到
與天地合其自然之德，因順萬民而無有偏私，有若「天地不仁，
以百姓為芻狗」、橐籥因其空洞無為方能奏出不同的音聲一樣，
因其無心執定，故能讓萬物自生自長、吹奏者奏出所想要的音聲。
若有心治民，刻意施惠於百姓，則有若橐籥刻意要自行發出聲響
一樣，不能供吹奏者滿足不同的需求，只有不刻意、不宰制萬物，

---

51 「天地不為獸生芻」之「天」字，據《道藏集注》本校改。「物樹其慧」之「慧」
　字，以及「不慧」二字，據陶鴻慶說校改。「守數中」之「數」字為衍字，據
　波多野太郎說刪之。見《王弼集校釋》，頁 15-16。
52 「芻狗」本指古代祭祀時用草結扎狗形的祭物，王弼把《老子》芻狗一詞分開
　作解，恐非《老子》經文原義。〈六十三章〉「大小多少，報怨以德」兩句獨
　立成義，王弼合大怨、小怨解說，亦恐非《老子》原義。以上說法詳可參見莊
　耀郎：《王弼玄學》，頁 191 及頁 199。

方能濟成萬物。

　　王弼這種因順物情的無心因任工夫，實為《老子》義理系統下所涵有，本無不妥，然而僅以聖人因順萬物的形式濟成萬物，則導致其理論失去必然性，文曰：

> 順自然而行，不造不施，故物得至，而無轍迹也。順物之性，不別不析，故無瑕讁可得其門也。因物之數，不假形也。因物自然，不設不施，故不用關楗、繩約，而不可開解也。此五者，皆言不造不施，因物之性，不以形制物也。聖人不立形名以檢於物，不造進向以殊棄不肖。輔萬物之自然而不為施，故曰無棄人也。不尚賢能，則民不爭；不貴難得之貨，則民不為盜；不見可欲，則民心不亂。常使民心無欲無惑，則無棄人矣。舉善以齊不善，故謂之師矣。資，取也。善人以善齊不善，不以善棄不善也，故不善人，善人之所取也。雖有其智，自任其智，不因物，於其道必失。故曰雖智大迷。（〈二十七章〉注，頁 71-72）[53]

> 萬物以自然為性，故可因而不可為也，可通而不可執也。物有常性，而造為之，故必敗也。物有往來，而執之，故必失矣。凡此諸或，言物事逆順反覆，不施為執割也。聖人達自然之至，暢萬物之情，故因而不為，順而不施。除其所以迷，去其所以惑，故心不亂而物性自得之也。（〈二十九章〉注，頁 77）

---

53 「不造不施」之「施」本作「始」，據陶鴻慶之說校改。「輔萬物之自然而不為施」之「施」樓宇烈據前文「不造不施」之意認為當作「始」。「舉善以齊不善」之「齊」本作「師」，據陶鴻慶之說校改。「不以善棄不善」之「不」字，據易順鼎、陶鴻慶說校補。見《王弼集校釋》，頁 72-73。

此兩段同言因順物情，似與《老子》言自然不為之義無異，其實不然。第一，王弼的工夫論偏重應物的一面：《老子》言「善行無轍迹，善言無瑕讁，善數不用籌策，善閉無關楗而不可開，善結無繩約而不可解。」此五者並未就因順物情而言，所謂以自然方式行事的人不留痕迹，以自然方式言說的人不會失言，以自然方式謀劃的人不用籌策，以自然方式閉門的人不用栓梢卻能使人不可開門，以自然方式結約的人無須繩契約束卻能不消解約定。主詞是就修養達到最高的人，即就聖人而論，聖人能做到這五件事，並不是因為有神通本領而能無迹、無瑕，度數不用籌策、閉門無栓梢而不可開，結約無繩約束而約定不變，而是透過工夫修養達至體道境界，因此能自然無為與物相冥，故無不可。《老子》之「無轍迹」與《莊子》所言之「無迹」其義相同，《莊子》曰：「當時命而大行乎天下，則反一無迹。」（《莊子集釋・繕性》，頁 555）「其來無迹，其往無崖，無門無房，四達之皇皇也。」（《莊子集釋・知北遊》，頁 741）所謂「無迹」是由「反一」而致，能反生命之真，則有所本，故「無迹」；因聖人「無迹」，其修養境界與道為一，故能與物相冥，與物往來而無有限制，通達無礙，猶若往而無崖，無門房之限界，無不可達之廣大境界，凡此均就生命的化境而言，而不是指形而下的、沒有痕迹的意思。《老子》所謂「無轍迹」者亦如是，因聖人體自然之道，其行事與自然不相扞格，故能行事無迹；同樣，聖人言說不悖自然，故無造作不妥，自能不被責難、攻擊；一般人以籌策度數，聖人則超越形式限制，自然應物而不用籌策；聖人無須以栓梢閉門，亦可以門不開，是由於聖人不違自然，故無惡行、不善之舉，無須以有形的栓梢自可擋掉邪惡之事，故不必栓梢來鎖門，便能閉門不可開；聖人以無心方式與人交往，無須契約拘制，交情自能永

不改變，故無須契約自然永固，由是可見五者均以無心修養的方式達成，因其體道故能應物無礙，不假於形式規範自能成其事。在這過程中，《老子》均從聖人之主體實踐而顯，工夫論著重於聖人當身。王弼注此五者則不然，其工夫論著重於因順的對象，即以萬物為主。《老子》言「天下神器，不可為也。為者敗之，執者失之。」是就聖王主體修養而言，認為有所執為，則屬有為治理天下，不能體道，故曰敗失其天下。王弼之注轉向以萬物為重心，即曰：「萬物以自然為性，故可因而不可為也，可通而不可執也。物有常性，而造為之，故必敗也。物有往來，而執之，故必失矣。」王弼認為萬物以自然為性，物之性只可以以因順不為的方式來暢通它，若聖王治理天下有所執持，則敗壞物之常性、失去物之往來。《老子》工夫論以聖王本身能否體道為重，王弼注《老》則以萬物是否得其自性為要，二者所言雖同就主體修養而言不執、不為，然而《老子》言治天下者主要就聖王主體而論，王弼則偏就因順百姓之性的不可為而說，二者所重各有不同。當然，若就理論的圓融而論，完整的說法應兩面兼有，只是《老子》之體自必賅物，論述時則偏向「體」道通物；而王弼之用亦必有其本，只是論述時則偏重在「用」道成物，此其異於《老子》者一。

第二，王弼的工夫論偏重無為的一面：《老子》工夫論則以無為而無不為一貫，王弼因其論道重「無」的一面，特重以不生之生的方式讓開一步成全萬物，因此工夫論順此而下，特重無為，即消極去礙的一面，故曰「不造不施」、「不別不析」、「不立」、「不造」、「可因而不可為，可通而不可執」、「因而不為，順而不施」，凡此均是以不執不為的方式來因順萬物，其所因順的

方式是以讓開一步的方式來順物，並不是以積極開物成務的方式因順物情。《老子·三十章》言「以道佐人主者，不以兵強天下，其事好還。」認為應以自然之道輔佐聖王，不應以武力強臨天下，該怎麼做就自然有相應的回應，故曰「其事好還」。王弼注曰：「為治者務欲立功生事，而有道者務欲還反無為，故云其事好還也。」（〈三十章〉注，頁 78）[54]「其事好還」若從「無為」上說本無不可，因為無為而心即能體道，體道應物便能無所不為，只是王弼強調體道之人必欲還返於無為，以返道釋「好還」，則不顯無不為的積極成物的一面。同理，《老子》言「善行」、「善言」、「善數」、「善閉」、「善結」均就聖人自身而言，因其無為，故能應物時無不為，一切自然而成，無所不可，故能行無迹、言無瑕、度數不用籌策、閉門不用關楗、交友不必以繩契約束，自能有所成，當中明顯以無為工夫成就無不為，無為、無不為乃一立體結構的呈現，能積極實現一切作為。若僅以「輔萬物之自然而不為施」、「暢萬物之情，故因而不為，順而不施」，則只重無為的一面，從理論上來說無為只要應物，不會只掛空而不落實，空顯其無為、消極讓開一步的一面，必會有所成就，即亦能達至無不為之境，然而王弼讓開一步濟物之「無不為」，則較《老子》之無所不為的「無不為」義，來得消極。究其原因，即在於王弼工夫論偏重讓開一步的「無為」義，加上其道刊落「有」的形上義，失去道的徼向性，無法積極成全萬物，失去「輔萬物之自然」之「輔」的主動性，僅能以消極的方式讓開一步濟成萬有，此其異於《老子》者二。

---

54 「為治者」之「治」，本作「始」，今據《道藏集注》本校改。見《王弼集校釋》，頁 79。

　　第三，王弼的工夫論轉向因順外推：因著王弼論道特重於「無」，並刊落「有」的形上意義，使其工夫論偏重應物、無為的一面，導致工夫論於理論上變成以因順外推為主。《老子》言道生，是從「生之、畜之，生而不有，為而不恃，長而不宰，是謂玄德。」（〈十章〉）落在聖王治國上來說，則為「聖人處無為之事，行不言之教，萬物作焉而不辭，生而不有，為而不恃，功成而弗居。」（〈二章〉），聖人以無為的方式處事，不執定作為，並表明實踐之事不是通過言說便可成就，必須真正落實，方能興作萬物而不宰制萬物，在這種情況下聖人實有養育萬物之功，而不居功。若要將無為而無不為分解言之，聖人不執不恃，為其工夫論中「無為」的一面；因其能無執故能作育萬物而不為主宰，就聖人能以自然的方式育養萬物的一面來看，此即工夫論中「無不為」的一面。王弼釋道生義為「不塞其原也。不禁其性也。不塞其原，則物自生，何功之有？不禁其性，則物自濟，何為之恃？物自長足，不吾宰成，有德無主，非玄如何。」（〈十章〉注，頁 23-24）落在聖王治國上來說，王弼釋為「自然已足，為則敗也。智慧自備，為則偽也。因物而用，功自彼成，故不居也。」（〈二章〉注，頁 6-7）認為聖人自然已足，有心執持則敗壞；實踐之內在根據自備，不假外求，若有心為之則失其真。聖王因順萬物之性，讓開一步使物自生，故功在物而不在己，是為不居功。若分析而言之，聖人不為無心乃其「無為」工夫的一面，此與《老子》所言無異；然而聖人無為自足，以不為方式因順萬物，使物能自生自成，從工夫論的「無不為」來看，則在於物而不在聖人當身，故「功自彼成」，此其異於《老子》處也。

因王弼以聖人重無為工夫修養，將無不為這一層歸屬百姓，分屬
己與物兩邊，割裂無為無不為一體而下的工夫義。[55]《老子》無
為無不為本從同一主體出發，以內在為無為的修養實現外在客觀
的功業，「無不為」的客觀功業亦自聖王開出，至於百姓之得性、
自我實現、自成自濟，亦涵在此前提下，為一立體之工夫論；王
弼將無為無不為分屬己與物兩邊，由己及物，則變成外推的、平
面的工夫論。[56]因其工夫論外推，故詮解《老子》「功成而弗居」
之義時，產生轉向，而功在於物不在於己，一如前文所述，以不
生不為的方式生化萬物，讓開一步使物自生者，不居功易；有作
育萬物，生為之功，而「功成事遂」，不居其功難。換句話說，
「無不為」在《老子》文本來看，功自主體開出，百姓之實現自
我是涵在此義下，乃隱潛未發，王弼注《老》將「無不為」詮釋
為百姓之自成自濟，功自彼成，是將《老子》隱而未發的義理掘

---

55 唐君毅先生亦曾指出「循王弼之言，人只須于物之原、物之性，不禁不塞，而
不對之有為，以任物之得自生自為，便是無為而無不為。此『無不為』，在物，
而不在己；『無為』則在己，而不在物，而分屬兩邊。則老子亦當說己無為，
而物無不為。然觀老子言無為而無不為之語意，則當同時在己。則以有生而又
不有，為而又不恃等，釋無為而無不為，當更切合老子之旨。何必言由己之
無為，使物得自生自為，即是無不為乎？依王弼之言，于『己』可只說『無為』，
此己之無為，即只形成一主觀上之『虛其心、無其心』之心境。亦唯其偏在形
成此一主觀之心境，然後其『無不為』乃在物而不在己，故將『無為』與『無
不為』，分屬己與物之兩邊。然此不能成為老子所謂『無為而無不為』一語唯
一可能之解釋，固亦明矣。」見唐君毅：《中國哲學原論‧原道篇》弍，頁 361。

56 王弼注《老》工夫論之「因順外推」與《淮南子》解《老》之「因順外推」有
所不同。王弼與《老子》之工夫論同屬逆返內省之工夫，王弼縱言「因順」是
以無心工夫順物，謂其「外推」是因其「無為」、「無不為」分屬兩層，由己
推及物。《淮南子》解《老》則不然《淮南子》在詮解《老子》無為虛靜的工
夫修養義時，已刊落《老子》逆返工夫之義，故言「因順」是相對「逆返」而
言；其言虛靜，是由外物影響而成使其內心虛靜，故曰「外推」。關於《淮南
子》詮解《老子》的工夫義詮釋轉向，可見拙作〈《淮南子》詮解《老子》之
義理轉化〉，頁 91-94。

發出來，也是道家說外王一面必然要敞開的義理，乃王弼注的精彩處，此其異於《老子》者三。

第四，王弼的工夫論失去理論的必然性：王弼所謂「不尚賢能，則民不爭；不貴難得之貨，則民不為盜；不見可欲，則民心不亂。常使民心無欲無惑，則無棄人矣。」如何確保只要在上位者能不推崇有才德的人，人民便不會爭著去表現其賢能的一面；不珍貴難得的財貨，民眾便不去爭奪珍貴財貨而起盜竊之事；不凸顯可貪求的事物，民眾便不被惑亂？於此，無為的主詞為上位者，無不為的主詞為民眾，無為、無不為的主體對象割裂成兩面，如何保證君上無為，百姓定能做到無不為的修養境界？換言之，主體實踐的對象為聖王，聖王因順不為，而百姓是否定能有自覺的工夫，實踐無不為的一面？沒有無為工夫保證，如何能做到無不為？所謂「除其所以迷，去其所以惑，故心不亂而物性自得之也。」是否聖王除去迷惑的源頭，百姓便能心不亂而性自得？如此推之，百姓是否不必有自覺的工夫，光靠聖王無為而治，便能得性自然？凡主體實踐所涉及的工夫修養，乃意志因果，在主體出則有必然性，若分開為兩主體則只有可能性，而無必然性，在這種情況下，王弼注《老》的工夫論，在實踐過程中失其保證，沒有必然性。[57]或問，《老子》亦言「不尚賢，使民不爭；不貴

---

57 莊耀郎先生曾指出依王弼之注，若將「自然」分屬於物我兩邊，物與我不相干，則如何保證物之充分實現。若只說「無為」而沒有「無不為」，則「無為」之修養亦無著落，只是掛空的「無為」，若不連屬「無為」，而徒說一「無不為」，則「無不為」只成為無根據，無保證之「為」，不具有價值義。《王弼玄學‧附錄：王弼道論的義涵》，頁 290。案：先生卓見甚能指出王弼工夫論的問題所在，只是讓開一步之不生之生，當中的不生不為，是為工夫論中「無為」的一部份；而不生之生，讓開成全，所成之「輔萬物之自然」相對功化萬物來說雖為消極，仍屬工夫論中「無不為」的部份，故在王弼理論中，「無為」修養似亦有著落；只是王弼所論之「無不為」是否有「無」的保障，或以何種方式保障，則成疑問。

難得之貨，使民不為盜；不見可欲，使民心不亂。是以聖人之治，虛其心，實其腹；弱其志，強其骨。常使民無知無欲，使夫智者不敢為也。為無為，則無不治。」（〈三章〉）「以無事取天下。……故聖人云：我無為而民自化，我好靜而民自正，我無事而民自富，我無欲而民自樸。」（〈五十七章〉）王弼之說與《老子》所言相類，何以沒有工夫論沒有必然性的問題出現？從以上引文來看，兩者似無分別，然而王弼工夫論之所以失其必然性，是由於王弼於理論系統內預設了成聖的限制。王弼曰：「聖智，才之善也。」（〈十九章〉注，頁45）「夫聖智，才之傑也。」（〈老子指略〉，頁 199）可見成聖是有氣稟限制的，不是人人皆可成聖，僅有才之善、才之傑者方能成聖，體證自然之境。在王弼注《老》的系統中僅有聖人才能因順物情，讓開一步成全萬物，而百姓不能因順物情，只能透過聖人的因順，讓開一步成全來自生自化，在無為、無不為割成兩面的情況下，百姓能否主動實踐工夫則沒有必然保證。《老子》則無此問題，因為《老子》並沒有規範是否人人皆可成聖。王弼與《老子》同言無為而治，聖王無為好靜，不尚賢、不貴難得之貨、不見可欲，在這種情況下，於《老子》義理系統中，只有兩種可能，一為百姓有自覺實踐工夫，以功化方式體道；二為百姓不具自覺實踐工夫，僅能靠觀照方式體道。前者在聖王功化萬物的情況下，百姓因具自覺實踐工夫，故可自立自足而不離常道，於是證成道化政治之境；後者因百姓不具自覺工夫，故僅能靠聖王體道觀照萬物，百姓由聖王功化外鑠其中，於此證成道化政治理想境界。然而，《老子》文曰「功成事遂，百姓皆謂我自然」（〈十七章〉），語雖簡單，義則渾淪，卻可推出百姓皆有自覺實踐工夫的可能。首先，從「皆謂」來看，見其普遍性，人人皆可體證自然之境；其次，從「我自然」來看，見其實踐主體之自覺、自主，並非僅由聖王無心無為的心

境觀照而成，《老子》並沒有限制僅有聖王能體無為自然之境，眾人只要透過工夫實踐亦能證之。因著《老子》無為而無不為的工夫論是一立體的、垂直的說法，縱言因順，亦可以功化的方式，證成道化之治；王弼則不然，因其無為而無不為的工夫論是一平面的、外推的說法，縱然聖人能做到「輔萬物之自然而不為施」，「萬物之自然」雖從聖人之因順而成，亦可視為「無不為」的一部份。然而萬物之自然，不是靠萬物自身透過「無為」修養而證成，於此便成為無根據之「無不為」，在理論上不能提供一充分保證。若非以聖人自身修養達到最高境界，再以觀照的方式，體證萬物自然，則在工夫實踐上仍欠必然性。換句話說，若無聖人觀照萬物的保證，則「萬物之自然」此「無不為」的部份，便失其保障，實為王弼《老子注》理論上的困境，此其異於《老子》者四。

由以上討論可見，王弼工夫論著重「因而不為，順而不施」，由「因」、「順」見其論偏重無為不執，由「不為」、「不施」見其對象以應物為主。又由於其因順之主體為「己」、為聖人，不為不施之對象為「物」、百姓，己物分為兩層，最終導致工夫論由內推向外，故曰「外推」。因著工夫論的外推，使其論在實踐上失去必然性。因此王弼異於《老子》的工夫論內容，是基於其說以因順外推為主，造成詮釋上的轉向。王弼工夫論談因順應物、無為不執，本亦為《老子》工夫論所有的內容，亦無不可。然而，其說特重消極去礙無為的一面，又偏重因順應物，因而使其「無不為」的一面在落實時遇到問題。《老子》工夫論重在無為而無不為，為同一主體直貫而下之工夫實踐，王弼的詮釋轉向將「無為」歸屬主體修養，「無不為」落在客觀萬有上說，割成兩層，如何能充分保證萬物之能充分實現，則成理論上的困境。

因著王弼注《老》道論與工夫論的詮釋轉向,使其境界論亦有不同的詮釋面向。

三、開顯境界 —— 讓開成全的道化政治

王弼注《老子》所開顯的境界又可從正面肯定名教、聖王讓開成全之治兩方面討論。

(一) 正面肯定名教

關於名教的問題,王弼亦有異於《老子》的看法,可從三方面論之,一,從王弼論「崇本息末」與「崇本舉末」之說,以見王弼與《老子》名教觀的異同;二,從王弼論名教本於自然之說,以見其名教觀的具體內容;三,從王弼名教觀是否為儒道會通,以見其名教觀立論目的。

1.「崇本息末」與「崇本舉末」

王弼論名教時常謂「崇本息本」,又言「崇本舉末」,到底二者有無不同?觀其文曰:

> 本在無為,母在無名。棄本捨母,而適其子,功雖大焉,必有不濟;名雖美焉,偽亦必生。……棄其所載,舍其所生,用其成形,役其聰明,仁則薄焉,義其競焉,禮其爭焉。故仁德之厚,非用仁之所能也;行義之正,非用義之所成也;禮敬之清,非用禮之所濟也。載之以道,統之以母,故顯之

而無所尚，彰之而無所競。用夫無名，故名以篤焉；用夫無形，故形以成焉。守母以存其子，崇本以舉其末，則形名俱有而邪不生，大美配天而華不作，故母不可遠，本不可失。仁義，母之所生，非可以為母。形器，匠之所成，非可以為匠也。捨其母而用其子，棄其本而適其末，名則有所分，形則有所止，雖極其大，必有不周；雖盛其美，必有患憂。功在為之，豈足處也。（〈三十八章〉注，頁 94-95）[58]

《老子》之書，其幾乎可一言以蔽之。噫！崇本息末而已矣。……嘗試論之曰：夫邪之興也，豈邪者之所為乎？淫之所起也，豈淫者之所造乎？故閑邪在乎存誠，不在善察；息淫在乎去華，不在滋章；絕盜在乎去欲，不在嚴刑；止訟存乎不尚，不在善聽。故不攻其為也，使其無心於為也；不害其欲也，使其無心於欲也。謀之於未兆，為之於未始，如斯而已矣。故竭聖智以治巧偽，未若見質素以靜民欲；興仁義以敦薄俗，未若抱樸以全篤實；多巧利以興事用，未若寡私欲以息華競。故絕司察，潛聰明，去勸進，翦華譽，棄巧用，賤寶貨。唯在使民愛欲不生，不在攻其為邪也。故見素樸以絕聖智，寡私欲以棄巧利，皆崇本以息末之謂也。（〈老子指略〉，頁 198）

---

58 「仁則薄焉」之「薄」本作「誠」，樓宇烈據上文「物無所尚」、下文「顯之而無所尚」改「誠」作「尚」，又指出宇惠曰「誠」當作「偽」，《道藏集注》本此句作「仁則失誠焉」，是知「誠」字於此義不可通，相關說法見《王弼集校釋》，頁 105。莊耀郎先生改「誠」作「薄」，並指出「仁則薄焉」與前文「仁德厚焉」之「厚」相對，甚為有理，今從先生之說。見莊耀郎：《王弼玄學》，頁 103。

夫城高則衝生，利興則求深。苟存無欲，則雖賞而不竊；私
欲苟行，則巧利愈昏。故絕巧棄利，代以寡欲，盜賊無有，
未足美也。夫聖智，才之傑也；仁義，行之大者也；巧利，
用之善也。本苟不存，而興此三美，害猶如之，況術之有利，
斯以忽素樸乎！故古人有歎曰：甚矣，何物之難悟也！既知
不聖為不聖，未知聖之不聖也；既知不仁為不仁，未知仁之
為不仁也。故絕聖而後聖功全，棄仁而後仁德厚。夫惡強非
欲不強也，為強則失強也；絕仁非欲不仁也，為仁則偽成也。
有其治而乃亂，保其安而乃危。後其身而身先，身先非先身
之所能也；外其身而身存，身存非存身之所為也。功不可取，
美不可用。故必取其為功之母而已矣。篇云：「既知其子」，
而必「復守其母」。尋斯理也，何往而不暢哉！（〈老子指略〉，
頁 199）

以上三段引文，均以仁義禮智聖等名教內容闡述其名教觀。第一
段為王弼釋「崇本舉末」，第二段則釋「崇本息末」，第三段則
綜合言之，箇中義理同中有異，亦由此得見王弼注《老》的詮釋
轉向，以下將分別言之。

　一、關於「崇本舉末」之說。王弼認為聖智、仁義、巧利等
內容，分別為「才之傑」、「行之大」、「用之善」者，是稟氣、
行為、應用中最美者，凡此均屬形下之物。在「棄其所載，舍其
所生，用其成形，役其聰明」的情況下，仁德、行義、禮敬的流
弊便會出現，使人們變得淺薄、競效、相爭。可見失其本的仁義
禮節，便不能保住其純粹價值。故所謂「棄其所載，舍其所生」，
應就「本在無為，母在無名」而言，能使仁義禮節不失其本者，

便是「無」，故又曰：「失無為之事，更以施慧立善，道進物也。」
（〈十八章〉注，頁43）沒有「無」的保障，用智慧巧詐的方式
行事，便會使道落到物的層次，失其形上妙用，不能保障萬物的
純粹價值。可見成全仁德之厚、行義之正、禮敬之清，而不致產
生流弊，至於薄、競、爭者，不是有心為之所能成全，必須有常
道承載，以母來保住仁義禮節，方不致「用其成形，役其聰明」，
凡有形、成形者均為形下之物，沒有常道的保障，用無本之物，
役使聰明的方式實踐仁義禮節，則只會流弊叢生。只有本於道來
實踐仁義禮節，才不會在實踐時使人崇尚偏執、爭相競效。以無
名、無形的方式成全名教，是以無為體為用，名教由是而得到保
障，故其內容得以篤切真實、具體呈現。由是可見王弼所謂「守
母存子」、「崇本舉末」之母、本是指無、道；子、末是指仁義
禮節等名教內容。凡是得道所載，有形上之道保障者，均可存其
純粹價值，而不衍生流弊。所謂「形名俱有」不是指棄其所載，
捨其所生者之現象義的形名具不存在，而是指得其道，能守母、
崇本者，其形名具體化、落實之時仍能不生邪辟，其美與自然相
配而不會滋生巧偽，可見物不能遠離其母，失其本。仁義禮節等
物同為形而下者，由形上之母，即常道、無所生出，沒有無的妙
用，仁義禮在實踐時便會易生邪辟、滋生巧偽，流弊滋生。進一
步來說，即使仁義禮節等內容為「才之傑」、「行之大」、「用
之善」，若遠其母，失其本，雖用仁、用義、用禮，勉強為之，
亦能成就事功，但因其棄本捨母，成就現實上之事功雖大，仍然
有不周全的地方、有其不能濟助之處，其名雖好，仍不免失其真、
存在憂患，因其無本以存其真。若事功是靠有心為之而成，則不
能長守不變，只有「不為而成，不興而治」（〈三十八章〉注，
頁94），無心成之，才可久處不變。故王弼所謂「崇本舉末」者，

是指能透過無為的工夫，成就現實之事功，而不失其自然價值者，謂之「崇本舉末」。

二、關於「崇本息末」之說。王弼就《老子》義理舉例說明，認為乖戾之事興作，並非由乖戾之事所造成；邪淫之事生起，亦不由邪淫之事造成，所以要防止邪淫之事的發生，其要在於保存內心的素樸無為，而不在於加強監察；止息淫邪之事蔓延，其要在於去除浮誇偽飾，而不在於增加法令刑罰；杜絕盜竊之事，其要在於除去貪欲的念頭，而不在於嚴苛的刑法；抑止訴訟的方法，其要在於不要有推崇尊尚的心，而不在於善於決斷訟事。由是可見，處事不應精研如何有心為而為之，應要使其無心於作為；不要想著如何去除欲望，應要使其無心於欲望。在事情還未見其端倪之時，就應防範於未然。聖人竭盡智慮來對治巧偽造作，還不如以素樸的表現虛靜人民的欲望；與其大興仁義之舉來敦厚磽薄的風俗，還不如以純樸的心保存萬物的純粹價值；與其多作機巧之利來興起事務，還不如除去私欲來止息浮華競尚。又如城牆越是高建則攻城的衝車便會應運而生，越是看起來有利可圖的事則追求利益的心越深。若能不存欲念，則雖有厚重賞賜仍不會引起竊盜之事；若心存欲念，則越被外事之機巧、利益昏昧其心。所以絕棄偵察，隱藏聰明，去掉競尚的心態，除去浮華的名譽，棄用機巧方法，輕視高價值寶物，使百姓不生起貪愛的念頭，不精研偏頗之事。表現素樸絕棄聖智，減少私欲絕棄巧利。所謂「絕巧棄利，代以寡欲」的做法，是以止息有心有為的私欲，來保存自然無為的純粹價值意義，故「崇本息末」是從修養上保住事物的自然價值。

　　《老子》言「絕聖棄智」、「絕仁棄義」、「絕巧棄利」，並未反對聖智、仁義、巧利本身，《老子》只是反對僵化的名教，無所本，即有心作為的聖智、仁義、巧利。王弼認為《老子》之書，可用一句「崇本息末」來概括，甚得《老子》之大旨。《老子》所絕棄者，即王弼所息之末。只是王弼既言「息末」，何以又言「舉末」？因其二說並兼，論者因此認為王弼之說自相矛盾。[59]「崇本息末」與「崇本舉末」所崇之「本」當無歧義，王弼言「本在無為」，「以無為本」（〈四十章〉注，頁 110），應就道來說，此乃形而上者，故亦可名之為無、母、玄、自然，或謂之為體、用亦可，因王弼所言之體，是指「不能捨無以為體」；所指之用，是言「以無為用」（〈三十八章〉注，頁 94），故體、用均就道而言，同屬形而上者。所崇或所息之末，應就物來說，此乃形而下者，故亦可名之為有或萬物，即名教亦在其中。作為一項合理的詮釋，應將經典本身視為在思想上是一致的，避免將詮釋對象導入自相矛盾的立場之中，[60]在這前提下，若要視王弼「崇本息末」和「崇本舉末」不為自相矛盾之說，只有兩種可能，一為「息」與「舉」同義，舉凡釋「息」為生息之義，則「息」、「舉」之義相近而不矛盾；二為所息之末與所舉之末，本質上有著明顯的不同，雖言「息末」與「舉末」，然而二說並不矛盾。

　　首先，從「息」之釋義來看。王弼言：「老子之文，欲辯而詰者，則失其旨也；欲名而責者，則違其義也。故其大歸也，論

---

59 湯一介認為《老子》基本思想是「崇本息末」，王弼強要調和「本」、「末」，但終因其思想是崇尚老莊，故不能沒有矛盾。見湯一介：《郭象與魏晉玄學》（第三版）（北京：北京大學出版社，2009），頁 110。

60 避免將詮釋對象導入自相矛盾的立場的詮釋主張，見袁保新：《老子哲學之詮釋與重建》，頁 77。

太始之原以明自然之性，演幽冥之極以定惑罔之迷。因而不為，損而不施；崇本以息末，守母以存子；賤夫巧術，為在未有；無責於人，必求諸己；此其大要也。」（〈老子指略〉，頁 196）從「定惑罔之迷」、「賤夫巧術」可見，所息之「末」與「無」相對，為工夫對治對象。又曰：「以道治國，崇本以息末；以正治國，立辟以攻末。本不立而末淺，民無所及，故必至於以奇用兵也。」（〈五十七章〉注，頁 149）[61]王弼認為以政治國，則導致以詭道用兵，於是反對以政治國，認為此乃無本之末，故需要止息之，可見王弼言「息」，不是指生息，是就止息而言。

其次，從「息末」與「舉末」之「末」來看。「息末」之「末」，為「惑罔之迷」、「巧術」，乃工夫所對治者，為無本之末。王弼〈老子指略〉所言「見素樸以絕聖智，寡私欲以棄巧利，皆崇本以息末之謂也」即在於以素樸、寡私欲等工夫，止息有為偏尚之聖智巧利，可見王弼所欲止息者，乃無本之末。與之相反，「舉末」之「末」，為有本之末。〈三十八章〉注文曰「守母以存其子，崇本以舉其末」，〈老子指歸〉又曰「既知其子，而必復守其母」，可見母、本為道、為無；子、末為物、為有，王弼此說是通過體道的方式來保存萬物的純粹價值，故其為末、為物、為有者，乃有本之末，若以名教論之，則是以無為用之名教，有本之名教，而非僵化、有為之名教。

---

61 「故必至於以奇用兵」之「以」字，據東條夕說校補。見《王弼集校釋》，頁 151。莊耀郎先生曾指出，王弼把〈五十七章〉「以正治國」之「正」字釋為「政」恐非經文本意，因《老子》言「正」與「奇」相對。《老子》言「以正治國，以奇用兵，以無事取天下」三句並列，各自獨立，而無前後因果關係，王弼注以正治國導致以奇用兵之因，於是反對以正治國，而主張以無事取天下。見莊耀郎：《王弼玄學》，頁 197。

　　由是可見王弼「崇本息末」與「崇本舉末」之說並不矛盾，所息者乃無本之末，所舉者為有本之末。誠如王弼所言，《老子》之書，可以一言蔽之，即「崇本息末」，此亦是《老子》之名教觀。《老子》言「不尚賢」、「不貴難得之貨」、「聖人不仁」、絕棄聖智仁義，並不是為了否定客觀外物或否定存在上的價值判斷，而是為了止息一切由成心造作所造成的「尚賢」、「貴難得之貨」、標舉仁義聖智等行為，故《老子》之棄絕非為存有上之絕棄，而是作用上之絕棄。《老子》透過無為虛靜的工夫，崇其本，來止息一切造作執持，此即王弼謂《老子》為「崇本息末」之意。然而王弼詮解《老子》名教觀，已轉向「崇本舉末」，二者同言崇本，《老子》重息末，王弼重舉末。息末乃消極的去礙，舉末乃相對積極地肯定有本之末，此即王弼名教觀之詮釋轉向。

2. 名教本於自然

　　王弼感慨一般人只知道不聖為不聖、不仁為不仁，但不明白一般所謂的仁也有不仁、聖也有不聖的道理。王弼對於聖智仁義的反省是相當細微的，眾人都只知道被評為不好的價值判斷就是不好，但卻不察覺被認為好的價值標準亦有它不好的地方。何以故？其言絕仁不是因為不仁，只是有心為仁則有所執滯。[62]因過份強調，有所標舉，則會形成偏尚、執持，故需絕棄。能做到作用義上之絕棄聖智仁義，不執持、不標舉者，便可謂之「崇本息末」，故曰「絕聖而後聖功全，棄仁而後仁德厚」。但王弼所論

62　王弼〈老子指略〉言「絕仁非欲不仁」之「不仁」，與《老子》「天地不仁」
　　之義不同，王弼之「不仁」是就現實上說，不為仁；《老子》之「不仁」是就
　　作用層上說，不刻意為仁，二者同言「不仁」，實有不同。

不僅如此,其謂守母存子、崇本舉末,相對於《老子》強調以絕
棄的工夫消除價值異化的弊病,王弼則往前推進一步,積極成全
有之所以為有的正面價值。以下將從人倫、政教兩方面討論,以
見其正面肯定名教之說。

　　首先,從人倫來看,王弼曰:

> 苟得其為功之母,則萬物作焉而不辭也,萬事存焉而不勞
> 也。用不以形,御不以名,故仁義可顯,禮敬可彰也。夫載
> 之以大道,鎮之以無名,則物無所尚,志無所營。各任其真,
> 事用其誠,則仁德厚焉,行義正焉,禮敬清焉。(〈三十八章〉
> 注,頁 95)[63]

> 仁德之厚,非用仁之所能也;行義之正,非用義之所成也;
> 禮敬之清,非用禮之所濟也。載之以道,統之以母,故顯之
> 而無所尚,彰之而無所競。用夫無名,故名以篤焉;用夫無
> 形,故形以成焉。守母以存其子,崇本以舉其末,則形名俱
> 有而邪不生,大美配天而華不作,故母不可遠,本不可失。
> (〈三十八章〉注,頁 95)

王弼以崇本舉末的方式成全仁義,故曰:「仁義可顯,禮敬可彰。」
而可顯、可彰的原因即在於得其母、不失其本,母、本屬無形、
無名者。並不是因為有心成仁、使義、用禮,便能成就仁義禮敬。
因其不以有形、有名者作為妙用、來運用名教,才不會產生無本

---

63 「故仁義可顯」本作「故名仁義可顯」,今據《古逸叢書》本、《道藏》本及
　　《道藏集注》本校刪。「各任其真」,本作「各任其貞」,宇惠、東條夕、波
　　多野太郎等都以為「貞」為「真」之誤。見《王弼集校釋》,頁104。

之末，故能顯有本之末、有本的仁義、禮敬。因有無的妙用，萬物在落實其用時不會產生競尚的狀況，心志亦不會因此而營營役役。實踐仁義禮節時，各任其自然真性，則其行事便具有真實內容，不致虛浮不實，其所成就之仁便能敦厚樸實，所篤行之義便能得宜正當，所表現之禮便能清明不爭。由於仁義禮敬得到常道來保證，並非只由用仁、用義、用禮的方式濟成，所以仁義禮敬雖被彰顯，仍能不引起競尚，成就其自然篤實內容，此即以無形之道成就有形的名教之意，因而曰「用夫無名，故名以篤焉。」王弼論仁義禮敬，既重視去礙的一面，亦正面肯定名教，《老子》言仁義禮節，則曰：「上仁為之而無以為，上義為之而有以為，上禮為之而莫之應，則攘臂而扔之。故失道而後德，失德而後仁，失仁而後義，失義而後禮。夫禮者，忠信之薄而亂之首。前識者，道之華而愚之始。」（〈三十八章〉）其名教觀明顯是以崇本息末為主，認為最好的仁德，實現時應以無為的方式為之；最好的義德，有一定原則，所以實現的時候必定有心為之；最好的禮節，終究因其滯於形式，實現時仍得不到人們的回應，只能勉強牽引人們來遵從它。可見道、德、仁、義、禮，每下愈況，愈下者越偏離自然常道，及至最下層的禮節，則缺乏忠信的真實性，而為擾亂人心之罪魁禍首。前列所謂名教的內容，均為浮華不實的，是愚昧無知的開端。《老子》之論述偏向批評負面義、失其真本之名教是相當明顯的，故需「去彼取此」。相對於《老子》批評禮節為「忠信之薄而亂之首」，又認為名教為「道之華而愚之始」，需「去彼取此」者，王弼則進一步就去其華、息其邪之後，充分肯定名教的存在，故言「仁義可顯，禮敬可彰」、「仁德厚焉，行義正焉，禮敬清焉」、「形名俱有而邪不生，大美配天而華不作」，凡此均為對名教的正面肯定。

其次，從政教來看，王弼曰：

> 樸，真也。真散則百行出，殊類生，若器也。聖人因其分散，故為之立官長。以善為師，不善為資，移風易俗，復使歸於一也。（〈二十八章〉注，頁 75）

> 樸之為物，以無為心也，亦無名，故將得道，莫若守樸。夫智者，可以能臣也；勇者，可以武使也；巧者，可以事役也；力者，可以重任也。樸之為物，憒然不偏，近於無有，故曰「莫能臣」也。抱樸無為，不以物累其真，不以欲害其神，則物自賓而道自得也。……始制官長，不可不立名分以定尊卑，故始制有名也，過此以往，將爭錐刀之末，故曰「名亦既有，夫亦將知止」也。遂任名以號物，則失治之母也，故「知止所以不殆」也。（〈三十二章〉注，頁 81-82）

以上引文，乃王弼就政教給予正面的肯定。常道具體落實在政教上，則有所謂智、勇、巧、力等人為臣民，相對於人君，而為臣下百姓，是在下位者；而「莫能臣」者，乃純樸無為之道，處世應物而無累於物，有情而不傷其神，落在政教上，即為人君者，屬位之尊者。聖人體道，故能因應眾人所長，為天下設立官長，使有智謀者為文臣，有勇謀者為武將，有技藝者為役事，有勞力者為舉重的工作，在這種情況下社會各階層尊卑有定，才智分位得以安立。聖人以無心方式因順萬物，任用眾人之所能，來安頓群生，所以萬物自然而然歸順於他，故曰「物自賓」；又順自然者為不順自然者之師，以能順自然者為師，則能引導不順自然的人來實現自然，讓不順者亦能得以實現自己，故能移風易俗，復歸於道，故曰「復使歸於一」、「道自得也」。王弼以此政教內

容釋《老子》「樸散則為器，聖人用之則為官長」（〈二十八章〉）「樸雖小，天下莫能臣也。侯王若能守之，萬物將自賓」、「始制有名，名亦既有，夫亦將知止，知止可以不殆。」（〈三十二章〉）之說，實為進一步肯定政教內容。《老子》認為常道的具體落實應用，則為聖王之設立官長，因而有名位的產生，以有名的方式治天下，須以自然的方式適可而止，不可以無限制地發展下去。而治天下的根本原則，正在於守其樸，若能做到則萬物自然歸附於聖王，猶若百川歸海一樣。王弼承《老子》守道、不違自然的原則，進一步肯定名教，同言「不善人者，善人之資」（〈二十七章〉），卻具體肯定治天下者，必須有尊卑之分，臣民亦須有定分，如是方能體道自得。王弼不僅注《老》如是，其注《易》亦然，《睽卦・象辭》注言「同於通理，異於職事」（《王弼集校釋》，頁 405），可見其肯定職事落在名教的地位，眾人因其所處崗位不同，便有各人應盡之職務。落在人倫之中，則為「履正而應，處尊體巽，王至斯道以有其家者也。居於尊位，而明於家道，則下莫不化矣。父父、子子、兄兄、弟弟、夫夫、婦婦，六親和睦，交相愛樂，而家道正，正家而天下定矣。」（《王弼集校釋・周易注・家人・九五》注，頁 403）積極地肯定五倫的正面價值，不僅是反省批判負面義的名教而已。

透過以上討論可見，「崇本息末」乃《老子》反省批判名教的方式，「崇本舉末」乃王弼詮解《老子》時，正面肯定名教的態度，王弼認為凡是合於常道、自然的，都該被肯定，故亦可視之為名教本於自然。[64]或問，《老子・五十二章》亦言「既得其母，以知其子；既知其子，復守其母，沒身不殆。」王弼注曰：

---

64 莊耀郎先生亦曾指出王弼名教觀屬「名教本於自然」，相關說法見莊耀郎：〈魏晉「名教與自然」義蘊之溯源與開展〉，頁 55-61。

「母，本也，子，末也。得本以知末，不舍本以逐末也。」（〈五十二章〉注，頁 139）《老子》認為既得自然之道的原則，則可以此保住形下事物；既掌握形下事物，又能回復於道，則能終身免於憂患之中。王弼所謂母本子末，崇本舉末之說，實出自《老子》此章之意，何以《老子》之名教觀非「崇本舉末」，而歸屬於王弼？王弼的論道刊落了「有」的形上意義，道的徵向性落空了，則如何「舉末」？何以「崇本舉末」不歸屬於「玄」、「無」、「有」同時兼具形上義的《老子》，而是落在光靠無的作用義來成全萬物的王弼注《老》體系？凡此均屬理論體系的反省，非第一序解釋章句就能解決的問題。此則牽涉兩個問題，即如何定位《老子》、王弼注《老》名教觀，以及王弼注《老》於理論上如何可能做到「崇本舉末」的問題。

首先，關於理論定位的問題：誠如以上舉證所言，以道作母，以物作子的概念是源出於《老子》，但《老子》並未以此展開其理論體系，《老子》面對周文疲弊，反省僵化的周文，如何杜絕流弊則成為《老子》核心思想。至於如何安頓周文，反而不是《老子》所欲關心的問題，故所言以「絕聖棄智」、「絕仁棄義」、「不尚賢」為主，凡此均為作用地保存萬物價值意義，屬消極去礙的一面。相對於《老子》，王弼所面對的是兩漢以後，名教的異化。漢代的名教自天命開出，董仲舒天人感應和災異說，加上後來經學讖緯化，使名教變得虛浮作為、繁瑣滋蕪、神秘怪誕，人心營私逐利，價值扭曲。[65]崇本息末，是否足以安頓名教即成當時的課題。[66]王弼不能僅以批評的方式面對名教，故曰「不可

---

65 關於漢代名教的淪落狀況，見莊耀郎：〈魏晉「名教與自然」義蘊之溯源與開展〉，頁 45-55。

66 魏晉時期的一個重要課題就是如何安立名教，即名教與自然的關係。阮籍前期思想與王弼相同，均對名教多以積極的肯定，認為名教本於自然；嵇康則主張

不立名分以定尊卑」，必須對名教安立給出一個根據，以取代漢
代人格神的天命根據，遂回到主體以無的工夫保存名教，以崇本
舉末的方式肯定名教，即其所言「不隔物欲，得其所止」（《王
弼集校釋‧周易‧艮‧卦辭》注，頁 479）之意。從理論架構來
看，王弼「崇本舉末」之說確為詮釋《老子》的一個面向，《老
子》提出此一面向的可能性，再由王弼加以發揮，建構其名教觀，
相對《老子》「崇本息末」消極去礙的名教觀，王弼之說則為正
面肯定名教，箇中詮釋轉折已犖然可見。[67]

　　其次，關於如何可能的問題：王弼注《老》的理論系統中，
由於刊落了「有」的形上意義，失去道的徼向性，所以其所崇的
本，即是無，故曰「本在無為，母在無名」；其所舉末的方式，
則僅靠返其無，故曰「凡有之為利，必以無為用；欲之所本，適
道而後濟」，必須以「空虛其懷」的方式觀始物之妙。王弼此種
以無的妙用成就名教的方式，落在個人主體實踐上，即其所謂「無
責於人，必求諸己」（〈老子指略〉，頁 196），以自我實踐仁

「越名教而任自然」，阮籍後期思想則主張揚棄異化之名教；郭象更進一步吸
收了王弼「崇本舉末」的說法，積極肯定名教，把名教收攝於自然之中，認為
「自然中自有名教」。見拙作《郭象《莊子注》的詮釋向度》，頁 209-241。
67 莊耀郎先生以「崇本息末」概括《老子》一書義理，認為王弼玄學理論架構則
為「崇本舉末」。見莊耀郎：〈魏晉玄學的有無論〉，《含章光化――戴璉璋
先生七秩哲誕論文集》（臺北：里仁書局，2002），頁 259。案：先生以「崇
本息末」、「崇本舉末」區分《老子》與王弼的義理系統型態，誠屬高見，然
而若更嚴格釐清二者之不同，應為「崇本息末」為《老子》之名教觀，「崇本
舉本」乃王弼注《老》之名教觀。何以故？因為《老子》的道，具有「無」、
「有」的形上性格，在道生萬物時，無而能有為其本，有而能無則屬有本之末，
於是同樣可以判《老子》的道論為「崇本舉末」。然而面對名教問題時，《老
子》以反省批評為主，少有正面肯定名教，則見其「崇本息末」的一面；相反，
王弼卻提出「仁義可顯，禮敬可彰」、「仁德之厚」、「行義之正」、「禮敬
之清」等說法，又提出「立名分以定尊卑」，從正面肯定名教，姑勿論其實踐
理論上之缺陷，其名教觀為「崇本舉末」者，是顯而易見的。

義禮節來說，問題不大。然而，當其實踐及物之時，則無可避面形成理論上的困境。雖曰「天地雖廣，以無為心。聖王雖大，以虛為主。」（〈三十八章〉注，頁93）以無來應物，在《老子》處並無問題，因為《老子》無為而無不為是同一主體之功化；但王弼注《老》系統下之無為而無不為分割兩層，僅以不為不生的方式濟成萬物，則理論上沒有必然性，此即其理論缺陷。

3. 關於儒道會通之問題

論者或因為王弼「崇本息末」、「崇本舉末」的說法，認為王弼既肯定名教，所以其論應為會通儒道之說。[68]自湯用彤以下，許多學者認為儒道會通乃魏晉玄學的重要課題之一，[69]關於此問題，實有進一步釐清的必要。認為王弼之說為儒道會通者，應蘊涵兩個不同層次的問題，一為王弼之說能不能會通儒道，二為王弼之說要不要會通儒道，前者為理論問題，後者為意向問題。透過討論這兩個不同層次的問題，可以更明確了解王弼立論宗趣。

（1）就能不能會通而論

王弼雖言「聖功全」、「仁德厚」、「仁義可顯，禮敬可彰」，亦講究分位之尊卑，然而是否凡論及聖智仁義、倫常尊卑者，必歸屬儒家？[70]儒家言仁義禮智等名教內容，墨家亦談仁義兼愛，

---

68 舉凡林麗真、王曉毅等學者即持此說，分別見林麗真：《王弼》（臺北：東大圖書，2008），頁40；王曉毅：《王弼評傳》，頁333-334。

69 見湯用彤：《魏晉玄學‧魏晉玄學論稿‧附錄‧魏晉思想的發展》（臺北：佛光文化事業有限公司，2001），頁162、《魏晉玄學‧魏晉玄學綱領》，頁178-179。李宗定：《老子「道」的詮釋與反思－－從韓非、王弼注老之溯源考察》，頁7-8。

70 許抗生把王弼母子本末之說理解成，道家無名無為之治是「母」是「本」，儒

法家的《韓非子》也談及仁義，觀乎道家僅反對僵化仁義禮樂，並沒有反對仁義本身，可見仁義、名教，並非儒家所獨有，不能凡談及仁義等名教內容便把它歸屬儒家，進而視王弼所言仁義禮節者，為肯定儒家之說。王弼雖言「聖人體無，無又不可以訓，故言必及有；老、莊未免於有，恆訓其所不足。」（《世說新語校箋・文學第四》，頁235）然而所謂老、莊未免於有，是就老、莊本人之工夫有不足而言，並非批評《老子》、《莊子》二書的工夫論。若就老、莊有無工夫而論，則屬於老子、莊子本人的實踐問題，誠難考知；若從《老子》、《莊子》之有無討論工夫而言，則屬思辨問題，兩者有著本質上的不同，不能不辨。

王弼以老、莊未能免於言說，則非究極體無者，因為無不可說，可道者非常道，只能透過實踐主體修道當下體證，不能靠思辨或口耳相傳來體道，故有不足。王弼認為老、莊未免於有，不能作為聖人的代表，亦不等同他肯定儒家成聖之說。王弼縱言「夫明足以尋極幽微，而不能去自然之性。顏子之量，孔父之所預在，然遇之不能無樂，喪之不能無哀。又常狹斯人，以為未能以情從理者也，而今乃知自然之不可革。足下之量，雖已定乎胸懷之內，然而隔踰旬朔，何其相思之多乎？故知尼父之於顏子，可以無大過矣。」[71]以孔子為有喜怒哀樂之情者，五情同而神明茂之人，然而王弼仍以道家之「自然」義為體道的根據，而非儒家義之「由仁義行」為成聖根據。正如郭象以孔子堯舜為聖人、聖王，其《莊子注》的理論固然不是推崇儒家，亦非陽尊儒聖、陰崇老莊，更非會通儒道之說，而是借孔子堯舜來說明迹冥圓融的道理，其迹

家名教之治是「子」是「末」，見許抗生：《老子與道家》，頁567。案：許抗生此說，正是把凡屬名教的內容，均歸屬於儒家。

71 見《三國志》注引〈王弼傳〉，頁796。

冥論、名教觀，均屬道家義理系統，沒有摻雜半點儒家之說，可見王弼謂老莊未免於有，亦不能以此視王弼為批評道家，以儒家補充《老子》之說，或謂之為會通孔老。[72]

　　要考察王弼名教觀是否為會通儒道之說，當從其論仁義聖智等內容來討論。王弼曰：

> 聖智，才之善也；仁義，行之善也；巧利，用之善也。(〈十九章〉注，頁 45) [73]

> 夫仁義發於內，為之猶偽，況務外飾而可久乎！(〈三十八章〉注，頁 94)

> 仁義，母之所生，非可以為母。(〈三十八章〉注，頁 95)

王弼雖同言仁義聖智，但從根據上，以及如何實踐的方法，即工夫論亦有不同。首先，從根據上來說：王弼所謂仁義發於內，與《孟子》所謂四端之心我固有之仍有所不同。王弼言發於內，是指由內心發出之感情，究其本是以「無」為體，仁義只是現實上之存在，故王弼之仁義是從形下之用上說；儒家從道德心說仁義，是為形而上之仁體、誠體、乾體、道體，以此創生道德價值意義，故儒家之仁義是從形上之體上說，於此有著本質上的不同。王弼言聖智，以才之善、「才之傑」(〈老子指略〉，頁 199) 論之，是就氣稟才性而論，此乃同於嚴遵《老子指歸》、《河上公章句》、劉劭《人物志》以來的說法，就氣稟命定而論聖智，可見不是人

---

72 關於郭象述冥論、名教觀的義理內容，以及其說非儒道會通的辨析，詳見拙作《郭象《莊子注》的詮釋向度》，頁 128-154，209-242。

73 「行」本作「人」，今據易順鼎及宇惠之說校改。見《王弼集校釋》，頁 46。

人皆可成聖。《孟子》肯定「人皆可以為堯舜」，[74]儒家認為凡是人皆有四端之心、良知良能，此乃成聖的根據，只要透過工夫實踐，克己復禮，即能成聖，與王弼以才性論聖智有著明顯不同。仁義，是就行之善、「行之大」（〈老子指略〉，頁199）而論，此就外在行為論仁義，若以《孟子》論仁義的標準來看，王弼之說乃「行仁義」，與儒家由道德心之行其所當行的「由仁義行」，亦有著根本的不同。在這種情況下雖謂「發於內」、「為仁由己」[75]，然而其所謂內、所謂由己者，均指實踐主體的內在而言，非從道德形上之體的根據義來說。仁義的根據，在王弼的理論系統是緣於「母之所生」，而不能為母，即以無來生仁義，透過不為的方式，成全仁義之行。因王弼的「有」不具形上義，故其論仁義禮節均不能正面給出根源說明，與儒家義理相對照而言，此乃理論上之不足；《老子》則沒無此問題，因為在《老子》來說，一切價值意義均可自道的徼向性 —— 「有」的一面開出，王弼僅能以不生之生的方式實踐仁義。

其次，從工夫論來說：由「為之猶偽」可見仁義不能以有為的方式實踐，必須以「各任其真，事用其誠」的方式來成就仁義，方可做到「仁德厚」、「行義正」、「禮敬清」；而任真乃自然無為的方式，以不為來舉有本之末，成就仁義禮節等內容。儒家亦可言無為，《論語・衛靈公》曰：「無為而治者，其舜也與？」是就「恭己正南面」之德化義來說無為；同樣《中庸・二十六章》

---

74 南宋・朱熹（1130-1200）：《四書章句集註》（臺北：鵝湖出版社，2000），頁339。以下凡引《四書》原文及朱子注等內容均自此書，僅標書名、篇目，不另引出處。

75 《周易・訟卦》〈九四〉爻辭注曰：「處上訟下，可以改變者也，故其咎不大。若能反從本理，變前之命，安貞不犯，不失其道，為仁由己，故吉從之。」頁250。「由」本作「猶」，據《四部叢刊影印宋本》及孔穎達疏校改。見《王弼集校釋》，頁255。

曰：「誠者，自成也，而道，自道也。誠者物之終始，不誠無物。是故君子誠之為貴。誠者非自成己而已也，所以成物也。成己，仁也；成物，知也。性之德也，合外內之道也，故時措之宜也。……如此者，不見而章，不動而變，無為而成。」亦就道德實踐義之不顯痕跡來說無為，此乃德化圓成的理想境界。可見儒者之「無為而治」，是就道德實踐而言的德化之治；《老子》、王弼注《老》之無為而治，是以沖虛無欲來成就道化之治，本質有著明顯不同。至於王弼注《老》與《老子》的區別，即在於王弼的理論體系中，僅能以不為的方式成全名教，此其工夫論所異之處。從以上討論王弼與儒者就仁義的根據，以及成全仁義的方式可見，二者雖同言仁義，然其論述的脈絡根據顯然不同。

王弼所言仁義既與儒家所言仁義有著本質上的不同，若論儒道二者的共通點，則僅有無為去礙的工夫為其共通處，如何就共法判定其說會通儒道，恐怕成為理論上的困境。牟宗三先生認為「無」乃儒釋道三家共法，因著各家都可以說，加上「無」沒有特殊的規定，不能有所決定，所以是公共的（common），故稱之為「共法」。儒家的本體是「仁」，無是體現仁的一個境界，這顯然是兩個層次的問題。「仁」屬於實有層，「無」屬於作用層，所以不能以共法會通。[76] 暫不論牟先生對於儒道判教的立場為何，誠如先生所言，作用義的「無」乃共法，要判別王弼之說能否會通，應從儒道兩家常道內容能否會通來看，所以先生多次強調不能以「無」會通儒道，[77] 並明確指出王弼之說不能會通儒道。[78]

---

76 牟宗三：《中國哲學十九講》，頁 237-238。

77 牟宗三：《心體與性體》（一），頁 251、315；《圓善論》，頁 300。

78 牟宗三：《才性與玄理》，頁 124、360。

（2）就要不要會通而論

　　既明「崇本舉末」之說不能會通儒道，則進一步追問，王弼立論目的是為了說明什麼？若其說不是以會通儒道為主，則所欲表達之義理內涵為何？

　　王弼「崇本舉末」之說，是承《老子》「崇本息末」的名教觀而有所發展，於〈老子指略〉中，王弼認為《老子》「見素樸以絕聖智，寡私欲以棄巧利，皆崇本以息末之謂也。」透過無為的工夫，杜絕一切邪辟之事。遂曰：「鎮之以素樸，則無為而自正；攻之以聖智，則民窮而巧殷。」（〈老子指略〉，頁 198）以素樸無為之心杜絕邪辟之事，自能無為體道；若以智巧對治邪辟，則只會導致《老子》所言「法令滋彰，盜賊多有」的狀況出現，以聖智治國，不以無為治天下，只會使百姓窮盡有為之心，而越來越多巧詐之事發生。在這種情況下只有「絕聖棄智」才能保存事物之自然價值，故曰「絕聖而後聖功全，棄仁而後仁德厚」。儒家只講不聖為不聖，不仁為不仁，《老子》「絕聖棄智」只是從作用上棄絕造作行為，使之回到純樸自然的心上。《莊子》言「仁常而不成」（《莊子集釋・齊物論》，頁 83），從成心造作來看，認為只要執定有固定不變的仁德，則會有不周全的情況出現，更具體說明《老子》「絕仁」的原因。王弼與《老子》不同者，在於不僅批判名教，反省名教流弊而言「絕聖」、「棄仁」，更從正面肯定名教，而曰「聖功全」、「仁德厚」，此其立說之用心。可見王弼「崇本舉末」之說，非為了融攝儒者之說、調和儒道矛盾，而是王弼以此回應兩漢以來的名教流弊，以去開邪之心來保存名教，肯定名教安立人倫政教的作用。

　　若從王弼對儒家的批評，亦可看出「崇本舉末」之說意不在會通儒道，其文曰：

　　　　儒者尚乎全愛，而譽以進之。……譽以進物，爭尚必起；……
　　　　斯皆用其子而棄其母。（〈老子指略〉，頁 196）

> 夫敦樸之德不著，而名行之美顯尚，則修其所尚而望其譽，
> 修其所道而冀其利。望譽冀利以勤其行，名彌美而誠愈外，
> 利彌重而心愈競。父子兄弟，懷情失直，孝不任誠，慈不任
> 實，蓋顯名行之所招也。患俗薄而名興行、崇仁義，愈致斯
> 偽，況術之賤此者乎？故絕仁棄義以復孝慈，未渠弘也。(〈老
> 子指略〉，頁 199)

王弼認為儒家嚮往成全孝親之德，因而以美譽來勸勉眾人。然而
以美譽的方式勸勉眾人行善，必會令人萌生爭奪矜伐之心，凡此
均為有為之舉，王弼認為此舉實屬棄本捨母的作法，故被評為「用
其子而棄其母」。從正面的角度來看，不彰顯純樸之德，以無應
物，只強調、崇尚美好的名聲和行為，眾人只會從事一般人所顯
尚的而期望得到名譽和利益，便會使行善本身變質。在這種情況
下，因為希望得到名譽和利益而勤勉所行，名聲越好則離內在的
真誠越遠，利益越多則競尚的心越重，最終導致言行失其價值意
義。父子兄弟相處，各懷私情而失其真心，子女對父母的孝敬失
其摯誠，父母對子女的慈愛失其真切，大概都是受到美譽勸說的
影響所致。風俗不夠敦厚純樸才會導致大家崇尚名利，推舉仁義，
如斯以往，只會導致更多虛偽不真的事情發生，更何況是等而下
之的作法？所以要從作用上絕棄仁義，才能回復眾人孝慈之心。
從王弼對儒家的批評，可見王弼仍視儒家有所不足。儒家在王弼
的判教之中，和法家、名家、墨家、雜家同在一個層次，均為「用
其子而棄其母」，失本之教，故有所不足；與之相反，道家則無
名家「尚乎齊同」、儒家「尚乎全愛」、墨家「尚乎儉嗇」、雜
家「尚乎眾美」之弊病，而為守母知子的圓滿具足之教。[79]從判
教理論來看，王弼既視儒家為不足之教，又與其他各家同樣有著
偏尚之弊，則理應不會以有所偏尚之教來會通圓滿具足之教。從
義理內容來看，縱言仁孝，亦是從自然無為的方式來實現，故曰：

---

79 〈老子指略〉曰：「法者尚乎齊同，而刑以檢之。名者尚乎定真，而言以正之。
儒者尚乎全愛，而譽以進之。墨者尚乎儉嗇，而矯以立之。雜者尚乎眾美，而
總以行之。夫刑以檢物，巧偽必生；名以定物，理恕必失；譽以進物，爭尚必
起；矯以立物，乖違必作；雜以行物，穢亂必興。斯皆用其子而棄其母。」頁
196。

「自然親愛為孝，推愛及物為仁也。」[80]由是可見，王弼「崇本息末」是以自然無為方式實踐名教，並以其注《老》的思想體系安立名教，故王弼的名教觀自根自本實為道家之義理脈絡，實無融攝儒道之意。若謂其說為儒道會通，恐怕是近現代學者之後設研究觀點，強加於王弼注《老》的理論體系之中。

　　莊耀郎先生曾明確指出魏晉玄學自始至終就是道家之學，縱使有所謂儒學的成份，也是經過玄化的儒家，不僅王弼「體無」的聖人，玄理式的《易注》、《論語釋疑》如此，就連郭象「遊外宏內」、「迹冥圓融」之儒家聖人也莫不如是。特別是從老、莊到魏晉玄學家給予「名教」安排的位置，自始至終都是以外在化的、工具意義的身分存在。如果深究先秦和魏晉的分別，則只在於先秦老莊將名教視為負面的價值居多，而魏晉玄學家卻多予以正面的肯定，然而名教都屬形而下的存在，則是一致的看法。[81]先生之說從宏觀地總說先秦、魏晉道家的名教觀，足以印證王弼的名教觀一貫於道家的說法，而且是在先秦道家的基礎上，往前推進，以自然無為的方式肯定名教。相對於儒家對於仁義有根源性的說明，形而上的仁體的肯定，道家在仁義的論述理論上顯然有所不足。正因為有所不足，反而可以證明王弼的說法原本屬於道家的脈絡，而不是會通儒道之下的思維。

---

80 此為南朝・梁・皇侃（488-545）《論語集解義疏》〈學而〉「孝弟也者，其為仁之本與」疏文引王弼《論語釋疑》注文內容，見《王弼集校釋》，頁621。

81 見莊耀郎：〈魏晉「名教與自然」義蘊之溯源與開展〉，頁 36-37。莊耀郎先生早期論文亦認為儒道會通是魏晉玄學的主要論題之一，是當時玄學家自覺性的課題。分別見莊耀郎：〈王弼儒道會通理論的省察〉，《國文學報》23，1994.6，頁 41-62。莊耀郎：〈魏晉儒道會通理論的省察〉，《中國學術年刊》23，2002.6，頁 187-210。先生後來對魏晉玄學全面反省，深入討論魏晉「名教與自然」的關係，指出「儒道會通」仍有討論的空間，特別就「自然與名教」這一論題而言，確實容可商榷。見莊耀郎：〈魏晉「名教與自然」義蘊之溯源與開展〉，頁 36、79。

（二）聖王讓開成全之治

關於聖王讓開成全的治道亦可從內聖、外王兩方面論之。

1. 內　聖

王弼注《老》論成聖的根據主要從特殊性討論。從特殊性論聖凡之別，此乃天生氣稟之命定，非後天努力所能改變。《老子》並沒有強調特殊性來限制成聖的可能，王弼何以有此詮釋轉向？以下將從王弼論成聖的根據，以及聖人即聖王的關係分別討論，由是而展開其讓開成全的道化政治理想下聖人的境界。

首先，從成聖的根據來看。王弼認為聖人非人人皆能為之，故論成聖的根據時，是從聖之所以為聖的特殊性來看，文曰：

> 聖智，才之善也。（〈十九章〉注，頁 45）
> 夫聖智，才之傑也。（〈老子指略〉，頁 199）

王弼以「才之善」、「才之傑」作為聖智的內容，是以氣稟的方式作為成聖的根據，明確指出並非人人皆可以成聖，聖凡有別是源自天生命定的，僅有才性美好、傑出者方能成聖。綜觀《老子》全書，並沒有以才性作為成聖的根據，以此限制成聖的可能。王弼「才之善」、「才之傑」作為成聖的根據，遠則有承於《莊子》「聖人之才」的說法，近則繼承兩漢以還的才性聖人觀，特別是《河上公章句》「得中和滋液則生賢聖」之說，與同時之劉卲《人物志》以「中和之質」論聖人的說法相近。《莊子・大宗師》曰：「卜梁倚有聖人之才而無聖人之道，我有聖人之道而無聖人之才，吾欲以教之，庶幾其果為聖人乎！不然，以聖人之道告聖人之才，亦易矣。」（《莊子集釋》，頁 252）《莊子》引南伯子

葵與女偊對話，來說明成聖者須有聖人之才與聖人之道方可成聖，換句話說，徒有聖人之才或僅有聖人之道者亦不能成聖，二者缺一不可。若天生並無聖人之才的人則縱有聖人之道，勤勉而行，亦終不能成聖。何以王弼詮解《老子》時以才性限制成聖的可能？究其原因，即在於成就聖人乃是就聖王而說，並以此圓說其讓開成全的道化政治之道。

其次，從聖人即聖王來看，更見其理論何以不承認人人皆可成聖，王弼曰：

> 「天地之性人為貴」，而王是人之主也。雖不職大，亦復為大，與三匹，故曰，王亦大也。四大，道、天、地、王也。……處人主之大也，所以為主，其一之者主也。（〈二十五章〉注，頁64-65）[82]

> 樸之為物，以無為心也，亦無名，故將得道，莫若守樸。夫智者，可以能臣也；勇者，可以武使也；巧者，可以事役也；力者，可以重任也。樸之為物，憒然不偏，近於無有，故曰莫能臣也。抱樸無為，不以物累其真，不以欲害其神，則物自賓而道自得也。言天地相合，則甘露不求而自降。我守其真性無為，則民不令而自均也。（〈三十二章〉注，頁81）

王弼認為天地之中，人最為貴，而君王乃人之中最重要者，故能

---

82 「所以為主，其一之者主也。」一句，本在全章注文之末，今據牟宗三先生之說移至「處人主之大也」句後。牟先生認為「所以為主，其一之者主也」與「人法地，地法天，天法道，道法自然」之義不相屬，當屬上經文「而王居其一焉」之注文，「處人主之大也」句下。見牟宗三：《才性與玄理》，頁153。

與道、天、地三者匹比，亦屬於「大」。能掌管眾人，故為大，所以最為重要。從王與道同屬於大之處可見，王與道同層，此乃《老子》本有之說，王弼承此意注〈三十二章〉，更凸顯出「王是人之主」的意思。守樸為體道之要，能見素抱樸，不偏私有為，則為至高，故曰「莫能臣」。能做到抱素樸而無為者，即能與外物相應而不被外物牽累，不被欲望所引而損害心神，在這種不為無欲的情況下，天下萬物自然歸順於他，並體證自然之道。落在倫常政教之中，此「莫能臣」、抱樸無為者，唯聖王而能之。王弼此種論聖王不偏無私，近於無有的特質，與《人物志》論聖人以「中和之質」、「平淡無味」者相近。[83] 至於有智謀、勇謀、技藝、勞力，一偏之才者，則為臣民之材，可為文臣、武將、役事者、負責舉重的工作，此即《人物志》所謂「偏至之才」，凡偏至之才，均是「以材自名」，而為「人臣之任」。[84] 王弼近於《人物志》之說闡釋《老子》「始制有名」，立名分以定尊卑，正面肯定政教體系。若人人皆可以成聖，則人人皆能成王，在人倫政教中，多賢不可以多君，若人人皆能成聖王，則倫常尊卑便不能確立。聖王於倫常政教中，主要透過不為讓開的方式，使萬物歸順自得，此無心不為的修養境界，正是王弼道化政治所顯現的內聖境界。

王弼承《莊子》聖人之才的說法作為論成聖的根據，於《莊子》的理論體系之中並沒有為未稟得聖人之才的人立下修道方

---

83 《人物志・卷上・九徵》曰：「凡人之質量，中和最貴矣。中和之質，必平淡無味；故能調成五材，變化應節。」劉卲：《人物志》（《四部備要》本）（臺北：臺灣中華書局，1966），頁 1-2。

84 《人物志・卷上・九徵》曰：「偏至之材，以材自名。」頁 4。《人物志・卷中・英雄》曰：「偏至之材，人臣之任也。」頁 7。

式，讓眾人有一證得生命最高境界的途徑。王弼則承此說而往前推進一步，以因順萬物之性的方式，成就眾人自然之性。然而，基於王弼理論沿用漢人以降的才性聖人觀，因此較忽略工夫論的闡發，僅以自然不為讓開一步的方式，作為體證聖人境界的方法。

2. 外　王

王弼論外王主要從因順物性而論，所謂物者，即包含人和事，一切人倫政教均自此而開出。以下將先從王弼詮解《老子》時，所論之性展開討論，再從其讓開成全萬物的方式以看其道化政治理想境界。

關於王弼注《老》所論之「性」，文曰：

> 萬物以自然為性，故可因而不可為也，可通而不可執也。物有常性，而造為之，故必敗也。物有往來，而執之，故必失矣。凡此諸或，言物事逆順反覆，不施為執割也。聖人達自然之至，暢萬物之情，故因而不為，順而不施。除其所以迷，去其所以惑，故心不亂而物性自得之也。（〈二十九章〉注，頁77）

> 所謂道常無為，侯王若能守，則萬物將自化：不塞其原也，不禁其性也。不塞其原，則物自生，何功之有？不禁其性，則物自濟，何為之恃？物自長足，不吾宰成，有德無主，非玄如何？凡言玄德，皆有德而不知其主，出乎幽冥。（〈十章〉注，頁23-24）

王弼論性，多從物而言，並以自然規範「性」，然而其所謂「性」是否與道同層？是否同具形上意義？王弼既言性亦論情，是否「性」、「情」對舉，更見「性」屬形而上者？於此必須先釐清王弼注《老》所謂「性」的內涵意義。以下將從王弼論順性意義、論「性」的內容以及論「性」的意義三方面討論，以明王弼因物順性於其道化政治哲學中的義涵。

第一，論順性的意義。王弼除了「我守其真性無為，則民不令而自均也。」（〈三十二章〉注）「夫耳、目、口、心，皆順其性也，不以順性命，反以傷自然，故曰聾、盲、爽、狂也。」（〈十二章〉注，頁 28）「天地之性人為貴，而王是人之主也」、「道不違自然，乃得其性」（〈二十五章〉注，頁 64-65）不就外物而言性，可以理解成就內聖當下體證自然之性、不以有為傷其真，其餘篇章論性，多就外物而言，並且是就聖王守真性無為的情況下，讓開成全萬物之性來成就外王境界。在這種情況下，聖王以因而不為、順而不施的方式，不塞不禁、不濟不恃萬物自然真性，暢通萬物實情，使之能各自生化、濟成，此聖王外王成物之特色。由於聖王僅以讓開一步成全萬物，故無《老子》功化萬物之功，在這種情況下聖王證得修養之最高境界，以此觀照萬物，以見萬物之自生自化，實已轉《老子》之功化萬物為觀照境界。王弼只因順而沒功化，則導致其道化政治理想境界出現兩個問題：一，無法積極創建軌制，只能因循舊制，舊制往往因過時而不適用。二，理論預設聖人是才之傑，百姓不是，無法保證百姓如何自覺體證各人之生命最高境界。從第一個問題來看，王弼雖正面肯定名教，但其肯定的方式是以「崇本舉末」，以不為的方式成全名教。在這種情況下，雖給予名教正面的肯定，但無法

為名教提供根源性的說明，順之而下則無法創造性地建立軌道讓百姓依順，僅能以不為的方式，使百姓因循既有的成規。《老子》雖從反省批評的角度看待名教，但其論道「有」的一面，能正面開出一切人文價值，並不單靠不為方式成就外物，故無此問題。從第二個問題來看，預設聖人是才之傑，百姓僅能通過聖王因而不為的方式成全百姓自然之性，使百姓自得。若前文討論王弼工夫論的內容無誤，則更能與此相互發明，將無為、無不為工夫割裂，聖王以無為方式成就百姓自然之性，僅以聖王之「守其真性」、「不違自然」的方式讓開成全，百姓如果沒有自覺工夫實現其性，如何確保聖王之無為，必能使百姓無不為，能自然地實現其性，同體自然之境。此即「除其所以迷，去其所以惑，故心不亂而物性自得」如何具體落實的問題。若要證成王弼之道化政治理想境界，僅能靠觀照一途，方能成其無為之治。《老子》言「功成事遂」者，有其積極功化萬物的一面，亦沒有限制成聖的可能，人人皆可體道自然，則人人皆有自覺實踐的可能，如是《老子》所成之道化政治理想境界便非只有觀照的理想境界，實能開出功化之理想境界，此二者之不同。

　　第二，論「性」的內容。王弼以「自然」作為性分的內容，又言「真性」，認為不順性命，則傷其自然，〈老子指略〉更謂「言之者失其常，名之者離其真，為之者則敗其性，執之者則失其原矣。是以聖人不以言為主，則不違其常；不以名為常，則不離其真；不以為為事，則不敗其性；不以執為制，則不失其原矣。」（〈老子旨略〉，頁196）如是而言，則常、真、性原應屬同層，性又以自然來作規範，不難令人理解成，性即自然，與王弼所論之道或無同層，同屬形而上者。王弼論「性」，亦言「情」，加

上其注《論語・陽貨》時有「性其情」之說（《王弼集校釋》，頁 632），因此後世研究多以「性情」對舉，[85]認為王弼主張「以性正情」。[86]後世研究，常以王弼玄學之「性情論」為討論對象，或受宋明理學性情論、體用說的影響，此已牽涉當代詮釋者之視域融合問題，亦屬王弼玄學之後設研究。然而，王弼論性是否從形上論之，則有進一步討論的空間。[87]首先，王弼曰「萬物以自然為性」，並不是以自然直接等同於性，若以自然直接等同於性，性為常道，所謂「為之者則敗其性」，又如何可敗，可見王弼論性以自然的方式來實現。王弼《老子・十章》注曾言「不塞其原，則物自生，何功之有？不禁其性，則物自濟，何為之恃？」（《王弼集校釋》，頁 24）可見物之所以能自生、自濟，是由於不塞其原、不禁其性，不堵塞、不禁抑，是從無為工夫義上說，能無心順物，暢通其原、順任其性，則萬物便能以自然的方式來實現自

---

85 陶鴻慶即認為「聖人達自然之至，暢萬物之情」中，「至」應改為「性」，因性情對文之故，又因各節注均謂「萬物以自然為性」，故改之。見《王弼集校釋》，頁 77。案：校改原文，以不更其文而能詮釋其意者為先，「聖人達自然之至」與「萬物以自然為性」均可並存，就王弼詮釋《老子》的習慣而言，其論物者多言「性」，因此言「萬物以自然為性」，言聖人則謂「自然之至」並無不可，然而卻因後世性情對舉之故，而校改原文，似無必要。陶氏此校改或受宋明理學性情論所影響。

86 自湯用彤起，學者便多認為王弼「性其情」之說乃性情對舉，以性正情。見湯用彤：《魏晉玄學・魏晉玄學論稿》，頁 91-102。

87 相對於湯用彤、許抗生、林麗真、周大興等學者主張王弼乃「性其情」，以形上論性的說法，莊耀郎先生則指出「性大體是往下屬以言其內在的結構之理者，德是上達而為道之實現萬物之超越的實現之理。」先生之說見莊耀郎：《王弼玄學》，頁 77。許抗生、林麗真、周大興等學者之說分別見許抗生：《老子與道家》，頁 565-566；林麗真：《王弼》，頁 144-149、林麗真：〈王弼「性其情」說析論〉，《王叔岷先生八十壽慶論文集》（臺北：大安出版社，1993），頁 599-609；周大興：〈王弼「性其情」的人性遠近論〉，《中國文哲研究集刊》16，2000.3，頁 339-372。案：莊耀郎先生從結構之理論「性」，從實現之理論「德」，可見性與德並不同層，由此推說，性與道更不同層，「性」於王弼玄學理論體系來看，非形而上者，是顯而易見的。

已。所謂原、性均不具形上意義，而是從結構之理來說明。王弼
不以自然直接等同於性，而是以自然的方式實現其性，可見萬物
之性可因不可為，「明物之性，因之而已」（〈四十七章〉注，
頁 126），故曰由是而見物之自然而然的形上意義，但是就物之
性的具體內容而言，則屬形而下結構之理，若就人而論即就氣性
而言，或具體地以才性說之。形下結構之理，可因不可為、可通
不可執，聖人之才與智、勇、巧、力者之才有別，不可執、不可
為，即使執之、為之，亦不能使智者為勇、巧者為力、力者成聖，
此即「智慧自備，為則偽也」（〈二章〉注，頁 6）之意，實踐
之內在根據，不假外求，亦不能矜尚其所無，若刻意為之，則偽
生而傷自然真性，由是可見王弼論「性」不具形上義，而為形下
之才性意義，或天生本能之義，遂曰：「耳目口心，皆順其性也。」
即使王弼言「言之者失其常，名之者離其真，為之者則敗其性，
執之者則失其原矣。」其「常」是就經常來說，「真」是就生命
之真實而言，「性」是就本性、才性而論，「原」是謂根源，常、
真、性、原本身並不是道，但成就他們的所以然是道，故「為之
者則敗其性」，與「智慧自備，為則偽也」之意相同，刻意為之，
則有傷真性，故曰「敗其性」。因此王弼所論之「性」並不等同
於道，而屬形而下之才性義。其次，王弼論「情」不與「性」對
舉，即「情」不為「性」之對治者，「聖人達自然之至，暢萬物
之情」是就聖人體道來說，暢通萬物的實情，此「情」是就真實
內容而言，於臣民而言則指氣性，不必是負面義。王弼其他注《老》
篇章言情者，多不為「性」所對治的對象，如「心無所別析，意
無所美惡，猶然其情不可覩。」（〈二十章〉注，頁 47）[88]「情」
非指感情、情欲之情，乃指情實、真實之內容。「竭其聰明以為

88 「意無所美惡」之「美惡」本作「好欲」，今據《古逸叢書》本校改，見《王
弼集校釋》，頁 50。

前識，役其智力以營庶事，雖德其情，姦巧彌密，雖豐其譽，愈喪篤實。」（〈三十八章〉注，頁 94）「德其情」意指得事物之真實。「無避無應，則莫不用其情矣。」（〈四十九章〉注，頁 130）是就真情實意而言。即使《論語釋疑》曰「若以情近性，故云性其情。情近性者，何妨是有欲。」（《王弼集校釋》，頁 631-632）亦不必以「情」作為「性」對治的對象來作詮釋，此「情」乃指喜怒哀樂愛惡欲之「欲」而言。今索其習相遠的根源，即在於稟氣不同，使才性一面的不同，或為才之傑者，或為力氣絕佳，或為勇武過人，或為智勇雙全者，因應各人稟性不同，使其習相遠，如此詮解，更能呼應王弼解《老》的義理系統，在詮釋上更見其一致性、籠罩性。以性情對舉，理解王弼論「性」為形而上者，或受宋明理學性情論的影響，使後人在詮釋上產生前見。綜觀王弼論「情」多屬中性義，可見王弼並沒有反對「情」，或以之為「性」的對治對象，即使「欲」亦未被王弼排斥在外。因為只要是實踐的真實內容與稟性相近，即使有欲，亦是以自然的方式來滿足其欲，此義與《老子》「欲不欲」、「學不學」（〈六十四章〉），「為無為」、「事無事」、「味無味」（〈六十三章〉）以自然無為的方式來滿足所要、來學習、做事，不以刻意有為的方式來實踐，皆同一脈絡下的義理，[89]故曰「何妨是有欲」。從以上討論可見「性」不與「情」對舉，不為形上之常道，而是形而下的結構之理，屬於才性或本能的部份。

---

89 《老子‧六十三章》曰：「為無為，事無事，味無味。大小多少，報怨以德。圖難於其易，為大於其細。天下難事必作於易，天下大事必作於細，是以聖人終不為大，故能成其大。夫輕諾必寡信，多易必多難，是以聖人猶難之。故終無難矣。」《老子‧六十四章》曰：「其安易持，其未兆易謀。其脆易泮，其微易散。為之於未有，治之於未亂。合抱之木，生於毫末；九層之臺，起於累土；千里之行，始於足下。為者敗之，執者失之。是以聖人無為，故無敗；無執，故無失。民之從事，常於幾成而敗之。慎終如始，則無敗事。是以聖人欲不欲，不貴難得之貨；學不學，復眾人之所過。以輔萬物之自然，而不敢為。」

　　第三，論「性」的意義。王弼論性於其詮解《老子》的思想體系中有何意義？首先，說明外王問題。王弼論道之「有」性被刊落其形上意義，單靠「無」開出一切，不僅使道生這問題變得消極，更嚴重的問題是，如何以不生之生來保障物之一定能自生自濟，因此失其必然性、保障性。落在外王上，即不能正面積極開出事功，只能以不禁不塞的方式暢順物情。在這種情況下，王弼僅能以順物之常性來完成道化政治的理想境界，故曰：「唯因物之性，不假刑以理物，器不可觀，而物各得其所，則國之利器也。」（〈三十六章〉注，頁89）《老子・三十六章》言「國之利器不可以示人」是指國家的刑法、武器等利國之器，不可以強加於人民，可見君主本來是有具體典章制度用以治國，只是不能強加於人；然而於王弼而言，治國之利器則為不可觀覩者，主張不假借刑法治國，以百姓各得其性的方式治國。於義理內涵來說，王弼此說亦為《老子》義理系統所涵有的一面，因為《老子》亦不主張「法令滋章」，只靠刑名治國；然而不主張彰顯法令，並不等同《老子》不認同法令於治國上的客觀性，《老子》只是批評凸顯以法治國的流弊。《老子》言不可以國之利器示人，並不認為「器不可觀」。從王弼此種詮釋轉折可見，王弼注《老》的體系中無法正面創建治國的典章制度，僅能以讓開成全的方式，順百姓之性。因此王弼以性分觀念詮解《老子》，是為了安頓百姓之自生自濟，是就外王之如何可能提出說明。其次，「性」與道不同層。王弼從才性上論「性」，性不具形而上的超越實現意義，「性」非所以然，而只是然，是道的具體呈現的一個面向。在王弼的理論系統中，道是無，是形而上者；性非道，即為有，有是形而下者。讓情順性，本性落在才性而論，屬氣性的意義，氣性為形而下者，如何使氣性往上提起來，則為其理論無可避免

所面對之困境。再次，把客觀性分收攝到主體修養而達成道化政治理想境界。「性」這概念未見《老子》使用，自兩漢注解《老子》起，便引入客觀氣性這概念，加上兩漢以「性」詮解《老子》者，多從氣化宇宙論入，王弼論「性」雖繼承兩漢以還的才性觀，然而其得性的途徑，是以逆返工夫復其性，故曰「靜則全物之真，躁則犯物之性。」（〈四十五章〉注）透過虛靜無為工夫成全萬物真性。王弼此說融合兩漢以氣論性的傳統，並透過逆返工夫修養，把詮解《老子》的面向從養生延壽、客觀氣化的面向，回歸道化政治詮釋，較為相應《老子》著重透過主體修養達成道化政治的思想脈絡。

關於讓開成全萬物的道化政治境界，文曰：

> 大人在上，居無為之事，行不言之教，萬物作焉而不為始，故下知有之而已。不能以無為居事，不言為教，立善行施，使下得親而譽之也。不能復以恩仁令物，而賴威權也。不能以正齊民，而以智治國，下知避之，其令不從，故曰侮之也。言從上也。夫御體失性則疾病生，輔物失真則疵釁作。信不足焉，則有不信，此自然之道也。已處不足，非智之所濟也。自然，其端兆不可得而見也，其意趣不可得而覩也，無物可以易其言，言必有應，故曰悠兮其貴言也。居無為之事，行不言之教，不以形立物，故功成事遂，而百姓不知其所以然也。（〈十七章〉注，頁 40-41）[90]

---

90 「言從上也」四字，《道藏》本與《道藏集注本》均在「信不足，焉有不信焉」句注文之首，樓宇烈就此注文調動，有詳盡解說。「不能復」原作「不復能」，

〈十七章〉為《老子》對政治境界的判教，當中以「下知有之」者為最高，以「親而譽之」者為次一等，以「畏之」再次一等，以「侮之」為最下。從王弼對《老子》所言的政治境界的詮釋，可見其讓開成全的道化政治境界。王弼以「居無為之事，行不言之教，萬物作焉而不為始」來理解《老子》太上之治，實為《老子‧二章》「聖人處無為之事，行不言之教，萬物作焉而不辭」之說，於原意上並無悖離。然而王弼只強調無為、不為始的一面，立論偏重以不宰制讓開成全的方式濟成萬物，則為其詮釋《老子》道化政治理想境界的一大特色。王弼特別強調若不以自然的方式治理天下，以智謀濟成百姓，則失其真性。在這種情況下，只能以無為的方式治理天下，透過實踐方式行不言之教，不依恃刑名治國，才能以自然的方式成就治國之功，而百姓不知其所以然，僅知有聖王的存在。王弼以讓開成全的方式成就道化政治，實為《老子》義理脈絡所有，並非新說；然而以讓開成全的方式成就道化之治，一則不見其事功，二則於《老子》所謂的「百姓皆謂我自然」義亦隨之落空。不僅注解〈十七章〉如此，在詮解〈二章〉亦如是，今以王弼注文及《老子》原文比照如下，以見二者之別，文曰：

> 因物而用，功自彼成，故不居也。使功在己，則功不可久也。（〈二章〉「功成而弗居。夫唯弗居，是以不去。」句下注，頁7）

據《古逸叢書本》、《道藏》本、《道藏集注本》校改。「不能以正齊民」原作「不能法以正齊民」，今據陶鴻慶之說校刪「法」字。「非智之所濟」之「濟」，本作「齊」，據《道藏》本與《道藏集注》本校改。見《王弼集校釋》，頁41-43。

王弼讓開成全之道化政治理想境界，首先，從不見其事功來看，王弼已從《老子》之功化萬物轉向觀照成其功。《老子》言「功成事遂」、「功成而弗居」，成其功者，乃聖王而非百姓，然而王弼卻謂「功自彼成」，轉向為百姓自成，聖王僅有因順之德，在這種情況下聖王之事功不顯。王弼之聖王僅有不塞、不禁等讓開一步、因順之德，此德固然需要很高的修養才能做到，但卻無實際之事功，相對於《老子》有生民、為民、長民等助成百姓之功，而不居功來得容易。功自彼成，事自彼遂，聖王既無事功，僅靠聖王無為不生，百姓便能自生自濟的方式體證道化政治理想境界。在這種情況下，所謂百姓之自然而然，並沒有自覺無為的工夫作保證，只能透過聖王以觀照的方式，證成道化之治，如是便從《老子》之功化萬物轉向觀照萬物，此其異於《老子》者一。其次，《老子》所謂「百姓皆謂我自然」，明確指出百姓所體之自然，不只從觀照而得，而是在聖王無為之治下，百姓均能自證自然之境，故能「皆謂我自然」。從「皆謂」見其普遍性，「我自然」則見其對自然之自覺，可見並非單靠聖王之觀照便能極成此理想境界。然而王弼詮解「百姓皆謂我自然」時，卻以「百姓不知其所以然」作注，則王弼注之百姓只知其然，享有功成事遂之成果，而不知其所以然，明顯地不自覺其用之體為何，二者之說有著本質的不同，王弼此說，即其所謂之「玄德」。王弼曰：「物自長足，不吾宰成，有德無主，非玄而何？凡言玄德，皆有德而不知其主，出乎幽冥。」（〈十章〉注，頁 24）[91]從道生萬物來說，即從無使之如此者，故有不生之德而不知其主；落在聖王治國上來說，則為聖王以不生不有的方式，因物自然，不以宰

---

91 〈五十一章〉注亦有相同說法，注云：「有德而不知其主也，出乎幽冥，故謂之玄德也。」頁 137。

制方式濟成萬物，故百姓「不知其所以然」，於是不顯百姓自覺工夫，此其異於《老子》者二。

透過以上討論可見，王弼雖與《老子》同言道化政治，但二者所顯境界有所不同。首先，王弼以崇本舉末的方式正面肯定名教，相對於《老子》以崇本息末的方式批評名教，既有繼承亦有往前推進的一面。其次，王弼的道化政治理想境界，主要以聖王讓開成全的方式證成，因其以才之傑作為成聖的根據，加上聖王以不生之生的方式讓開成全百姓之自生自濟，使其道化政治理想境界只因順而沒有功化。具體言之，一、理論預設聖人是才之傑，百姓若無聖人之才，則如何體證自然之境，似乎除了通過聖王觀照的方式以外，便沒有必然保證。二、王弼雖正面肯定名教，但因其道論刊落「有」的形上義，只能以「無」開出一切，而道生的方式又僅能以不生之生濟成萬物，所以不能積極地創建典章制度，使百姓無所依循。相對於王弼《老子注》的政治理想境界，《老子》所顯的境界則涵著聖王功化萬物，使天下國家一體同時證得無為自然之境，由是而顯道化政治的理想境界。《老子》提出的無為而治是立體的，可因順，亦可功化，王弼偏重其因順的一面，遂使功化不顯，淪為「功自彼成」之觀照境界，此即二者之不同。

第三節　小　結

王弼注《老》，被譽為善注，後人研究《老子》無不讀王弼

《注》文。王弼注之所以為善者，大概誠如牟宗三先生所言，是由王弼對於《老子》，確有其相應的心靈，故能獨發玄宗，影響來者至鉅。就注文而言雖不必能尅應章句，當然王弼本非尅應章句而注解，然大義歸宗，亦不悖謬。[92]牟先生重點指出王弼相應《老子》之義理脈絡，為後人研究王弼注文提供明確方向。莊耀郎先生則具體指出王弼玄學的不足處，認為「王弼玄學即著重在知病治病，作用成全之義，而不具創生義，在道論形式的完整性和充足性，顯然不及老子。」[93]扼要指出王弼注《老》理論上的困境。本章在前賢研究的基礎上，從王弼道論、工夫論、境界論三方面綜述王弼注《老》的思想體系，以見王弼詮解《老子》的詮釋轉向，已從《老子》無為而治的道化政治理想境界，轉向讓開成全的治道。[94]

王弼注《老》的思想體系甚為一致，其道論、工夫論、境界論環環相扣，可謂創造性之詮釋。論道異於《老子》的最大特色

---

92 見牟宗三：《才性與玄理》，頁 127。
93 見莊耀郎：《王弼玄學‧附錄：王弼道論的義涵》，頁 301。
94 劉笑敢認為王弼的《老子注》可稱之為「順向的詮釋」，又認為順向詮釋即以解釋文本固有思想為主，或模擬文本可能的思想體系，或順文本固有的思路創造新的思想體系。見劉笑敢：《詮釋與定向——中國哲學研究方法之探究》，頁 136。案：誠如劉氏之卓見，王弼《老子注》為一創造性的詮釋，然而其詮釋的轉向是否能以「順向的詮釋」概括之，則容有進一步的討論空間。劉氏以不反對或否定《老子》的立場來定義「順向」（同前揭書，頁 148）《老子》論道的「有」是形而上者，王弼的是形而下者，據此而言，王弼之詮釋到底屬順向還是逆向的詮釋？劉氏明確指出「王弼把『道』等同於『無』的觀點是順理成章地揭示了老子哲學中本來隱含的思想傾向，這是明顯的順向的發展。」同前揭書，頁 151。案：誠如劉氏所指，王弼把「道」等同於「無」，然而《老子》論道「有」的一面之形上義被刊落，才是王弼注《老》的最大特色，「順向的詮釋」於此似乎不足以指出王弼詮解《老子》的轉向。

是以無等同於道，刊落了「有」的形上意義，即失落了道的徼向性。因其徼向性的落失，使道生義失去積極創生的一面，僅能以相對消極的方式，即不生之生來濟成萬物。由於王弼論道偏重於「無」，其工夫論隨之而偏重於無為的一面。聖人以無為的方式，成就外物的無不為，使無為、無不為割成兩段，而以因順外推為主。加上王弼以才性作為成聖的根據，較忽略工夫論的闡發，縱有工夫論亦多從無心不為一面出發。因應王弼工夫論偏重外推的一面，其所成的境界亦有所不同。聖王以因順萬物之性的方式成就外王，聖王能不為順物，百姓僅能透過聖王不為不生的方式自生自濟，聖凡之別完全取決於氣稟的不同。於王弼而言，聖王乃「才之傑」、「才之善」者，神明茂於眾人，加上聖凡之間明顯存在著「聖人之明」與「無聖人之明」的分別（〈七十三章〉注，頁 182），形成其理論系統中，僅有聖王能以不塞不禁、讓開成全的方式因順百姓；百姓憑藉著聖王的因順，自得其性，於是功成事遂，而不知其所以然，證成道化政治理想境界。

　　聖王讓開成全百姓的方式，即道生之說具體落實的一面，從道生之說具體落實在外王上，更見其理論之普遍性不足。「道常無為」，道在自身來說是圓滿具足，不必待另一物使之生，或由另一物讓開一步使其能自生、自濟、自足。然而侯王治理天下的方式，是以守道來使萬物自生化，而守道的方式即在於「不塞其原」、「不禁其性」，使物自生、自濟、自長足。（〈十章〉注，頁 23-24）侯王以讓開一步的方式，以「不生之生」生化萬物，

至於侯王自身則無法被不生之生所規範,即使侯王能做到虛靜無為守道,亦僅有工夫義,而無法在道生這問題上得到安頓。侯王僅能讓開一步成全萬物,至於侯王如何被道成全,王弼則沒有進一步說明。由是可見,道生的存有論上,王弼是有例外的,帝王、侯王等治國者,能讓開一步使物自生,至於其自己本身如何為道所生,充分實現個人價值意義,則無法得到保證。《老子》道生在具體落實時,則無此問題,究其原則即在於,《老子》無為無不為的工夫論是直貫而立體的,王弼無為無不為的工夫則屬割裂而平面的,故其無為與無不為工夫論割裂為雙主詞,即以聖王之無為,達成百姓無不為,當中並沒有必然性;《老子》則不然,聖王當下體證無為之道便能行無不為之治,無為、無不為同屬於聖王本身,並未割裂成不同主體來實踐,故聖王既有治國之功而不居功,天下臣民均能一體達至無為無不為之境,此王弼道生之說具體落實時的不足之處。

由於工夫論偏重於去礙的不為不生,而沒有積極功化的一面,使其所成境界,僅為一觀照之無為而治。「有」的形上義刊落,不能直接開出一切人類文明,典章制度亦不能建構起來,只能以作用保存的方式保存既成制度的價值意義,於此即減殺了文明的創造性。[95]相對王弼而言,《老子》則無此問題,《老子》論一切文明均可從「有」的形上義生出,加上「反者道之動」,一切

---

[95] 莊耀郎先生同時指出有些將《老子》思想看成「意義的治療學」,限於反省保全治療的作用,失去創造性積極性的一面,就是依循王弼的詮釋觀點所得的結果。見莊耀郎:《王弼玄學‧序》,頁 2-3。

文明自「有」開出後均有「無」作為保障，便不會產生流弊的問題。

　　由是可見，王弼詮釋《老子》的理論困境即在於刊落「有」的形上義，使其工夫論外推，開顯境界為一觀照之境，百姓體道失去必然性，僅能成就一讓開成全的治道。莊耀郎先生謂王弼玄學在道論形式的完整性和充足性上，顯然不及《老子》，可謂一矢中的之說。王弼解《老》的積極意義是在於：第一，王弼「崇本舉末」之說從正面肯定名教，並不悖《老子》無為自然的思想系統，故王弼注《老》並非以儒解道之說，而為典型的道家義理系統。第二，王弼繼承兩漢以來以才性論聖人的觀念，卻不從氣化宇宙論談道生的問題，而回歸本體作逆返工夫，以此體道，融攝了兩漢以來才性觀於其義理系統之中，並下啟郭象注《莊》，於郭象《莊子注》中見道家圓教具體內容。[96]

---

96 郭象注《莊》同樣以才性論聖人，並以聖王無心順物的方式成就道化政治理想境界，然而郭象卻無王弼注《老》的理論困境。究其原因即在於第一，生物的方式不同。郭象不以「無」生物，並取消任何形上實體生物的方式，直接讓物自生獨化。因其不以「無」的方式生物，故一切文明即可以自生獨化的方式開出，凡是不違自然的原則，均可得以實現，故其名教觀為「自然中自有名教」，與王弼「崇本舉末」以「無」成就名教的方式不同。第二，聖王順物的條件不同。郭象同樣以才性作為成聖的根據，認為聖人乃「特稟自然之妙氣」者，然而在郭象的理論系統中，聖人能體逍遙之境，但能體逍遙之境未必就是聖人，在此前提下人人皆可逍遙，但並非人人皆可成聖。並非人人皆可成聖，則保障了政教中不會出現多君的情況，亦能呼應其才性觀。加上郭象筆下之聖王為無待者，能體逍遙之境的同時亦必須「順有待者，使不失其所待」，於是有待的百姓便能保證得到聖王所順。又由於聖王、百姓均有任性安分的自覺工夫，不會造成只靠聖王觀照來證成道化政治理想境界，而是實在的功化萬物，使天下神器體證自然之境。因郭象理論相對王弼之說圓滿而且思想體系更見精密，故能後出轉精，繼承前人之說而達圓教之境。關於郭象注《莊》自生獨化之說，見拙作《郭象《莊子注》的詮釋向度》，頁 178-209；名教觀，見前揭書，頁 209-242；工夫論，見前揭書，頁 243-292；逍遙與成聖的關係，見前揭書，頁 293-301；郭象注《莊》圓教的可能，見前揭書，頁 301-330。

第七章　積澱、創造與反思

　　所謂積澱者，即在義理上明確有所承繼，然而落在詮釋者的
體系中，並不完全同於《老子》，而是已經重新成為各個詮釋體
系中的一部份，這些部份，是積代累世，吸收前人的成果銷融而
成，詮釋時代愈後，則愈見豐富；而所謂的創造，最主要的是指
向詮釋者的宗趣，義理方向及其所建構的教路，所形成的詮釋體
系。前述所謂積澱者，則分別為此體系中的構成成分，鎔為一體。
故積澱與創造，所指的是重要的觀念元素和體系之間的關係，每
一詮釋者各有其體系，則各有所創造，然而所言內容、觀念又多
有所承繼，其中成分多少，即積澱深淺所致，由此可明白歷代詮
釋者在《老子》詮釋學史上的定位。各家詮釋者雖自成體系，然
而相對於《老子》或各家之間作一比較，則可見其取向或偏重，
亦從而可論其完整性或不足，或仍然有些未能解決的疑問處，本
章所論乃專就本論文所涉及諸家的積澱與創造而言，亦僅就個人
現今學力所及，對此論題提出較為系統的論述。

第一節　積澱與創造

　　根據「依宗起教，以教定宗」的詮釋文本進路來看，《老子》
及其後來詮釋者之道論及境界論即屬「宗」的內容，依此「宗」

而所建立的工夫進路即屬「教」的內容,若要省視後代詮釋對《老子》文本思想內容的積澱與創造,則須分別從宗、教兩方面分析說明,方能比較完整地見其詮解特色及轉向,因此下文將分別討論道論、工夫論、境界論。

一、道　論

後世詮釋《老子》者,其論道的義涵,往往為詮釋體系之所以轉折的主要影響素。下文將從道的內容與道生的義涵討論後來詮解《老子》者,對《老子》思想的積澱與創造。

（一）道的內容

承前列篇章所論,《老子》言道,是以「玄」、「無」、「有」作為道的內容,透過「玄」於「無」、「有」之間作用,使無而能有,有而能無,藉著「無」使實踐時能成其虛靈妙用的無限性,因著「有」使無執心境有其徹向而不淪為空無,「無」、「有」二者可謂道的一體兩面,由是得見道的雙重性。《老子》論道是透過生命主體實踐彰顯,由人事調適上遂至於其極的常道之具體呈現,因其以主體實踐體證了主觀價值意義的純粹自然,使得萬物能自然地實現其自身價值,所證成的宇宙是指向價值意義的宇宙,是為主觀實踐之道,由是而見道的形上意義。因《老子》之道重實踐,每一存在當下皆具體而真實,可一而不可再,非言說所能窮盡,故曰:「道可道,非常道。」(〈一章〉)又因其透過主體實踐,凝鍊精神而達精一境界,故言「其中有精」,而當

中的精一，是命之真實而無有虛幻的，可以體得而證實者，是謂「其精甚真，其中有信」（〈二十一章〉），足見《老子》論道是從實踐主體出發來討論生命價值意義，自有其普遍性，不過，若還原在《老子》著述的歷史時空，它所確指的是透過聖人應物、順物之不為、不執、不恃，功化萬物，以無為的方式成就天下百姓之自然，達至無為而治的理想境界。

　　承此而下，《韓非子》解《老》繼承《老子》「君人南面之術」的部份，將道徹底客觀化，刊落了道的形上意義，淪為術用，以法言道。縱然其文本亦言「道者，萬物之所然也，萬理之所稽也；道者，萬物之所以成也。」「道盡稽萬物之理」、「凡道之情，不制不形，柔弱隨時，與理相應。萬物得之以死，得之以生；萬事得之以敗，得之以成。」（《韓非子·解老》，頁748-749）這些章句皆頗似具有形上意義，所言之道同樣作為萬物之所以然，能使萬物成就其自己，而與萬物不同層。萬物之生死成敗，亦隨時而變、不被制約的常道所規範，從其為萬物之所以然，而不是然的角度來看，《韓非子》論道似有「可以為天下母」的意味，可以作為萬物存在的根源，應具形上意義；能「盡稽萬物之理」，可見道的普遍性；能駕御萬物，決定其生死、成敗，亦見道的實現性；道能隨時而變，不拘形式，亦足見其合宜性；凡此種種特性，似與《老子》形上之道無異，然而《韓非子》論道並不從貞定生命價值、存在意義出發，即不從如何保存萬物之自然價值，使之不為物欲牽引而起分別執持的方向立說，其論道之根源性、普遍性、合宜性都是就治國之法言道，是就依法治國來論治國之本，由此見其根據、根源，以法應適用於天下臣民而論其普遍性，從法應與時俱變而論其合宜性，於是其他篇章縱有類近

於《老子》論道的特徵，亦是為了以法術勢治國而立說，故曰：
「道者，萬物之始，是非之紀也。是以明君守始，以知萬物之源；
治紀，以知善敗之端。」（《韓非子·主道》，頁 686）清楚可
見，以法論道，以法作為萬物之始、判斷是非的準則，明君只要
能堅守法道便能洞識萬物起源，整治法紀便能透徹善惡的端倪，
可見其以法論道，用法治國立論的宗趣。從政治實踐論道是其繼
承《老子》「君人南面之術」的面向，然而僅以客觀術用規範道，
刊落了道的形上意義，只作為君主治理人民的手段工具的術用性
格，則其精神與道家無為自然的義理顯然是相違背的。《老子》
雖重政治實踐，可是其道化政治的理想境界，是由無為自然之道
作為支撐內容，是透過保存聖人以至天下臣民的自然價值意義，
達至一體和諧的自然。體證無為之治，其說是人生、政治並兼，
以主體修養貫徹內聖外王，非純粹的只有以術用治國。《韓非子》
解《老》則只突出法的一面，以法為道，其實已失去《老子》的
自然義，[1]落入宰制人民，役用天下的功利實用主義，究其精神實
已悖離《老子》價值意義的取向，為《老子》思想異化詮釋之明
證。[2]

　　嚴遵論道的內容，則從《韓非子》的純客觀術用，回歸主體
實踐言道，並以「道」、「德」、「神明」、「太和」作為道的

1　《韓非子·喻老》曰：「故不乘天地之資，而載一人之身；不隨道理之數，而
　　學一人之智，此皆一葉之行也。故冬耕之稼，后稷不能美也；豐年大禾，臧獲
　　不能惡也。以一人力，則后稷不足，隨自然，則臧獲有餘。故曰：『恃萬物之
　　自然，而不敢為也。』」頁 778。縱言「自然」亦屬客觀外物之自然義，與《老
　　子》從主觀價值義論自然者相去甚遠。
2　勞思光亦指出韓非思想以對價值之純否定觀念為其特色，見勞思光：《新編中
　　國哲學史》（一），頁 340。案：《韓非子》否定一切價值的功利實用主義，實
　　與《老子》保存一切純粹存在價值的取向相悖離。

內容，然而其道雖由主體實踐而顯，究其根源實已轉向客觀氣化論道。因以氣化言道，故其道有深微、厚薄、清濁、高下之別，凡此皆由於萬物稟氣不同而有差別，[3]實際上並非道本身有差別，而是稟受者所稟之氣有差別，其差別性是從稟受者而言，並非常道有所不同。從氣化論道，乃漢代思想特色，不僅嚴遵注《老》如是，《河上公章句》解《老》亦然。《河上公章句》更直接以「太和之精氣」、陰陽、和清濁三氣作為道的內容，同樣從主體實踐言道，由氣化進路而入，與常道同屬形而上者，然而《河上公章句》與嚴遵論道亦有所不同。其不同處，即在於嚴遵之道是就客觀萬物存在而言道，故因稟氣不同而有小人、君子之別，除此之外更言「天圓地方，人縱獸橫，草木種根，魚沉鳥翔，物以族別，類以群分，尊卑定矣，而吉凶生焉。由此觀之，天地人物，皆同元始，共一宗祖。六合之內，宇宙之表，連屬一體。氣化分離，縱橫上下，剖而為二，判而為五。或為白黑，或為水火，或為酸鹹，或為徵羽，人物同類，或為牝牡。」（《老子指歸·不出戶篇》，頁 32）[4]足見其道論不僅就人而言，亦兼言天下萬物，舉凡草木鳥獸、尊卑吉凶、聲色香味均由氣稟而決定，因其所論常道是客觀氣化進路之故；《河上公章句》則不然，縱以氣化言道，仍然特重主體實踐，強調「天地生萬物，人最為貴」（《河上公章句·虛用第五》，頁 18）又以天地人三者並列而言「共生

3　《老子指歸》曰：「道有深微，德有厚薄，神有清濁，和有高下。清者為天，濁者為地，陽者為男，陰者為女。人物稟假，受有多少，性有精粗，命有長短，情有美惡，意有大小。或為小人，或為君子，變化分離，剖判為數等。」（《老子指歸·上德不德篇》，頁 3）

4　「而吉凶生焉」，王德有點校本作「而吉兇生焉」，明汲古閣刊津逮秘書本及樊波成校箋本均作「而吉凶生焉」，今據而改之。

萬物」，由人長養萬物，[5]而強調人的重要性，《河上公章句》首章注《老》即開宗明義說明以「自然長生之道」為常道，「常道當以無為養神」，（《河上公章句‧體道第一》，頁 1）只有人方能實現長生之道，故其論道是以人為主，甚少涉及其他萬物，此二者雖同以氣化論道，然而所論重點則有不同。

歷經先秦兩漢以後，王弼注《老》不從氣化思想進路詮釋《老子》的常道，重新以本體宇宙論解《老》，回歸《老子》重主體價值實踐言道，因此被譽為善注，然而其詮釋內容與《老子》亦有所不同。王弼論道僅以「無」作為道的內容，「有」不具形上義，將「有」僅視作具體有形的事物，將玄、一、常、母、樸直接等同於「無」與「道」，刊落「有」的形上意義，這種詮釋轉折看似與《老子》所論分別不大，然而因「宗」之不同，便直接影響其工夫進路，以致於「教」亦有所不同，呈現的境界與《老子》自是有別，其義理脈絡雖不悖於《老子》，然而卻自成一思想體系，為創造性詮釋。

可見自先秦至魏晉詮解《老子》思想而能成完整的思想體系者，雖同為解《老》，然而其論道的內容與《老子》實亦有別，《韓非子》從客觀術用論道，徹底刊落道的形上性格。自兩漢始，論道由客觀氣化入，重新回歸實踐主體論道，亦重現道的形上意義，卻與《老子》重自然無為價值意義的常道，仍屬不同方向詮釋，及至王弼解《老》，擺脫氣化之說，回歸以本體價值意義論

---

5 《河上公章句‧道化第四十二》曰：「陰陽生和、清、濁三氣，分為天地人也。天地人共生萬物也。天施地化，人長養之。萬物無不負陰而向陽，迴心而就日。萬物中皆有元氣，得以和柔，若智中有藏，骨中有髓，草木中有空虛與氣通，故得久生也。」頁169。

道,然而其說刊落了「有」的形上意義,只繼承了《老子》論道「無」的一面而自成一說,因前人理解《老子》道的內容有所不同,使其道生之說自亦有異。

(二)道生義涵

《老子》言道生,是從道如何實現萬物,使之自然地成全自身價值意義,故其言「道生一,一生二,二生三,三生萬物」(〈四十二章〉)、「天下萬物生於有,有生於無」(〈四十章〉)、「道生之,德畜之,物形之,勢成之」(〈五十一章〉)是以自然的方式生化、育成萬物的價值意義,其一、二、三的內容亦緊扣玄、無、有而論,因其道無而能有,有而能無,故其虛靈妙用作用於萬物時,能不執持、不宰制,並能定其作用的方向,而能成就「生而不有,為而不恃,長而不宰」的「玄德」(〈五十一章〉)。從道生萬物的角度來看,《老子》藉著宇宙論的方式說明生命主體與價值意義相關的根源性問題,故其道生說為本體宇宙論的說法。

《韓非子》解《老》,從治國之術言道,因而曰「道也者,生於所以有國之術。」(《韓非子・解老》,頁 739)從治國方術言道,道淪為形而下者,並無所謂道生之說。及至嚴遵、《河上公章句》自氣化宇宙論進路詮解《老子》的道生義涵,以元氣作為客觀宇宙生成的根據來解說宇宙生成。不論是嚴遵從「虛之虛」生「虛」,「虛」生「無之無」,「無之無」生「無」,還是道生德,德生神明,神明生太和之說,抑或是《河上公章句》中從道生「太和精氣」,「太和精氣」生陰陽二氣,陰陽二氣生

清濁和三氣等說法，均自元氣生化萬物。由於二者所言是從氣化進路詮解《老子》道生義，故其道生雖與《老子》同具形上意義，亦就個人實踐而論道生，然而其所生之物偏就氣化之生萬物而言道生，與《老子》就主觀價值的實踐義來說道生實屬不同進路，此二者之與《老子》的不同處。所謂偏就客觀萬物而言道生，既屬《老子指歸》、《河上公章句》解《老》特色，亦能由是而見二者分別：嚴遵所生化的萬物，涵蓋內容極廣，鳥獸蟲魚、陰陽男女、人倫名教等均自常道而生，取決於稟氣內容而定；《河上公章句》所生化的萬物，則集中於個人主體身上，並多就形軀保養而論，此二者同中之別。

及至王弼論道生，回歸主體價值論萬物實現的意義，然而因其刊落《老子》「有」的形上義，其道生的方式雖同屬本體宇宙論地生化萬物，卻僅能靠讓開一步成全萬物，以不生之生的方式來生化萬物。所謂「將欲全有，必反於無也」（〈四十章〉注，頁 110），正是透過作用的保存的方式，以形上之「無」來成全形下之「有」。其道生之說繼承《老子》無生有的意義，卻把常道「有」的一面歸屬形而下者，使之與萬物同層，僅能發揮《老子》「無」的一面，承接「生而不有，為而不恃，長而不宰」（〈十章〉）的「不有」、「不恃」、「不宰」的特性，而「生」、「為」、「長」功化萬物的一面則落空，道在這種情況下之無而能有，有而能無的特性，僅靠讓開成全來成就其「有」，即失去其主動性、能動性，致使其工夫論、境界論失去必然保證。

總而言之，《老子》的道生義，歷經兩漢的客觀化，到魏王弼詮解時，雖重新回到主體上說道生，仍不若《老子》之圓滿具

足，然而可從歷代詮解道生的意義，見各家論《老子》的特色。

　　透過討論詮解道的內容及道生義涵可見，後世理解《老子》道論的轉折。《韓非子》乃今存最早具體系地解《老》之作，其論道則與《老子》，甚至道家思想有著明顯不同，其道以法為內容，徹底刊落道的形上性格，淪為術用治國，僅繼承了《老子》治國的一面，然而所謂繼承，實亦屬開創，因其治國不以無為的方式治天下，而是以法術勢治國，將《老子》之道客觀化，脫離道家思想義理解《老》。及至兩漢，在氣化宇宙論的思想籠罩下，嚴遵、《河上公章句》解《老》，仍然帶著客觀特質論道，與《韓非子》不同者乃二者所言之道重拾形上性格，以氣化宇宙論的方式解說萬物生成。嚴遵解《老》，從個人修養到運用，均與《老子》相合，其主體性雖然有個人修養，但事實上主體實踐的依據落在客觀氣化之道，與《老子》本體宇宙論的主體性大方向完全不一樣，卻增加了客觀性的面向。《河上公章句》與嚴遵《老子指歸》同樣從客觀氣化論道，然而其說不若嚴遵既論道生客觀外物，亦討論道與性命氣稟的關係，因其論重點不在建構體系來解釋存在等價值問題，而旨在論說延壽長生之道，此乃二者雖同為氣化宇宙論進路，卻有著不同的詮釋面向的關鍵所在。再傳至魏晉，王弼注《老》，重回本體宇宙論詮釋《老子》之道，反求諸己，卻只重《老子》「無」的一面，刊落形上之「有」的特質，此說乃王弼注《老》的重要特色，開展其讓開成全萬物的詮釋面向，亦為其理論系統埋下無法圓說的缺陷。因應各家論道的不同，使其所立之「宗」有別，又由於「宗」的不同，導致所開設之「教」自亦有所不同。

二、工夫論

　　《老子》及嚴遵《老子指歸》、《河上公章句》、王弼《老子注》均有其相應的工夫修養作為體證常道的教路，獨《韓非子》解《老》因其道不具形上意義，而純為形而下的客觀術用之道，嚴格而言，若以逆返工夫作為工夫修養的性格，則其思想體系並無工夫修養可言，亦不必論及工夫，便能達成法術勢治國的理想，然而即使其工夫修養淪為術用，亦於詮解《老子》的發展上具有其自身意義，對後來詮釋者亦具有一定影響，因此下文擬討論《韓非子》解《老》、嚴遵《老子指歸》、《河上公章句》、王弼《老子注》對於《老子》工夫論之繼承與開創，以見彼此於義理上的積澱與創造。

　　本書討論各家工夫論之傳承與開展，主要針對工夫論的對象、內容及其型態三者分析。工夫論的對象，於道家義理而言，從消極面來說是對治生命中的病痛，其工夫內容屬去病工夫；從積極面來看則是復其自然天性，貞定價值意義的不定相，於應物時能順應自然，其工夫內容屬歸本工夫，隨著工夫對象、內容的不同，可見各家詮釋者工夫型態的差異，由是而見四家詮解《老子》工夫論的特色。

（一）工夫的對象

　　從工夫論所對治的對象來看，《老子》言不執、不恃、不為、不尚、不有、不仁、不塞、絕聖棄智、絕仁棄義、絕巧棄利、虛

心弱志等，是從無為去執來除其生命中的執念，其病即在於拘泥意念、物欲，有所尚，使生命偏執於一隅，故其對象為主觀之偏執。《韓非子》轉向以法論道，嚴格而言雖無工夫論，然而常道落實應用時，實自《老子》之不為、不欲轉出，其說並不就生命之去病而言，是就權謀術用立說，故釋《老子・四十七章》「不為而成」時，則曰：「隨時以舉事，因資而立功，用萬物之能而獲利其上，故曰：『不為而成』。」（《韓非子・喻老》，頁 781）是從功利實用出發而言「不為」，可見其「不為」已轉《老子》之對治主觀偏執為權謀術用。嚴遵解《老》重新回歸主體修養而言「去辯去知」、「去文去言」（《老子指歸・信言不美篇》，頁 121）、「不視不聽」、「不為不言」（《老子指歸・出生入死篇》，頁 42），透過去除心知分辨，感官之不聽不視，使身心不亂，故其工夫所欲對治者，從《韓非子》之應用客觀外事的權謀術用，轉回《老子》以對治主觀偏執為主。《河上公章句》去病的工夫論主張「除嗜欲」、「不輕言」、「不造作」（《河上公章句・安民第三》，頁 11-12），似與《老子》及《老子指歸》之去病工夫無異，然而其對治對象已從主觀偏執轉向身心嗜欲，剋就去除感官欲望而論工夫修養。王弼其後回歸主體修養論工夫，其所欲對治者與《老子》甚為相應，其言「不造不施」、「不別不析」、「不設不施」（〈二十七章〉注，頁 71）即繼承了《老子》不為、不執之義理內涵，同樣對治主觀價值之偏執。由是可見，工夫論對治的對象，自《老子》之主觀偏執，轉向《韓非子》之客觀術用，再經由嚴遵回歸對治主觀之偏執，又從《河上公章句》外推對治身心嗜欲，再由王弼重新回歸主體實踐之對治偏執而言去病工夫，當中詮釋轉折，與各家論學宗趣有著密不可分的關係。除了去病工夫不同，其歸本之下所論的工夫自亦有異。

　　從工夫論所欲歸趨的對象來看，《老子》言歸根復命、抱一歸樸、專氣致柔、自化自正、知足知止等，是從復其自然無為本心為主，其本即在於復歸於嬰兒、赤子般的無分別心，使生命回到無執、無分別狀態，故其對象為自然無為之心。《韓非子》言「習常」、「無為」，是在於「群臣守職，百官有常，因能而使之，是謂習常。故曰：寂乎其無位而處，漻乎莫得其所。明君無為於上，群臣竦懼乎下。」（《韓非子‧主道》，頁 686）是以術用治國言「常」，是就能否有效利用群臣治國，立足在功利實用主義下言「習常」，與《老子》「用其光，復歸其明，無遺身殃，是為習常」（〈五十二章〉）之意相去甚遠，《老子》透過生命的光輝、智慧，復其生命的澄明，使生命不陷於危殆之地，以此方式體證常道，是謂「習常」，《韓非子》此說實轉《老子》內省歸本的工夫為外推術用，刊落了主體修養的內容，而純為術用，以此達至富國強兵。嚴遵《老子指歸》論歸本工夫，則曰存身養神、「重神愛氣」（《老子指歸‧善建篇》，頁53），透過養神而達無為之治，可見其所復之本乃身心之清靜，由是而達至「思慮不惑，血氣和平」、「筋骨便利，耳目聰明，肌膚潤澤，面理有光」（《老子指歸‧善建篇》，頁53），從不惑思慮之澄明來說，實屬挺立價值意義的工夫，所歸之本當屬主觀精神之澹泊自然；然而從血氣、形軀的保養來說，則其工夫所歸之本便屬客觀形軀之養生長壽，其歸本的工夫論是在客觀氣化下之實踐，明顯屬攝主歸客的思想進路。嚴遵去病工夫與《老子》相近，然而其歸本之說則轉出新的詮釋面向，至《河上公章句》更明顯專就養生延壽而論。《河上公章句》歸本工夫以養神明為主，除了養五臟之神，更言愛精保氣，使其歸本工夫從《老子》之內省轉向外推，以成就長生之道為主。王弼則轉以因順物情的方式，論

工夫之歸本面向，自個人之不執不為往外應物來因順物情，使天下均能無為自然，其說同樣有外推之嫌，然而所不同者是在於《河上公章句》外推面是成全客觀形軀之長生，王弼《老子注》之外推則屬成全外物之無為自然。《老子》亦以「輔萬物之自然」（〈六十四章〉）的方式來成全萬物體無為之道，何以謂王弼歸本工夫之對象有外推的傾向，而《老子》則屬純粹的內省工夫，關於此問題，即可從二者之工夫內容知其原由。簡而言之，工夫論積極面所欲成者，已從《老子》復其自然本心，轉向《韓非子》的功利實用治國，再由嚴遵兼取《老子》重主觀價值，以及《韓非子》重客觀實用二者之說，攝主歸客，開出存養精神的工夫，使治國者能養其形軀，形軀得養則自能精神澄明，以自然無為的方式治理天下；及至《河上公章句》工夫對象則落在身心形軀的保養，以自然長生為目的，其說雖以主體實踐為主，但已轉向養生為要；王弼一轉《河上公章句》保養形軀、精神之工夫對象，回歸《老子》修身治國之道，以挺立主體價值為工夫對象，仍與《老子》有所不同，此即四家工夫論對象之轉折。

（二）工夫的內容

從工夫內容來看，《老子》言不執、不為、棄絕聖智仁義者，並不是主張現實上無有作為，亦不是摒棄文明制度，主張反智避世，其所棄絕者為有心之作為、刻意造作，是從作用層上棄絕所有標榜、推崇，而非從現實上言棄絕不為，故其工夫是以「作用的保存」的方式實現自然價值。不僅如此，《老子》除了無為去病的工夫內容外，更有其無不為的一面，將無為充分落實，使之無而能有，有而能無；落實到應物之時，則能從主體之無為，往

外應物，功化萬物，「輔萬物之自然」而不居功，由是成其無為之治。從工夫對象來說是對治主觀價值之偏執，復歸其自然無為之心；從實踐對象來說，則從個人而及群體，達至道化政治的理想境界。聖人去執無為，玄同萬物，以無不為的方式功化萬物，以無事的方式取天下，體證無不治之境，故其《老子》工夫論的實踐對象是從個人而及群體，達至一體的自然和諧。

　　《韓非子》解《老》雖同言無為、無不為，然而其所謂不為、無為之義有二，一則偏向現實上之「無」、沒有，與「有」相對，為一空無，故無而不能有，其不為、不學、不欲，是就現實上無所作為而言，故不具作用層之超越意義；二則偏就權謀而言無欲、無為，認為「明君無為於上，群臣竦懼乎下」（《韓非子・主道》，頁686）、「去甚去泰，身乃無害。權不欲見，素無為也。」（《韓非子・揚推》，頁696-697）以權謀術用之不露痕跡來駕御群臣，以利治國，其無為之意已與《老子》徹底不同。究其原因即在於《韓非子》以法言道，道不具形上性格之故也。不僅其言無為、不為屬形而下之不為、權謀之意，其言無為與無不為之主體分屬兩邊，就明君而言無為、不為，因而曰：「人主之道，靜退以為寶。不自操事，而知拙與巧；不自計慮，而知福與咎。」（《韓非子・主道》，頁693）就臣民而言無不為、有為，故曰：「用萬物之能而獲利於上。」（《韓非子・喻老》，頁781）將無為、無不為實踐主體割裂為二，明顯異於《老子》同屬同一主體之說，並將《老子》無為的內省工夫外推，淪為術用之不為、不見迹，刊落《老子》無為無不為的工夫義。

　　嚴遵工夫論一轉《韓非子》以術用釋「無為」之義，重回實

踐主體論《老子》工夫，同樣透過內省的方式而言無為，其所不同於《老子》者，在於嚴遵從元氣論道，使其「無為」之義不僅就精神價值而論，亦兼及客觀萬物，包括實踐主體之形軀保養，即治身養神之說；以及治國之內政、外交的具體方法，即應物治國之說，而詮解原則是以客觀氣化收攝主體修養開展其說。從形軀義詮解《老子》，實非嚴遵始創，《韓非子》早於釋《老子·五十章》「十有三者」時便以四肢九竅言之，此說為《老子指歸》及《河上公章句》直接繼承，[6]再展開討論，成就治身之說。《老子》立論以保存主體價值之自然義為主，由個人之體證無為自然，推及天下皆能體證無為自然之境，以此為立言宗趣，依宗起教，其工夫論定必以緊扣主體修養、實踐價值為主，何以「十有三者」之說不從生命價值而言，轉向以形軀之四肢九竅言之？究其原因即在於《韓非子》論道不具形上意義，其所關心者為如何有效以法術治國，則「十有三者」之說必淪為形下意義來作詮釋，以四肢九竅論「十有三者」，由治形軀而入，建立保固形軀之說，使人無入於死地，是謂「善攝生」，此說與其釋《老子·五十九章》「治人事天」之說相呼應，透過適度調節舉措、減省消耗，保養天生的耳聰目明、智慧識見，達至養神虛靜之境，於是便能在現實上趨吉避凶，駕御萬物，稱霸天下，凡此均以法術勢治國為目

6　《韓非子·解老》曰：「人之身三百六十節，四肢九竅，其大具也。四肢與九竅，十有三。」頁752-753。《老子指歸·出生入死篇》曰：「夫生之於形也，神為之蒂，精為之根，營爽為宮室，九竅為戶門。聰明為侯使，情意為乘輿，魂魄為左右，血氣為卒徒。……是故，虛、無、清、靜、微、寡、柔、弱、卑、損、時、和、嗇，凡此十三，生之徒；實、有、濁、擾、顯、眾、剛、強、高、滿、過、泰、費，此十三者，死之徒也。夫何故哉？聖人之道，動有所因，靜有所應。四支九竅，凡此十三，死生之外具也；虛實之事，剛柔之變，死生之內數也。故以十三言諸。」頁42-43。《河上公章句·貴生第五十》曰：「言生死之類各有十三，謂九竅四關也。」頁192。

的。嚴遵、《河上公章句》之所以同樣以四肢九竅言「十有三者」，則由於二家詮解《老子》之道是以氣化宇宙論為背景，以元氣論道，便會造成偏就客觀事物而論，四肢九竅乃形下之形軀，與二家之道論背景甚為相應，遂以此釋「十有三者」而論治身之道。嚴遵與《河上公章句》同屬氣化宇宙論，同以四肢九竅釋「十有三者」，二者所不同，即在於嚴遵分別從「死生之外具」、「死生之內數」兩方面言「十有三者」，從四肢九竅此外具而言，則繼承了《韓非子》之說，相應其客觀氣化的思想進路；從虛實剛柔不同的精神狀態而言，則符合其主體價值修養的說法，前者所論偏就客觀而言，後者所論偏向主觀而說，以客觀氣化之說為前提，將主體修養收攝於其中，與其攝主歸客的工夫型態頗為相應。嚴遵以無為言治身養神，屬其內聖工夫；往外應物治國，則屬其外王工夫，不論內聖外王之說，其無為是就主觀修養而言，具有內省之意，透過內省工夫，往外應物，其工夫對象雖外推治身、客觀外物，然而其自內而外的修養過程，仍不離攝主歸客的解《老》特色。

　　《河上公章句》以「自然長生」為其立說宗趣，因此工夫論內容相對嚴遵之說較為純粹，主要就養生而論，治國應物之說多屬隨文而注，非其重點所在。其工夫論主要透過除情欲、養神明的方式達至長生延壽，然而其言「除嗜欲，去煩亂」（《河上公章句·安民第三》，頁 11）、「捐情去欲」（《河上公章句·歸根第十六》，頁 62）、「絕利去欲」（《河上公章句·立戒第四十四》，頁 176）之言絕棄、去除者，乃偏就現實上之棄絕而言，與《老子》就作用層而言棄絕已有不同。《河上公章句》自去病之除情欲，及至歸本之養精神，其說均就個人主體之形軀而言，

與《老子》自內聖之無為無不為，及其應物外王，功化天下而不居功，使天下百姓皆體自然之道者明顯不同，《河上公章句》於此將《老子》工夫論重點聚焦到個人身上，一改《老子》、《韓非子》解《老》、嚴遵《老子指歸》就個人及群體而論無為無不為的工夫內容，為詮釋《老子》開啟了不同的理解面向。

　　王弼《老子注》的工夫論內容，一轉漢代詮解《老子》外推客觀事物之說，而收攝於主體價值之內談無為無不為的工夫，然而其說仍不免有外推之嫌，只是其所外推者，乃割裂無為、無不為的修養主體，以聖人之無為，外推至天下人事價值意義之無不為。觀其《老子注》的工夫論內容尤重因順應物的一面，主張「順自然而行，不造不施」、「順物之性，不別不析」、「因物之數，不假形也」（〈二十七章〉注，頁71）、「萬物以自然為性，故可因而不可為也，可通而不可執也」（〈二十九章〉注，頁77）可見其因順應物是透過聖人之無為，以讓開一步不宰不制的方式，使萬物得以自然地成就其自己。其工夫論偏重無為的一面，僅以不為的方式應物，而不是以功化萬物不居功的方式成全萬物之自然，相對《老子》無為無不為均落在聖人主體修養上而說，則顯得較為消極。

　　簡而言之，《老子》工夫內容是以無為無不為的方式修身應物，透過「作用的保存」的方式歸復萬物的自然價值；《韓非子》則轉無為為術用，並割裂無為無不為之實踐主體，以君無為而臣無不為，又透過權謀術用，隱藏君主好惡，使群臣不能揣測上意，依法而治天下；嚴遵《老子指歸》、《河上公章句》則回歸主體實踐價值而言「無為」工夫，然而《河上公章句》之無為工夫，

與《韓非子》同樣偏向以現實上之「無」而言「無為」，不若《老子》從作用層上之「無」來說「無為」來得超越，從現實上言不為，則須捐除一切欲望，方能成其無為之境，然而《老子》並不反對欲望本身，因而主張「欲不欲」（〈六十四章〉），使欲望出於自然，和杜絕欲望，這是對欲望迥然不同的態度。王弼注《老》工夫論回歸《老子》從作用層上言棄絕、不為，然而其說與《韓非子》解《老》一樣，割裂無為、無不為的主體，以聖人之無為，讓開成全百姓之無不為。其說雖不以術用論工夫，但割裂實踐主體，加上僅以讓開成全的方式成就人事價值意義，則於理論上失去必然性，不若《老子》的工夫論內容來得圓滿，相對而言亦顯得消極。

（三）工夫的型態

　　《老子》工夫論內容是就內省而言，透過主體實踐無為無不為的方式，自內聖修養推及外王應物，從自然價值的實踐上一貫落實無為治道，其所成者乃自然無為的價值意義。自《老子》以後，《韓非子》解《老》、嚴遵《老子指歸》、《河上公章句》、王弼《老子注》其工夫論的型態不免有外推之嫌，然而四家詮解《老子》的工夫對象及其內容不盡相同，彼此之間有著繼承與創造的關係。

　　第一，《韓非子》之外推是純就術用而言，其不為、不欲僅屬現實上之棄絕，或淪為權謀應用，嚴格而言並不具工夫修養，純為法術應用，此進路乃徹底之法家思想，而與道家無為自然的工夫義相違悖，然而卻為詮釋《老子》提供了不同的面向。

　　第二，嚴遵《老子指歸》、《河上公章句》之外推是就其工夫修養對象而言外推。二者同屬客觀氣化思想進路，同為工夫外推，然而二者所不同之處在於：嚴遵從作用層上言棄絕，以達內聖之治身養神，外王之應物治國；《河上公章句》所論則有從現實上言捐除的傾向，以此除情欲、養神明，甚少談及治國，縱言治國者，亦多屬隨文作注，而以治身之道為主。二家所言治身、治國者，不若《老子》純就生命價值而言修身治國，即使《老子》曰「善攝生」（〈五十章〉）是就生命態度要走向生路還是窮途而言善於養生，《老子指歸》、《河上公章句》則有落入四肢九竅、筋骨血脈上言治身之道的說法，此即其從主觀價值意義修養，外推至生理形軀的轉向。《老子指歸》論應物治國的內容時，此外推情況更為明顯，政教人倫、農耕蓄織、外交政策等等具體內容均屬客觀外物，其言自生，更是從客觀面說萬物之自然義轉出新義。二家之說，不若《老子》扣緊無為自然的方法如其自己地實現其純粹價值意義，《老子》於內省工夫上，只提供無為自然的方向；《老子指歸》、《河上公章句》於外推工夫上，則提供具體規範，其流弊即在於有所指向，即有所封限，若具體規範不能與時俱變，則容易流為僵化制度，制約人心，淪為有為造作之舉。此外，嚴遵工夫論與《老子》雖同為內省的工夫型態，同樣以道化政治為理想境界，然而其不同即在於《老子》雖然沒有氣化的理論，但其主體修養乃以意志工夫駕御氣化生命；嚴遵雖亦講主體修養，卻是由氣化籠罩主體，以無為自省的方式體證氣稟內容為依據，此二者之大分別。

　　第三，王弼《老子注》之外推指其偏就因順外物的工夫義，其義理型態與《老子》同屬內省進路，同為本體宇宙論意義下之

剋就實踐自然價值起其教路,其所不同者在於王弼解《老》與《韓非子》解《老》一樣,將無為、無不為的實踐主體分屬兩邊,二者所不同的是,《韓非子》無為無不為之說是就術用而言,王弼《老子注》則就實踐價值而說。

綜觀而言,《老子》工夫論屬內省型態,所對治者為主觀偏執,以實踐自然價值意義為主,實踐對象為聖王而及於天下百姓,工夫論目的為體證自然無為的政治理想。以下可從四方面綜述四家詮解《老子》工夫論的異同:第一,從工夫型態來說:自《韓非子》解《老》開始,及至嚴遵《老子指歸》、《河上公章句》、王弼《老子注》,其工夫論型態均有外推傾向,然而如前文所述,四家之外推情況各異,當中僅《韓非子》解《老》此一家是純就術用而言外推,其餘三家雖亦言外推工夫,卻以內省之無為、不為作為工夫修養的內容。第二,從工夫論對治對象來說:因應四家論道重點不同,其所對治者自亦有異,《韓非子》解《老》所言無為者,是針對法術勢治國而言,嚴遵工夫論則回歸《老子》之說,以對治有為偏執為主,《河上公章句》則以對治情欲為要,王弼《老子注》工夫論對治對象又再次回歸《老子》之心知執著而論說。第三,從工夫論實踐對象來說:四家實踐對象中,僅《河上公章句》是偏就個人主體而言,甚少言及治理天下,其餘三家均就個人而推至天下而論治天下之道,不同者在於《韓非子》以法術勢治天下,嚴遵則以自然無為的方式治理天下,王弼則以不為、讓開成全的方式治天下。第四,從工夫論目的來說:《韓非子》以不為釋《老子》無為之義,以權謀術用的方式駕御群臣,統御萬物,兼有天下;嚴遵則以自然無為的方式成就聖人以及臣民、客觀萬物之自然,以體自然無為的政治境界;《河上公章句》

則以除情欲、養精神的方式，體證自然長生之道；王弼《老子注》則以讓開成全萬物，使之自生自化的方式體證道化政治理想境界。透過以上討論可知，四家詮解《老子》的工夫內容各有特色，從工夫論的對象、內容、型態之不同，足見四家與《老子》義理上的繼承與創造，亦見各家先後的繼承關係。

三、境界論

因應各家對《老子》道論以及工夫論的積澱與創造有所不同，其境界論所呈現內容自亦有異。本書嘗試從名教及其宗趣兩方面展開討論，以見後來詮釋者解《老》所開顯的境界。

（一）名　教

《老子》及其後來詮釋者如何安頓名教，以及對儒道義理分際的辨析，為當代研究《老子》及其後學者不能避免的問題。名教涉及仁義禮智、典章制度等問題，在近代研究當中，論者很容易以理解儒家的前見，將仁義禮智、典章制度等名教內容歸屬於儒家，遂將凡是肯定仁義等內容便理解成以儒者之說解《老》。[7]

---

7 《老子》、《韓非子》解《老》、嚴遵《老子指歸》、《河上公章句》等思想體系，其立論是否關切名教安立，即安立名教是否其討論重點所在，猶可商榷討論，《老子》及其詮釋者立論重點似亦不在討論名教此論題上。若就思想體系的建立而論，名教此論題實為工夫應物的其中一面，實應歸納於境界論之內，而屬外王境界，本書將名教內容獨立討論，是由於近代學者於後設研究反省各家思想體系時，常以仁義之說類歸儒家，認為後來詮釋者有援儒入《老》或摻雜儒家思想之嫌，因此筆者認為有獨立討論的必要。若就後來詮釋者之理論體系來看，詮釋者當身似未有特別強調安立名教的問題，因此嚴格而言，安頓名教、判辨儒道義理分際等內容，實屬後設研究者所提出的問題，而非詮解《老子》者本身出現的問題。

因此釐清後學詮解《老子》名教的義理內容，對於《老子》及其後來詮釋者的思想體系的理解，有著重要的討論意義，以下將從安頓名教及儒道分際兩方面討論，以見《老子》及其後來詮釋者如何安立名教。

1. 安頓名教

　　《老子》論名教是以「作用地保存」的方式論名教，其「聖人不仁」（〈五章〉）、「絕聖棄智」、「絕仁棄義」（〈十九章〉），是就作用層上言棄絕，故《老子》並未否定現實上名教的重要性，《老子》只是認為若有所標舉，便有所偏、有所棄，因此以遮詮的方式保存名教的純粹價值，而言作用上的棄絕。

　　《韓非子》論名教，從其詮釋〈三十八章〉內容可見，並沒有反對仁義禮智等名教內容，似亦對名教予以肯定，明顯與《老子》判仁者次於道、德，義者次於仁，以禮為最下之說有所不同。《韓非子》標舉名教，是由於著重人倫尊卑貴賤之義，強調守法的重要性，以此治理天下；然而亦有輕視名教之說，如〈五蠹〉篇便以實踐的仁義儒者為「五蠹之民」。又曰：「明仁義愛惠之不足用，而嚴刑重罰之可以治國也。」（《韓非子‧姦勢弒臣》，頁 224）「見大利而不趨，聞禍端而不備，淺薄於爭守之事，而務以仁義自飾者，可亡也。」（《韓非子‧亡徵》，頁 118）可見，當名教不利於人君駕御群臣之時，則為毒、為不足用，均要被否定。由此可見《韓非子》思想中對名教並沒有充分的肯定，然而其態度甚為一致，凡是有利於法術統治的均被肯定，凡不利於駕御群臣的均須否定，可見其論名教是基於法術功利。因《韓

非子》之道純為術用，不具形上意義，故無法從根源上說明名教，僅能就是否有利於治天下而論之。

　　嚴遵論名教，因其思想背景受漢代氣化宇宙論思想影響，並以元氣論道，使其名教觀以氣稟作為立說基礎，故曰：「所稟於道，而成形體，萬方殊類，人物男女，聖智勇怯，小大脩短，仁廉貪酷，……謂之性。」（《老子指歸・道生篇》，頁 45）又曰：「人物稟假，受有多少，性有精粗……或為小人，或為君子，變化分離，剖判為數等。故有道人，有德人，有仁人，有義人，有禮人。」（《老子指歸・上德不德篇》，頁 3）可見名教自氣稟而出，相對《韓非子》論名教，實已為名教提供了一個氣化內容作根源性的說明。其論名教的態度既有繼承《老子》的名教觀，亦有其不同的一面，嚴遵一方面繼承了《老子》以遮詮的方式反省僵化的名教，另一方面亦以表詮的方式肯定自然義下的名教。其說乍看之下，似相互矛盾，然而二說皆有所承，其反對標舉名教的說法，是自《老子》言「絕聖棄智」、「絕仁棄義」的一面展開論說，反對王者之有為，教化百姓以仁義，認為聖人不應以實踐仁義求取名號，[8] 只有體證無為之道，方能相冥於道，由是而反對標舉名教，故曰：「不為仁義，而物自附焉。」（《老子指歸・江海篇》，頁 85）「是以聖人，釋仁去義，歸於大道，絕智廢教，求之於己。」（《老子指歸・為學日益篇》，頁 37）其肯

8　《老子指歸・道可道篇》曰：「王者有為而天下有欲，去醇而離厚，清化而為濁，開人耳目，示以聲色，養以五味，說以功德，教以仁義，導以禮節，民如寢覺，出於冥室，登丘陵而盼八方，覽參辰而見日月，故化可言而德可列，功可陳而名可別。」頁 122-123。《老子指歸・言甚易知篇》曰：「是以聖人，知而弗為，能而不任，仁義而不以為號，通達而不以為名，堅強而不以為顯，高大而不以為榮。言不可聞，動不可形。」頁 95。

定名教的說法，則承自《老子‧八章》言「居善地，心善淵，與善仁，言善信」之說。所謂「善地」、「善淵」、「善仁」、「善信」等內容，是以「善」成全之，其言「善」是以符合於自然與否而定，以自然的方式實現仁德，即以「不仁」的方式成全仁，因其無所尚，故能無為而無不為，不落入「失德而後仁」（〈三十八章〉）之「仁」，在這種情況下自能在待人接物時與人相愛而不造作、不偽善。可見《老子‧八章》言仁、信等內容，即屬正面肯定，在自然無為的情況下，以正面方式保存其純粹價值意義，與其以遮詮方式言道，遂曰「不仁」之說法不同，然而以表詮方式論名教，在《老子》一書中為數不多，嚴遵則承此而論，充分發揮其肯定名教的理論，例如「內慈父母」、「辭讓與人」（《老子指歸‧出生入死篇》，頁 42）之說。嚴遵從稟氣論名教，又從反省角度批判名教，亦兼以正面方式肯定名教，說明以道德自然治天下，名教自涵於其中，可見「自然中自有名教」，其說不僅不悖於《老子》思想，更充分開展肯定名教的一面，從正反面討論名教內容，相對圓融而不偏一方。

　　《河上公章句》所論重點在於治身，不重治國，故其論不重與外物接應，因此其論名教之說多順《老子》而注，偶有不同於《老子》者，亦屬與嚴遵以正面肯定名教之說，如釋「修之於國，其德乃豐」則曰：「修道於國，則君信臣忠，仁義自生，禮樂自興，政平無私，其德如是，乃為豐厚也。」（《河上公章句‧修觀第五十四》，頁 208）釋「善勝敵者不與」則曰：「善以道勝敵者，附近以仁，來遠以德，不與敵爭，而敵自服也。」（《河上公章句‧配天第六十八》，頁 268）其所言仁義、仁德、禮樂等名教內容均在修自然之道、體自然之道的情況下成全，然而因

其說是以「自然長生之道」為常道，關於名教之從何而出亦不多加著墨，因與其治身延壽之說不相干之故也。

王弼論名教則提出「崇本息末」、「崇本舉末」之說：從「崇本息末」來看，其所息者乃無本之末，即不以自然為本所開出的名教，此其繼承《老子》以遮詮論名教之說；從「崇本舉末」來看，其所舉者乃有本之末，即以自然為本所開出的名教，實乃「名教本於自然」之意。王弼從正面肯定名教之說，自嚴遵《老子指歸》、《河上公章句》起便作如此論述，亦屬《老子》義理脈絡下所容許的思想發展面向，然而當中不同之處，即在於王弼雖曰：「聖智，才之善也。」（〈十九章〉注，頁45）「夫聖智，才之傑也。」（〈老子指略〉，頁 199）以稟氣論聖智，然而卻未有以氣稟論仁義，僅指出「仁義，行之善也。」（〈十九章〉注，頁45）「仁義發於內，為之猶偽，況務外飾而可久乎！」（〈三十八章〉注，頁94）說明仁義是發乎實踐主體之內，且僅屬行為上之善行，至於仁義的根據，則出於「母之所生，非可以為母」（〈三十八章〉注，頁95），而所謂「母」，即王弼論道之「無」，仁義自無而生，即重新回到主體價值意義而論名教，不落在客觀氣稟上來說明名教的根據，是以嚴遵以氣化言自然，王弼則從本體修養論自然，此王弼與《老子指歸》、《河上公章句》雖同樣肯定名教而相異之處。

由是可見對於名教的安立，從《老子》透過本體論，以「作用地保存」的方式成全名教，此即王弼「崇本息末」之說；《韓非子》解《老》則從術用的角度看待名教，既有批評，亦有肯定的一面，然而一切以功利實用的目的作為考量；自《韓非子》始，

嚴遵、《河上公章句》、王弼解《老》的名教觀，兩面都兼具，有批判也有肯定的一面。嚴遵論名教是從稟氣而論，屬超越的客觀、氣化的客觀，與《韓非子》、王弼肯定名教的進路不同。王弼重新回到本體價值上肯定名教，提出「崇本舉末」之說，若從根源上來說，與《老子》同屬本體價值意義的進路，異於氣化思想進路的說法。嚴遵從稟氣論名教，雖能為名教提供根源的說法，但其名教觀缺乏普遍性，換句話說，稟氣的所以然是普遍的，稟氣的主體所稟受的內容則屬特殊的，由於萬物稟受內容不盡相同，若未能稟得能行仁義之氣，則不能成為仁人、義人；反觀《老子》與王弼解《老》從本體價值意義論名教，不論是具有「玄」、「無」、「有」意義的常道，還是「玄」即是「無」即是道，刊落「有」的形上意義的常道，一是均從價值意義開出名教。不從氣稟論名教，而回歸實踐價值論名教，方具有普遍性，此四家論名教與《老子》之異同，亦由是而見四家於義理上之積澱與創造。[9]

2. 儒道分際

關於儒道融攝的問題，是近代研究老學所熟知的論題。自竹簡本《老子》出土後，研究《老子》者有的認為自帛書本始，已摻雜儒家思想，因而出現「絕聖棄智」、「絕仁棄義」之說。後世詮釋《老子》者，每每論及仁義、禮制等說法，也常被歸類為

---

[9] 從本體論，以實踐價值意義論名教，見其普遍性，是從因地上說，而不是從果地上說其普遍義。王弼的道論，只以「無」等同於道，刊落「有」形上意義，於實踐時又將無為、無不為實踐主體割裂，僅以讓開一步的方式成全萬物，其說落實時，是否真能普遍實踐名教內容，則屬工夫歷程以及果地的問題，亦屬王弼解《老》思想體系可議可論之處。相關說法，詳見下文於「詮釋系統的反思」的討論。

汲取儒家思想解《老》之說。[10]

　　通過前文討論可見，《老子》、《韓非子》解《老》、嚴遵
《老子指歸》、《河上公章句》、王弼《老子注》等內容毫不避
諱論及仁義禮智、典章制度之說，然而仁義禮智、典章制度等內
容為先秦周文的內容，不應將之僅歸屬給儒家，亦即避免在討論
義理內容時，凡見其論及仁義者，便謂之摻雜儒家思想。以下分
別從名教的根據、判教的角度來看各家解說《老子》是否摻雜儒
家思想。

　　首先，從名教的根據來看。《老子》論名教，是以自然無為
的方式保存名教的純粹價值，故其名教觀為「名教即自然」，名
教與自然相即，只要能超越心知執念，所行的名教便是自然義下
之名教。《韓非子》解《老》所論名教，不離術用治國宗趣，雖
論仁義，然而其態度是以能否有利治國作為判準，可謂「名教出
於術用」，為一純粹的法家思想。嚴遵《老子指歸》、《河上公
章句》、王弼《老子注》其論名教，不曾悖離道家自然義，其義
理脈絡相承於《老子》，而自有不同。第一，嚴遵之自然義，是
客觀氣化思想進路下之自然義，其所成全者雖往外推及客觀萬
物，然而成全的方式是有內省之無為工夫修養支撐，於稟氣中成
全名教內容。其氣稟的內容雖屬客觀的氣化宇宙論，然而其說亦
不悖道家之自然無為義，可謂「自然中自有名教」。第二，《河
上公章句》同言氣化，卻沒有特別說明名教之所從來，亦不見其

10　《道家與中國哲學・漢代卷》指出「嚴遵的治國理論汲取了不少儒家的思想，
　　他並不完全排斥『仁』和『義』。」見孫以楷主編：《道家與中國哲學・漢代
　　卷》，頁244。

有系統地說明如何實踐名教，其說僅屬與《老子》同以「作用地保存」的方式保存名教，兼有以嚴遵在自然之道的意義下肯定名教，就理論上來說，名教思想在《河上公章句》思想體系中，並非其重點所在，其所言者多屬繼承之說。第三，王弼《老子注》回歸《老子》本體宇宙論的方式為名教提供根據，其「崇本舉末」的名教主張，可謂「名教本於自然」。由是可見，從名教的根據來看，《韓非子》「名教出於術用」自是法家思想，當屬無疑；其餘各家，從文本來看，《老子》名教觀為「名教即自然」，嚴遵之說乃「自然中自有名教」，王弼之說則屬「名教本於自然」，各家所謂均以自然無為義作為根據，就論名教的義理內容來看，其背後根據的道，一是均以自然無為之道為「宗」，無疑是自道家義理系統下論名教，不必理解為摻雜儒家義理之說。

其次，從判教的角度來看。《韓非子》批評儒者為「以文亂法」（《韓非子‧五蠹》，頁43），又認為其厚葬制度，散盡家財、折損身體，[11]更指出儒者之說流於空談，無益於治國，故明主應「不道仁義」，務實治國。[12]從《韓非子》的主張可見，其反對儒家之態度，若謂《韓非子》肯定仁義之說為援儒入道，恐與其批評儒家的主張相違背。《老子‧三十八章》判教以道為最高，上德次之，上仁又再次之，上義更次，上禮為下，可見實踐得再好的仁、義、禮均不如道德之圓滿，其說是以自然之道為體，

11　《韓非子‧顯學》曰：「儒者破家而葬，賃子而償，服喪三年，大毀扶杖，世主以為孝而禮之。」頁5。

12　《韓非子‧顯學》曰：「今世儒者之說人主，不言今之所以為治，而語已治之功；不審官治之事，不察奸邪之情，而皆道上古之傳譽，先王之成功。儒者飾辭曰：『聽吾言則可以霸王。』此說者之巫祝，有度之主不受也。故明主舉實事，去無用，不道仁義者故，不聽學者之言。」頁20。

而不以仁義為體甚為明顯，嚴遵《老子指歸》繼承《老子》此說，指出「是故，帝王根本，道為元始。道失而德次之，德失而仁次之，仁失而義次之，義失而禮次之，禮失而亂次之。」（《老子指歸‧上德不德篇》，頁 6），甚至批評儒墨之說，認為「儒墨之流文，誦詩書，修禮節，歌雅頌，彈琴瑟，崇仁義，祖潔白，追觀往古，通明數術，變是定非，已經得失，身寧名榮，鄉人傳業：中士之所道，上士之所廢也。」（《老子指歸‧上士聞道篇》，頁 13）嚴遵雖並言儒墨之士，然而所批評者乃儒者講究禮節，推崇仁義等做法，更指出儒者為有為之士，屬中士之道，不若上士，其分判之高下立見。王弼詮解《老子》時明確指出儒家嚮往成全孝親之德，以美譽勸勉眾人行仁義，皆屬無本之舉，故曰：「儒者尚乎全愛，而譽以進之。……譽以進物，爭尚必起……斯皆用其子而棄其母。」（《王弼集校釋‧老子指略》，頁 196）可見在王弼的理論系統當中，儒者尚有不足之處，不若其「崇本舉末」有所本的名教。

從以上討論可見，《老子》及《韓非子》解《老》、嚴遵《老子指歸》、《河上公章句》、王弼《老子注》等思想體系，對於安立名教等問題，皆未有摻雜儒者之說，除了《韓非子》解《老》一貫其法家思想，從功利術用的角度安立名教以外，其餘各家均屬道家思想脈絡。

（二）境　界

《老子》一書所論聖人境界，應就聖王而論，故其境界論可以自內聖、外王兩方面言之。從內聖而言，聖人透過無為而無不為的工夫修養，體道之沖虛自然，其心有若嬰孩之純樸無執，不

標榜仁義聖智，不尚賢貴，以無為的方式應物；及其治國之時，則以自然的方式輔助萬物，雖有功化萬物之功而不居功，在這種情況下，臣民亦能以自然的方式實現其存在價值，此即聖王的外王境界。聖王自主體修養之無為無不為，外及應物，功化天下，使天下同體自然之道，證成道化政治的理想境界，由個體的自然和諧而達至群體之自然和諧。當中不論聖王還是百姓，均能自覺地實現其自然價值，體道自然，故屬功化的道化政治理想境界。

《韓非子》解《老》淪為功利權術應用的一面，其所謂賢君需運用權謀之不為，無使臣下揣度其意，再透過抱法、任勢、用術駕御群臣，驅使群臣無不為，以達治國之最高成效。《韓非子》以臣民作為治國工具，純為功利實用主義之法術勢治國，就其所成之治道，是謂「物化治道」，[13]此乃《韓非子》解《老》所呈現的治國理想，與《老子》透過無為修養工夫，歸復自然無為之心，體道自然，從價值意義之純粹來論理想的治國境界，有著明顯不同。因此，《韓非子》之解《老》最大之不同，當在於對「自然」之體證的有無，《老子‧二十五章》言「道法自然」，其歸趨當在君主自然，天下人亦得其自然，以自然為道化政治之圓教理想境界；《韓非子》只突出法的一面，以法為道，其實已失去《老子》的自然無為義，落入掌控、宰制人民，役用天下的治術，其精神實已悖離《老子》義理思想，為《老子》思想異化詮釋之明證。

嚴遵重回主體修養證成道化政治的理想境界，其聖人境界是自身而家國天下，從內聖之治身修德，達至向外的應物無礙，治理天下。嚴遵《老子指歸》的道論，是以自然客觀氣化為進路，

---

13 關於法家為「物化的治道」的說法，詳見牟宗三：《政道與治道》，頁 37-43。

因此其修養主體乃依於客觀氣化之道，而不像《老子》的修養主
體依於主觀意志之無為常道，若除卻氣化部份不論，其說與《老
子》思想進路甚為相近，同是從主體修養出發，自內聖而外王，
達成道化政治的理想境界。只是其說有一客觀化的氣化作為指
導，從稟氣來說，則並非人人皆可成聖，只有稟得聖智之才的人，
才能成為道人、德人，若為一偏則或為仁人，或為義人，或為禮
人；從自然義來說，嚴遵言「泊然無為，萬物自生」（《老子指
歸・得一篇》，頁 9）之自生、自然義，已落入客觀面說萬物之
自然義，其所成的境界不純為一主觀價值意義的道化政治境界，
而是在客觀的氣化宇宙論籠罩下之主體的價值實踐，**實屬攝主歸
客**的思想開展，此其異於《老子》而有所開創的一面。

　　《河上公章句》論常道，即於首章注《老》時開宗明義，以
「經術政教之道」為非常道，「自然長生之道」為常道，（《河
上公章句・體道第一》，頁 1）其所成境界不在道化政治的完成
已顯而易見，實從《老子》之成就天下自然為理想境界，轉向以
自然長生論聖人之境，亦即由治國轉向治身，從天下群體理想境
界轉向個人理想境界。至於聖人能成其長生之道後，要否功化萬
物，使之同體長生自然之境，《河上公章句》並沒就此提供說明，
僅順應《老子》輔助萬物之自然，而不居功等功化之說而作注，[14]
然而其關懷重點並不在於治國，實已轉向具體論述治身之說。亦

14　《老子・九章》王弼本言「功遂身退，天之道。」《河上公章句》則言「功成、
　　名遂、身退，天之道。」句下注曰：「言人所為，功成事立，名迹稱遂，不退
　　身避位，則遇於害，此乃天之常道也。譬如日中則移，月滿則虧，物盛則衰，
　　樂極則哀。」頁32。《老子・十七章》言「功成事遂，百姓皆謂我自然。」句
　　下注曰：「謂天下太平也。百姓不知君上之德淳厚，反以為己自當然也。」頁
　　67《河上公章句》注文內容順《老子》而注，並沒有多加發揮；反觀其論說重
　　點，常借由治國之論，轉向治身之說，並詳加闡釋其治身之道的具體內容，充
　　分開展養生思想的面向。

正因為《河上公章句》以「自然長生之道」作為常道的內容，其道生方式雖為氣化宇宙論地生成萬物，卻偏就個人之長生而說，不若嚴遵外推及萬物而論道生，故嚴遵與《河上公章句》雖同屬氣化宇宙論的思想進路，卻有著不同的詮釋型態，嚴遵解《老》為攝主歸客的面向開展，《河上公章句》則從養生思想詮解《老子》。

王弼重回本體宇宙論言道生，同樣以道化政治理想為理想境界，其思路與《老子》道論甚能相應，只是因其刊落「有」的形上意義，使所成之境界只成為聖王觀照下之道化之治，與《老子》實際成就功化之道化政治有著明顯不同。王弼所論之聖王僅以不為不執、讓開成全的方式使百姓自得自成，相對《老子》有輔助萬物之功而不居功之說來得消極，而且失去功化的一面。在落空了功化的情況下，聖王以無為治國，僅能以自身修養之自然不為，觀照外物，照見萬物之如其自己，然而百姓之是否真能有自覺工夫，復其自然真性，則無必然性，因而只屬觀照之道化政治理想境界，此其所成境界與《老子》不同之處。王弼繼承《老子》者，乃其主體實踐價值意義的一面，特別是道的「無」性，並由此而成其內聖外王之道，依實踐自然價值的進路，實現其治國的理想境界，此亦屬其境界論之特色。

透過以上討論可見《老子》、《韓非子》解《老》、嚴遵《老子指歸》、王弼《老子注》其理想境界，均由治國之理想而顯，所不同者乃《韓非子》以功利實效為其治國理想境界，《老子》、嚴遵、王弼則以主體修養價值而論治國理想，又三者之不同，即在於《老子》乃主觀價值意義之功化治國，嚴遵乃攝主歸客的無為之治，王弼則屬觀照地實現主觀價值意義的無為之治。當中，

僅有《河上公章句》是從《老子》詮釋系統中,由群體之理想境界,回到個人養生長壽之上論理想境界,此即四家解《老》境界論積澱與創造之處。

第二節 詮釋系統的反思

關於詮釋系統的反思,是針對後來詮釋者,即《韓非子》解《老》、嚴遵《老子指歸》、《河上公章句》、王弼《老子注》等四家思想體系及其義理內容反省,並從四家解《老》與《老子》不同處見其詮釋特色,由詮解特色處見其對《老子》思想的開展,並由詮釋轉折檢討自身理論上的圓足與否。

一、《韓非子》解《老》思想體系的反思

《韓非子》解《老》僅取其用,失其形上之體,故只成為法家術用的詮釋。《韓非子·解老》指出「夫能有其國、保其身者,必且體道。」(《韓非子·解老》,頁 738-739)又認為「所謂『有國之母』,母者,道也;道也者,生於所以有國之術。所以有國之術,故謂之『有國之母』。」(《韓非子·解老》,頁 739)《韓非子》以「有國」者為能體道之士,而道是源於術,以術言道即失其形上根據,沒有體的保證,光靠術用治國,除了有流於僵化制度的弊病外,更重要是無視於價值意義,枯乾人心。以法為道,其目的是為了駕御群臣、富國強兵,因此將臣民視為治國的工具,物化群臣百姓。即使再理想的客觀治國制度,因其無主

體價值作為背後根據，便容易會流於權謀私利，何況僅以君主個
人利益作為考量依據，君主便會成為權力無限的絕對體，臣民百
姓僅能祈求賢君出現，才有幸福的可能，然而若無賢君降世，則
百姓福祉便不在人君治國考量之內。[15]由是可見《韓非子》雖與
《老子》同言無為、無不為，然而其不為落在君主身上，工夫義
轉為權謀術用；無不為則落在臣民身上，臣民便淪為富國強兵的
工具，將《老子》工夫論對象由同一主體割裂為君臣二邊，即使
與《老子》所論同以群體治國而言無為無不為，然而其服務對象
僅就人君而言，若無明君出現，其無所不成之術用治國的方式，
終不免流於專制，於臣民而言根本談不上理想，亦無境界可說。
究其原因，即在於《韓非子》解《老》所言之思想內容，僅從術
用治民的角度出發，因而失其理想性。

二、《老子指歸》思想體系的反思

　　嚴遵論道在客觀氣化思想籠罩下，將主體修養收於客觀氣稟
之下，其義理性格則完全不同於《老子》，然而其義理內容並未
違背道家重主體修養無為無不為之義，自此解《老》方向重回道
家思想脈絡。然而嚴遵《老子指歸》思想體系可議處，即在其解
《老》的特色 —— 攝主歸客面向的展開。嚴遵以客觀氣稟作為成
聖的根據，限制了成聖的可能，指出並非人人皆可成聖，必須稟
得聖智之性，兼有天命、遭命、隨命的配合，方有成為聖王的可

---

15 勞思光亦指出「韓非立說，主旨在建立絕對性之統治權力；其所謂『治亂』問
題，亦與民眾之福利無關；不過以統治者之穩固及遂意為『治』而已。」見勞
思光：《新編中國哲學史》（一），頁 355。

能，此即其成聖的必要條件。[16]除此以外，成聖更需要有治身養神、無心應物等工夫，方能成就其道化政治的理想境界，此即其成聖的充分條件。在這種情況下，必須稟聖人之才，修聖人之道，方能成聖，體證自然之道，於治國而言，方能成為聖王，可見成聖沒有普遍性。嚴遵此說是從果地說明何以現實上並非人人皆為聖人，不能成聖並不是常道有所不足，而是或因主體稟氣內容並無聖人之才，或因稟得聖人之才而沒有足夠的工夫修養使之成聖，致使現實上並非人人皆可以為聖人。

在這理論前提下，則產生以下兩個問題：第一個問題，若沒有稟得聖人之才者，縱有修道工夫，終身亦不能成聖，則嚴遵所言之治身、治家、治國、治天下之無為修養工夫，僅針對稟得聖人之才者而立說，若未稟聖人之才者，其存在價值將如何安立？是否僅能借由聖王順其性，而體得自然之道，由是而證成道化政治的理想境界。若是如此，須由聖王順其性之百姓，既沒有稟得聖人之才，又如何在聖王因順其性的情況下體得自然之道？在這種情況下，便有觀照及功化兩種可能：

一，聖王觀照萬物之自然：於嚴遵的理論中僅有稟得聖人之才者能成聖，其餘並未稟得聖人之才的人，則僅能透過聖人觀照的方式，證成一體自然之境，若在道化政治理想當中，則為聖王治國之理想須由聖王觀照而成，百姓自身並無實踐工夫的必然

---

16 《老子指歸・道生篇》曰：「所稟於道，而成形體，萬方殊類，人物男女，聖智勇怯，小大脩短，仁廉貪酷，強弱輕重，聲色狀貌，精粗高下，謂之性。所授於德，富貴貧賤，夭壽苦樂，有宜不宜，謂之天命。遭遇君父，天地之動，逆順昌衰，存亡及我，謂之遭命。萬物陳列，吾將有事，舉錯廢置，取舍去就，吉凶來，禍福至，謂之隨命。」頁45。

性。然而就其理論內容可見，道化政治的理想境界，聖王並非單靠內聖治身養神便能應物無礙，其無為工夫必須落實到無不為，方能真正做到應物無礙，其曰「聖人無為為之以生萬物」（《老子指歸・其安易持篇》，頁 80），則明確指出聖人是以無為的方式功化萬物，當中「為之」、「生萬物」，則屬功化，而非僅靠觀照的方式，讓開一步使物自生。嚴遵又曰：「故聖人之為君也，猶心之於我、我之於身也。不知以因道，不欲以應天，無為以道世，無事以養民。玄玄默默，使化自得，上與神明同意，下與萬物同心。動與之反，靜與之存，空虛寂泊，使物自然。」（《老子指歸・不出戶篇》，頁 34）嚴遵雖以不知、不欲、無為、無事方式因順萬物，然而其說更有「養民」的一面，其「使化自得」、「使物自然」之說更見萬物之自生自化，並不光靠觀照而成，更有其自覺工夫落實其中，故又曰：「不思不慮，若無所識，使物自然，令事自事。空虛寂泊，身無所與，萬物紛紛，各如其處。魁如阜楬，澹如巨表，舉錯廢置，常與物反，萬物應之，故能深遠。天下大覆，與神運轉，輔天助地，不敢生善。」（《老子指歸・其安易持篇》，頁 81）聖王治國有其舉措政策，透過無為的方式成其無不為，有其「使物」、「令事」之功，而又能泊然虛靜，無所偏私，因此萬物自能如其自己的實現其價值意義，是謂「各如其處」，在這種情況下有輔助天地之功，而不是有意為之，可見嚴遵道化政治之境並非光靠聖王之觀照而成。

　　二，聖王功化萬物之自然：體自然之道者，並不完全等同就能成聖，換句話說，成聖者必體自然之道，體自然之道者未必就能成聖，此思想進路正是郭象注解《莊子》理論體系中逍遙與成聖關係的說法，在郭象的理論體系中，因應稟氣內容的不同，聖

王與百姓便有著先天的區別，聖王「特稟自然之妙氣」（《莊子集釋·逍遙遊》，頁 29），自與眾人有別，即使聖凡均實踐任性安份的工夫修養，其所成境界終究有別，聖王所證乃無待的逍遙，百姓則屬有待的逍遙，百姓須得聖王因順，才能得其所待，同得逍遙之境。[17]嚴遵此說若是由聖王因順，使百姓體證自然之境，證成道化政治理想境界，則屬功化之道化政治。既明嚴遵道化政治理想是功化的道化政治，則沒有稟得聖人之才的百姓，縱然努力修養亦不能成聖，如此便抹殺了透過工夫修養，使生命調適上遂的可能，亦無法安頓未稟得聖人之才的百姓的生命，在這種情況下之道化政治理想便不是圓境之理想。若將成聖與體證自然之境分論，聖凡均能體證自然之境，而僅有稟得聖人之才者能成聖，於道化政治的理論系統中，即僅有聖人之才者能成聖王，聖王可以因順沒稟得聖人之才者，使之能在得到聖王的因順下，透過自覺工夫同證自然之境，由是聖凡均得以體自然之境，證成天下皆自然之說，以此見道化政治的圓境。嚴遵《老子指歸》的理論系統，並沒有就此提出說明，因此在如何充分落實道化政治的理論上，還需進一步建構，此說為日後郭象《莊子注》發揮說明，以見道家圓教之可能。[18]

　　第二個問題，於嚴遵理論系統內，並沒有明確規定只有聖人才能成為君王，百姓似亦有成聖的可能，然而落在道化政治理想

---

17 關於郭象《莊子注》從氣稟決定聖凡之別，以及逍遙與成聖的異同的說法，詳見拙作《郭象《莊子注》的詮釋向度》，頁 296-300；關於有待的逍遙與無待的逍遙以及聖王如何順百姓而使之逍遙的說，詳見同前引書，頁 103-127；關於聖凡境界之別，則詳見同前引書，頁 293-296。

18 關於郭象「神器獨化於玄冥」之說，為道家圓教理想境界的詳細論述，見拙作《郭象《莊子注》的詮釋向度》，頁 301-330。

境界當中，聖人即是聖王，故曰：「夫聖人所以能動與天和，靜與道合，既能保身，又能全國，翱翔乎有為之外，優游乎無事之內，取福於纖妙之中，而舒於四海之外，喪明者之目，杜知者之口，窒聰者之耳，折巧者之手，與時相隨，與和俯仰，不為而自成，不教而民治，恩加走獸，澤及飛鳥者，以其損聰棄智、廢為而任道也。是以，順情從欲，窮極心意，動導天地，靜陶萬事，神靈在己，不察不燎，身不降席而萬國自備：雖欲不亡，自然不置也。」（《老子指歸‧知不知篇》，頁98）是從治國而言聖人，認為聖人達到最高的修養境界，故動與天地相應和，靜與常道相冥合，自內而言能善養其身，對外而言則能保全國家，逍遙自得而不受造作有為的人事所影響，處事時能與時俱變，以無心無為的方式成事、治國，恩德澤及走獸、飛鳥，任道自然，故能隨順心意治理天下，可見其言聖人是就治國之聖王而論。然而，以聖人論聖王，於理論上便會出現問題。就稟氣而言並不是人人皆稟得聖人之才，然而亦未規範不可以同時多人稟得聖人之才，於是在理想的治國境界，固然需要聖王明君，只是一國之中，多賢不可以多君，嚴遵雖言「盛德者為主，微劣者為臣，賢者不萬一，聖人不世出。」（《老子指歸‧不尚賢篇》，頁123）若同時出現不止一個聖王，將如何安排？或累世不出聖人，則又將如何成就道化之治的理想境界？這些困境皆蘊涵其中。郭象則指出：「千人聚，不以一人為主，不亂則散。故多賢不可以多君，無賢不可以無君，此天人之道，必至之宜。」（《莊子集釋‧人間世》注，頁156）說明道化政治理想不能無君，亦不能多君，如何能在稟氣這問題上，解決多君或無君此問題，恐怕需要進一步說明。與之相對，在《老子》理論系統中便無此問題，《老子》不以客觀氣稟義來作為成聖的必要條件，是從能體自然之價值意義作為成

聖的唯一條件，因此成聖與體證自然之道為同一事，百姓與君王
均可以證得聖人之境，二者同樣可以就接應外物而言「輔萬物之
自然，而不敢為」（〈六十四章〉），同樣可就成全外物之自然
而言「聖人處無為之事，行不言之教，萬物作焉而不辭，生而不
有，為而不恃，功成而弗居。夫唯弗居，是以不去。」（〈二章〉）
百姓行無為之事不必剋就治國而言應物，聖王則可就治國而言
之，二者本不衝突。由於聖王不是自氣稟而命定，故百姓可以為
聖王，聖王亦可退位而為百姓，只要以自然無為的方式得其位、
讓其位，在《老子》義理體系中，均被肯定，因此不存此問題。

三、《河上公章句》思想體系的反思

　　至於《河上公章句》詮釋面向則開展了解《老》養生思想的
一面，偏重發揮《老子》主體修養的部份，然而其說著重於對形
軀精氣的保養，至於對生命價值意義的開展、家國天下的關懷，
則不屬其論重點所在，就哲學思想的高度以及其深度來說，明顯
不及同屬兩漢時期的《老子指歸》。

　　就其思想內容來說，因《河上公章句》著重透過保養形軀、
固守精氣達至長生延壽的目的，因此其說涉及醫理之說，若從今
日常理來看，其說確有可議之處，舉例言之，《河上公章句》曰：
「人能養神則不死，神謂五藏之神：肝藏魂，肺藏魄，心藏神，
腎藏精，脾藏志。五藏盡傷，則五神去矣。言不死之道，在於玄
牝。玄，天也，於人為鼻。牝，地也，於人為口。天食人以五氣，
從鼻入藏於心。五氣清微，為精神聰明，音聲五性。其鬼曰魂，

魂者雄也，主出入人鼻，與天通，故鼻為玄也。地食人以五味，從口入藏於胃，五味濁辱，為形骸骨肉，血脉六情。其鬼曰魄，魄者雌也，主出入人口，與地通，故口為牝也。根，元也。言鼻口之門，乃是通天地之元氣所從往來也。」（《河上公章句・成象第六》，頁 21-22）既言氣、神與天通，則肺主氣，故魂當在肺不在肝，而其言「肺藏魄」與其理論不合，若魄與地通，則五味當在胃，與口相通，理論和實際方能一致。又曰：「治身，天門謂鼻孔，開謂喘息，闔謂呼吸也。」（《河上公章句・能為第十》，頁 35），其論開闔、呼吸，開即呼，吸即闔，非如其「開謂喘息，闔謂呼吸」也，凡此均屬其養生之道可議可論者。

　　《河上公章句》詮解《老子》思想內容，若就養生的理論及知識在今日看來，誠然有些粗糙之處，然其詮釋自成一養生之系統，融合當時的醫理，亦可說是一個新的詮釋面向。

四、王弼《老子注》思想體系的反思

　　王弼不從兩漢氣化宇宙論的思想進路詮釋《老子》，回歸本體宇宙論來詮解常道，透過內省修養，保存自然價值，實為較能與《老子》相應的詮釋，然而其解《老》之說當中，常道中只是無，失去《老子》無、有兼容的道的雙重性，故只能以不生、不為的方式，讓開成全萬物，僅突出了《老子》無、無為的一面。

　　王弼以讓開成全的方式開展《老子》的詮釋面向，既屬詮釋特色，亦由此特色見其思想體系的不足。王弼道論只有「無」具

有形上意義，在依宗起教的情況下，其教路偏重無為工夫，主體落在聖人、聖王身上；無不為工夫，主體則落在眾人身上，割裂無為、無不為工夫的實踐對象，致使其說僅能以讓開一步的方式成就外物的價值意義，王弼解《老》之說雖與《老子》同言自然價值的實踐，然而其說相對消極，並有普遍性不足之嫌，在理論上失去必然性。

　　王弼其論重在透過因而不為、通而不執的讓開成全方式達至自然之境，並由此而使聖王及百姓同體無為自然之道，證成道化政治的理想境界。然而若僅以讓開一步的方式，即能成其自然無為之治，則有以下疑問，第一，從理論上的普遍性來看，百姓之自然，因有聖王之因而不為，順而不施，故能在不塞其原，不禁其性的情況下成其自然，此乃百姓體道無為的方式；從理論上往前推，便有此疑問，若體自然之道僅能透過讓開成全的方式，沒有形上的「有」作保證，起積極成全的作用，則聖王固然以讓開一步的方式順應萬物。若「讓開成全」是王弼理論的核心，則可再追問誰讓開一步來成就聖王之自然？在理論上，必須指出聖王之自然不只由讓開成全而得，亦須同時有「無不為」的工夫來積極成全自身的自然價值，方能不靠外物之因順不為而成其自然，然而王弼解《老》的理論系統中，「有」的形上意義徹底刊落，常道無法起徵向的作用，於是聖王之體道自然是如何實踐的，王弼於此無法提供充分說明。即使假設聖王能以自然之道成全其自己，仍不能自圓其說，因為王弼之「自然」義，僅能以「不自見」、「不自是」、「不自伐」、「不自矜」（〈二十二章〉注）等讓開成全的方式來成就自然之道，其自然義亦同樣刊落「有」的形上意義，失其徵向性，於是聖王仍須靠外物讓開成全其自己，方

能成其自然。若謂聖王是在讓開成全之道以外，透過自生的方式成全其自己，是否即能解決聖王不必靠外物讓開成全其自己之說？從王弼自生之說可見，其所謂自生，亦是以不生的方式生化萬物，在不生之生的前提下，依然需要藉著聖王的讓開一步，使物自生，因此還是無法為其理論系統圓說。若勉強謂聖王體道自然的主體不在讓開成全之道之內，則只能承認其理論體系缺乏普遍性，因聖王不在此理論體系內之故也，勢必成為聖王、百姓兩部份，而無法融成一體，此其理論所面對的困境之一。

第二，從理論上的必然性來看，百姓之自然，是由聖王讓開成全而得，然而王弼理論系統中，只強調聖王之不執不為，因而曰：「聖人達自然之至，暢萬物之情，故因而不為，順而不施。除其所以迷，去其所以惑，故心不亂而物性自得之也。」（〈二十九章〉注，頁77）百姓是靠聖王去其迷惑而能得性，在這種情況下，百姓是否必然地自能得其性，則屬另一問題。若百姓無自覺工夫修養來體證自然之境，光靠聖王讓開一步，使其心不亂，在理論上則失去體證自然之境的必然性。《老子》理論體系，因其學說是為王者而立，雖未積極地論說百姓的工夫修養，然而其「百姓皆謂我自然」（〈十七章〉），明顯百姓所體之自然，是有自覺意義，因其「皆謂我自然」之故，可見百姓之得自然不是光靠聖王因順而得，又從其「皆謂」之說可見百姓均能體道自然的普遍性。王弼讓開成全的工夫修養，則不見百姓自覺修養的一面，若從百姓體道的角度而論，則失其普遍性及必然性，其說僅有落在聖王觀照萬物的意義上，才能談得上天下皆體道自然，證

成道化政治的理想境界，此其理論所面對的困境之二。[19]

　　第三，從落實名教的角度來看，王弼主張「崇本舉末」積極地肯定名教，此說繼承了兩漢的名教觀，然而如何落實名教內容，如何開出典章制度，於王弼理論體系中，不能不存有疑問。王弼主張「始制官長，不可不立名分以定尊卑」（〈三十二章〉注，頁82）其肯定名教之說甚為明顯，然而其說則僅能以不為的方式安立名教，制定典章制度，訂定人倫尊卑，無法積極開出名教。換句話說，其所謂的「名教」的內容，只能是承繼前代，因循舊有的方式而無法出於自己的創制。相反，《老子》所論雖多以遮詮的方式批判僵化的名教，因而曰「大道廢，有仁義；慧智出，有大偽；六親不和，有孝慈；國家昏亂，有忠臣」（〈十八章〉）、「絕聖棄智，民利百倍；絕仁棄義，民復孝慈」（〈十九章〉）透過作用上的絕棄否定，來保存現實上的名教內容，其言絕棄、不仁等說法為王弼所繼承，然而《老子》不僅只有絕棄無為的一面，更有無不為的一面，透過「有」的形上義落實，則能自然而然地與時俱變開出名教內容，免除名教僵化、形式化的弊病。可見對名教態度而言，王弼主張「崇本舉末」，《老子》當屬「崇本息末」；然而在落實名教內容時，王弼僅能以不生之生的方式實現名教，《老子》則能以無為無不為的方式功化萬物，實現名教內容，因此可見王弼是以積極的態度肯定名教、相對消極的方式實現名教；《老子》是以相對消極的態度看待名教，相對積極的方式實現名教，此二者之不同，亦由此可見王弼在實現名教，

---

19 因王弼注《老》是以觀照的方式證成道化政治的理想境界，而不從功化萬物的進路來論無為之治，故其說縱與嚴遵同樣以稟氣論聖人，認為聖智乃「才之善」（〈十九章〉注，頁45）、「才之傑」（〈老子指略〉，頁199）者，於實踐時多賢不可多君的問題在其理論系統當中便不成問題。

或成就外物時所面對的問題即在於如何有效地開物成務，此其理論所面對的困境之三。

　　或問，王弼解《老》雖重無為，然而是否注《老》時從不言「無不為」的一面？其「暢萬物之情」、「因而不為，順而不施」、「除其所以迷，去其所以惑」之說中，暢順、因順、除去等工夫嚴格而言非僅屬「無為」的一面，亦可以之為「無不為」的工夫，並不僅僅讓開一步而已，亦有真正的為百姓除迷去惑、暢順民情，何以謂其思想型態屬讓開成全？若從「依宗起教，以教定宗」的原則來判斷王弼注《老》的思想型態，則不難發現，其縱有「無不為」的工夫，亦屬消極面之去病、不為之義，因其道落失「有」的一面，故其說僅能成全相對消極的道化政治理想境界，可見是從根據上即已決定了相對消極的思想型態。因其道乃讓開成全之道，故《老子》言功化之處，王弼注即從百姓的一面而論，其注曰：「自然已足，為則敗也。智慧自備，為則偽也。因物而用，功自彼成，故不居也。」（〈二章〉注，頁 6-7）聖王僅能因順物用，使之自成，故無生物化物之功，遂曰「功自彼成」，而不居其功；《老子》之治國是自聖王功化而治天下，不僅僅是「不自伐故有功」（〈二十二章〉），更是「功遂身退」（〈九章〉），治國之功在聖王而不在百姓，由是而言「功成而不處」（〈七十七章〉），與王弼無其功因而不居功的說法有著明顯不同。透過以上討論可見王弼注《老》的特色，正是其詮解《老子》理論時仍有虛歉處，然而自《韓非子》解《老》以後，歷經戰國、兩漢，均不從本體價值詮釋《老子》，王弼注《老》，能把《老子》回到本體價值上討論，開展其思想面貌，重回本體論思想、主體存在價值闡述《老子》義理，亦屬難得。

　　經過上述討論可見，義理思想的發展未必是後出能轉精，也未必是前代不如後代，而是各個時代有所開展，但相對於《老子》而言，或許因為《老子》是始創者，義理型態上較為渾淪廣大，後來詮釋者則各取其一偏詮釋已足成家，如《韓非子》取其用，失其體，故只成為法家術用的詮釋；嚴遵若不論其氣化宇宙論的前提，無疑地從工夫用世皆得《老子》之精神而且更形豐富多樣，然而一旦套入氣化宇宙論的形上根據，則義理性格完全不同；而《河上公章句》的養生面向，只得到《老子》主體修養的部份，至於養生之後的生命意義的開展，家國天下的關懷，顯然有所不足；王弼則能撥開兩漢氣化宇宙論的籠罩，回歸本體宇宙論的詮釋，反求諸己，已是魏之後《老子》詮釋最大的貢獻，然而其體中只是無，不如《老子》的無、有兼容，故只論作用的保存，讓開成全，就創造性及義理的豐富性而言，都不及《老子》圓融。若謂思想發展是進步的，其意義是在於詮解《老子》的過程中，不斷開拓新的視域來詮解《老子》，豐富了《老子》思想的內涵，為《老子》注入了時代特色，為理解《老子》帶來了新的面向，增加了《老子》的生命力，在各時代以不同的面目存在，然而若就思想體系的完整性來說，則不及《老子》之圓滿具足，僅為偏一面向之詮釋。

第八章 結 論

　　從《韓非子》解《老》至王弼注《老》數百年間,其詮釋轉折之梗概及其特色,並非無人論及,[1]在前人研究的基礎上,嘗試透過「依宗起教,以教定宗」的方法,為《老子》及先秦至魏晉期間詮解《老子》而又能成體系者,建構其思想系統,由是而討論各家對於《老子》思想的積澱與創造,並反省其思想體系的內容及架構,揭示《老子》思想在這時期的開展面向。

　　《老子》思想以「玄」、「無」、「有」作為常道的內容,透過本體宇宙論的生成方式,說明萬物的存在價值,並以無為無不為的工夫修養,對治主觀偏執,使生命歸復自然純粹的境界,與此同時,藉著聖人無心功化萬物,使天下百姓皆能體道自然,證成道化政治的理想境界。

　　於今存文本中,《韓非子·解老》、〈喻老〉以及散見其餘

---

1 唐君毅先生早已指出《老子》言道之義,從韓非〈解老〉到王弼注《老》數百年間,循五個不同面向發展,一為純視道為客觀之物之道,韓非之〈解老〉篇代表此一方向之發展。二為視道為客觀萬物所由成,亦天地所由成,且更謂道在時間中為天地萬物之所自始,以《淮南子》之言道為代表。三為偏主觀之為政之心理態度上言道,屬漢初以黃老之術以為政者,《呂氏春秋》之〈貴因〉以及《淮南子》〈詮言〉、〈人間〉、〈主術〉、〈原道〉、〈修務〉等篇均重無為因任之道。四為養生醫家與神仙家及後之道教之言老子之道,重在節欲養生、長生久視,《淮南子》、司馬談以道家義養精神者,亦可歸至長生或神仙之說。五為重在自主觀之心境上言道,王弼之言道之思想方向可說是這方面的發展。見唐君毅:《中國哲學原論》原道篇(二),頁 355-358。

篇章之解《老》內容，為第一家以註解形式的方式詮釋《老子》思想，且為創造性詮釋的解《老》之作。《韓非子》解《老》以法為道，將《老子》常道的形上意義徹底刊落，而淪為法術勢治國之說，因其所論之道並無形上意義，故嚴格來說亦無工夫論可言，而純為法術勢之應用。然而若就詮解《老子》無為無不為的工夫修養來說，則將《老子》作用義之不為，轉向現實上君主的不作為或權謀術用之說；其無不為，則轉向要求臣民之無所不為，相對《老子》工夫修養而言實已割裂無為無不為的實踐主體，將無為和無不為的體用關係轉變為對列的關係。又因其說有用無體，純任法術勢治國，缺乏價值理想的貞定，其所謂理想實為功利實用主義之物化政治的計較。從義理脈絡來看《韓非子》解《老》之說已悖離道家無為自然的思想，純為法家視域下之《老子》，若說君王有無不為，亦只在其解《老》之說展開了法術勢的運用之治國手段上的無所不為。

及至兩漢，嚴遵從攝主歸客面向展開《老子》思想，從客觀面來看，以氣論道，使《老子》道生萬物的方式從本體宇宙論轉向氣化宇宙論；從主體修養來看，透過治身養神的內在修養，使心不為外物所干擾，達至應物無礙，無為治國。嚴遵以攝主歸客的思想解《老》，為解《老》開拓了漢代氣化思想的視域，並將《韓非子》之把道外推為術用，收攝於主體修養上論道，因其道為客觀氣化之道，主體實踐工夫被客觀氣稟所限，遂形成攝主歸客的思想型態，不論在工夫修養或是實踐應物時，均不如《老子》剋就本體價值修養而論之純粹，然而就詮解《老子》能回到實踐主體言自然無為來說，嚴遵之詮釋與《老子》甚為相應，並為《老子》思想展開了攝主歸客的面向。

　　《河上公章句》同樣在氣化思想下詮解《老子》，然而其說卻從《老子》、嚴遵《老子指歸》的無為之治轉向自然長生之說，從群體的自然境界，轉向個人之自然，並剋就養生而論。因應其自然長生的宗趣，開展了除情欲，養神明的工夫修養，同樣因其道為元氣之道，使其說所成者既含有主體精神修養，亦兼及客觀形軀的保養，由是體證聖人長生之境。《河上公章句》將《老子》道化之治凝聚在個人長生上立說，偏重繼承主體無為修養的部分，其義理內涵雖不及《老子》之深廣，然而卻為後來道教以養生之術解《老》開展了全新視域，影響之大，應為養生方面的歷代注本之冠。

　　從漢入魏，玄學興起，論說多以無為本，王弼注《老》即在此氛圍下，以「無」為道，重新以本體宇宙論的方式詮解《老子》之道生萬物，於義理型態上來說，最能與《老子》相應，然而其常道內容卻刊落了「有」的形上意義，使其工夫論偏重無為修養，而無法積極開物成務，僅能以讓開成全的方式成就道化政治的理想境界。歷代多以王弼之說為解《老》的善注，無疑於思想型態上，其說甚能與《老子》相應，然而刊落《老子》常道「有」的形上義，僅以「無」作為道的內容，既屬其解說特色，開展了《老子》讓開成全的治道的思想面，同時亦因此造成了其理論體系的虛歉。

　　透過本書討論研究，則發現後人詮釋《老子》者，縱然從不同面向開展了《老子》的義理內涵，亦能自成一家之言，然而就其體系之高深廣大來說，均不及《老子》之圓融具足。嚴遵解《老》以氣稟之說作為成聖的根據，由是而提出「自然之性」的說法，

《河上公章句》、王弼《老子注》均承其說，[2]開展了在無為自然的脈絡下以客觀性分解說《老子》的方向；又從嚴遵將《韓非子》外推以法論道，淪為術用治國的解《老》進路，拉回主體修養言道，透過實踐主體證成道化政治理想，重回《老子》重自然價值治國之說，王弼注《老》承此而下，進一步扣回本體而論常道，不若嚴遵之攝主歸客，外推成就客觀萬物，轉回剋就主體價值而說萬物之生成，由是可見《老子》義理詮釋的發展，不僅是詮釋者與被詮釋者兩者之間的關係，更牽涉詮釋者與被詮釋者以及歷代詮釋者的視域融合，即後來詮解《老子》之說，是融合了前人研究《老子》、詮解《老子》的不同視域發展而成。

關於今之學者與昔之學者詮解《老子》之異同，唐君毅先生曾扼要精闢地說明，先生曰：

> 對古今中外之老學之論，其粗略之印象是大約昔之學者釋老子者，多是隨文註解，而宗趣所在，則隱於注文之內。今之學者，則其解釋老子，大皆先提出若干觀念、更舉若干老子之言為證，以自成其說。然今之學者，於老子所言之道，宜以何觀念，加以解釋，又幾於人各異說。……然觀中國學術史上老子之影響，其及於莊子外篇之言，韓非子解老、喻老之篇，淮南子原道諸訓，及漢、魏以來一切注老之家，與為道家或道教之思想者，則又見老子一書明

---

2 「自然之性」的說法，見《老子指歸‧江海篇》，頁 86、《河上公章句‧守微第六十四》，頁 251、《王弼集校釋‧老子指略》，頁 196。

有種種涵義，可容後人各引一端，以自成其說。[3]

唐先生此說，既說明了古今學者解《老》異同，亦為詮解《老子》的態度，以及面對老學發展的觀念提供極為重要的參考觀點。首先，從理解注《老》的文本來看，昔之學者以隨文附注的形式解《老》，於形式上貌似散論而不太相干，讀者若僅就其某章句之注而論，則易流於以是否能扣合《老子》思想的標準為判準，即凡相合者，便以之為善解，不相合者則謂之為誤詮，若如此看待歷代注《老》文本，則不易見其思想體系之宗趣。其次，從詮解《老子》的文本來看，今之解《老》者，必須從各章注文內容重新整理，透過「依宗起教，以教定宗」的方式，為詮解者建立思想系體，方不至於理解時造成各章內容各說各話，甚至相互矛盾，無法貫串成一致性的詮釋，低看了詮釋者的思想價值；透過建立思想體系的理解方式，才能清楚凸顯詮釋者的創造性詮釋，並反省其思想體系的理論架構。再次，從老學發展的過程來看，歷代詮解《老子》而能成體系者所開展的不同思想面向，均屬《老子》一書思想發展，因應詮釋者所處時代不同，則有著不同的詮釋視域，在視域融合的情況下所理解的《老子》，本應有其不同的時代特色，《老子》一書的思想內容因此而不斷重新被掘發，《老子》的經典地位與智慧亦透過歷代的詮釋而成為源遠流長的思想長河，不斷地啟發每個世代的生命，其意義即在於此。

---

3 唐君毅：《中國哲學原論》原道篇一，頁 291-292。

參考書目

一、古典文獻（按作者筆劃順序排列）

（一）古代典籍

王念孫：《讀書雜誌》，臺北：洪氏出版社，1976。

王弼：《老子註》，臺北：藝文印書館，2001。

王應麟：《漢書藝文志考證》（《二十五史補編》冊 2），北京：中華書局，1955。

永瑢等撰：《四庫全書總目提要》，臺北：臺灣商務印書館，1968。

成玄英：《老子義疏》，臺北：廣文書局，1974。

朱熹：《四書章句集註》，臺北：鵝湖出版社，2000。

吳承仕：《經典釋文序錄疏證》，北京：中華書局，2008。

李昉：《太平御覽》，臺北：大化書局，1977。

杜道堅：《玄經原旨發揮》（《道藏》12冊），上海：上海書店、文物出版社、天津古籍出版社聯合出版，1987。

谷神子：《道德指歸論註》（《無求備齋老子集成初編》），臺北：藝文印書館，1965。

房玄齡：《晉書》，北京：中華書局，2008。

晁公武：《郡齋讀書志》，上海：上海古籍出版社，1990。

班固：《漢書》，臺北：鼎文書局，1979。

陳壽著，裴松之注：《三國志》，北京：中華書局，2008。

陸佃注：《鶡冠子》（《四部叢刊·子部》），臺北：臺灣商務印書館，1965。

黃震：《黃氏日鈔》，京都：中文出版社，1979。

劉劭：《人物志》（《四部備要》本），臺北：臺灣中華書局，1966。

劉昫：《舊唐書》（《二十五史》），上海：上海古籍出版社，1986。

盧文弨：《經典釋文敘錄考證》（《叢書集成·初編》冊 1201），北京：中華書局，1985。

閻若璩：《四書釋地又續》（《國學基本叢書四百種》冊 339），臺北：臺灣商務印書館，1968。

嚴遵：《道德指歸論》（《無求備齋老子集成初編》），臺北：藝文印書館，1965。

（二）今人點校釋箋釋本

王卡點校：《老子道德經河上公章句》，北京：中華書局，1997。

王先慎：《韓非子集解》，北京：中華書局，1954。

王叔岷：《列仙傳校箋》，臺北：中研院文哲所，1995。

王弼著，熊鐵基等編，劉固盛點校：《道德真經註》（《老子集成》第一卷），北京：宗教文化出版社，2011。

王弼著，樓宇烈校釋：《王弼集校釋》，臺北：中華書局，1999。

北京大學出土文獻研究所編：《北京大學藏西漢竹書》貳，上海：上海古籍出版社，2012。

朱謙之：《老子校釋》，北京：中華書局，1987。

呂惠卿著，張鈺翰點校：《老子呂惠卿注》，上海：華東師範大學，2015。

李滌生：《荀子集釋》，臺北：臺灣學生書局，2000。

范應元著，黃曙輝點校：《老子古本道德經集註》，北京：中華書局，2010。

孫詒讓：《墨子閒詁》，臺北：河洛圖書出版社，1975。

馬敘倫：《老子覈詁》（《無求備齋老子集成續編》），臺北：藝文印書館，1965。

高亨：《老子正詁》，北京：清華大學出版社，2011。

高明校注：《帛書老子校注》，北京：中華書局，2011。

張覺：《韓非子校疏》，上海：上海古籍出版社，2010。

許維遹：《呂氏春秋集釋》，北京：中華書局，2011。

郭慶藩集釋，王孝魚點校：《莊子集釋》，臺北：萬卷樓圖書，1993。

陳奇猷：《呂氏春秋校釋》，上海：學林出版社，1990。

陳啟天：《增訂韓非子校釋》，臺北：臺灣商務印書館，1982。

陳錫勇：《老子校正》，臺北：里仁書局，1999。

陸德明撰，張一弓點校：《經典釋文》，上海：上海古籍出版社，2012。

焦竑著，黃曙輝點校：《老子翼》，上海：華東師範大學出版社，2011。

程顥、程頤著，王孝魚點校：《二程集》，北京：中華書局，2004。

黃暉撰：《論衡校釋》，北京：中華書局，1990。

楊伯峻：《列子集釋》，北京：中華書局，2008。

蒙文通：《道書輯校十種》，成都：巴蜀書社，2001。

劉文典著，馮逸、喬華點校：《淮南鴻烈集解》，北京：中華書局，2011。

劉義慶著，劉孝標注，余嘉錫箋疏：《世說新語箋疏》，北京：中華書局，2009。

樊波成校箋：《老子指歸校箋》，上海：上海古籍出版社，2013。

黎翔鳳撰，梁運華整理：《管子校注》，北京：中華書局，2009。

瀧川龜太郎：《史記會注考證》，臺北：文史哲出版社，1993。

嚴遵著，王德有點校：《老子指歸》，北京：中華書局，1997。

嚴遵著，嚴靈峰校輯：《輯嚴遵老子注》（《無求備齋老子集成初編》），臺北：藝文印書館，1965。

蘇輿著，鍾哲：《春秋繁露義證》，北京：中華書局，2010。

釋德清著，黃曙輝點校：《道德經解》，上海：華東師範大學出版社，2012。

饒宗頤：《老子想爾注校證》，上海：上海古籍出版社，1991。

（三）今注今譯本

王德有譯注：《老子指歸譯注》，北京：商務印書，2006。

邵增樺註譯：《韓非子今註今譯》，臺北：商務印書，1992。

張素貞：《新編韓非子》，臺北：國立編譯館，2001。

陳鼓應：《老子注譯及評介》（修訂增補本），北京：中華書局，2010。

陳鼓應：《黃帝四經今注今譯》，北京：商務印書館出版，2011。

二、現代專書（按作者筆劃順序排列）

丁原植：《郭店竹簡老子釋析與研究》，臺北：萬卷樓圖書有
　　　限公司，1998。

尹志華：《北宋《老子》注研究》，四川：巴蜀書社，2004。

尹振環：《帛書老子釋析－－論帛書老子將會取代今本老子》，
　　　貴州：貴州人民出版社，1995。

王叔岷：《先秦道法思想講稿》，北京：中華書局，2007。

王　明：《道家和道教思想研究》，北京：中國社會科學出版
　　　社，1984。

王清祥：《《老子河上公注》之研究》，臺北：新文豐出版，
　　　1994。

王　博：《老子思想的史官特色》，臺北：文津出版社，1994。

王德有：《嚴君平評傳》，廣西：廣教育出版社，1997。

王曉毅：《王弼評傳》，南京：南京大學出版社，1996。

任繼愈主編：《中國道教史》，上海：上海人民出版社，1990。

朱哲：《先秦道家哲學研究》，上海：上海人民出版社，2000。

江淑君：《宋代老子學詮解的義理向度》，臺北：臺灣學生書
　　　局，2010。

牟宗三：《才性與玄理》（《牟宗三先生全集》2），臺北：聯
　　　經出版社，2003。

牟宗三：《才性與玄理》，臺北：臺灣學生書局，2002。

牟宗三：《中國哲學十九講》，臺北：臺灣學生書局，1999。

牟宗三：《心體與性體》（一），臺北：正中書局，1999。

牟宗三：《政道與治道》，臺北：臺灣學生書局，2003。

牟宗三：《圓善論》，臺北：臺灣學生書局，1996。

牟宗三譯註：《康德的道德哲學》，臺北：臺灣學生書局，2000。

牟鍾鑒：《老子新說》，北京：金城出版社，2009。

伽達默爾著，洪漢鼎譯：《真理與方法》，北京：商務印書館，2005。

余英時：《歷史與思想》，臺北：聯經出版社，1976。

余敦康：《魏晉玄學史》，北京：北京大學出版社，2004。

李玉潔：《楚史稿》，河南：河南大學出版社，1988。

李宗定：《老子道的詮釋與反思：從韓非、王弼注老之溯源考察》，新北：花木蘭文化，2008。

帕瑪著，嚴平譯：《詮釋學》，臺北：桂冠圖書，2002。

林麗真：《王弼》，臺北：東大圖書，2008。

金春峰：《漢代思想史》，北京：中國社會科學出版社，1987。

施覺懷：《韓非評傳》，南京：南京大學出版社，2002。

洪漢鼎：《詮釋學 —— 它的歷史和當代發展》，北京：人民出版社，2005。

胡　適：《中國哲學史大綱》，臺北：遠流，1986。

唐君毅：《中國哲學原論》原性篇，臺北：臺灣學生書局，1991。

唐君毅：《中國哲學原論》原道篇　卷一，臺北：臺灣學生書局，2004。

唐君毅：《中國哲學原論》原道篇　卷二，臺北：臺灣學生書局，1993。

唐君毅：《中國哲學原論》導論篇，臺北：臺灣學生書局，2004。

唐淑貞：《韓非子〈解老〉〈喻老〉研究》，新北：花木蘭出版社，2010。

孫以楷主編:《道家與中國哲學》,北京:人民出版社,2004。

徐復觀:《中國人性論史》,臺北:商務印書館,1999。

袁保新:《老子哲學之詮釋與重建》,臺北:文津出版社,1997。

袁保新:《從海德格、老子、孟子到當代新儒學》,臺北:臺灣學生書局,2008。

高柏園:《韓非哲學研究》,臺北:文津出版社,2001。

張素貞:《韓非解老喻老研究》,臺北:長歌出版社,1976。

張鴻愷:《先秦至漢初《老子》思想之發展與變遷》,臺北:萬卷樓股份有限公司,2009。

梁啟雄:《韓子淺解》,北京:中華書局,2009。

章太炎:《國故論衡》,臺北:廣文書局,1977。

莊曉蓉:《身國一理的《老子河上公章句》》,新北:花木蘭出版社,2010。

莊耀郎:《王弼玄學》,新北:花木蘭文化出版社,2011。

莊耀郎:《郭象玄學》,臺北:里仁出版社,2002。

許抗生:《老子與道家》,北京:宗教文化出版社,2012。

許抗生:《魏晉思想史》,臺北:桂冠圖書,1992。

許杭生、李中華、陳戰國、那薇:《魏晉玄學史》,陝西:陝西師範大學出版社,1989。

陳　柱:《老子韓氏說》(《無求備齋老子集成續編》),臺北:藝文印書館,1965。

陳鼓應、白奚:《老子評傳》,南京:南京大學出版社,2011。

陳鼓應:《老莊新論》,北京:商務印書館,2008。

陳榮捷:《中國哲學論集》,臺北:中研院文哲所,1994。

陳錫勇:《郭店楚簡老子論證》,臺北:里仁書局,2005。

陳麗桂：《秦漢時期的黃老思想》，臺北：聯經出版社，1997。

陳麗桂：《戰國時期的黃老思想》，臺北：聯經出版社 1991。

傅偉勳：《從創造的詮釋學到大乘佛學》，臺北：東大圖書館，1990。

勞思光：《新編中國哲學史》，臺北：三民書局，2002。

湯一介：《郭象與魏晉玄學》（第三版），北京：北京大學出版社，2009。

湯用彤：《魏晉玄學》，臺北：佛光文化事業有限公司，2001。

馮友蘭：《中國哲學史》，香港：三聯書店，2000。

馮友蘭：《中國哲學史新編》，臺北：藍燈出版社，1981。

楊穎詩：《郭象《莊子注》的詮釋向度》，臺北：文史哲出版社，2013。

熊鐵基、馬良懷、劉韶軍：《中國老學史》，福建：福建人民出版社，1995。

劉固盛：《老莊學文獻及其思想研究》，湖南：岳麓書社，2009。

劉固盛：《宋元老學研究》，四川：巴蜀書社，2001。

劉昌佳：《王弼的經典詮釋──以無為本的玄理思想》，高雄：麗文文化，2013。

劉昌佳：《王弼的經典詮釋──以無為本的玄理思想》，高雄：麗文文化，2013。

劉笑敢：《老子古今：五種對勘與析評引論》，北京：中國社會科學出版社，2006。

劉笑敢：《老子 ── 年代新考與思想新詮》，臺北：東大圖書有限公司，2009。

劉笑敢：《詮釋與定向 ── 中國哲學研究方法之探究》，北京：商務印書館，2009。

蔣錫昌：《老子校詁》，臺北：東昇文化事業有限公司，1980。

盧桂珍：《境界·思維·語言 ── 魏晉玄理研究》，臺北：臺大出版中心，2010。

錢穆：《先秦諸子繫年》，北京：九州出版社，2011。

錢穆：《莊老通辨》，臺北：東大圖書，1991。

戴璉璋：《玄智、玄理與文化發展》，臺北：中研院文哲所，2003。

魏啟鵬釋：《楚簡《老子》柬釋》，臺北：萬卷樓圖書有限公司，1999。

嚴靈峰：《老子研讀需知》，臺北：正中書局，1992。

嚴靈峰：《老子達解》，臺北：華正書局，1983。

嚴靈峰：《老列莊三子知見書目》，臺北：中華叢書編審委員會，1965。

顧頡剛主編：《古史辨》，臺北：藍燈文化，1983。

三、單篇論文（按作者筆劃順序排列）

王博：〈關於郭店楚墓竹簡《老子》的結構與性質〉，《道家文化研究》17，北京：三聯書店，1999，頁 149-166。

王曉波：〈「解老」、「喻老」 ── 韓非對老子哲學的詮釋和改造〉，《國立臺灣大學文史哲學報》51，1999.12，頁 1-3+5-30。

王曉波：〈論「歸本於黃老」 ── 韓非子論「道」〉，《台大哲學評論》22，1999.1，頁 187-213。

牟宗三主講，盧雪崑記錄：〈老子《道德經》講演錄〉（五），《鵝湖月刊》338，2003.8，頁 5-17。

牟宗三主講，盧雪崑記錄：〈老子《道德經》講演錄〉（六），
　　《鵝湖月刊》338，2003.9，頁 2-9。

牟宗三主講，盧雪崑記錄：〈老子《道德經》講演錄〉（七），
　　《鵝湖月刊》338，2003.10，頁 2-9。

吳相武：〈關於《河上公注》成書年代〉，《道家文化研究》
　　15，北京：三聯書店，1999，頁 209-246。

李若暉：〈郭店《老子》偶札〉，《郭店楚簡國際學術研討會
　　論文集》，武漢：湖北人民出版社，2000。

李學勤：〈太一生水的數術釋〉，《道家文化研究》17，北京：
　　三聯書店，1999，頁 297-300。

杜保瑞：〈《河上公注老》的哲學體系之方法論問題檢討
　　（上）〉，《哲學與文化》336，2002.5，頁 393-408+485。

杜保瑞：〈《河上公注老》的哲學體系之方法論問題檢討
　　（下）〉，《哲學與文化》337，2002.6，頁 489-503。

杜保瑞：〈王弼老學的方法論探究〉，《儒道國際學術研討會
　　——（三）魏晉南北朝》，師範大學國文學系，2007。

杜保瑞：〈嚴君平《老子指歸》哲學體系的方法論檢討〉，《哲
　　學與文化》29：10，2002.10，頁 904-927。

周大興：〈王弼「性其情」的人性遠近論〉，《中國文哲研究
　　集刊》16，2000.3，頁 339-372。

周雅清：〈〈莊子・齊物論〉詮釋及其疑義辨析〉，《中國學
　　術年刊》27，2005.9，頁 23-58。

周雅清：〈郭象「自生獨化」論與老莊「道生」說的義理形態
　　辨析〉，《中國學術年刊》26，2004.9，頁 47-66。

林明照：〈《老子河上公章句》治身與治國關係之思辯模式析

論〉，《國立政治大學哲學學報》32，2014.7，頁 129-169。

林俊宏：〈《老子指歸》之政治思想試論〉，《政治科學論叢》22，2004.12，頁 91-138。

林麗真：〈王弼「性其情」說析論〉，《王叔岷先生八十壽慶論文集》，臺北：大安出版社，1993，頁 599-609。

林麗真：〈王弼玄學與黃老學的基本歧異〉，《臺大中文學報》12，2000 年，頁 125-127+129-146。

邱黃海：〈《韓非子》〈解老〉、〈喻老〉篇的詮釋特色〉，《東海大學文學院學報》46，2005.7，頁 185-203。

凌超煌：〈從避諱現象考訂河上公老子注成書年限〉，《清華中文學報》11，2014.6，頁 159-212。

卿希泰：〈《老子河上公章句》的成書時代與基本思想初探〉，《輔仁宗教研究》22，2011.3，頁 1-28。

張鴻愷：〈從治身到治國的完美體現 ── 《老子河上公注》義理析論〉，《宗教哲學》，46，2008.12，頁 189-211。

張鴻愷：〈嚴遵《道德指歸》思想述評〉，《第四屆文學與資訊學術研討會會前論文集》，頁 279-301。

莊耀郎：〈王弼儒道會通理論的省察〉，《國文學報》23，1994.6，頁 41-62。

莊耀郎：〈牟宗三先生與魏晉玄學〉，李明輝主編《牟宗三先生與中國哲學之重建》，臺北：文津出版社，1996，頁 311-324。

莊耀郎：〈論牟宗三先生對道家的定位〉，《中國學術年刊》27，2005.9，頁 59-80。

莊耀郎：〈魏晉「名教與自然」義蘊之溯源與開展〉，世新五

十學術專書《文學、思想與社會》，2006.10，頁 29-81。

莊耀郎：〈魏晉反玄思想析論〉，《國文學報》24，1995.6，
頁 143-181。

莊耀郎：〈魏晉玄學的有無論〉，《含章光化 —— 戴璉璋先生
七秩哲誕論文集》，臺北：里仁書局，2002，頁 239-284。

莊耀郎：〈魏晉玄學影響論〉，《六朝學刊》1，2004.12，頁
121-144。

莊耀郎：〈魏晉玄學釋義及其分期之商榷〉，《鵝湖學誌》6，
1991.6，頁 33-61。

莊耀郎：〈魏晉儒道會通理論的省察〉，《中國學術年刊》23，
2002.6，頁 187-210。

陳鼓應：〈從郭店本看《老子》尚仁及守中思想〉，《道家文
化研究》17，北京：三聯書店，1999，頁 64-80。

陳福濱：〈《老子指歸》中「道」思想之探究〉，《哲學與文
化》30：9，2003.9，頁 79-91。

陳錫勇：〈《史記・老子傳》辨正〉，《鵝湖學誌》47，2011.12，
頁 71-91。

陳麗桂：〈〈太一生水〉研究綜述及其與《老子》丙的相關問
題〉，《漢學研究》23：2，2005.12，頁 413-437。

陳麗桂：〈《老子河上公章句》所顯現的黃老養生之理〉，《中
國學術年刊》21，2000.3，頁 177-210+536。

陳麗桂：〈《老子指歸》的聖人論〉，《中國學術年刊》22，
2001.5，頁 117-145+476-477。

陳麗桂：〈道家養生觀在漢代的演變與轉化 —— 以《淮南子》、
《老子指歸》、《老子河上公章句》、《老子想爾注》

為核心〉，《國文學報》39，2006.6，頁 35-80。

彭　浩：〈郭店一號墓的年代與簡本《老子》的結構〉，《道家文化研究》17，北京：三聯書店，1999，頁 13-21。

黃耀堃：〈「無為則無不治」及《老子道德經河上公章句》的傳承〉，《先秦兩漢學術》2，2004.9，頁 33-56。

楊穎詩：〈《淮南子》詮解《老子》之義理轉化〉，《人文社會學報》15，2014.7，頁 83-102。

楊穎詩：〈竹簡本《老子》「絕智棄卞」章與今本〈十九章〉義理內涵之異同辨析〉，《世新中文研究集刊》9，2013.7，頁 159-182。

裘錫圭：〈郭店《老子》簡初探〉，《道家文化研究》17，北京：三聯書店，1999，頁 25-63。

熊鐵基：〈讀韓非子〈解老〉和〈喻老〉〉，《政大中文學報》8，2007.12，頁 15-28。

趙雅博：〈從《道德指歸》看嚴遵的思想〉（上），《哲學與文化》26：1，1999.1，頁 2-14。

趙雅博：〈從《道德指歸》看嚴遵的思想〉（下），《哲學與文化》26：2，1999.1，頁 110-118。

蔡振豐：〈嚴遵、河上公、王弼三家《老子》注的詮釋方法及其對道的理解〉，《中國經典詮釋傳統（三）：文學與道家經典篇》，臺北：臺大出版中心，2004。

鄭燦山：〈《河上公注》成書時代及其思想史、道教史之意義〉，《漢學研究》18：2，2000.12，頁 85-112。

鄭燦山：〈老子河上公注長生思想析論〉，《孔孟學報》77，1999.9，頁 175-200。

戴璉璋：〈玄思與詭辭 —— 魏晉玄學契會先秦道家的關鍵〉，
　　　《國文學報》42，2007.12，頁 31-54。
羅　　因：〈戰國秦漢幾種《老子》注養生思想的遞變 —— 從全
　　　身保身、精神境界、技術化導向到宗教教訓的發展〉，
　　　《東吳中文學報》19，2010.5，頁 25-54。
蘇慧萍：〈《老子道德經河上公章句》的聖人論〉，《高雄師
　　　大學報‧人文與藝術類》26，2009.6，頁 99-120。

四、學位論文（按作者筆劃順序排列）

周雅清：《莊子哲學詮釋的轉折 —— 從先秦到隋唐階段》，國
　　　立臺灣師範大學國文研究所博士論文，2011。
許嬡真：《《韓非子》〈解老〉、〈喻老〉之研究》，國立中
　　　央大學中國文學研究所碩士論文，2002。